한국의 서양 사상 수용사

한국의 서양 사상 수용사

이광래 지음

이 책은 실로 꿰매어 제본하는 정통적인 사철 방식으로 만들어졌습니다.
사철 방식으로 제본된 양장본은 오랫동안 보관해도 책이 손상되지 않습니다.

머리말

1. 근대적 이성의 비극적 구조

미셸 푸코에게 르네상스 이후 서구의 역사는 마치 뫼비우스의 띠와 같은 것이다. 이성/비이성의 분할 *partage*이 거부와 망각의 연쇄 고리로 연결되기 때문이다. 그가 그것을 가리켜 비극적이라고 한 이유도 거기에 있다. 더구나 서구 이성의 역사는 합리/신비의 분할선을 서양과 동양을 가르는 경계로 정한 채, 이성의 보편성이라는 이름만으로 역사를 반복해서 기록하려 하기 때문에 더욱 그러하다.

푸코에 의하면, 〈서구 세계의 역사의 출발점에 있는 비극적인 구조는 (광기의 배제와 같은) 비극의 거부, 망각, 몰락임에 틀림없다. 역사에 의한 비극의 거부, 그 자체에 의해 비극적인 것을 역사의 변증법과 관련시키고 있다는 점에서 (이성중심주의라는) 비극은 중심적이며, 이 중심의 주위를 다른 많은 경험들이 빙빙 돌고 있다. 우리 서구 문화의 경계에서 이들 경험 하나 하나가 한계를 그리는 동시에 그 한계가 (이성 대 비이성과 같은) 원초적인 분할을 나타내고 있다〉.

그런가 하면 〈서구 이성의 보편성 가운데에는 동양이라는 분할도 내포되어 있다. 즉 기원으로 여기는 동양, 향수와 회귀의 약속이 생겨나는 지점으로 몽상되는 동양, 서구 이성의 식민주의에 희생되고 있지만 언제나 한계의 땅이기 때문에 무작정 가까이 다가가기에 어려운 동양, 예를 들면, 이슬람의 신비스런 연금술이 근대 과학의 단서임을 상징하듯이[1] 단서의 암야(闇夜) — 서양이 형성되고 거기에 서양이 분할선을 그어 버린 — 인 동양은 서양이 원초적 진리를 동양에서 탐구하지 않으면 안 된다고 할지라도 서양에게는 서양이 될 수 없었던 것이다〉(『광기의 역사』서문).

그러면 푸코는 이처럼 자신이 비극으로 그리는 서구 이성의 거대한 분할의 역사 속에서 식민주의의 무도장(舞蹈場)이었던 동양을 왜 향수와 회귀의 약속이 생겨나는 지점으로 꿈꾸는 곳, 서양이 원초적인 진리를 구하지 않으면 안 되는 곳이라고 했을까? 그것은 아마도 중세 이후 서구적 이성이 비이성이나 광기에 대해 너무 많이 알 수 있게 되었고, 그것에 대해 독점적 지위를 확보할 수 있게 된 이른바 고전주의 시대까지 동양에 진 빚과 신세에 대해 서구적 지성의 저변에 침잠된 잠재의식의 발로일지도 모른다.

암흑의 터널 끝에 선 서양이 재생(르네상스)과 계몽의 근원이나 에네르기를 동양에서 공급받으려는 각성은 이미 12세기 말부터 시작되었다. 그 선구의 예를 들자면 12, 13세기 신성로마제국의 황제인 프리드리히(Friedrich, 1194~1250) 2세와 스페인의 옛 왕국인 카스틸리아(Castilia)의 국왕 알폰소(Alfonso, 1221~1284) 10세일 것이다. 특히 프리드리히 2세 이후 공석인 신성로마제국의 황제가 되려고 투쟁했으나 뜻을 이루지 못한 알폰소 10세는 신비로운 이슬람 문화에 심취하여 그것을 직접 연구한 13세기의 대표적인 이슬람 문화 숭배자였다. 오늘날 서구인들이

---

[1] 영어로 이슬람의 연금술인 *alchemy*에서 관사인 *al*을 떼어내면 근대 과학을 상징하는 화학, 즉 *chemistry*가 되듯이 서구의 과학은 물질의 변화에 대한 이성적 이해의 단서를 신의 섭리에 비유할 만큼 물질을 변화시키는 비법으로 여겨온 연금술에서 발견하고 거기에서 비이성적이고 주술적인 발상을 제거하여 이성적 이해로 전환시킨 것이다.

그를 가리켜 현왕(賢王, *el Sabio*)이라고 부르는 이유도 거기에 있다.

　서구 문화가 이성의 각성과 계몽을 제도적으로 실현하기 위해 근 100년에 걸쳐 볼로냐Bologna · 파리Paris · 옥스퍼드Oxford 등지에 앞다투어 설립한 대학들도 그러한 시대적 요청에 의해 생겨난 서구적 이성의 상징물들이었다. 그곳에서 서구의 이성은 이슬람의 대수 · 기하 · 천문 · 의학 · 음악 등 이른바 7가지 교양*liberal arts*으로 자유인이라는 이성주의자들을 무장시켰기 때문이다. 그러나 그것이 이성적 서구를 형성하려는 역사의 시작으로만 간주될 수는 없다. 왜냐하면 서구 안에서 그것은 이성중심주의의 권력화, 즉 비이성에 대한 제도적 배제와 감금의 서막이었고, 밖으로는 식민의 대지, 동양과의 거대한 분할선을 긋기 시작한 비극적 구조의 탄생이었기 때문이다. 서구의 이성은 이처럼 안팎에서 이중의 원초적 분할을 실현하기 위한, 즉 비이성을 배제하거나 지배하기 위한 전사(戰士)의 기지화를 시작한 것이다.

　서구적 이성의 간계가 시간의 흐름과 더불어 그 욕망의 회로를 영토화하고 패권화한 것은 지배 권력이 습관적으로 즐겨 온 〈밖으로의 욕망 유희〉 때문이었다. 특히 그 유희의 매혹적인 무대가 된 동방은 더 이상 동경과 숭배의 땅도, 향수와 회귀를 약속한 꿈속의 대지도 아니다. 그곳은 분할과 배제를 실험해야 할 식민의 현장일 뿐이다. 이른바 오리엔탈리즘의 덫으로 씌워진 질곡의 땅이었다.

2. 수용 속의 갈등과 비원

　중화(中華)는 나라가 아니라 세계였다. 그것은 동방의 세계관이었고 동아시아의 문화였다. 자기 완결을 실현한 완성도 높은 문화체였다. 그러므로 중화라는 처녀 인구집단*virgin population*이 서양으로부터 받은 개방의 유혹과 압력은 충격 이상이었다. 문화적인 자기 완결성과 처녀성은 서구 이성의 간계가 부리는 합유책략(合儒策略)의 요술에 대해 위기감과 저항 의식으로 대응했다. 그러나 완결성과 처녀성은 존재의 품격이지만 그만큼 수용을 가로막는 장애물이기도 하다. 양이척사(洋夷斥邪)의 갈등과 동도서기(東道西器)의 비원도 그래서 생긴 것이다. 문화에서의 혼용이란 불가피하고 본질적임을 감안한다면 처녀 인구집단의 지속적인 존재는 애당초 불가능한 일이었다. 주체성과 자발성이 문화 혼용의 더 좋은 전략이었을지도 모른다. 한·중·일 3국의 서구 문화 수용이 궤를 같이하면서도 다를 수 밖에 없었던 이유도 거기에 있다.

3. 중심에서 탈중심으로

서구의 이성중심주의란 이성패권주의·이성제국주의의 표층어(表層語)이다. 신적 이성(섭리)이 땅 끝까지 임하게 해달라는 기원 속에서 배태된 서구의 이성은 근본에서 이미 패권적이고 제국주의적이었다. 그러므로 그것이 자기 중심적인 것은 당연한 이치일 것이다. 신유박해를 비롯한 조선의 서교 정책은 물론이고 서학 동점에 대응한 동아시아의 방어적 문화 수용 양식들도 그래서 생겨난 것이다. 동아시아가 해금(海禁)과 해방(海防)을 서두른 이유도 그것이었고 조선이 쇄국이라는 〈창 없는 사회windowless society〉를 자청한 것도 그 때문이었다.

개인의 이성과 자유의 전개를 세계사의 조건으로 삼은 헤겔은 이미 유럽만을 세계의 중심으로 간주할 뿐 동양은 그 수변에 불과하다고 생각했다. 그가 공자의 사상에는 이성적 주체가 없고 객체로서 주체에 대립하여 주체를 억압하는 통속도덕만이 있을 뿐이라고 폄하한 것도 그런 이유에서였다. 그는 공자를 사색적인 철학이 없는 실용적 지혜의 소유자로만 간주했던 것이다. 그러나 서양인의 동양 인식이 모두 그처럼 자기 중심적이었고, 그로 인해 균형을 잃고 있는 것은 아니다. 〈철학의 중심은 어디에나 있지만 그 주변은 어디에도 없다〉는 메를로 퐁티의 탈중심적인 선언도 있기 때문이다.

4. 철학적 오케스트라의 실현을 위하여

볼테르는 〈모든 면에서 교훈을 얻고자 한다면 동양으로 눈을 돌리지 않으면 안 된다〉고 주장한다. 또한 메를로 퐁티도 서양 철학이 순수, 또는 절대적인 철학의 이름으로 동양을 제외한 그것 자체가 서양의 과거 대부분을 제외하는 것이나 다름없다고 하여 헤겔을 비롯해 독선적 우월감에 빠져온 서양 철학의 오만한 지방성 *localité*을 비판한 적이 있다.

세계의 철학은 동서양이 서로가 결코 동일하지 않다는 사실만으로도 풍요로워질 수 있다. 동서양의 철학은 서로를 비추는 반사경의 구실만으로도 맹목과 편견을 막을 수 있다. 적어도 서로의 사고방식과 철학이 다르다는 사실의 용인만으로도 세계의 철학은 균형을 잃지 않을 수 있다. 그러나 세기를 넘어서면서 철학에 맡겨진 과제는 차이의 인정이나 존중과 같은 소극적인 화해가 아니다. 그것만으로는 철학적 오케스트라의 창조적인 조화가 이루어지지 않기 때문이다. 그보다는 적극적인 양보와 화해를 통한 포괄성과 불편성(不偏性)이 실현되는 오케스트라적 조화*orchestrated harmony*가 필요하다.

끝으로, 지난 4백 년간 이 땅에 남긴 지성의 흔적을 따라온 여정이 단지 지적 오디세이가 아니라 미리 답사한 철학적 순례*pilgrimage*였으므로 저자는 이제부터 동행할 순례자를 안내하고자 한다. 그러나 홀로 즐긴 3년 간의 순례기가 독자 앞에 이렇게 우리의 사상 지도로서 펼쳐질 수 있게 된 것은 열린책들의 홍지웅 사장님과 출판사 온 가족의 각별한 배려 덕분이었다. 말로는 잠시일 수밖에 없는 감사의 마음을 글로써 오래 전하고 싶다.

2003년 9월 20일
이광래

차례

머리말 — 7
제1장 이문화의 접촉에서 수용까지 — 13
제2장 서교의 유입과 사상 지도의 변화 — 33
제3장 서학 속의 실학·실학 속의 서학 — 97
제4장 동도서기론에서 동서통합론까지 — 155
제5장 쇄국과 개화의 사이 — 217
제6장 역사의 질곡과 〈철학을 위한 변명〉 — 247
제7장 혼돈의 자화상 — 303
제8장 국토의 분단과 철학의 편식 구조 — 317
제9장 다원화 사회와 사상의 다원화 — 335
제10장 20세기 서양 사상의 한국적 이해 — 381
제11장 세기를 넘어서 — 407
참고 문헌 — 425
찾아보기 — 433

# 1 이문화의 접촉에서 수용까지

스키타이 왕은 다리우스에게 새와 쥐, 개구리와 일곱 개의 활을 선물로 보냈다. 이것들은 페르시아의 왕 다리우스에게 여러 가지로 해석되었다. 쥐는 스키타이 인·새는 그들의 말·활은 그들이 건네주려는 무기를 뜻한다고 하여 항복의 신청으로, 또는 페르시아 인들이 새처럼 날아가거나, 쥐처럼 지하에 숨거나, 개구리처럼 물속에 뛰어들지 않는 한 활에 맞아 죽게 될 것이라는 뜻으로 해석하여 도전의 선언으로 받아들였다.

— 헤로도토스, 「어느 스키타이 왕의 이야기」

문화에는 순종이 있을 수 없다. 문화의 본질이 잡종화*hybridization*에 있기 때문이다. 〈배양한다*cultivate*〉는 의미 자체가 단일 품종의 단순 배양이 아니라 다품종의 복합 배양을 더욱 바람직한 것으로 간주하듯이 문화도 애당초부터 순수한 것이라기보다 복잡하고 복합적일 수밖에 없다. 이처럼 문화 융합*cultural metamorphosis*은 시작부터 자연스럽게 일어나는 현상이다. 문화에서 수용이 곧 변용일 수밖에 없는 이유도 그것이다. 수용된 타자는 이미 타자 그 자체일 수만은 없고 수용되면서 전화(轉化)되어 변용된 일체(一體)를 실현하기 때문이다.

1. 문화 변형의 기생체로서 한역 서학서

1) 중간 숙주와 동아시아의 문화 변형

동물학에서 성체의 숙주(宿主)를 종결 숙주라고 한다면 중간 숙주 *intermediary host*는 최후의 종결 숙주에 이르기 전에 발육·변태의 일부를 영위하는, 즉 이것을 거치지 않으면 발육되지 않는 유생기의 숙주를 말한다. 예를 들어 폐디스토마가 종결 숙주인 사람의 몸에 들어가기 전에 먼저 다슬기에 기생한 다음 가재를 거쳐 발육하는 경우 다슬기나 가재를 중간 숙주라 할 수 있다.

이러한 중간 숙주의 경로와 역할은 문화의 변형 과정에서도 유사하게 나타난다. 중간 숙주론에서 동물과 문화의 차이는 단지 종결 숙주의 유무에 있을 뿐이다. 다시 말해 문화에는 성체가 있을 수 없으므로 종결 숙주도 존재할 수 없기 때문이다. 그 대신 문화소(文化素)는 동물(예를 들어, 폐디스토마)의 경우와는 달리 중간 숙주에서의 발육이나 변태가 유생기에만 국한되지 않고 성장기로 연장되면서 문화의 중간 숙주와 상호 작용을 통해 더불어 성장, 즉 변형을 지속한다. 예를 들어, 불교나 유교(또는 유학), 그리고 도교와 같은 동양 문화와 서학이나 서교(천주교), 그리고 서양 사상과 같은 서양 문화가 동아시아에서 진행돼 온 문화 변형 *acculturation*의 과정들이 그러하다.

① 동아시아 문화와 불교

동아시아의 대표적인 문화소 가운데 하나인 불교는 일찍이 인도에서 중국→한국→일본을 중간 숙주로 삼아 동아시아 문화의 성장과 변형을 주도해 왔다. 『위지(魏志)』, 「오환선비동이전(烏丸鮮卑東夷傳)」의 〈위략(魏略)〉에 의하면, 인도와 여러 서역 국가를 통해 중국에 불교가 처음 들어온 것은 전한(前漢) 애제(哀帝) 원수 원년(元壽元年: B.C. 2년)이었다. 이때 이미 박사 경로(景盧)가 대월씨국의 왕인 사이존(使伊存)으로부터 『부도경(浮屠經)』을 받았다는 것이다.

더구나 후한(後漢)의 영제(靈帝) 광화(光和) 2년(179년)에 이르면 지루가참(支婁迦讖)의 『반주삼매경(般舟三昧經)』 3권의 번역을 시작으로 하여 『대아미타경』, 『아미타경』, 『평등각경』 등 역경 사업이 활발히 이뤄지면서 중국 불교의 토착화가 진행된다. 다시 말해 경전이라는 문화 기생체에 의한 불교 문화가 중간 숙주인 중국 문화 속에서 중국 고대 문화의 변형을 빠르게 진행시킨 것이다.

중국을 거쳐 우리에게 불교가 공식적으로 처음 전해진 것은 고구려 제17대 소수림왕(小獸林王) 2년(372년)이었다. 그해 6월에 중국의 전진왕(前秦王) 부견(符堅)은 사신과 승려 순도(順道)에게 불상과 불경을 보내 와 자연신에 대한 원시 신앙의 형태에 머물던 고대 문화에 획기적인 변화의 계기를 제공했다. 이러한 사정은 백제를 중간 숙주로 하여 백제의 성왕(聖王) 16년(538년)에 건너간 일본 불교의 경우도 마찬가지이다.

『수서隋書』(卷81, 列傳 46, 東夷)의 〈왜국조(倭國條)〉에 의하면, 왜국에는 일찍이 〈문자가 없어서 오직 나무를 새겨서 표를 하고 끈을 맺어서 기호로 삼았을 따름이었는데 백제로부터 불교 경전을 구해서 불법을 공경하고 문자가 있게 되었다(無文字 唯刻木結繩 敬佛法於百濟 求得佛經 始有文字)〉. 불교라는 문화소가 일본의 고대 문화를 변형시킬 수 있었던 것은 단지 문화 기생체만을 통해서 이루어진 것이 아니다. 위덕왕(威德王)은 24년(577년)에 율사(律師)·선사(禪師)·주금사(呪禁師)뿐만 아니라 불공(佛工)·사장(寺匠)·와장(瓦匠)·화공(畵工) 등 불사(佛事)에 관련된 기술자들을 보내 백제의 선진 기술을 일본에 이식하기도 했다.

이러한 문화 기생체에 의해 고대 일본의 문화 변형이 두드러지게 나타난 것은 일본의 고대 문화를 상징하는 원시 신도(原始神道)의 변화에서였다. 불교의 찬란한 가람(伽藍) 문화의 도입은 상설의 제사 장소도 없이 때에 따라 선조신이나 다양한 자연신, 또는 관념신에게 제사를 올리던 원시 신앙 형태의 신도에 충격적인 자극이었다. 그 이후 원시 신도는 문화 신도로서 거듭나기 위해 획기적인 자기 변신 *acculturation*을 시도한다. 예를 들어, 신이 내릴 만큼 신령하게 여겨진 나무(神

木)인 요리시로(依代: 신이 강림하는 표시물)가 있는 곳을 임시 제장(祭場)으로 삼던 신도는 상설 건물〔屋〕을 짓고 그 안에 요리시로를 설치했다. 나중에는 신을 모시기 위한 사전(社殿)도 지어 그 안에 거울과 같은 신체(神體)도 모셔 두었다. 이처럼 불교의 가람 문화를 문화 기생체로 하여 생겨난 일본의 신사(神社) 문화 가운데 가장 오래된 상징물들이 출운대사(出雲大社)와 이세신궁(伊勢神宮)이다.

② 동아시아 문화와 유교

오늘날까지도 동아시아 문화를 상징하는 문화소는 유교이다. 주지하다시피 유교는 중국에서 발원했지만 그 연원에 대해서는 견해가 제각각이다. 요·순(堯·舜) 시대(B.C. 1900년경)로부터 문왕·무왕·주공이 다스리던 하·은·주(夏·殷·周) 삼대(B.C. 1820년경~700년경)를 지칭하는 이가 있는가 하면, 처음으로 관학(官學=成均)을 세워 교육과 문화 운동의 주체로 삼았던 주(周) 초를 그 시기로서 가늠하려는 이도 있다.

그런가 하면 장지연(張志淵)은 『조선유교연원(朝鮮儒教淵源)』에서 조선을 유교의 종주국이라고 주장한다. 은(殷)나라 말기의 삼인(三仁: 微子·比干·箕子) 가운데 한 사람이자 홍범구주(洪範九疇)[1]를 부연(敷演)한 기자(箕子)가 숙부인 주왕(紂王: 殷나라 최후의 왕)의 부노함으로 인해 조선으로 와 몸소 유교를 교화했기 때문이라는 것이다. 그에 의하면, 〈기자가 이미 무왕에게 전수하고 나서 몸소 조선에 들어와 《팔조의 교(八條之敎)》를 베풀어 우리 겨레를 교화하였다. 지금은 팔조가 손실되어 완전하지 못하다. 그러나 공자께서 찬〔贊易〕하여 이르시길 《箕子之明夷》라고 하였으니 명이(明夷)라는 것은 도(道)가 동방에 밝았다는 뜻이다. 그

---

[1] 홍범구주(洪範=大法, 九疇=九個條)는 순(舜) 임금의 뒤를 이어 제위에 오른 우(禹) 임금이 수양과 봉사, 그리고 근검역행(勤儉力行)하여 통치한 제왕 정치의 대법을 일컫는다. 한지(漢志)에는 우가 홍수를 다스릴 때의 진술을 홍범이라 하고, 사기(史記)에는 무왕이 기자를 찾아가 천도를 물었을 때 기자가 교시한 것이 홍범이라고 한다. 이것은 우 임금이 홍범을 만들고 기자가 그것을 부연했음을 의미한다.

런 즉 조선을 유교의 조종(祖宗)이 되는 나라라고 해도 과언은 아닐 것이다〉.[2] 어쨌든 유교는 한사군 시대를 지나 고구려에 이르면 이미 오경(五經)과 삼사(三史: 史記·漢書·後漢書), 그리고『字林』,『字通』,『文選』등을 문화 기생체로 하여 한학화된 유교가 경(經)·사(史)·문(文)의 상류 문화로서 자리잡기 시작했다.

일본의 경우, 유교의 도입으로 인한 문화 변형의 정도는 그 이상이었다. 이미 백제의 아신왕(阿莘王) 14년(405년)에 왕인(王仁) 박사는『논어』10권과『천자문』한 권을 가지고 일본에 건너가 지배 계층에 경학과 한문을 강습하기 시작했다. 특히 조선의 유학을 중간 숙주로 하여 일본 문화의 일대 변혁이 일어난 것은 도쿠가와 막부의 통치 시기였다. 임진왜란 때에 포로로 잡혀간 퇴계의 제자 강항(姜沆)에게 조선 유학을 배운 당대의 고승 후지와라 세이카(藤原惺窩)와 그의 제자인 하야시 라잔(林羅山)의 개종은 유교를 도쿠가와 막부의 통치 이데올로기로 만드는 계기가 되었을 정도였기 때문이다.

③ 동아시아 문화와 도교

동아시아 문화의 토대를 형성하고 있는 또 하나의 문화소는 도교(道敎)이다. 〈중국 문화 속의 도교란 무엇인가〉를 규명하기 위해 1972년 일본에서 열린 도교 연구 국제 회의에서 정리한 여러 가지 정의들 가운데 첫번째의 것을 보면 다음과 같다. 즉 도교는〈도가라는 이름 하에 신선도(神仙道)와 천사도(天師道)를 혼합하고, 민간 신앙을 포함한 불교와 유교의 교의와 의식을 융합한 것. 노자를 신격화하고 장생승천(長生昇天)을 교지로 하며 소재멸화(消災滅禍)를 위해 어떤 방술(方術)을 행하는 것〉[3]이었다.

차주환(車柱環)도『한국 도교 사상 연구』에서〈도교는 고대의 민간 신앙을 기반으로 하여 신선설(神仙說)을 그 중심에 두고 거기에다 도가·역리(易理)·음양·오

---

2 張志淵,『朝鮮儒敎淵源』, 유정동 역, 삼성문화문고, 1975, p. 8.
3 酒井忠夫, 福井文雄,「道敎とは何か」,『道敎の傳播と古代國家』, 雄山閣, 1996, pp. 2~3.

행·참위(讖緯)·의술·점성 등의 논법 내지 이론과 무술적인 신앙을 보태고, 그것을 불교의 체제와 조직을 흉내 내어 뭉뚱그려진, 불로장생을 주요 목적으로 삼고 현세의 이익을 추구하는 것으로 특징지워진 종교〉[4]라고 정의한다. 이러한 도교가 우리 문화 속에 들어와 습합(褶合)과 변형을 일으키기 시작한 흔적들은 적지 않다. 우선 단군 설화의 토대가 된 환인·환웅·단군의 삼신산(三神山) 산악 신앙과 신선 사상이 그것이며, 후한(後漢) 시대(2세기경)에 장노(張魯)가 완성하여 7세기 초 고구려에 널리 전파한 오두미도(五斗米道), 즉 천사도(天師道)[5]가 그것이다.

 일본의 고대 문화 형성에서 도교가 차지하는 비중은 중국이나 한국의 경우보다 훨씬 크고 중요하다. 일찍이 백제로부터 여러 차례에 걸쳐 도교와 관련된 문물을 전수받아 영웅을 신선화함으로써 조정의 권위를 강화한다든지 선조를 선녀와 연결시켜 원시 신기(原始神祇)신앙이나 조령(祖靈)신앙과 습합함으로써 도교 문화의 변형을 활발하게 진행한 것들이 그러하다. 또한 스이코(推古) 10년(602년) 10월에는 백제의 승려 관륵(觀勒)이 역서(易書)·천문·둔갑·방술서를 가지고 들어와 주술적 신선 사상을 보급함으로써 신선 신앙의 이론화가 이뤄지기도 했다.

 그러나 이보다 더 중요한 것은 일본을 상징하는 천황을 신이라고 여기는 신앙이나 사상도 중국의 도교에서 유래했다는 사실이다. 천황이라는 용어는 스이코 15년(607년)에 법륭사 금당의 약사상(藥師像)에 새겨진 〈池邊大宮治天下天皇〉라는 글에서 이미 나타나지만 인격신의 개념으로서 처음 등장하는 것은 텐무(天武) 천황의 사후에 그의 시호(諡)를 〈天渟中原瀛眞人〉이라고 한 도교적 개념에서였다.[6]

---

 4 車柱環,『韓國道敎思想硏究』, 서울대학교출판부, 1984, p. 22.
 5 장노가 완성한 천사도는 신도들에게 도덕경을 읽히고 천·지·수의 신에게 참회서를 써서 바친다는 삼관수서(三官手書)의 법을 시행하고 부적을 먹이며 기도를 드려 질병을 고쳤다. 또한 그는 귀졸(鬼卒)·귀이(鬼吏)·간령(姦令)·제주(祭酒) 등의 직책을 만들어서 신도들을 통할했고 미육(米肉)까지 제공하는 무료 숙박소를 마련하는 등 조직화된 종교 집단을 만들었다. 차주환,『한국 도교 사상 연구』, pp. 98~99 참조.
 6 福永光司,『道敎と日本文化』, 人文書院, 1982, p. 9. 또는『道敎と古代の天皇制』, 德間書店, 1978, pp. 24~25.

텐무 천황은 684년에 이미 지배 계층의 가격(家格)을 구별하기 위해 진인(眞人)→조신(朝臣)→숙미(宿彌)→기촌(忌寸)→도사(道師)→신(臣)→연(連)→도치(稻置)라는 〈팔색의 성(姓)〉을 제정하고 그 맨 윗자리에 진인을 두어 천황의 권위를 신격화하려 했다.

텐무 천황의 시호인 〈영진인(瀛眞人)〉 가운데 〈영(瀛)〉자는 사마천의 『사기(史記)』, 「시황본기(始皇本紀)」에 의하면, 본래 B.C. 3세기 말경부터 선인(仙人)이 사는 바다 속의 삼신산(三神山) 가운데 하나를 가리켰다. 그런데 그에게 사후에 이러한 영주(瀛州)의 신선에 비유한 시호를 붙인 것은 중국의 신선 신앙이 산복수행(山伏修行)과 습합하여 널리 유행하던 요시노(吉野) 지방이 즉위하기까지 그의 피난지였기 때문이었다.

이상에서 보듯이 불교·유교·도교는 동아시아의 문화를 형성하거나 변형하는 대표적인 문화소임에 틀림없다. 각 시대마다 동아시아 3국은 인간의 욕망 이동에 따라 이 문화소들이 문화 기생체로서 어떻게 작용했느냐에 따라 문화적 유사성이나 이질성을 나타내 왔다. 3국의 문화가 교차 배양될 때에도 이 문화 기생체들 간의 작용은 마찬가지였다. 불교·유교·도교가 동아시아 문화를 결정하는 문화소였다면 그것들로써 문화의 발육과 성장이 이뤄지는 3국은 언제나 서로를 중간 숙주로서 이용해 왔기 때문이다. 그러므로 서세동점의 대상으로만 간주해 온 서구 제국주의 이데올로기가 동아시아를 지정학적 개념으로 이해했던 것과는 달리 한·중·일 세 나라의 문화를 이 지역을 이해하기 위한 인식소(認識素, *episteme*)로서 간주해야 하는 이유도 바로 거기에 있다.

2) 문화 기생체로서 한역 서학서

인류 문화의 역사는 인간의 욕망에 따라 부침과 유동을 거듭해 온 욕망 실현의 역사이다. 문화는 제자리에 그대로 있으려 하지 않는다. 그것은 욕망의 흐름을 따라 이동하기 마련이다. 그러므로 욕망의 지배력이 강하고 그 구조가 거시적일수록 문화의 영토 확장이나 이동의 범위가 넓은 것은 당연하다. 강력한 군대를 보유한 정치 권력만이 외부의 힘에 대해 강한 면역력을 지닌 거시 기생 구조를 구축할 수 있듯이 문화의 권력화도 마찬가지이다.

1517년 마르틴 루터에 의해 시작된 종교 개혁은 가톨릭에게 위기만이 아니라 거듭나기 위한 절호의 기회이기도 했다. 프로테스탄트와의 헤게모니 경쟁에서 우위를 다시 확보하기 위해 1534년 〈그리스도의 군대〉로서 거듭난 〈예수회*Societas Jesus*〉가 그 기회를 실현하려는 첨병으로 나선 것이다. 로욜라H. Loyola를 비롯하여 자비에르F. Xavier 등 6명으로 구성된 이 결사체의 주요 목적은 미지의 세계에서의 전도 활동이었다. 1542년부터 인도의 고아Goa를 발판으로 하여 시작된 전도 사업은 1549년 8월 가고시마에 도착한 자비에르에 의해 일본 전도로 이어졌다.

그러나 최종 목적지인 중국에 도착하기 직전인 1552년 12월 그의 갑작스런 병사로 인해 예수회의 전도 계획은 중단될 수밖에 없었다. 결국 자비에르가 죽던 해에 태어난 마테오 리치(利瑪竇, Matteo Ricci)가 선배인 루지에리(羅明堅, Michael Ruggieri)와 함께 1583년 9월 자비에르의 사망 후 31년 만에 광동성(廣東省)의 조경(肇慶)에 도착함으로써 중국 전도가 시작되었다. 동아시아에서도 중국을 첫번째 중간 숙주로 한 욕망의 대이동과 문화 변형의 역사가 시작된 것이다.

이들이 중국에 도착하여 처음 시작한 것은 서양의 과학 기술과 문물을 중국에 소개하는 일이었다. 우선 도착한 이듬해에 루지에리는 처음으로 천주교의 기본 교리서인『천주성교실록(天主聖敎實錄)』을 출판하였다. 이 책이 출판된 지 일 년도 되지 않아 1,000여 권이나 팔린 것을 보면 이들의 문화 이식 프로그램이 사전에 얼마나 치밀하고 주도면밀한 계획 하에 준비되었는지를 알 수 있다.

한편 1601년 북경에 자리 잡은 마테오 리치도 서광계(徐光啓)와 함께 번역한 유클리드 기하학인『기하원본』과 초급 산수책인『동문산지(同文算指)』, 그리고 두 권의『천주실의』등 서양의 과학·종교·문화를 소개하는 저서를 30여 종이나 편찬했다. 1605년에는 남경 천주교회에서 바뇨니(高一志, A. Vagnoni)가 서양의 정치학을 소개하는 『서학치평(西學治平)』과 『민치서학(民治西學)』을, 그리고 10권의 서양 윤리서인 『수신서학(修身西學)』과 5권의 『서학제가(西學齊家)』를 출판하였다. 1613년에 입국한 알레니 J. Aleni는 서양의 학문과 대학 교육을 소개한 『서학범(西學凡)』과 세계의 인문 지리서인 『직방외기(職方外紀)』 등 30여 종의 서학서를 편찬하였으며, 1624년 삼비아시 F. Sambiasi도 『영언려작(靈言蠡勺)』을 출판하는 등 175년간 예수회 회원들은 당시 서양의 선진 문화를 거의 무차별적으로 쏟아 냈다. 이른바 〈서학동점(西學東漸)〉의 시대가 개막되었다. 한역 서학서(漢譯西學書)의 홍수가 범람한 것이다.

이렇듯 서양의 문화는 중국에 질풍노도처럼 밀려들었고 그 욕망을 실어 나르는 문화 기생체(한역 서학서)도 중국을 중간 숙주로 하여 한국과 일본에 막을 수 없는 전염병처럼 퍼져 나갔다. 어느새 동아시아는 서양 문화의 거시 기생 구조를 형성하고 있었다. 이때부터 중국의 문화는 물론이고 동아시아 문화의 지형이 빠르게 바뀌기 시작했다. 예를 들어, 마테오 리치는 서양 도덕에 관한 책인 『교우론』(1595)과 『이십오언(二十五言)』(1604)을 펴내 중국인들에게 처음으로 〈서양 선비〔西儒〕〉라고 존경받기 시작했다. 그가 펴낸 22종의 서학서 가운데 12종이나 청대의 학문을 상징하는 『사고전서(四庫全書)』에 수록된 것도 이런 사실을 뒷받침하기에 충분하다.

동아시아의 첫번째 중간 숙주로서 중국에 문화 기생의 징후가 분명하게 나타나기 시작한 것은 이지조(李之藻)와 서광계(徐光啓)가 마테오 리치에게 서학과 서교를 적극적으로 수학하면서부터였다. 특히 방호(方豪)의 『李之藻研究』에 의하면 1599년 이후 이지조는 마테오 리치의 집에서 매일같이 서학을 연구했을 정도였다. 또한 이지조는 1618년 포르투갈 선교사 푸르타도(付汎際, F. Furtado)와 같이 서학서 가운데 서양 철학을 소개한 대표적인 책인 『명리탐(名理探)』을 출판하기도 했다. 이 책은 이지조가 아리스토텔레스의 철학을 번역 출판한 것이므로 예수회가 중국인을 통해 고대 그리스 철학을 중국에 소개한 최초의 책이라는 데 의의가 있다.[7]

그러나 서양 문화의 더욱 포괄적인 기생체는 1629년 이지조가 한역 서학서를 19종의 총서로 편집하여 출판한『천학초함(天學初函)』일 것이다. 더구나 이 총서는『천주실의』·『기인십편(畸人十篇)』·『칠극(七克)』등 종교·사상에 관한 9종의 책을 이편(理篇)이라고 하고『천문략(天文略)』·『기하원본』·『직방외기』등 10종의 과학·기술에 관한 책들을 기편(器篇)으로 구분함으로써 그 이후 서학을 이론(理論)과 기론(器論)으로 나누게 한 계기가 되기도 했다.

명청대에 걸쳐 중국과 조선 사이에 놓인 욕망의 이동 통로는 조선조 창건 이래 매년 있어 온 외교사행(外交使行)이었다. 다시 말해 연경(燕京)으로의 부경사행(赴京使行)이 바로 그 욕망을 교류하는 다리였던 셈이다. 일반적으로 〈다리〉라는 것이 욕망 이동의 대표적인 상징물이듯이 부경사행이라는 외교적 다리를 통해 양국은 정치적 욕망을 실어 나르는 동시에 서양의 문화적 욕망도 지체없이 주고받았다. 기존의 문화 구조를 변형시키기에 충분할 만큼 많은 양의 문화 기생체들이 짧은 기간에 욕망을 이동시켜 조선을 중간 숙주로 한 서양 문화의 거시 기생 구조를 형성한 것이다.

더구나 이러한 구조의 형성은 수동적·소극적으로 이뤄진 것이 아니다. 오히려 조정이 주도하여 그것을 자발적으로 이루었다는 점에서 조선은 능동적·적극적인 중간 숙주의 특질을 지닌다. 예를 들어 숙종 46년(1720)에 부경사를 통해 52종 1,400여 권의 한역 서학서가 수입된 것이나 영조 8년에 19종 400여 권이 수입된 것, 그리고 정조가 서호수(徐浩修)에게 명하여 1만 권 5,200책의『흠정고금도서집성(欽定古今圖書集成)』을 사들인 것이 그러한 경우들이다. 심지어 인조 14년(1636)에 병자호란의 결과로 중국의 심양에 인질로 끌려간 소현세자(昭顯世子)도 8년 만에 귀국하면서 다수의 천문, 산학(算學), 그리고 서교와 관련된 서적과 천구의 등을 들여올 정도로 서양 문물의 수용에 적극적이었다. 특히 그가 중국에서 보

7 樓宇烈, 張志剛,『中外宗敎交流史』, 湖南敎育出版社, 1998, pp. 214~215.

낸 다음과 같은 서한에서 보면 신문화의 수용에 대한 그의 욕구와 의지가 어느 정도였는지를 가늠할 수 있다. 그는 서한에서, 〈천구의 및 서적류는 이 세상에 이와 같은 것이 있었음을 몰랐던 것이며, 이것이 제 손에 들어오게 된 것이 꿈이 아닌가 하고 기쁘게 생각하는 바이며, 우리 나라에도 이와 비슷한 것이 없는 바는 아니나 수백 년 이래로 천체 운행과 맞지 않으니 가짜인 것이 틀림없습니다. 지금 이 귀한 것을 얻었으니 이 얼마나 기쁨이겠습니까. 제가 고국에 돌아가면 궁중에서 사용할 뿐만 아니라 이것을 출판하여 식자들에게 반포할 작정입니다〉[8]라고 기록하였다.

일본도 『역사통보(譯司統譜)』의 기록에 의하면 이미 1641년에 쇄국 정책을 실시 중임에도 불구하고 나가사키(長崎)에 중국 문화를 수용하기 위해 중국에서 귀화한 사람들 가운데 〈당통사(唐通詞)〉를 임명한 바 있다. 이들이 통로가 되어 들여온 서양 문화로는 우선 일본의 칸트라고 불리는 미우라 바이엔(三浦梅園)을 놀라게 한 〈만국여지전도(萬國輿地全圖, *Nova Totius Terrarum Oribis Tabula*)〉가 있다. 그 뒤(1737)에도 유학자 기타지마 켄신(北島見信)은 당통사의 도움으로 천구와 지구에 관한 서양의 새로운 천문설인 태양중심설을 소개한 책인 『홍모천지이도췌설(紅毛天地二圖贅說)』을 번역하기도 했다.[9] 이것들만 보아도 당시의 일본도 한역 서학서를 앞세운 서학동점의 거시 기생 구조의 형성에 능동적이었음을 쉽게 알 수 있다.

특히 마테오 리치가 중국에 도착하여 가장 먼저 소개한 서양 문화가 여섯 폭 병풍으로 제작한 〈구라파국여지도(歐羅巴國輿地圖)〉, 즉 〈곤여만국전도((坤輿萬國全圖)〉였듯이 예수회원들이 초기에 시도한 동아시아의 문화 변형은 중화 중심적 세계관의 변혁이었다. 소현세자가 귀국하면서 북경에서 아담 샬Adam Schall에게서 기증받은 지구의를 보고 놀란 것처럼 그들이 이러한 문화 기생체들을 적극적으로 보급하려 한 것도 마찬가지 이유에서였다. 아마도 이것들을 통한 탈중화적 세

---

8 黃斐默, 『正敎奉褒』, 第1冊 25葉, 李元淳, 『朝鮮西學史硏究』, 一志社, 1987, p. 56 인용.
9 杉本つとむ, 『西洋文化事始め十講』, スリ―エ―, 1996, pp. 221~213.

계의 발견은 서양인들이 얼마 전에 코페르니쿠스를 통해 태양중심적 우주 *heliocentric cosmos*의 질서를 깨닫게 된 것과 마찬가지로 당시의 동아시아 인에게는 어느 것에도 비할 수 없는 문화 충격이었을 것이다.

2.『천주실의』와 동아시아의 문화 변형

이원순의 『조선 서학사 연구』에 의하면 1583년 마테오 리치와 함께 중국에 들어온 루지에리 M. Ruggieri가 그 이듬해 『천주성교실록(天主聖教實錄)』을 펴낸 이래 청의 고종 [乾隆帝] 시대에 천주교의 박해로 인해 예수회원이 추방되던 1759년까지 175년간 출판된 한역 서학서는 총 500여 종이며 그것의 출판에 참여한 서양인 성직자만도 60여 명에 이른다.[10] 그러나 이토록 많은 한역 서학서 가운데 중국을 비롯하여 한국과 일본 등 동아시아의 문화 변형에 가장 큰 영향을 준 것은 두 번째로 출판된 한역 천주교서인 마테오 리치의 『천주실의(天主實義)』이다.

1) 합유책략과 『천주실의』

『천주실의』는 본래 〈신에 대한 참된 토론 *De Deo Verax Disputatio*〉의 중국어역이다. 신에 대한 〈참된 토론〉이라고 했듯이 이 책의 서술 방식은 소크라테스의 문답식 대화처럼 중국 선비 [中士] 와 서양 선비 [西士] 사이의 문답식 토론으로 전개된다. 그 내용은 〈신에 대한 토론〉이라고 했듯이 한마디로 말해 신(천주)에 대한 것이다. 그러나 마테오 리치는 그것을 순전히 천주교 교리로서만 전개한 것이 아

---

[10] 梁啓超,『中國近三百年學術史』, 北京新華書店, 1985, pp. 31~39의〈明淸之際耶蘇會教士在中國者及其學術〉에는 65명의 명단이 기록되어 있으며 徐宗澤의『明淸間耶蘇會士譯著提要』, 中華書局, 1989, pp. 349~420에는 69명의 명단이 정리되어 있다. 이들에 대한 신상은 이 책의 제3장 서학 속의 실학·실학 속의 서학, 1)〈중국에 유입된 서학서와 한역 서학서〉를 참조.

니라 될 수 있는 대로 『사서』·『육경』과 관련시켜 서술하려고 했다.

『천주실의』의 초판 서문에서 풍웅경(馮應京)도 〈이 책은 우리 나라의 육경을 두루 인용하여 그 《사실됨〔實〕》을 증명하고 《헛됨〔空〕》을 논하는 잘못을 깊이 있게 비판하고 있다〉고 밝히고 있다. 루우열(樓宇烈)·장지강(張志剛)은 『중외종교교류사(中外宗教交流史)』에서 이것을 가리켜 〈예수회의 합유책략(合儒策略)〉이라고 표현한다.[11] 마테오 리치는 고증학적 방법을 통해 원시 유가의 문헌에 나오는 상제(上帝)의 존재에 대한 증명을 인용하여 유야(儒耶)가 근본에서 일가(一家)를 이룰 수 있음을 설명하려 했다는 것이다. 마테오 리치 자신도 『천주실의』에서 〈천주는 바로 (중국의) 옛 경전에서 말하는 상제〉임을 입증하기 위하여 다음과 같이 11가지 전거(典據)를 열거했다.

① 공자는 『중용』에서, 〈교사의 예는 상제를 섬기는 것이다(郊社之禮, 以事上帝也)〉.

② 『주송(周頌)』에서, 〈쉬지 않고 노력하는 무왕이여 쉬지 않고 애쓰셔서 그 공로는 비할 데 없이 크도다. 성왕과 강왕의 덕행이 어찌 빛나지 않으리오. 상제가 그들을 왕으로 부르셨다(執競武王, 無競維烈. 不顯成康. 上帝是皇)〉.

③ 또 말하기를, 〈오, 밀과 보리여 잘도 자랐구나. 장차 잘 익어 풍년이 들리니 상제의 은덕이 밝게 빛나도다(於皇來牟, 將受厥明, 明昭上帝)〉.

④ 『상송(商頌)』에서, 〈상탕(商湯)의 성덕과 경건함은 더욱 증가하여 하늘에 다다른 지 오래되도 그치지 않으니 일심으로 상제를 공경하네(聖敬日躋, 昭假遲遲, 上帝是祇)〉.

⑤ 『대아(大雅)』에서, 〈아, 문왕께서는 오직 마음을 조심하고 행동을 삼가며, 밝

---

11 樓宇烈·張志剛, 『中外宗教交流史』, pp. 230~231. 이와는 달리 도널드 베이커는 『朝鮮後期 儒教와 天主教의 대립』(김세윤 역, 일조각, 1997) p. 67에서 〈리치는 신유학자들에게 신의 존재에 대한 믿음을 갖게 하기 위한 목적으로 『천주실의』를 저술하면서, 대부분 중세 유럽의 토마스 아퀴나스 철학의 전통으로부터 일련의 무미건조한 논리적 주장을 인용하여 전개하였다〉고 하여 유야일가(儒耶一家)를 위한 〈합유책략〉과는 상반된 주장을 하고 있다.

은 덕으로 상제를 섬기셨네(維此文王, 小心翼翼, 昭事上帝)〉.

⑥ 『주역』에서, 〈제(帝)는 진(震: 동방)에서 나왔다(帝出乎震)〉.

⑦ 『예기(禮記)』에서, 〈다섯 가지 조건을 알맞게 갖추면 상제께서 그 제사를 흠향하신다(五者備當, 上帝其饗)〉.

⑧ 또 말하기를, 〈천자께서 친히 농사를 지어, 자성(粢盛: 제사용 기장과 피)과 거창(秬鬯: 나라의 제사용 기장술)으로 상제를 섬긴다(天子親耕, 粢盛秬鬯, 以事上帝)〉.

⑨ 『상서(尙書)』, 「탕서(湯誓)」에서, 〈하(夏)나라 걸왕(桀王)이 죄를 지음에 나는 상제가 두려워 감히 그의 죄를 바로 잡지 않을 수 없었도다(夏氏有罪, 豫畏上帝, 不敢不正)〉.

⑩ 또 「탕고(湯誥)」에서, 〈위대한 상제께서는 이 땅의 백성들에게 올바른 마음을 내려 주셨고 언제나 변치 않을 사람의 본성을 따르게 하였다(惟皇上帝, 降衷于下民, 若有恒性)〉.

⑪ 「금등(金縢)」에서, 〈주공이 말하길, 마침내 상제의 조정에서 명을 받아 천하의 백성을 다스리고 보았다(周公曰, 乃命于帝庭, 敷佑四方)〉.

마테오 리치는 이상과 같이 천주와 중국 경전에서 논의하는 상제가 다르지 않음을 고증한 뒤 〈옛날 경서들을 살펴보면 상제와 천주는 단지 이름만 다를 뿐임을 알 수 있다〉[12]고 재차 강조한다. 그야말로 유야일가(儒耶一家)를 위한 합유책략처럼 보인다.

그러나 마테오 리치가 이 책을 출판하려는 진정한 의도는 천주와 상제의 유사성이나 동질성을 고증하려는 데 있는 것이 아니다. 그것은 단지 유교 사회에 초월적 절대자에 대한 거부감이나 배타적 이질감을 줄이거나 해소하려는 수단에 지나지 않을 뿐이다. 그보다는 오히려 천주의 존재 증명·인간의 영혼 불멸·자유 의지와

12 마테오 리치, 『천주실의』, 송영배·임금자·장정란·정인재·조광·최소자 옮김, 서울대학교 출판부, 1999, pp. 99~103.

구원에 대한 절대적 신앙과 같은 기본적인 교리를 유교 사회의 입맛에 맞게 번안하고 각색하여 전달하려는 데 그 목적이 있었다.

상·하권의 전체 8편으로 되어 있는 이 교리서의 토대를 이루는 것은 루지에리의 『천주성교실록』에서와 마찬가지로 중세의 스콜라 철학이다. 특히 마테오 리치는 제1편에서부터 토마스 아퀴나스[托馬斯 阿奎那]의 신Deus에 대한 존재 증명인 〈신에게로 이르는 다섯 가지의 길quinque viis〉을 이용하여 여기에서도 다음과 같이 다섯 가지로 논증을 전개한다.

첫째, 운동에 의한ex parte mortus 증명이다. 〈혼도 없고 지각도 없는 사물은 자기 자리에 있을 뿐 스스로의 움직임이 결코 (일정한) 도수에 맞을 수 없습니다〉가 그것이다.

둘째, 능동인에 의한ex ratione causae efficiens 증명이다. 〈비록 감각은 가지고 있지만 이성을 가지고 있지 않은 존재가 만약 이성적인 일을 했다면 반드시 이성을 가진 존재가 그를 이끌어서 그렇게 한 것입니다〉가 그것이다.

셋째, 가능성과 필연성에서ex possibili et necessario 생기는 우연성에 의한 증명이다. 〈무릇 모든 개체는 스스로 완성될 수 없으며, 반드시 외재적 존재 때문에 이루어지는 것입니다. 누대나 가옥들은 저절로 세워질 수 없으며 언제나 목수의 손에 의해 완성됩니다〉가 그것이다.

넷째, 완전성의 단계에 의한ex gradibus perfectionum 증명이다. 〈본래 이성을 결여하고 있는 사물들이 질서 있게 배열되어 있다면 그것을 질서 있게 배열한 존재가 있기 마련입니다. ……천지 만물은 모두 질료[質]와 형상[文]을 가지고 있어서 더 보탤 수도 감할 수도 없음을 알 수 있습니다〉가 그것이다.

다섯째, 세계 질서에 의한ex gubernatione mundi 증명이다. 〈우리가 모든 생물의 형체와 본성이 생겨난 것을 따져 보면 어느 것은 태(胎)에서 받은 것이고, 어느 것은 알에서 깨어 나온 것이고, 어느 것은 씨에서 발아된 것입니다. 모두 자기로부터 만들어진 것이 아닙니다.……반드시 만류(萬類)를 조화하여 생성한 원초의 특이한 존재가 있어야만 한다고 생각합니다〉[13]가 그것이다.

　이상에서 보면 마테오 리치의 논증은 아퀴나스의 신에 대한 존재 증명을 알기 쉽게 풀어서 설명한 데 지나지 않는다. 심지어 논증의 순서마저도 아퀴나스가 『신학대전 Summa Theologiae』의 제1부 2장 3절에서 〈신은 존재하는가〉에 대해 증명한 것을 그대로 반복할 정도였다. 또한 아퀴나스가 신 안에 있는 모든 사물들의 생성 변화를 아리스토텔레스의 4원인설로 설명하려 했듯이 마테오 리치도 신에 대한 존재 증명에 이어서 사물의 소이연(所以然)을 그 네 가지로 설명함으로써 아리스토텔레스〔亞里士多德〕의 형이상학에 신세지고 있다. 예를 들어, 〈사물의 소이연을 한번 논의해 보면 네 가지가 있습니다. 이 네 가지는 무엇입니까? 운동인·형상인·질료인·목적인입니다(試論物之所以然有四焉. 四者維何? 有作者, 有模者, 有質者, 有爲者)〉[14]가 그것이다.

　결국 마테오 리치의 『천주실의』는 토마스 아퀴나스를 통한 스콜라 철학을 유교 사회에 소개하는 계기가 되었고, 그렇게 함으로써 동아시아에는 아리스토텔레스의 형이상학과 더불어 그리스 철학도 동시에 소개될 수밖에 없었다. 마테오 리치 이외에 아리스토텔레스의 4원인설을 자세하게 소개한 바뇨니(高一志, A. Vagnoni)의 『공제격치(空際格致)』나 이지조가 푸르타도와 함께 번역하여 소개한 『명리탐(名理探)』 등 예수회원들에 의해 출판된 종교·사상서의 대부분이 그런 것들이었기 때문이기도 하다.

2) 『천주실의』와 동아시아의 문화

　마테오 리치는 2년여에 걸친 『천주실의』의 집필을 마친 뒤 그 소감을 다음과 같이 밝힌다. 그에 의하면, 〈우리는 천주교의 신앙 진리를 천주교의 신학서에 의해 증명하는 한편, 『사서』·『육경』과 그 밖의 중국학자들의 문헌을 참고했고, 거기에

13 마테오 리치, 앞의 책, pp. 45~56.
14 앞의 책, p. 58.

서 하느님의 단일성·영혼 불멸성, 그리고 선한 자의 영광 등에 대한 우리의 신앙과 부합되는 논증을 들을 수 있었다〉는 것이다.

그러나 그가 사서·육경과 같은 중국 문헌을 참고하여 거기에서 자신들의 신앙과 부합되는 논증을 발견했다고 주장하듯이 이 책의 출판을 통한 그의 전도 전략은 매우 치밀하게 계산된 것이었음을 쉽게 알 수 있다. 또한 이러한 그의 전략 때문에 『천주실의』는 예수회원들의 어떤 책들보다도 중국을 비롯한 동아시아의 문화에 깊이 스며들 수 있었고 문화 변형을 빠르게 일으킬 수 있었다. 다시 말해 그것은 이처럼 매우 성공적인 기생 책략으로 인해 동아시아를 천주교의 중간 숙주권, 즉 거시 기생 구조로 만드는 데 문화 기생체로서의 결정적인 역할을 할 수 있었다.

① 중국의 경우

명 말에는 이미 많은 사대부와 지식인들이 천주교를 수용하여 신자가 되었거나 그것을 연구함으로써 문화 변형이 상당히 진행되고 있었다. 이지조와 서광계는 물론이고 양정균(楊廷筠)·손원화(孫元化)·왕징(王徵)·이응시(李應試) 등과 같은 이들이 그 대표적인 인물들이다. 그러나 이들 못지않게 천주교에 대해 비판적이거나 부정적인 인물도 적지 않았다.

마테오 리치가 죽은 뒤 1616년에는 황제에게 천주교회의 폐쇄를 요구하는 몇 차례의 상소로 인해 결국 금교령이 내려졌다. 이어서 남경·상해·항주 등지에서는 사대부와 승려들의 천학 비판과 배척 운동인 이른바 파사·벽사운동이 일어났다. 서창치(徐昌治)의 『경조파사집(經朝破邪集)』(1639)과 장덕경(蔣德璟) 등의 『벽사집(辟邪集)』(1643)도 이때 나왔다. 반천학 운동에 가장 적극적이었기 때문에 〈거혹거사(去惑居士)〉라는 별명까지 얻었던 황정(黃貞)은 〈분신쇄골하여 파사하겠다〉고 외칠 정도였다.[15] 그러나 풍응경이 쓴 『천주실의』 초판 서문의 첫머리에서

---

15 孫尙楊, 『基督教與明末儒學』, 東方出版社, 1994, pp. 223~224.

보았듯이 〈천주란 무엇인가? 상제이다(天主何上帝也)〉라는 메시지는 이미 중국은 물론 동아시아 문화의 트라우마trauma가 되어 버렸음을 부인하기 어렵다.

② 조선의 경우

임진왜란 초기인 1593년 12월 28일 예수회원인 세스페데스G. Cespedes가 대마도를 거쳐 경남 웅포에 발을 디딤으로써 처음으로 이 땅에 천주교의 포교가 시작되었다. 그러나 조선에 천주교와 서양 문화가 본격적으로 소개되기 시작한 것은 부경사행원들에 의해서였다. 이때 조선에서 『천주실의』에 대해 가장 먼저 언급한 사람은 이수광(李睟光)이다. 그는 『지봉유설(芝峰類說)』에서 『천주실의』 8편 가운데 제2·4편을 제외한 6편의 내용을 간추려서 소개하고 있는 것으로 보아 직접 읽어 보았음에 틀림없다. 1621년에 펴낸 『어우야담(於于野譚)』에서도 유몽인(柳夢寅)은 〈제목을 천주실의라고 했는데 천주는 상제를 말하며, 실(實)이란 공(空)이 아닌 것을 말하는데 이것은 노자와 부처의 공(空)과 무(無)를 물리친 것이다〉라고 하여 이수광과는 달리 8편 모두를 소개하고 있다.

그러나 『천주실의』에 대한 단순한 소개가 아니라 그것에 대한 사상적·종교적 논쟁이 본격적으로 전개되는 것은 이익(李瀷)의 「천주실의발(天主實義跋)」로부터 시작하여 그의 제자들인 성호학파(星湖學派)에 의해서였다(이것에 대한 논의는 〈제2장 서교의 유입과 사상 지도의 변화〉에서 전개). 이렇게 해서 전개된 이른바 서교 논쟁은 조선의 유교 문화에 적지 않은 영향을 줄 수밖에 없었고, 급기야 조선 후기의 역사를 신유박해로부터 시작되는 박해와 순교라는 극도의 긴장과 피로 속에 빠져들게 했다. 조선 후기의 서교사는 한 세기 동안이나 지속된 다산가(茶山家)의 순교사에서도 보듯이 중간 숙주 안에서 문화 기생으로 인해 전개되는 문화 변형의 비극적 드라마일 수 있다.

③ 일본의 경우

예수회 선교사인 자비에르에 의해 중국이나 조선보다 먼저 유입된 천주교는 도쿠가와 막부의 탄압이 시작되기 이전까지만 해도 교세를 상당히 떨칠 정도였다. 특히 천주교는 오다 노부나가(織田信長)의 지원에 힘입어 일본을 가장 먼저 안정적인 중간 숙주로 만들 수 있었고, 빠른 속도로 일본 문화를 거시 기생 구조로 변형시킬 수 있었다. 그러나 도요토미 히데요시(豊臣秀吉)의 선교사 추방령에 이어 도쿠가와 막부의 금교령과 기독교도의 박해, 그리고 250년이나 계속된 쇄국 정책은 이러한 문화 구조를 철저히 붕괴시키고 말았다. 이때부터 이른바 〈일본의 비극〉이 시작된 것이다.

이를 두고 와츠지 데츠로(和辻哲郞)는 근대화(서구화)의 기회 상실이라고 생각하거나 〈연기된 근대화〉로 간주하여 안타까워한다. 심지어 그는 제2차 세계대전의 패배마저도 일찍이 찾아온 서구적 계몽의 기회를 포기한 〈쇄국〉에서 그 원인을 찾으려 했다.[16] 마루야마 마사오(丸山眞男)는 도쿠가와 막부 시절, 오규 소라이(荻生徂徠)가 천명한 반주자학을 가리켜 신유학의 이데올로기에 대한 안티 테제의 등장이라고 했지만 도쿠가와 막부의 반서구적인 쇄국은 오히려 더 큰 안티 테제의 제거일 수 있기 때문이다.

마테오 리치의 『천주실의』는 동아시아에 천주교의 기본 교리를 소개하는 수많은 호교서(護敎書) 가운데 하나이다. 그러나 이것은 이(異)문화가 기생체로서 중

---

16 和辻哲郞, 『鎖國』, 岩波書店, 1963, pp. 15~16. 이 책의 말미에 쓴 〈해설〉에서도 후루카와 테츠시(古川哲史)는 《쇄국》·《일본의 비극》·《인류의 세계사적 반성》·《세계적 시각의 성립 과정》이라는 네 가지 주제는 이 저서가 문제 삼는 것을 남김없이 말하고 있다. 다시 말해 근세 초에 서구인은 무한 추구의 정신을 지닌 채 어떻게 적극적으로 동방과 서양의 신세계로 시야를 넓혀 나갔는지를 살피고, 그러한 활발한 세계 정세 속에서 일본이 선택한 상황과 경위가 얼마나 소극적이고 퇴행적인 것이었는지를 밝히며, 이처럼 《쇄국하는 행동》이 결국 일본 민족을 현재의 비극으로 인도했다는 사실을 지적하는 것이 이 저서가 의도하는 바〉라고 강조한다.

간 숙주에 성공적으로 기생한 모델 케이스이기도 하다. 그것은 무엇보다도 유야일가를 표방함으로써 유교 문화 속에 별다른 거부감 없이 천주교가 수용될 수 있게 하는 문화적 기생 책략이었다. 다시 말해 그것은 궁극적으로 유교 문화권인 동아시아를 천주교 문화의 거시 기생 구조로 변형시키려는 것이었고 유교 문화를 천주교 문화화하려는 것이었다.

그러나 전통적인 유교 문화의 폐역인 동아시아에 천주교의 기생과 서양 문화의 이식을 위해 예수회원들이 헌신적으로 전개한 종교 패권주의적 선무 활동은 결과적으로 동아시아의 문화를 중층화하는 계기가 되었지만, 그로 인해 20세기에 이르기까지 동아시아의 역사적 피로감을 극대화시키는 부작용을 낳기도 했다.

2 서교의 유입과 사상 지도의 변화

1. 왜 중층적 결정인가

17·8세기 명청으로부터 각종의 한역 서학서와 서교서[17]의 도입을 가리켜 어떤 이는 조선 사회에 주어진 서구 충격 western impact이자 문화 충격 cultural impact[18]이라고 말한다. 그러나 충격이 과연 150년 동안이나 계속되었을까? 우리는 그 긴 세월을 충격의 기간이라고 불러도 좋을까?

1603년 진청사(陳請使)로서 북경에서 돌아온 이광정(李光庭)과 권희(權憘)가 1602년 이지조(李之藻)의 제의와 도움으로 마테오 리치가 출판한 최초의 세계 지

---

[17] 1603년 이래 약 180년간 조선에 도입된 한역 서학서의 수량과 종류는 정확히 알 수 없다. 그러나 그동안 예수회를 중심으로 하여 발간된 책들 가운데 중요한 것은 거의 다 도입되었을 것이다. 그 가운데서도 이지조가 1629년 서교에 관한 총서(제1차분)로 출판한 『천학초함(天學初函)』의 종교 편인 이편(理編) 9종과 과학·기술편인 기편(器編) 10종은 모두 도입되었다. 특히 당시에 도입된 책들 가운데 조선의 사상 지도를 바꿔놓을 만큼 커다란 영향을 준 서교에 관한 책들에 대해서는 이 책 p. 113 도표를 참조.
[18] 李元淳, 『朝鮮西學史研究』, 一志社, 1986, p. 37.

도인 〈곤여만국전도(坤輿萬國全圖)〉를 들여온 것이나 그 이듬해에 황중윤(黃中允)이 〈양의현람도(兩儀玄覽圖)〉를 들여온 것은 분명히 장차 조선인들의 세계관을 바꿔 놓을 만한 충격적 사건이었다. 그러나 예상하지 못한 공간과 이방의 존재에 대한 경이감이나 이질적 문화에 대한 충격적 체험은 개인에게 영원한 정신적 외상으로 작용하기보다 오히려 이방과 이(異)문화에 대한 신비감을 갖게 하거나 지적 호기심을 자극하는 원인이 되기 일쑤이다. 예를 들어 1610~20년대에 이수광(李睟光)·유몽인(柳夢寅)·허균과 같은 지식인들이 보인 반응들이 그러하다.

이수광은 『지봉유설(芝峰類說)』(1614)에서 이미 〈나는 일찍이 유럽 사람 이마두(利瑪竇=마테오 리치)가 그린 천형도(天形圖)를 보았다. 그의 학설은 근거가 있는 것 같다〉. 〈그가 지은 『천주실의』 두 권은 먼저 천주가 천지를 창조하고 이것을 다스리며 잘 보살피는 것을 밝혀 말하였다〉고 하여 충격을 토로하면서도 새로운 우주관과 세계관에 대한 호기심과 이해의 노력을 더욱 적극적으로 나타냈다. 그가 천주교의 유일신관에 대해서 배타적으로 주장하기보다는 객관적으로 소개하려는 자세를 보인 것도 마찬가지 이유에서였다.

이러한 태도는 1621년에 유몽인이 엮은 『어우야담』에서 더욱 분명하게 드러난다. 그는 마테오 리치의 『천주실의』에 대해서, 〈첫 편은 천주가 우주 만물을 비로소 짓고 이것을 다스리고 편히 길러 주는 것을 밝혔고, 3편은 사람의 영혼이 꺼지지 아니하여 금수와 다르다는 것을, 6편은 의욕을 없앨 수 없다는 것을 풀이하고 천당과 지옥으로써 선악을 갚는다는 것을 풀어 말하였다. …… 제목을 천주실의라고 했는데 천주는 상제(上帝)를 말하며, 실(實)이란 공(空)이 아닌 것을 말하였다. 이것은 노자와 부처의 공(空)과 무(無)를 물리친 것〉[19]이라고 하여 서교, 즉 천주교에 대해 더욱 객관적으로 소개하고 있다.

이상에서 보듯이 서학과 서교에 대한 초기의 지식인들의 반응은 충격보다 적극

---

19 『於于野譚』, 卷之二, 宗敎篇, 西敎.

적인 호기심 속에서 이해와 전달로 나타났다. 반복된 충격은 더 이상 충격이 아니라 기존 사실로서, 또는 알고 싶은 현상으로서 인지되기 때문일 것이다. 이처럼 집단적인 문화 충격은 개인의 정신적 외상과는 달리 구성원에 의한 상징화가 쉽게 이루어진다. 다시 말해 문화 변형이 용이한 것이다.

150년간 계속된 한역 서학서와 서교서의 도입은 우선 서양 문화에 대한 충격이었지만 이내 지적 호기심으로 이어졌고 시간이 지날수록 학문 활동으로 전화되었다. 조선인의 세계관과 식견이 바뀌자 학문이 변하기 시작한 것이다. 조선 사회의 문화소인 성리학(이른바 동도〔東道〕)에 대한 학문적 가치가 서교〔西道〕나 서학〔西器〕과 대비되면서 그것의 위상과 신뢰도 점차 변화되어 갔다. 일본의 소라이학(徂徠學)이 주자학에 대한 고문사학적(古文辭學的) 안티 테제antithèse로서 등장했듯이 조선의 실학은 성리학을 대신할 비주상고적(非朱尙古的) 테제로서 표면화하면서 조선조 후기의 새로운 문화소로서 자리잡기 시작했다. 더구나 서교의 유입으로 인해 생긴 배야(排耶)와 수야(受耶)의 내적 갈등은 전통적인 유교 문화의 변형을 가속시키면서 조선조 후기 사상의 내부 환경을 결정하는 중요한 요인으로도 작용했다.

그러면 서교 유입으로 야기된 문화 변형은 한국 사상사에서 어떤 양상으로 나타났을까? 한마디로 말해 그것은 일종의 문화 융합cultural metamorphosis이었다. 문화적 효모와도 같은 서교의 유입으로 인해 조선 사회는 정신문화의 발효가 시작되었기 때문이다. 그것은 발효의 정점인 1801년 신유박해에 이르기까지 부정적이든 긍정적이든 실학자를 비롯한 당시 지식인들의 학문적 입장과 성격의 결정을 요구하는 시대정신이 될 수밖에 없었다.

한편 거시적으로 보면 서학과 서교의 사상적 반영으로서 실학의 등장은 성리학이 주도해 온 단층 문화 시대의 마감을 의미한다. 서학과 서교의 유입으로 인해 조선의 지식인 사회에는 이미 문화 융합이 활발하게 진행되기 시작했기 때문이다. 다른 한편 미시적으로 보면 그것들에 대한 수용과 거부를 위한 저마다의 주장과 방법에 따라 조선의 후기 사상은 중층적으로 결정되기 시작한 것이나 다름없다.

중층적 결정*overdetermination*이란 본래 프로이트S. Freud가 꿈의 해석을 위해 처음 사용한 정신분석의 개념이다. 그는 하나의 결과(꿈)를 일으키는 여러 원인들이 동시에 존재하는 사태를 중복 결정, 또는 중층적 결정이라고 불렀다. 꿈이란 수많은 이미지들이 단일한 이미지로 압축, 또는 응축*condensation*되는 동시에 특별히 강력한 이미지가 외관상 사소한 이미지로 전이, 또는 대체*displacement*되는 중층적 결정[20]의 결과이다. 한마디로 말해 꿈은 중층적·다원적으로 결정된 사건의 복합태이다. 그는 이것을 히스테리*hysteria*에도 적용하여 모든 증상도 한 가지 이상의 정신적 외상에 의해 발생한다는 다중적 인과론을 주장했다.

이러한 중층적 설명 모델은 서학과 서교의 유입으로 인해 복잡해진 조선 후기의 역사적 상황과 사회 구조 속에서 당시의 지식인들에 의해 새롭게 전개되는 실학을 비롯한 사상 운동을 설명하는 데에도 마찬가지로 유용하다. 서학과 서교의 유입은 성리학적 유교 문화가 지배하는 전통적인 조선 사회를 이해하는 데는 일종의 〈인식론적 장애*obstacle épistémologique*〉일 수 있으나 그것이 곧 지식인 사회를 다원화하는 계기가 되었을 뿐만 아니라 조선조 후기 사상의 새로운 인식소*épistémè*를 중층적으로 결정하는 원인이 되었다고도 볼 수 있기 때문이다. 특히 신유박해와 같이 서교로 인해 발생한 극도의 역사적 피로 증세나 히스테리를 설명하는 데는 더욱 적절할 수 있다.

예를 들어 배야와 수야의 견해 차이로 인해 중층적으로 결정된 사상의 조감도

---

[20] 오늘날 이 개념을 사회 구조나 역사적 사건의 설명에 대해서도 적용한 사람이 루이 알튀세르L. Althusser이다. 그에 의하면 사회 구조나 역사적 사건은 예외 없이 단순한 인과 관계로 결정되는 것이 아니라 복수의 다양한 원인들이 서로 겹쳐 발생한 복합적 결과이다. 즉 그는 그때에도 마치 프로이트가 꿈의 사유들이 어떻게 표상되는지를 설명하는 방식과 다를 바 없다고 생각한 것이다. 그는 그 경우에도 복수의 원인들간에 결정력의 위계가 있다고 보아 어떤 사건을 일으키는 구조나 범위를 결정하는 원인을 〈최종적 결정인*cause déterminante*〉이라고 부르고, 그 사건의 역사적 특성을 결정하는 특수한 원인을 〈지배적 원인*cause dominante*〉이라고 불렀다.

속에는 신후담(愼後聃)의 벽사위정론(闢邪衛正論)이나 안정복(安鼎福)의 반(反)서교주의(이른바 동도우위론[東道優位論])와 같이 다양한 철학적 사유들을 오직 유학 명제에로만 철저히 응축시키려는 이미지가 있는가 하면 이와는 반대로 이가환(李家煥)·이벽(李檗)·권철신, 일신(權哲身, 日身) 형제·이승훈(李承薰)·다산가(茶山家·丁若鍾·丁若銓·丁夏祥)와 황사영(黃嗣永)의 서교수용론이나 옹호론[護敎論]과 같이 서교 명제의 일반화를 통해 이미지를 대체하려는 시도가 서로 중첩되어 나타나기 때문이다. 특히 이들이 모두 성호학파의 개조인 이익의 제자들임에도 불구하고 후기 사상의 미시 구조(축소판)처럼 사상적·종교적으로 양분되어 중층화된 것도 이미 이익의 사상 속에 중층적 결정 인자가 배태되어 있었기 때문일 것이다.

2. 이익의 보유론적 서교 인식

성호 이익(1681~1763)이 참고한 20여 종의 한역 서학서 가운데 서교(또는 서도)에 관한 것은 마테오 리치Matteo Ricci의 『천주실의』와 판토하(Juan de Pantoja, 龐迪我)의 『칠극(七克)』뿐이다.

1) 『천주실의』를 통해 본 서교 인식

〈이익은 왜 『천주실의(天主實義)』의 발문(跋文)을 썼을까?〉 이 질문은 필자가 서교에 대한 이익의 인식과 입장이 어떠했는지를 이해하기 위한 단서이다.

이익이 활동하던 당시는 이미 한역 서학서와 서교서가 조선에 거의 도입된 상태였다. 이것은 평생 동안 정치적 신분이나 이념으로부터 자유로웠던 그로 하여금 왕성한 지적 욕구를 충족시키기에 더없이 좋은 조건이었다. 그의 저서인 『성호사설』과 『성호사설류선(星湖僿說類選)』, 그리고 『성호선생문집』에 열거된 한역 서학서와 서교서의 서목이 20여 종에 이르는 것만 보아도 그에게는 권력에의 의지보다도 지식에의 의지가 얼마나 강한 것이었는지를 알 수 있다.

더구나 시무(時務)·경세 의식(經世意識)에 충일한 재야 지식인이었던 그가 관학의 교조주의적이고 독단적 경직성에 대해 비판적이었던 것도 지체 없이 도입되는 서학·서교서의 탐독으로 인한 그의 박학다식에서 비롯되었을 것이다. 예를 들어 〈일자(一字)라도 의심을 가지면 망언이라 하고, 참고하고 대조하는 것만으로도 죄가 된다고 한다. 주자의 글도 오히려 이와 같거늘 하물며 고경전(古經典)에 있어서랴. 이렇게 되면 우리나라의 학문은 고루와 무딤을 면하기 어려울 것이다〉[21]라고 하는 그의 개방적 사고 방식과 학문관이 이를 잘 드러낸다.

그러면 일종의 인식론적 단절의 주장이라고까지 간주할 수 있는 그의 이러한 탈중세적 신사고가 서교에 대해서는 어떻게 작용했을까? 그는 서교(서도)에 대해 부정적 입장이었을까, 아니면 긍정적 입장이었을까? 한마디로 말해 서교에 대한 그의 인식과 입장은 주자학과 퇴계의 성리학에 대해서도 그랬듯이 이중적이었다. 비판적인가 하면 어느 때는 관용적이었다. 한편으로 부정적인가 하면 다른 한편으로는 비배타적이었다. 그가 말년에 서조수(徐祖修)에게 친서교도라고 비판받은 것이나 그의 제자 안정복이 이것을 애써 변명하려 한 것도 그러한 이중성 때문이었다.

그러나 그의 이중성은 사고의 유연과 융통을 지니지 못한 관변 유학의 폐쇄적 배타성에 대한 반작용에서 비롯된 개방성의 지향과 강조가 낳은 결과일 것이다. 다시 말해 그는 서교에 대해 수용이나 거부의 양자택일적 인식과 입장을 가지려 하지 않았다. 그는 오히려 그러한 단순 논리나 단층적 사고를 요구하는 폐쇄 회로를 스스로 경계하였기 때문에 이중 논리와 중층적 사고를 선택하는 개방 회로를 선호하였을 것이다. 예를 들어 〈구라파의 천주지설은 내가 믿는 바가 아니다〉라고

---

21 『星湖全書』, 卷6, p. 763 下左, 『星湖僿說』, 儒門禁網, 〈一字致疑則妄也 考校參互則罪也 朱子之文尙如此 況古經乎 東人之學難免魯莽矣〉.

하여 천주교 신앙에 대한 자신의 입장을 분명히 밝히면서도〈이단을 전공하면 해로울 뿐이라고 하였지만, ······오히려 이단도 참고할 만한 소도(小道: 동도 우위론적 입장에서 서교를 지칭함)가 있다〉[22]는 그의 비배타적·관용적 주장이 그러하다.

그러나 서교에 대한 그의 인식이 단지 서도가 소도(小道)라는 참고적 가치만을 인정하는 소극적 평가에 그친 것은 아니다. 우선 『천주실의』의 발문을 쓰려는 그의 동기가 기본적으로 서교를 도외시할 수 없을 뿐만 아니라 나아가 그것에 대한 호의에서 비롯되었음을 부정할 수 없다. 발문의 저작 동기를 이처럼 서교에 대한 호의적 견해로서 파악한 사람은 이능화(李能和)이다. 그에 의하면〈만일 이익 선생이 (서교를) 진정으로 이단사종(異端邪宗)이라고 생각했다면 반드시 그것에 대한 배척지설을 썼을 터이지만 오히려 발문을 썼다는 것이 『천주실의』에 대해 호의적이었음을 나타낸다〉[23]는 것이다.

더구나 발문의 내용을 보면 더욱 그러하다. 무엇보다도 중요한 것은 이익이 서교의 천주를 유가의 상제와 동일시(其學專以天主爲尊 天主者卽儒家之上帝)했다는 점이다. 또한 그는 서교의 발생 배경에 대해서도 중국의 시·서경(詩·書經)에서 논하는 바와 다르지 않다고 하여 사상적·종교적 근친성을 애써 밝혀 보려고 했다. 다시 말해〈인정이 표리부동해지고 성현이 사라져 욕을 따름이 날로 커지고 이를 날로 멀리하므로(淳樸漸理 聖賢化去 從欲日衆 循理日稀)〉, 또한〈서양의 풍속이 급히 좋지 않게 변하여 그 길흉응보의 사이에 존신치 않게 되어(意者西國之俗亦 駸駸渝變 其吉凶應報之間 漸不尊信)〉[24] 서교가 발생하게 되었다는 점에서 그는 그것과 유학의 발단과의 유사성을 거론하려 했다.

---

22 『星湖全書』, 卷5, p. 496, 上右, 『星湖僿說』, 「異端」,〈功乎異端斯害也己······猶在小道可觀之內也〉.
23 李能和, 『朝鮮基督敎及外交史』, 朝鮮基督敎彰文社, 1928, p. 25.
24 『星湖全書』, 「跋天主實義」.

2) 『칠극』을 통해 본 서교 인식

선별적이기는 하지만 서교(서도)와 유학(동도)의 동일성·근친성·유사성에 대한 이익의 주장은 『천주실의』의 발문에만 국한되지 않았다. 판토하가 쓴 서교 윤리서인 『칠극』에 대한 논평에서도 그는 『칠극』과 유가 윤리와의 기본적인 동질성을 강조한다. 다시 말해 서교에서 말하는 〈칠극의 칠 자(七字)는 곧 유학의 극기복례(克己復禮)의 기(己) 자를 풀이한 각주요, 유학의 경전 가운데는 교탄(驕呑)·식색(食色)·탐분(貪忿)과 같은 것을 말한 대목이 여기저기 많거니와 이것이 모두 칠극의 뜻이다. 단지 천주 귀신설이 섞여 있는 것이 해괴할 뿐이므로 그 이설(즉 모래와 돌)만 제거하고 명론(名論)만을 채택한다면 바로 유가의 설과 다름이 없다〉[25]는 주장이 그러하다. 이런 점에서 『천주실의』의 발문이 처음 접하게 된 서양 종교에 대한 그의 기본적인 인식이 어떠했는지를 알 수 있는 단서였다면, 칠극(七克)에 대한 논평은 유교 윤리의 입장에서 서양 윤리를 그가 어떻게 대비적으로 평가하는지를 알 수 있는 증문(證文)이다.

그러나 『칠극』에 대한 그의 논평은 『천주실의』의 경우보다도 훨씬 호의적이었다. 『천주실의』의 발문에서는 천주와 상제의 동의성, 서교와 유학의 발단적 유사성 등을 지적함으로써 양자 간 최소한의 근친성이나 공통분모를 지적하려 했지만 칠극에 대한 그의 인식은 그 이상이었다. 그것은 다름 아닌 칠극의 보유적·실용적 가치에 대한 그의 다음과 같은 인식과 평가에서 잘 나타난다. 칠극에는 절목이 많고 처리에 순서가 있으며 비유도 적절하므로 〈유학에서 더러 밝히지 못한 것이 있으므로 극기복례의 공정(功程)에 크게 도움이 된다〉[26]는 것이다.

다시 말해 이익은 퇴계·율곡의 유학을 경위적(經緯的)으로 종합한 유학자였음

---

25 『星湖全書』, 卷5, p. 371 下左, 『星湖僿說』, 「七克」, 〈七字 即己字之說脚 今經中 散言驕呑 食色貪忿之類 亦多 此皆七克之義也 但其雜之以天主鬼神之說 則駭焉若刊汰沙礫抄採名論 便是 儒家者流耳〉.

26 同書, 「七克」, 〈間有吾儒所未發者 是有助於復禮之功 大矣〉.

에도 불구하고 서교가 규정하는 칠죄종(七罪宗)인 교오·질투·간인(慳吝)·분노·미음식(迷飮食)·미색(迷色)·해타간선(懈惰于善)에 대한 대안으로서 칠극인 복오(伏傲)·평투(平妬)·해탐(解貪)·식분(熄忿)·색도(塞饕)·방음(防淫)·책태(策怠)를 유교 문헌에 나타나는 수덕고사(修德故事)보다 훨씬 더 유효한 실천적 덕목이라고 생각했다. 아마도 그가 누구보다 적극적으로 서교를 반대하던 제자 신후담에게까지 〈자네가 오늘날 서학의 천주설을 물리치고 있음도 아직 그것에 대한 고찰이 깊지 않기 때문이 아닐까 두렵다〉고 하여 서교를 좀더 신중하게 관찰하도록 권고한 것도 이런 이유에서였을 것이다.

이상에서 보면 이익은 유교적 실용주의자였다. 서학과 서교에 대한 그의 입장이 이중적이었던 이유도 그가 주자학만을 정학시(正學視)해 온 조선의 정통 유학자, 즉 동도우위론자이면서도 사학으로서 이단시하는 서교의 실용적 가치를 적극적으로 수용하려는 이율배반에 주저하지 않았기 때문이다. 그는 도덕 수양이라는 유학의 궁극적 목적에 도움이 된다면 그 방법을 누구로부터든 기꺼이 차용하려 했다. 그는 서교를 무조건 배척하기보다는 서교의 소악적덕(消惡積德)의 방법이 유가의 극기복례에 도움이 된다는 실용적·보유적 인식에서 그것에 허심탄회하게 접근하였다.

훗날 그의 많은 제자들로 이루어진 성호학파의 사상 지도가 중층적 성격을 나타낼 수 있었던 이유도 사상적 과도기에서 보유적 가치를 접점으로 한 일종의 제설혼합주의syncretism라는 그의 사상적 특징에서 찾을 수 있다. 다시 말해 언제나 서교와 유학의 접점을 모색해 온 그의 유교적 실학 속에는 이질적 문화 요소들이 비배타적으로 중첩되는 중층적 결정의 미시 구조를 미리 가지고 있었기 때문일 것이다.

3. 신후담의 벽사론

1) 신후담은 실학자인가?

한국 실학의 개조인 이익의 제자라고 해서 모두가 실학자일 수는 없다. 또한 실학 정신이 팽배해지던 시대의 사상가라고 해서 모두가 실학을 대변하지는 않았다. 신후담(愼後聃)(1702~61)이 바로 그런 인물이다. 그는 거센 비바람으로 평지풍파를 일으키며 이동하는 태풍 속의 눈과 같이 당시를 풍미하던 실학 운동의 한복판에 있었던 비실학자였기 때문이다. 그러면 그는 왜 실학자가 아니었을까? 그가 실학 시대의 사상가였고 실학파의 계보 속에 놓이면서도 실학자일 수 없는 이유는 무엇일까?

첫째, 필자는 실학의 개념에 대한 재음미에서 그 단서를 찾으려 한다. 실학은 17~19세기 동아시아 3국에 걸쳐 전개된 새로운 사상 운동이었다. 과거 불교와 유교 문화의 경우와 마찬가지로 실학도 이 지역 국가들의 새로운 문화 운동이자 시대사조로서 나타났다. 이것은 세 나라의 실학 개념[27]이 크게 다르지 않다는 데서도

---

27 ① 중국의 葛榮晉은 실학을 宋明理學과는 달리 사회적·문화적 영역에서 〈實을 숭상하고 虛를 黜한다〉는 明·淸期 삼백 년간의 시대정신의 집중적 표현이라고 했다. 實體·實踐·實行·實習·實功·實心·實言·實才·實政 實事·實風 등을 추구하는 실학을 그는 비판 정신·경세 사상·과학 정신·계몽 의식 등 4종류로 특징지었다(葛榮晉,「中國實學槪論」,『日中實學史研究』, 源了圓·末中哲夫 편, 思文閣, 1991, pp. 218~19 참조).
② 일본의 源了圓도 실학을 서구 기독교에 대한 존경의 정서를 지닌 동아시아 세계의 정신적 기반 위에서 생겨난 知의 체계 system라고 정의한다. 이러한 시대정신을 배경으로 하여 일본의 경우 18세기 후반에 實踐·實用·實證을 지향하는 〈인간적 진실 추구의 學〉, 즉 개명 사상으로서 실학이 생겨났다는 것이다(『同書』, 源了圓,「開明思想としての實學」, pp. 3~6 참조).
③ 한국의 경우, 이원순은 〈조선의 성리학적 원리가 내포하던 내재적 모순의 확대와 봉건 사회의 경화에 대응하여 社會匡正과 現實救弊·實事求是의 학문적 노력을 폈던 조선 후기 사회의 새로운 학문을 실학이라고 정의한다〉(이원순,『조선 서학사 연구』, 일지사, 1986, p. 265 참조). 宋甲準은 조선 후기 실학의 방향을 성리학의 이념을 견지하면서도 형이상학적 논쟁보다 정치·경제·사회의 제도 개혁에 중점을 두는 전통에 대한 비판적 계승의 입장과 성리학의 이념을 거부하고 새로운 체제를 위한 학문 방법론을 세우자는 탈주자학적 입장으로 양분하여 설명한다(宋甲

쉽게 알 수 있다. 그러나 신후담의 사상은 실학을 〈진유(眞儒)의 학〉이라고 정의한다면 몰라도 세 나라의 실학 개념(각주에서 보듯이) 가운데 어디에도 부합되지 않는다. 그의 서교 인식은 오히려 개념상 반실학적이었다. 유학 내부로부터 일어나는 새로운 지(서학과 서교)에의 의지에 대한 그의 형이상학적 유학 정신의 고수는 실학 개념의 올바른 이해를 위한 반사경 역할을 했다고 말할 수 있다.

둘째, 근대 지향적 세계관의 촉발로 인해 전통 사회의 인습적 사고방식과 가치관이 도전받던 시대임에도 의연하게 유학 정신의 수호론, 즉 동도우위론을 통해 조선 유학사의 인식론적 단절을 저지하려는 그의 적극적인 사고방식도 그를 실학자로 간주할 수 없게 하는 중요한 이유 가운데 하나이다. 더구나 그는 서학과 서교에 대한 자신의 분명한 입장이 인식론적 경계 표시임을 스스로 인식하고 있었기 때문이다. 그러므로 서학〔西器〕과 서교〔西道〕에 대한 관심 표명에 적극적이었다는 이유만으로는 그를 실학자의 범주 속에 포함할 수 없다. 그를 실학자로 간주하기 위해서는 그가 왜 실학자일 수 없는지를 밝히는 것보다도 더욱 필요하고 충분한 조건이 제시되어야 한다.[28]

셋째, 현실적 실천과 실용만이 학문의 새로운 화두로서 각광받던 시대임에도 그

準,「성호학파의 형성과 분화」,『한국의 철학 사상: 자료와 해설』, 한국사상연구소 편, 2001, p. 677 참조).

28 최도희는 『실학 사상의 탐구』에서 신후담이 실학자인 이유를 다음의 5가지로 제시했다. ① 그가 평생동안 이익을 지도자로서 존경했다는 점, ② 서교에 반대함으로써 결과적으로 새로운 유교상을 제시한 점, ③ 서교 비판을 위해 유교보다 자신의 주체적 사고 능력을 보여 준 점, ④ 서학서들을 읽고 비유교권의 지식을 넓힌 점, ⑤ 영혼 불멸을 부정하면서도 스콜라 철학의 심리학과 생물학에 영향받은 점 등이 그것이다. 그러나 이상의 이유들은 모두가 실학의 필요충분조건으로서 적절하지 않다. 더구나 그것들은 실학의 개념마저 모호하게 할 뿐만 아니라 그 개념을 설명하기에도 부적합하다. 이원순도 『조선 서학사 연구』의 「실학자의 서교 의식」에서 신후담을 실학자로 간주하고 있지만 그가 왜 실학자인지에 대한 언급이 애매하다. 그는 단지 〈서학 연구와 이해를 통해 전통적인 교학과 신앙을 옹위한다는 현실적 학문 태도와 비판 정신에서 그의 실학 정신을 느낄 수 있다〉(p. 193)고 했다. 그러나 유학 전통의 고수를 위한 태도와 정신이 어떻게 실학 정신이란 말인가?

는 형이상학자로서의 지적 결백성을 고수하려 했기 때문이다. 그는 스승인 이익의 권고와 질타에도 불구하고 시류에 영합하지 않는 오직 형이상학자로서만 일관했다. 그가 형이상학 일변도에서 탈피하여 〈사물의 실(實)〉을 중시하는 근대 지향 의식이 비등하던 시기에도 전통적인 유학의 가치에 대한 어떤 의심의 기미조차 보여 주지 않았다는 점이 중요하다. 그가 오늘날 더욱 주목받아야 하는 이유는 실학 사상가라는 데 있는 것이 아니라 당시의 비실학적 지식인들이 믿고 있던 것이 무엇이었는지에 대해 많은 것을 시사해 주는 데 있다.[29] 어쨌든 신후담이 실학자일 수 없는 이상과 같은 이유들은 조선 유학사에서뿐만 아니라 조선 실학사에서도 그의 중요성을 결코 떨어뜨리지 않는다. 그것이 오히려 그의 사상사적 위치를 제대로 평가할 수 있는 조건일지도 모른다. 다시 말해 그것은 새로운 사상 체계가 중층적으로 결정되는 과정을 증거할 인물로서 그의 존재 가치를 재인식시켜 주는 단서가 될 것이다.

2) 『서학변』을 통한 서교 비판

『서학변(西學辨)』은 23세의 신후담이 스승인 이익을 처음 방문하여 서교에 대한 관심을 권유받고 『영언려작(靈言蠡勺)』, 『천주실의』, 『직방외기(職方外紀)』에 대해 연구한 결과를 정리한 책이다. 그는 서교를 한마디로 사학이라고 단정하고 그 해악을 막기 위해 이 책을 서둘러 저술했다.

그가 이 책에서 서교에 대해 제기하는 논점은 대체로 다음의 세 가지이다. ① 천주는 누구인가, ② 영혼은 불멸하는가, ③ 왜 당옥설(堂獄說)을 주장하는가. 그러나 이 세 가지 문제에 대한 그의 비판의 근거는 오직 이기심뿐이다. 모든 이단의 근원과 마찬가지로 서교의 본원도 〈이를 위하는 마음〉, 즉 이심(利心)에 있다는 것이다.

---

29 Donald Baker, *Confucianism Confronts Catholicism in the Late Choson Dynasty*, 김세윤 역, 『조선 후기 유교와 천주교의 대립』, 一潮閣, 1997, p. 280.

우선 그는 서교에서 천주가 천지 만물을 제작하고 주재하고 안양(安養)한다는 천지제작설(天地制作說)을 비판한다. 신후담에 의하면, 〈그(利瑪竇)는 목수가 가옥을 짓는 것을 예로 들어 증명하지만 나는 천지 개벽이 마치 가옥이 인위에 의해 건축되는 것과 같지 않을 것이라고 믿는다. 저 위대한 상제를 목수에 비해서는 안 된다. 천지가 개벽하는 일은 참으로 말하기 어렵다〉[30]는 것이다.

이것은 천주의 신적 의지를 전제하는 스콜라 철학의 목적론적 존재 증명 *teleological argument*에 대한 부정이다. 이것은 무엇보다도 서교가 천주(상제)를 의지적 존재로 간주하는 데 반대하여 자연적 존재라고 주장하려는 것이지만 근본적으로 서교가 제작, 인위와 개벽, 자연의 개념을 고의적으로 혼용하는 데 대한 비판이기도 하다. 나아가 이것은 자연의 질서를 창조자의 어떤 목적과 예지의 산물로서 간주하려는 스콜라 철학의 이기적·자의적 이데올로기에 대한 부인인 셈이다.

신후담이 삼비아시(François Sambiasi, 畢方濟)가 주장하는 서교의 영혼 불멸설을 부인하는 이유도 마찬가지이다. 그는 서교의 영혼 불멸설을 죽음을 싫어하는 인간의 본래적 이기심의 대안으로서 등장한 불교의 윤회 전생설(輪廻轉生說)의 아류이거나 여론(餘論)으로 간주했기 때문이다. 그는 〈그래도 역시 삶을 탐내고 죽음을 싫어하는[貪生惜死] 저 이(利)를 위하는 마음은 스스로 감추지 못한다〉고 하여 이를 단호히 부정한다. 그는 인간의 영혼*anima*이 생·각혼(覺魂)의 기능을 포함한 삼혼의 통일체이므로 죽어도 생·각혼만 없어질 뿐 영혼은 불멸한다는 삼비아시의 주장의 근거도 역시 이심이라고 생각했기 때문이다. 인간의 영혼은 식물의 생혼(生魂)이나 동물의 각혼에 비교하면 영묘한 정도에 불과하므로 의거하는 형체가 흩어지면 생·각혼이 없어지는 것과 같이 영혼도 없어지는 것이지 불멸할 수 없다는 것이다.

서교의 당옥설도 그는 인간의 이기심과 보상 심리의 이용에서 비롯된 것이라고

---

30 愼後聃, 『西學辨』, 天主實義 首篇.

하여 서교의 부도덕성을 신랄하게 비판한다. 천주가 상벌을 내려 천당이나 지옥을 가게 한다는 당옥설은 선행의 보상을 현세나 내세에 기대하게 하므로 근본적으로 인간의 이기심을 조장하는 부도덕한 허위 의식이라는 것이다.

이상과 같은 비판만으로도 신후담의 서교 인식은 방법과 내용에 있어서 유학자의 논리적이고 체계적인 해석 모델이라고 하기에 충분하다. 『서학변』은 어떤 사상이나 이론의 진위·우열·시비·선악을 판정하고 가치를 평가한다는 일종의 비판적 방법론이자 비판 철학으로서도 모범적이었다.

그러나 그의 서교 비판은 인식론적으로 소박한 실재론naive realism을 넘어서지 못하였다는 아쉬움을 남긴다. 그가 생각하기에 사물의 이치는 인간의 지력으로는 가감할 수 없는 것이므로 사유로부터 독립된 자기 충족적인 것이다. 그는 물질과 정신은 하나이므로 그 사이에는 어떤 간극도 존재하지 않는다. 오히려 사물의 본질을 규정하는 이치마저도 그 사물 내부에 존재한다고 생각했다. 그러므로 객관적 실재를 그대로 아는 것이 불가능할 뿐만 아니라 안다는 것 자체가 지각 여건으로서의 성질 복합character complex에 불과하다고 생각하는 비판적 실재론critical realism의 입장에서만 보아도 그의 비판의 소박함을 쉽게 느낄 수 있을 것 같다.

4. 이벽의 서교수용론

광암(曠菴) 이벽(1754~86)의 생애에 대해서는 별로 알려진 것이 없다. 그가 33세로 요절했기 때문이기도 하지만 한국의 천주교회사마저도 상당 기간 그를 배교자로서 오해했기 때문이었다. 달레Ch. Dallet의 『한국천주교회사』(1874)에 의하면 이벽(李檗)은 경주 이씨로서 임진왜란 때의 공신이며 성리학자였던 이정향의 후손으로서 경기도 광주에서 태어났다. 그의 조부 이건은 무병사 부총관이었으며 그의 형과 동생도 모두 무관으로서 당대의 유명한 무반 가문의 대를 이었다.

그러나 이벽은 이러한 가문과 사회적 여건에도 불구하고 일찍이 무관으로서의 입신 출세를 거부한 채 사서삼경을 비롯한 경학의 연구에 몰두했다. 달레에 의하면, 〈이벽은 뛰어난 재질과 강한 신체를 타고났다. 그의 아버지는 어려서부터 활쏘기와 말타기를 가르쳐 그가 무관으로서 출세하는 데 도움이 되게 하고자 했다. 그러나 이벽은 그런 것을 결코 배우지 않겠다고 끝까지 고집을 부렸다. 그로 인해 그에게는 벽(檗)이라는 이름이 붙어 끈질긴 성격을 드러내게 되었다. 그의 외모는 모든 사람의 시선을 끌어들이는 매력을 지녔으며 그의 도량과 영특한 재질은 외모보다 뛰어났다. 그의 언변은 청산유수와 같았고 어떤 문제가 생기면 그는 근본을 파고드는 성격이었다. 그래서 그는 젊었을 때부터 한국의 성서라고 할 수 있는 사서삼경을 연구하여 그것의 심오한 의미를 파악하는 데 몰두하였다〉.[31]

그러나 그의 이러한 인생의 진로 선택은 우연한 일이거나 불가능한 조건에서의 가문을 벗어난 자의적 결정만은 아니었다. 무엇보다도 그의 가문은 남인의 시파(時派)에 속해 있었으므로 이미 성호 이익의 학문적 영향 속에 있었을 것이기 때문이다. 특히 그의 가문이 다산 정약용(丁若鏞, 1762~1836)의 가문과 혼인 관계를 맺어 가까운 사이였을 뿐만 아니라 이벽 자신도 다산의 형제들과 절친한 사이였다. 그가 이익으로부터 직접 지도받은 제자였는지는 알 수 없다. 그러나 그가 이익의 제자들인 권철신·이가환·이승훈 등과 가까운 친구 사이였다는 사실로 미루어 볼 때 그의 진로 선택이 우연만은 아니었을 것이다.

그가 남긴 저서로는 「천주공경가」라는 국문의 짧은 시가와 한문시의 형식인 『성교요지』가 전부이다.

1) 최초의 서교주의자 — 이벽

전통적인 유학 일색의 단층 문화로 폐역화 clôturization 되어 있던 조선 사회에

---

31 Ch. Dallet, *Histoire de l'Église de Corée*, vol. 1, Paris, 1874, pp.13~14. 이성배,『유교와 그리스도교』, 분도출판사, 2001, p. 28.

서양의 대표적 이질 문화소인 서학이 문화 효모로서 유입되기 시작한 것은 1603년이었다. 그러나 그 효모가 발효하여 문화 변형을 가져온 최초의 가시적 형태는 적극적 서교주의자인 이벽의 등장과 1779년 그가 처음으로 천주에 대한 신앙을 고백한 「천주공경가」의 발표였다. 이처럼 효모의 유입에서 숙성까지 문화 변형의 과정이 적어도 176년이나 걸린 것은 조선 사회의 유교 문화가 얼마나 견고했는지를 짐작할 수 있게 하는 것이기도 하다.

조선조 남인 시파(時派, 信西派)의 지도자였던 이벽도 서교에 심취하기 이전까지만 해도 누구보다 경학에 조예가 깊은 유학자였다. 다산 정약용은 자신에게 중용을 지도한 이벽이 죽은 뒤에 쓴 「중용강의보」에서 〈광암이 생존해 있다면 그 진덕박학이 어찌 나에게 비하랴. ……하나는 살고 하나는 죽었으니 아무리 슬퍼해도 미칠 바가 없어 이 책을 끼고 눈물을 금치 못한다(使曠菴而尙存 其進德博學豈余比哉 ……一存一亡 何差及矣 不禁撫卷 而流涕也)〉고 할 정도로 그의 높은 학덕을 추모하였다.

그러나 조선 선조 때 무반가에서 태어난 이벽은 양반 사회의 최고의 목표인 과거제를 통한 출세의 길을 포기하고 스스로 포의서생(布衣書生)의 길을 택할 정도로 당시 사회 인습을 타파하려는 개혁적 의지가 충만한 젊은 유생이었다. 그렇기 때문에 그는 당시의 누구보다도 먼저 각종 서학서를 호의적으로 접하였고 서교에 대해서도 적극적인 관심을 갖게 되었다.

그가 언제부터 그리고 왜 천주를 신앙하고 서교로 회심하게 되었는지는 정확히 알 수 없다. 그러나 1777년(혹은 1779년) 겨울 주어사(走魚寺) 천진암(天眞庵)에서 열흘 이상 계속되었던 강학회[32]의 말미에서 서민들에게 서교를 소개하고 전도

---

32 이 강학회가 처음 열린 연도에 대해서는 1777년이라고 주장하는 프랑스 外邦宣敎會 신부 C. H. Dallet와 1779년이라고 주장하는 茶山의 墓誌銘 가운데 어느 한쪽 주장이 맞다고 단정하기 어렵다. 양쪽 설의 근거가 모두 부정하거나 긍정할 만큼 확실하지 않기 때문이다. 이 강학회는 1777년부터 시작되어 1779년에는 주어사로 옮겨야 할 만큼 규모가 커졌다고도 볼 수 있다. 그 뒤에도 이 모임은 계속되다가 1784년 이승훈이 북경에서 돌아오자 다시 장소가 바뀌었고 성격도

하기 위해 「천주공경가」를 발표한 것으로 미루어 보아 그는 적어도 그 이전부터 서교에 대한 돈독한 신앙과 지식을 가지고 있었음에 틀림없다. 본래 이 강학회는 상호 인척 관계에 있던 남인 신서파에 속하는 녹암(鹿菴) 권철신 문하의 신예 지식인들이 주자학을 공부하고 성호의 학문을 계승하기 위해 모인 집회였다.

그러나 권철신을 비롯하여 이벽·이승훈·정약전·정약용·이윤하·김원성 등의 면모에서도 알 수 있듯이 참가자들은 유학의 정도를 재조명하여 조선 유학의 침체를 극복하자는 본래의 목적과는 달리 시간이 지날수록 쇄도하는 이문화에 비해 유교 문화의 한계와 모순을 실감하거나 확인할 수밖에 없었다. 결국 이들의 구문화에 대한 상황 인식은 별다른 거부감 없이 신문화론과 신교설로 교체되는 분위기로 전환되었다. 따라서 강학회의 중심 역할도 권철신에서 이벽으로 바뀔 수밖에 없었다.

강학회를 계기로 이벽의 서교 계몽 운동은 본격화되기 시작했다. 1783년경에 그는 이미 자신의 집에서 중인·양반 신분의 친구들을 상대로 교리 강학과 종교 의식을 집행하기 시작했다. 그해 말 그는 이승훈을 중국에 보내 그곳의 선교사들에게 영세를 받도록 권유하는가 하면 이듬해 봄 이승훈이 영세를 받고 귀국하자 자신의 집에서 〈가성직자계급(假聖職者階級)〉을 조직했다. 이 단체는 최초의 자생적 성직자 조직이었고 이벽이 죽은 뒤에도 권일신이 〈주교〉라는 명칭을 받아 지도자가 되었다. 또한 1785년에는 김범우(金範禹)의 집에서 이벽을 중심으로 이승훈·정약전·정약종·정약용·권일신 부자 등이 모여 한국 최초의 천주교회를 창설하기도 했다. 이 종교 집회에서도 설교는 역시 이벽이 담당했다.

그러나 양반과 중인 등 수십 명이 참석했던 이 집회는 유생들의 고발로 인해 오래가지 못했다. 1786년 김범우는 결국 최초의 순교자가 되었고 같은 해에 이벽도 33세의 나이로 병사하고 말았다. 그러나 서교는 이들의 죽음을 대가로 하여 학문적 수용의 단계를 넘어 종교적으로도 자발적·주체적으로 수용되는 일대 전기를

본격적인 서교 집회로 바뀌었다.

맞이하게 되었다.

2) 유학자가 쓴 최초의 천주 찬가 ― 「천주공경가」

「천주공경가」는 제목 옆에 〈己亥年 臘月 於走魚寺 李蘗菴藥 作詞〉라고 쓰여 있는 것으로 보아 당시 26세 때인 1779년 천진암 주어사의 강학회에서 이벽이 지은 4·4조 33구의 국문 가사임이 분명하다. 이벽이 이 가사를 왜 지었는지는 정확하게 알 수 없지만 국문 가사인 점으로 보아 강학회에 모였던 서민들을 위한 천주 찬가였을 것이다. 이것은 서교 수용의 방식에서 4·4조의 노랫말로 지어 부르기 쉽게 배려했을 뿐만 아니라 유교의 생활과 사고 방식으로 서교의 천주·천당·지옥·영혼 불멸 등을 알기 쉽게 설명함으로써 서교 신앙에도 거부감을 갖지 않도록 노력한 그의 고뇌의 산물이기도 하다. 예를 들어 아래의 「천주공경가」에서 〈집안에는 어른있고 나라에는 임금있네 내몸에는 영혼있고 하늘에는 천주있네…… 삼강오륜 지켜가자 천주공경 으뜸일세〉가 바로 그것이다.

천주공경가

어와세상 벗님네야 이내말씀 들어보소 집안에는 어른있고 나라에는 임금있네
내몸에는 영혼있고 하늘에는 천주있네 부모에게 효도하고 임금에는 충성하네
삼강오륜 지켜가자 천주공경 으뜸일세 이내몸은 죽어져도 영혼남아 무궁하리
인륜도덕 천주공경 영혼불멸 모르면은 살아서는 목석이요 죽어서는 지옥이라
천주있다 알고서도 불사공경 하지마소 알고서도 아니하면 죄만점점 쌓인다네
죄짓고서 두려운자 천주없다 시비마소 아비없는 자식봤나 양지없는 음지있나
임금용안 못뵈었다 나라백성 아니런가 천당지옥 가보았나 세상사람 시비마소
있는천당 모른선비 천당없다 어이아노 시비마소 천주공경 믿어보고 깨달으면
영원무궁 영광일세

그러나 이것은 무엇보다도 아우구스티누스의 『고백록』처럼 그가 공개적으로 드러낸 자신의 신앙 고백이자 기도문이라는 데 더 큰 의미가 있다. 천주님을 공경하라고 호소하는 이 노래에는 〈천주〉라는 단어가 여섯 번이나 등장하면서도 천주의 존재에 대한 어떤 설명도 하지 않지만 그 존재에 대한 부정을 죄악시하는 그의 독실한 신앙심과 전도의 메시지가 드러나 있다. 「천주공경가」가 서민용 천주 찬가라고 한다면 중인 이상의 사대부를 대상으로 하여 유교와 서교의 접점을 찾아 28쪽의 한문시로 정리한 교리서가 바로 『성교요지』이다.

3) 최초의 유기적 신학서로서 『성교요지』

『성교요지(聖敎要旨)』는 조선인에 의해 쓰여진 한국 최초의 서교서이다. 이것은 습합의 방식으로 이뤄진 조선시대 최초의 문화 변형의 결실이다. 그것도 동양의 철학적 사유[理性]와 서양의 종교적 신념[信仰]이 융합된 새로운 형태의 제설 혼합주의의 등장이다. 이것은 『천주실의』와 같이 서양인에 의해 저작된 서교 소개서가 아니라 선교사의 도움 없이 조선인에 의해 소개된 조선 최초의 서교 사상서라는 점에서 『천주실의』에 비견되는 자료적 가치를 지닌다.

『성교요지』는 본래 〈무극관인(無極觀人)〉이 편집한 만천 이승훈(李承薰)의 유고집 『만천유고(蔓川遺稿)』 속에 「천주공경가」와 함께 수록된 것이다. 시경을 본받아 전체 49장이 사언시(四言詩)의 한문 운문체로 쓰여진 『성교요지』는 제1편 성서적 이해, 제2편 유학 경전의 지식, 제3편 자연 안에서 천주에 대한 찬양 등 세 편으로 구성되어 있다. 다시 말해 이 책은 1~15장까지의 제1편에서 구약성서 창세기의 창조주(상제)로부터 시작하여 구세주로서 예수의 탄생*Incarnation*과 죽음을 거쳐 미래에 있을 예수의 심판과 구원에 이르기까지 주로 신·구약성서의 내용을 소개하고 있다. 여기에서 그가 특히 내세의 구원을 강조하는 것은 당시의 남인 신서파(信西派) 인사들이 지닌 위기의식의 반영일 뿐만 아니라 민중들의 정신적·사상적 빈곤함과 경제적 무력감에서 오는 현실 도피적 허무주의의 탈출구를 제공하

려는 의도일 수도 있다.³³

16~30장까지의 제2편에서 수신·제가·치국·평천하의 장을 거쳐 예수를 본받자는 주문과 함께 이를 실천하기 위한 모범으로서 선교사의 활동을 소개하고 있다. 31~49장까지의 제3편은 우주 만물에 내재된 창조자로서 천주의 섭리를 찬양하며 피조물인 인간의 구원을 비롯하여 천주의 천년 왕국의 실현에 대한 소망으로 끝난다. 김옥희는 이 부분을 가리켜 〈4복음서와 사도행전 바로 다음에 나오는 〈바울로의 로마 사람들에게 보낸 서간인 「로마서」의 내용과 동일한 내용〉³⁴이라고 주장하기도 한다. 이 책의 제목 일람을 보면 다음과 같다.

『성교요지』 제목 일람³⁵

제1편 — 성서적 이해

1. 창조주 하느님 2. 인간성: 카인과 노아 3. 구세주 예수 4. 구속자 예수 5. 예수의 가족 6. 예수의 주위 상황 7. 예수의 영세 8. 예수의 시험 9. 예수의 선교 10. 예수의 가르침 11. 예수의 업적 12. 예언의 성취 13. 사랑의 희생 제사: 종말의 준비 14. 예수 일생의 끝 15. 예수의 심판

제2편 — 유학 경전의 지식

16. 수신 17. 어린애 18. 청년 19. 선비〔士〕 20. 농부〔農〕 21. 공장인〔工〕 22. 상인〔商〕 23. 제가 24. 치국 25. 평천하 26. 성(誠) 27. 원수 28. 그리스도 인의 생활 29. 그리스도를 본받음 30. 선교사

---

33 김옥희,「실학 사상과 한국 초기 카톨리시즘」,『한국 서학 사상사 연구』, 국학자료원, 1998, p. 137 참조.
34 김옥희, 앞의 책, p. 138.
35 이성배, 앞의 책. p. 69 참조.

제3편 ─ 자연 안에서 하느님을 노래함

31. 자연의 호교론 32. 하늘(하느님의 위대함) 33. 땅(하느님의 넓으심) 34. 시간(하느님의 영원성) 35. 산천(하느님의 아름다움) 36. 인간(하느님의 섭리) 37. 집(영혼의 순결) 38. 옷(영혼의 빛남) 39. 도구(덕행의 실천) 40. 보물(진리) 41. 음악(교회) 42. 꽃과 나무(인간의 내세) 43. 채소(가톨릭 교회) 44. 새와 짐승(하느님의 자비) 45. 물고기와 조개(영혼의 가치) 46. 벌레와 곤충(인간의 새 생명) 47. 죽음(그리스도 인의 생활의 권면) 48. 하느님(신앙 생활의 실천) 49. 하느님의 나라(하느님의 왕국에 대한 희망)

제목 일람에서도 보았듯이 이 책에서 주목할 만한 것은 제2·3편의 내용들이다. 특히 제2편의 수신(16장)·제가(23장)·치국(24장)·평천하(25장)의 장은 효우(孝友)·충성(忠誠)·자혜(慈惠)와 같은 유가의 기본적인 윤리 도덕을 강조하고 있다. 다시 말해 이벽이 유가의 입장에서 서교 교리를 수용함으로써 유교의 폐역을 윤리적으로 해체·보완하려는 적극성을 보이려고 노력한 곳이 여기이다. 또한 제3편은 하느님을 통해 노래하는 자연시로서『중용』의 성(誠)을 논하는 천·지·인의 자연 현상을 통해 어떻게 하느님을 깨닫게 되는지를 노래함으로써, 즉 자연 현상을 서교의 교리와 사상 안에서 설명하려 함으로써 여기가 동양의 윤리와 서양의 종교의 접점임을 보여 주고 있다. 예를 들어 다음의「하늘」(32장) 장의 경우가 그러하다.

〈맑고 맑은 날 아지랑이는 요요하게 얽히고 설키고, 층층이 쌓인 하늘은 우러러 닿을 듯한데, 석양의 노을과 광채는 숲을 물들이고, 오색 무지개는 골짜기에 다리를 놓는다네, 천둥 번개는 온 누리를 뒤흔들고, 하얀 서리는 낙엽을 재촉하니, 밝은 햇살 지루한 장마 가뭄과 홍수, 이 모든 이치를 보며 하느님의 변화와 조화를 보리라(晴嵐繞繞 瞻矚層霄 霞輝林豔 霓彩渡消 迅雷奮響 疎霜催凋 暘霽旱潦 竚覿變調).〉

그러나 보유적 윤리관을 제시하거나 서교와 유교 윤리의 융합을 모색하는 그의 습합적 노력은 여기에 국한하지 않는다. 오히려 그것은 그가 이 책을 저술하려는 근본적인 동기이자 이 책의 전반적인 내용이라고 해도 과언이 아니다. 형식에 있어서도 「천주공경가」가 서민 대중에게 서교 신앙을 호소하기 위해 지은 간단한 가사였다면 이 책은 양반 사회의 유생들의 종교적 회심을 기대하여 의도적으로 운문체의 형식으로 쓴 장문의 한시였다. 그 때문에 그는 내용에 있어서도 경서의 지식을 마음대로 구사하면서 서교의 교리를 신학적 논리와 체계에 맞게 전개하고 있다.

특히 그는 마지막 장에서 천주를 가리켜 〈신하와 각료를 거느리고 태평성대를 이룩하신 우·탕·요·순과 같은 어진 임금님이고 세상을 경계하고 바로잡기로는 중유(仲裕)와 민손(閔遜), 공자와 맹자 같은 성현이로다. 부화(浮華)하고 방종함과 청렴하고 순박함을 헤아려 사람의 도리를 엄하게 구별하셨으니…… 천주를 간절하게 간구하라(策猾臣僚 禹湯堯舜 箴規紳儒 仲閔孔孟 斟酌奢淳 雙甄標準……撫膺敏懇)〉고 하여 천주 지향적 도덕 수양관을 분명히 하고 있다. 이것은 그가 중국 고대의 성인관과 서양의 성인관과의 동질성의 제시, 사서삼경을 토대로 하여 동·서양 윤리의 융합을 모색하려는 것이기도 하다.

4) 이벽은 신학자인가 실학자인가

서교 수용의 대표적 지도자이자 한국 천주교 탄생의 산파이기도 한 이벽을 한국 최초의 자생적 신학자로 간주해야 할지 아니면 조선 유학의 한계 상황을 누구보다 절실하고 정확하게 간파하고 이것의 극복과 돌파를 과감하게 시도한 실학의 선구자로 간주해야 할지는 관점에 따라 이견이 있을 수 있다.

그러나 저자는 이벽을 단지 한국 실학의 선각자로서만 간주할 뿐 선구적 실학자로서 간주하는 데 동의하지 않는다. 첫째, 선각자와 선구자는 다르기 때문이다. 그는 다른 실학자들과 마찬가지로 지나친 문화적 획일성·보수성·폐쇄성·배타성·

관념성 등으로 인해 권위주의적 이데올로기가 되어 버린 유교 문화의 한계 상황을 탈피하기 위해서는 새로운 문화적 자극과 수용이 불가피함을 깨달은 선각자임을 부인할 수 없다. 그러나 그것만으로 그를 실학의 선구자로 간주할 수는 없다.

둘째, 신문화의 자극으로 인한 깨달음의 동기가 같더라도 그것에 대한 반응이 다르기 때문이다. 다시 말해 그는 실학자들과는 생성하려는 텍스트가 다르다. 그에게도 유학은 실학자들처럼 해체와 극복의 과제인 〈현상적 텍스트phénotexte〉이지만 이것의 대체를 위해 〈생성해야할 텍스트génotexte〉는 서교의 한국적 교리이지 실학이 아니다. 서교와 실학 사이에서 그가 기대하는 것은 습합적 융합을 통한 천주교의 수용에 국한된 것이므로 실학의 선도가 아니라 서양 종교의 수용과 토착화를 위한 사상적·종교적 계몽이었다.

셋째, 그의 주된 노력의 결실이 새로운 신학, 즉 한국적 신학의 탄생이었지 실학적 성과는 아니었기 때문이다. 『성교요지』에서 그가 구약성서의 의인관인 정직·정의·청빈을 강조하는 정도관(正道觀)을 제시하여 서교를 통한 사회 개혁을 시도했다 하더라도 이 책의 저술이 갖는 더 중요한 의미는 중국이나 일본의 경우와는 달리 선교사의 직접적인 도움 없이 조선의 유학자에 의해 주체적으로 씌어진 복음서라는 데 있다.

특히 이 책에서는 예수의 구원의 메시지를 전달하기 위해 유교 문화를 바탕으로 하여 체계적·조직적으로 성서의 구세주, 인간 생활, 자연 현상 등의 문제를 밝히고 있다. 이것은 조선인으로서 그가 구체적인 실제 생활의 논리로써 전개하는 기독교 이론이므로 그것 자체만으로도 한국적 신학[36]이라고 평가하기에 충분하다.

---

36 이성배, 『유교와 그리스도교』, 분도출판사, 2001, p. 122.

5. 정약용의 서교 습합적 신관

다산 정약용은 한국의 가장 위대한 사상가 가운데 한 사람이다. 그는 조선 시대를 대표하는 경학자일 뿐만 아니라 조선 실학의 집대성자이기도 하다. 특히 고종(高宗)은 그와 같은 시대에 살지 못한 것을 아쉬워하여 『여유당전서』를 모두 편찬하게 하고 그가 죽은 지 75년 뒤인 1910년에도 그에게 정이품에 해당하는 정헌대부(正憲大夫) 규장각제학(奎章閣提學)의 자리와 함께 문도공(文度公)이라는 시호를 내릴 정도였다.

1) 다산이 서교주의자인 이유

다산이 서교주의자인지 아니면 배교주의자인지에 대해서는 논란의 여지가 있을 수 있다. 1801년 서교 신자에 대한 대탄압이 시작되던 신유박해의 기운이 돌자 다산은 미리 「자벽문(自辟文)」을 당국에 제출하여 겉으로는 서교와 인연을 끊었기 때문이다. 또한 수많은 그의 기록 가운데 그가 직접 수야론자(受耶論者)이거나 서교주의자임을 자인하는 대목도 발견할 수 없다.

그럼에도 불구하고 그를 배교주의자라고 할 수 없는 이유, 그리고 그의 「자벽문」과는 달리 그가 비서교수의자일 수 없는 이유, 더구나 그가 근본적으로 서교주의자일 수밖에 없는 이유들은 더욱 명백하다.

① 신유박해 이전 ― 공개된 수야론

다산은 자신의 사상에 가장 커다란 영향을 미친 자로서 이벽을 내세우기에 주저하지 않았다. 중용을 비롯한 유학에 대한 지도는 물론이고 서교에 대한 영향도 이벽에게서 받았음을 그의 「자찬묘지명(自撰墓誌銘)」에서 분명히 밝히고 있다. 그는 이벽을 따라 다니면서 서교를 듣고 서교서를 읽음으로써 1786년 이벽이 죽은 뒤 정미년(1787)부터 신유박해 이전까지도 자신의 마음이 서교에 경도되어 있었음을 고백하고 있다(旣上庠從李檗游 聞西敎 見西書 丁未以後 四五年頗傾心焉).³⁷ 순조 원년의 신유박해 때 이가환(李家煥)의 처형 직전인 2월 13일 심문 기록도 이벽으로부터 다산에게 이어진 수야 계보를 증언하고 있다. 이벽의 집을 집회 장소로 하고 이승훈을 영세자로 하여 이벽·정약용·권일신 형제 등이 세례를 받았다는 것이다(與若鏞會於李檗家 而若鏞蠱惑於此術 請數領洗於矣身 故矣身爲之矣).³⁸

그러면 다산이 이벽을 통해 서교 사상과 처음 접하게 된 것은 언제였을까? 다산의 선중씨(先仲氏, 丁若銓) 묘지명에 의하면 1779년 겨울 성호 제자들이 주어사 천진암에서 강학회를 열었을 때였다. 사회 개혁을 위해서 대과는 우리의 뜻이 아니라는 정약전의 주장(曰大科非吾志 嘗從李檗游……遂聞新敎之說 欣然以悅)에서도 보듯이 과거 제도와 같은 구문화의 고수보다 서학이나 서교와 같은 신문화의 수용에 적극적이었던 권철신과 이벽을 비롯하여 정약전·정약용·이승훈·이윤하·김원성 등이 이 집회를 주도한 인물이었기 때문이다.

그러나 이때까지만 해도 약관 17세에 불과한 다산에게 서교의 교리나 사상이 제대로 이식되었다기보다 그것에 입문하는 정도였을 것이다. 이벽이 정씨 형제들에게 서교를 본격적으로 소개한 것은 그보다 5년 뒤인 1784년 4월 15일 정약전 등 삼 형제가 이벽의 누님이자 큰형수(若鉉의 처)인 이씨 부인의 1주기 제사에 갔다 돌아오는 배 위에서였다. 정약전의 매부인 이벽은 이들에게 천주의 창조설에서 영혼과 육신, 야소의 심판설에 이르기까지 서교의 기본 교리를 설명하였고 이에 심취한 정씨 형제들의 관심도 거기에서 멈추지 않았다. 그들은 귀경 즉시 이벽에게서 『천주실의』와 『칠극』 등 서교서들을 얻어 탐독함으로써 회심의 계기를 맞게 되었다.³⁹

37 丁若鏞, 『與猶堂全書』, 卷1, 「自撰墓誌銘」(壙中本).
38 『純祖元年推鞫日記』30, 辛酉 2月 13日, 「辛酉邪獄 罪人李家煥等推案」.
이때 이벽의 세례명은 요한이었고 권일신은 프란치스코였고 정약용도 요한이라는 세례명을 받았다. 이성배, 『유교와 그리스도교』, p. 38 참조.
39 丁若鏞, 『全書』, 卷1, 「先仲氏墓誌銘」, 〈甲辰四月之望 旣祭丘嫂之忌 余兄弟與李德操同舟

이후부터 정씨 삼 형제의 서교 신앙이 어느 정도였는지는 이듬해인 1785년 봄 김범우의 집에서 시작된 최초의 조선 천주교회의 예배에 참석하여 〈천주의 첨례날 비단 장막을 치고 천주상을 모셔 놓고 꿇어앉아 책을 읽으며 천주의 은혜를 생각하였다(瞻禮天主之日 設此帳掛天主像跪坐誦書 思天主之恩矣)〉[40]는 기록이나 〈이벽은 푸른 수건으로 머리를 덮어 어깨까지 드리우고 아랫목에 앉아 설법하였다. 이승훈과 정약전·정약용 삼 형제 및 권일신 부자가 모두 제자라 일컬으며 그를 모시고 책을 옆에 끼고 앉아 있었다〉[41]는 기록으로도 가늠할 수 있다. 특히 정약용은 22세에 사마양시에 합격하고 성균관에 들어가 이승훈·이기경 등과 서교서들을 함께 읽곤 했다. 〈정미년(1787) 이래 임금(정조)의 총애가 더욱 깊었는데, 나는 이기경의 강정(江亭)에 몇 차례 가서 그와 함께 학문을 익히었다. 그때 이기경 역시 서교에 관해 듣기를 좋아하며 서교의 책 한 권을 손수 등초하였다〉[42]와 같은 그의 기록이 바로 그것이다.

② 신유박해 이후-은폐된 수아론

1785년 3월 김범우가 체포된 〈을사추조적발(乙巳秋曹摘發)〉 사건은 서교 박해의 서막과도 같은 것이었다. 급기야 정조는 1788년 8월 서교서의 소각령을 내렸고 1791(辛亥)년 12월 7일에는 보진의 제사 거부를 빌미로 정약용의 외사촌인 윤지충(尹持忠)과 그의 외사촌 동생인 권상연(權尙然)에게 참수형을 내림으로써 박해의 정도를 더해 갔다. 그러나 신해박해는 서교와 유교 사이에 전개되는 유혈극의

順流舟中 聞天地造化之始 形神生死之理 驚疑 若河漠之無極 入京又從德操 見實義 七克 等數卷 始欣然 傾響而此時 無廢祭之說 自辛亥冬以後〉.

40 「辛酉邪獄罪人李家煥等推案」.

41 『闢衛編』, 卷二, 「乙巳秋曹摘發」, 〈乙巳春 承薰與丁若銓 若鏞 說法於掌禮院 前中人舍範禹家 有李蘗者 青巾覆頭垂肩主壁而坐 承薰及若銓 若鏞 三兄弟及 權日身 父子皆稱弟子 挾册待坐〉.

42 정약용, 『全書』, 「自撰墓誌銘, 集中本」, 〈丁未以來寵眷益藩 而數就李基慶江亭肄業 基慶亦樂聞西教 手鈔書一卷〉.

시작에 불과할 뿐이었다. 서교가 현실적인 인간 공동체보다 초자연과 내세를 강조하는 이상 충돌은 불가피한 것이었고, 초월적 진리의 대변자로서의 이들도 지상의 도덕군자들에 의한 신구 이념 투쟁의 초기 희생자에 지나지 않았다.

그러나 이 사건은 이성과 신앙의 묘합을 통한 신문화의 수용에 적극적이었던 신예 지식인들에게 지적 결백의 증언을 시대와 역사가 요구하는 고뇌의 계기가 아닐 수 없었다. 결국 정약용이 선택한 고뇌의 결단은 시대와의 타협이었다. 그는 이때부터 서교 활동을 중단했을 뿐만 아니라 해가 지날수록 주변의 박해가 심해지자 1797년 6월과 1799년 6월에는 회개의 변명과도 같은 자벽문까지 상소하였다.

신유박해는 1801년 1월 11일 사학엄금령이 내려지면서 시작되었다. 2월 16일 이승훈·정약종·최필공·홍교만·홍낙민·최창현 등이 처형되었고 이가환과 권철신도 고문 끝에 옥사하였으며 정약전은 흑산도로 유배되었다. 정약용도 11월에 강진으로 유배되어 여유당(與猶堂)이라는 호와 같은 삶을 시작했다. 박해 가운데 사면된 다산의 서교에 대한 입장도 이때부터는 표면화될 수 없었다. 그러나 그것은 은폐되었을 뿐 포기된 것은 아니다. 오히려 지하의 뿌리줄기(根莖, *rhizome*)처럼 유배지에서 18년간 그 생명력을 키워 가고 있었다. 육경 사서라는 경전의 무한 공간을 서교적 뿌리줄기가 전방위적으로 이동하면서 경전 주해(經典注解)라는 줄기를 타고 반(反)주자학적 결실을 지상에 쏟아 내기 시작한 것이다. 그 대표적인 예가 중용주해서들이다.

특히 1814년에 증보하여 완성한 『중용강의보』 6권의 경우가 그러하다. 그는 23세 때 이벽의 지도와 도움으로 중용에 관한 주해를 시작한 지 꼭 30년 만에 끝마치고 감회에 젖어 〈광암과 토론한 것도 헤아리면 30년이 되었구나. 그가 지금까지 살아 있다면 그 진덕박학이 어찌 나에게 비유하겠는가? 신구본을 합쳐 보고는 반드시 명확한 말이 있었을 것이다〉라고 하여 자신의 중용 연구가 이벽의 종교적·사상적 영향에서 이루어진 것임을 분명히 밝힌 바 있다. 다시 말해 그는 서교적 천의 개념과 연관된 자신의 반주자학적 중용 해석의 저변에는 이벽의 서교 사상이 기초

제2장 서교의 유입과 사상 지도의 변화 59

하고 있음을 간접적으로 토로하고 있다.

1830년 다산이 본명 대신 〈무극관인(無極觀人)〉이라는 익명의 호를 사용하여 편집한 이승훈의 유고집인 『만천유고(蔓川遺稿)』는 우회적이지만 자신의 사상적 토대가 친서교적이고 서교 습합적임을 더욱 분명하게 시인하는 계기였다. 예를 들어 〈만물의 소생함이 상주의 광대무변한 섭리이므로 우주의 진리가 이와 같아 태극이 곧 무극이라고 깨달은 것은 상주의 뜻을 받음과 같다(芽葉蘇生之格 此亦上主廣大無邊攝理也 宇宙眞理如是太極 覺醒者如接上主之意也)〉는 발문의 경우가 그러하다. 더구나 회갑 년에 지은 「자찬묘지명」은 박해의 사면자가 쓴 〈희생자를 위한 진혼문〉인 동시에 위장한 배교자가 쓴 〈서교를 위한 변명〉이라고도 말할 수 있다.

2) 다산의 서교 습합적 신관

다산의 신관에서의 신은 문자 대로의 서교의 신은 아니었다. 그것은 유교적 신 *Deus*이면서도 창조주가 아니었기 때문이다. 그에게 창조주는 불필요한 존재였으므로 스콜라 철학자와 같은 신의 속성이나 존재 증명이 필요하지 않았다. 그가 요청하는 신은 섭리의 계시자도 아니고 사후의 영혼에 대한 심판자도 아니었다. 인간으로 하여금 오로지 양심에 귀 기울이게 하는 현세의 도덕적 힘을 지닌 존재일 뿐이다. 그것은 윤리적 목적에서만 습합된 〈요청으로서의 신*Postulator*〉이므로 인격신 이상일 수 없었다. 그것은 결국 중용의 〈상제천〉에다 새 옷을 입힌 유교적인 신이었다.

다산의 육경 사서 연구는 23세 때의 『중용강의』를 시작으로 하여 『중용자잠(中庸自箴)』(53세), 『중용강의보』(53세)를 거쳐 「자찬묘지명」(61세)에 이르기까지 『중용』에서 시작하여 그것으로 끝난다고 해도 과언이 아니다. 그것은 일찍이 이벽에게 영향받은 천인 관계를 자신의 유학 연구의 가장 중요한 단서로 간주하는 그의 지천관(知天觀) 때문일 것이다. 다산 자신도 중용의 글은 모두 천명을 말한 것이며 천명에서 시작하여 소사상제(昭事上帝)로 끝난다고 말할 정도였다.

이처럼 그에게 상제천은 다른 서교주의자들과 마찬가지로 서교와 유교의 접점일 뿐만 아니라 그의 신관에로 안내하는 입구이기도 하다. 또한 그는 이것을 분기점으로 삼아 주자학적 경전 해석과는 반대의 진로를 선택하기도 했다. 주자학에서의 상제천은 우주에 질서를 부여하는 규범의 다른 이름에 불과한 비인격적 이(理)였다. 그러므로 성(性) 즉 이에서 성의 개념은 천인 관계의 사유 범주에서 선천적인 도덕 규범성으로서 관념화될 수밖에 없었다. 다시 말해 도덕 행위의 궁극적 목적도 편재하는 우주적 질서인 이(理)에 통합될 수밖에 없었다.

그러면 다산의 지천관을 신유학으로부터의 인식론적 단절인 동시에 복고주의적 환원으로 간주하는 이유, 나아가 그것을 서교 습합적 중층화로 평가하려는 이유는 무엇일까? 첫째, 다산은 도덕의 인격적 토대를 상실한 채 묘망(渺茫)하고 허탄(虛誕)한 내성적 정적주의만을 지향하는 주자학에 반대하여 본래의 유학에서처럼 상제를 인격신으로서의 독립적 지위가 부여된 도덕 행위의 감시자 *Supervisor*이자 경고자로서 장치하려 했기 때문이다. 〈고인은 말하기를 어두운 방에서 자기 마음을 속이면 신이 번개같이 본다(古人曰 暗室欺心 神目如電)〉고 하거나 〈고인은 실심으로 천을 섬기고 실심으로 신을 섬겼다. 일동 일정과 일념이 싹틀 때 성실하거나 거짓되기도 하며, 혹은 선하거나 악하기도 하므로 이를 경계하여 인간을 백일(白日)처럼 감시한다〉[43]는 주장이 그것이다.

둘째, 다산은 주재신으로서의 의미의 차별화를 시도했기 때문이다. 주자학에서 주재자는 기계적으로 지배하는 도(道=理法)로서의 천(天)이지만 다산의 경우는 의지적으로 다스리는 천(天), 즉 가장 밝은 앎을 전제로 한 영명지천이었다. 그에 의하면 〈말하는 것은 백성을 감화시키는 데 하찮은 것이다. ……말없이 몸소 실천하여 사실로써 보여 주면 보고 느끼는 백성이 있게 된다. 이것을 저 천(天)의 운행으

---

[43]『全書』, 2-71.「中庸講義」I,〈古人實心事天 實心事神 一動一靜 一念之萌 或誠或僞 或善或惡 戒之曰 日監在玆〉.

로써 실지로 알아낼 수 있다. ……천은 역시 말없이 스스로 주재하고 있다. 만일 이 것을 이(理)가 나타난 것이라고 한다면 이는 본래 앎이 없으므로 말하려고 해도 안 될 것이다〉.⁴⁴ 여기에서 보듯이 다산은 이법이 기계적으로 지배하는 것이 아니라 다 알면서도 일부러 말없이 주재하려는 영명한 천의 의지를 강조하고 있다. 다시 말해 그것은 의지적 전지자*the Omniscient*로서의 주재신에 대한 강조였다.

셋째, 천인 관계에 대한 견해를 달리했기 때문이다. 다산은 상제천을 무엇보다도 인간에게 강림화·내재화된 실체로서 간주한다. 예를 들어 〈천지영명은 인심과 직통하여 숨겨 있지만 나타나지 않는 게 없고 미세하지만 밝혀지지 않는 게 없어서 거처하는 이 집에 임하여 비추시면서(天之靈明 直通人心 無隱不察 無微不燭 照臨此室)〉⁴⁵를 비롯하여 〈상제의 체(體)는 그 감격임조(感格臨照)하는 것을 가지고 말하기 때문에 귀신이라 한다〉(『全書』2-72)나 〈천하 만민은 배태의 초에 영명을 부여받았다〉『全書』(2-4)와 〈인간은 배태가 형성되자마자 영명무형지체(靈明無形之體)를 부여받았다〉『全書』(2-3)는 주장들이 그러하다.

그러나 수적설(垂迹說)이나 강림설(降臨說)을 연상시키는 다산의 지천관은 그것이 천인합일에 이르는 도덕적 강령을 위한 전제 조건과도 같은 것이었다. 〈이 집에 임하여 비추시면서 나날이 굽어보시므로 바로 여기 이곳에 있다는 것을 진실로 아는 자가 있다면 비록 내남한 자일지라도 경계하고 두려워하지 않을 수 없을 것이다(臨照此室 日監在玆人苟知 此雖有大膽者 不能不戒 愼恐懼矣)〉라고 한 것이나 〈문왕이 삼가 조심하여 상제를 섬겼으니 『중용』의 계신공구가 어찌 속임 없이 상제를 섬기는 학문이 아니겠는가? 요즈음 사람들은 이에 대해 의심하여 상제와 귀신을 있는 것도 아니요 없는 것도 아닌 묘망한 지경에 방치해 두었기 때문에 군왕의 외경하는 공부와 신독하는 도리가 모두 성실하지 못한 방향으로 돌아가 버린 것이다. 무릇 암실에 앉아 있으면서 비록 못하는 짓이 없더라도 발각되지 않는다

---

44 『全書』2, 「論語古今注」35張.
45 『全書』2, 「中庸自箴」 I, p. 47.

면 누가 공연히 두려워할 것인가?〉[46]와 같은 주장이 그것이다.

이것은 한마디로 말해 상제 앞에 서 있는 인간은 홀로 삼가는 지성의 노력을 통해서만 대월상제(對越上帝)할 수 있다는 것이다. 오직 신독자(愼獨者)만이 중화와 지성의 자유로운 경지에 도달할 수 있고 천인합일에도 이를 수 있다는 것이다. 결국 신독은 무상명법자 Imperator의 정언 명령과 크게 다를 바 없으며 그가 중용을 사천(事天)에 대한 유일한 공부로서 간주하는 이유도 거기에 있다. 또한 중용의 글은 모두 천명을 말한 것이며 천명에서 시작하여 소사상제(昭事上帝)로 끝난다고 말한 이유도 마찬가지이다.

3) 〈외유내야〉와 은폐된 서교주의

다산은 육경주의자이다. 그의 유학 정신이 비주상고주의(非朱尙古主義)를 지향하기 때문이다. 그러면서도 그의 지천관의 내부 환경은 그렇지 못하다. 그것은 외유내야(外儒內耶)의 만화경 같다. 중층적으로 결정되었기 때문이다. 그 속에는 문왕과 야소가 공존하고 있다. 문왕을 빌어 야소의 생각을 이야기하는가 하면 양자가 절충되어 구분하기 어려운 경우도 많다.

그러면 이렇게 습합화하여 중층적으로 결정된 외유내야의 지천관을 어떻게 볼 것인가?

① 그것은 은폐된 서교주의일 수 있다. 앞에서도 보았듯이 〈요청의 신〉으로서 상제천, 즉 다산의 유교적 신 onfucian Deus의 개념 속에는 신 Deus의 신격인 요청 Postulatum의 조건으로서 감시 Supervisio · 전지 Omniscientia · 정언 명령 Imperatio과 같은 서교적 요소가 은폐되어 있기 때문이다. 그의 지천관이 선유적(先儒的) 천관과 세계관에로 회귀했다고 하지만 그 내부에서 서교 사상의 핵심인

---

[46] 『全書』2, 「中庸講義」I, 〈文王小心翼翼 昭事上帝 中庸之戒愼恐懼 豈非昭事之學乎 今人於此 疑之於有無之間 置之於杳茫之地 故人主敬畏之工 學者愼獨之義 皆歸於不誠 夫暗室獨處 雖使無所不位 畢竟無所發覺 其將徒然畏怯乎〉.

스콜라 철학적 천주와의 접점이나 묘합을 발견하기 어렵지 않다.

② 그것은 갈릴레오Galileo Galilei가 그랬듯이 지적 결백성과 종교적 신념의 포기의 산물임을 부인하기 어렵다. 지동설의 주장으로 인해 피렌체Firenze의 종교재판에 회부될 위기에 처한 갈릴레오가 1632년 10월 1일 재판관에게 〈세상에 내 연구의 일부를 알렸던 일을 후회하며 아직도 내 손안에 있는 것들을 거두어 불길에 내던지고, 그렇게 해서 나의 생각을 부담스럽게 여긴 이들의 소원을 들어주고 싶습니다〉라는 회개문을 보낸 것은 1788년 8월 정조의 소각령과 1791년의 신해사옥으로 위기의식을 느낀 다산이 1797 · 9년에 상소한 자벽문을 연상시킨다.

더구나 그 이후 다산이 보여 준 지적 태도는 1633년 6월 21일의 최종 재판에서 〈나는 지구가 아니라 태양이 움직인다는 프톨레마이오스Ptolemaios의 천동설을 무조건 참이라고 여기게 되었으며 지금도 그렇습니다〉라는 거짓 진술로 지적 결백성 대신에 생명을 건진 갈릴레오의 지적 변절을 연상시킬 만한 것이었다. 사상적·종교적 지조와 결백을 지키려고 목숨을 희생한 그의 형제들과 이승훈·이가환·황사영·윤지충 등 인척들의 천주에 대한 신앙과 서교에 대한 신념에 비교하면 더욱 그렇다.

6. 서교가 시험한 다산가의 운명

1) 다산가의 순교사

조선 왕조 5백여 년이 전주 이씨 일가에 의해 통치된 것은 세계 각국의 통치사에서도 유례를 찾기 힘들다. 이것은 당시의 시대정신의 저변에 무엇보다도 가문을 중시하는 상고적 민족 정서가 강하게 작용하고 있었기 때문에 가능했을 것이다. 사색당파 간에 통혼(通婚)마저 거부함으로써 당쟁의 격화를 초래하는 간접적인 원인이 되었던 것도 동색동골(同色同骨)의 혈족권을 유지하려는 가족 정신에서 비롯된 것임을 부인하기 어렵다. 이처럼 가문의 명예나 가풍의 계승은 혈족 통치 사회인 조선의 양반 사회를 지탱시키는 근간이었다.

그러나 이문화(서교)의 유입으로 인한 문화 변형은 혈족 이데올로기로 공고해진 기존의 문화적 생산 관계의 유지마저 어렵게 만들었다. 서교는 적어도 그것을 문화적 우세종 cultural dominant으로 간주한 서교주의자에게 새로운 문화적 생산력으로 작용하기 시작했기 때문이다. 결국 문화적 중층화와 복합화라는 문화 학습과 시험이 시작되면서 사회는 갈수록 심한 문화적 갈등을 피할 수 없게 되었다. 성호학파 내부에서 극명하게 드러난 신후담·안정복과 같은 반서교주의자와 이벽·이가환·이승훈·권철신 등과 같은 친서교주의자들의 상반된 반응이 그러한 경우일 것이다.

그러나 신문화의 유입으로 인한 갈등의 양상은 가문과 가훈·가풍을 중시하는 조선 사회의 세대적 특징의 유지 여부마저도 시험하는 계기가 되었다. 다산가의 경우가 그 대표적인 예이다. 생존을 위해 배교를 천명했던[47] 정약용의 의사(擬似서교주의와는 달리 순교로 대신한 그의 형제와 친척들은 불굴의 신앙으로 호교가(護敎家)의 명예와 가풍을 포기하지 않았기 때문이다. 남인 시파의 명문가인 그의 가계를 보면 다음과 같다.

---

[47] 다산은 고종 사촌인 윤지충이 1791년 12월 7일 전주의 풍남문 앞에서 어머니의 제사 때 모실 신주를 불태운 죄목으로 참수형을 당하자 서교와 유학의 양립 불가를 깨닫고 표면적으로는 배교론자로 변신한다. 1801년 신유박해로 체포되어 심문을 받을 때에도 그는 서교를 사악한 이단이라고 비난하여 참수형을 면할 수 있었다. 서교에 대한 다산의 비난은 『推案及鞫案』 25, 「丁若鏞供草」 참조.

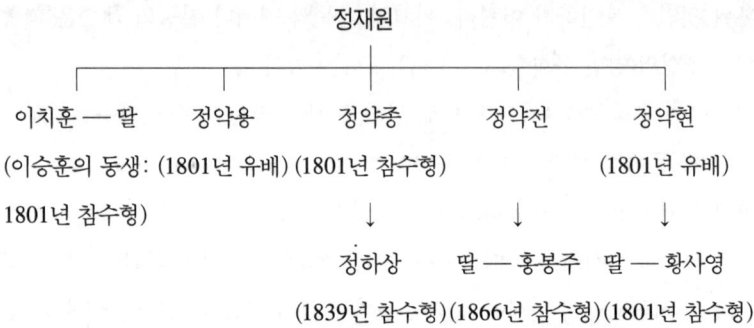

서교가 처음으로 다산가의 운명을 시험하는 계기가 된 사건은 최초의 순교자인 윤지충을 공개 처형한 전주 풍남문 앞에서의 참수형이었다. 이 사건은 이들 형제와 그 자녀들에게 종교적 순교와 삶의 영위 사이에서, 그리고 가문의 운명과 개인의 권력 의지 사이에서 절박한 선택을 강요하는 고뇌의 계기일 수밖에 없었기 때문이다.

다산의 형제 4남1녀 가운데 가장 먼저 순교당한 사람은 삼남인 정약종(丁若鍾, 1760~1801)이다. 그는 1801년 신유박해가 나자 조선 천주교회의 대표적 지도자로서 체포되어 1월 26일 서소문 밖에서 참수되었다. 이때 다산의 유일한 매제이자 이승훈의 동생인 이치훈노 사교의 수괴라는 죄목으로 정약종과 같이 체포되어 함께 참수되었다. 그 다음의 순교자는 정약현의 사위인 황사영이었다.

16세에 이미 진사에 급제하여 수재로서 명망이 높았던 황사영은 신유박해를 피해 충청도에서 토굴 생활을 하면서 1801년 10월 29일 북경 천주교회의 알렉산드르 구베아 주교에게 조선 천주교의 박해와 위기를 알리는 밀서를 작성하여 인편에 보냈으나 그 백서(帛書)가 사전에 발각됨으로써 11월 5일 능지처참의 극형을 당했다. 비단 위에 쓰여진 이 백서는 4·6조의 유려한 문체와 격조 높은 문장으로도 유명하지만 발각되거나 압수될지도 모를 만약의 사태를 대비하여 등장하는 인명을 모두 실명 대신 세례명으로 기록하는 주도면밀함도 보여 주고 있다. 이렇게 죽음을 건 밀서를 통해서라도 그가 지키려고 한 것은 조선의 천주교였고 그것에 대한 자신의 신앙이었다. 그의 백서의 내용 가운데

① 조선의 천주교를 일으킬 수 있도록 서양 각국으로부터 재정 지원을 해 달라.

② 청나라 임금의 명령으로 조선의 조정이 천주교의 수용을 공식화하도록 해 달라.

③ 서양의 해군력으로 조선을 위협하여 조선의 조정이 천주교를 허용하게 해 달라 등과 같은 호소와 간청에서도 그의 신앙심의 대담함과 비장함을 엿볼 수 있다. 그러나 이 사건으로 인해 그 자신의 죽음은 물론 그의 어머니와 처, 그리고 딸마저도 거제도·제주도·추자도 등지로 유배되어 비극적인 최후를 마칠 수밖에 없었다.

다산가의 순교는 신유박해로만 끝나지 않았다. 1837년 조선 천주교의 주교로부임하는 앙베르를 경성까지 안내한 정약종의 아들 정하상은 1839년 기해박해로 체포되자 영의정 이지연(李止淵)에게 「상재상서(上宰相書)」를 올려 최후의 소크라테스와 같은 기개를 보이면서 박해의 부당함을 항의했으나 그 역시 8월 15일 서소문 밖에서 참수되었다.

다산가의 마지막 순교자는 정약전의 사위인 홍봉주이다. 1866년 1월 21일 참수된 그의 죄목은 1860년 이래 대원군에게 영·불과의 동맹을 건의해 온 쇄국의 반역죄이지만 13년간이나 계속된 병인박해의 천주교도 검거령의 첫번째 희생자인 점에서 100년간에 걸친 다산가 순교사의 마지막 희생자임이 분명하다.

2) 정약종의 기초 교리서 — 『주교요지』

다산의 네 형제 가운데 서민 대중에게 서교의 교리를 전파하기 위해 모든 노력을 기울인 인물은 정약종이다. 「황사영 백서」에 의하면 〈아우구스티누스(정약종)는 성품이 곧고 뜻이 전일하여 상밀인(詳密人)에 이르렀다. 그는 선학장생(仙學長生)에 뜻을 두었으나 그릇됨을 깨우쳐 배울 만한 것이 못된다 하여 서교로 전향하였다. 속론(俗論)에는 졸(拙)하나 강론도리(講論道理)를 가장 즐겨 비록 질통기핍

(疾痛飢乏)한 때라도 그는 괴로움을 모르는 것 같았다. 그러나 만일 일단의 도리라도 밝히지 못한 것이 있으면 그는 침식을 마다하고 전심전력으로 생각한 나머지 반드시 융통하고야 말았다. 그는 비록 마상선중(馬上舟中)에 있을지라도 언제나 묵상의 공부를 게을리 하지 않았으며 몽매한 자를 보면 혀가 피곤하고 목이 아프도록 가르치기를 조금도 싫어하는 기색이 없었으므로 어리석은 자일지라도 개명해지지 않는 일이 드물었다.

그는 일찍이 어리석은 신도들을 위하여 성교(聖敎)의 많은 서적을 참고하고 자신의 생각을 보태 국문으로 두 권의 『주교요지(主敎要旨)』를 지었다. 그는 매우 명백하게 하기를 힘써 어리석은 부녀자나 어린아이일지라도 이것을 읽어서 알 수 있고 의심되거나 애매한 곳이 하나도 없었다.〉

● 『주교요지』 — 상편

한문을 해독할 수 없는 서민 대중을 위한 천주교의 입문서이자 교리 해설서인 『주교요지』는 상·하편으로 되어 있다. 신의 존재 증명으로 시작하는 상편은 신의 속성·속론의 배제·불교에 대한 비판·선악에 대한 신의 상벌 등 32개의 조목으로 되어 있다.

① 신의 존재 증명 — 다섯 가지

첫번째 존재 증명은 제목에서부터 「인심이 스스로 천주가 계신 줄을 아나니라」와 같이 생득 관념 $innate\ idea$ 에 의한 증명으로부터 시작한다. 인간이 〈고통을 당하면 앙천축수하여 면하기를 바라고 번개와 우레를 만나면 자기 죄악을 생각하고 마음이 놀랍고 송구하니 만일 천상에 임자가 아니 계시면 어찌 사람마다 마음이 이러하리오〉라고 하여 그는 신에 대한 인식을 본유적이라고 주장하는 스콜라 철학의 입장을 따르고 있다. 예를 들어 아우구스티누스가 『고백록』에서 〈오, 하나님 당신의 힘으로 저희를 만드셨나니, 저희의 마음은 갈 곳이 없나이다〉와도 의미가 맞닿아 있기 때문이다.

두 번째 존재 증명은 신이 만물을 무에서 창조했다는 아우구스티누스의 〈무로부터의 창조Creatio ex nihilo〉론과 유사하다. 형태가 갖추어질 수 있는 무형의 물질이 있다 하더라도 그것의 기원은 신 안에서 구해지며 신에 의해 무로부터 창조되어야 한다는 아우구스티누스의 주장처럼 『주교요지』에서도 〈천지 만물이 제 몸이 스스로 나는 일이 없어 초목은 열매 있어 씨를 전하고 짐승은 어미 있어 생겨나고 사람도 부모 있어 생겨나니 ······처음 난 초목은 초목이 초목을 낳음이 아니오 처음 난 짐승도 짐승이 짐승을 낳음이 아니라 초목과 짐승과 사람을 도무지 내신 이가 계시니 이를 천주라 이르나니라〉고 하였다. 이것은 『고백록』에서 〈꽃들은 우리가 스스로 생겨난 것이 아니라 신이 우리를 창조하시어 영원히 살게 하셨답니다〉라고 말한다는 아우구스티누스의 기도문과 다를 바 없다.

세 번째는 작용인causa efficiens으로서 신의 존재 증명이다. 〈적은 집도 절로 되지 못하여 반드시 공교한 장인(匠人)이 있어야 되거든 이 천지 같은 큰 집이 어찌 절로 되리오. 장인을 보지 못하여도 집을 보면 집 지은 장인이 있는 줄을 알 것이오 천주를 보지 못하여도 천지를 보면 만드신 임자가 계신 줄을 알지니라〉와 같은 증명은 부모도 자신의 부모가 있어야 하듯이 선행하는 계열 속의 모든 원인들이 현실적인 원인이 되기 위한 제1의 작용인(신)이 있어야 한다는 것이다.

네 번째는 아리스토텔레스가 주장하는 운동의 제1원인이 되는 〈부동의 동자〉에 의한 신의 존재 증명과 같은 방식이다. 〈저 하늘과 해와 달과 모든 별이 귀와 눈이 없고 손과 발이 없고 혼과 지각이 없는데도 능히 날마다 움직여 돌아가고 또 돌아가되 일정한 법이 있어 춘하추동이 차례로 돌아오고 고르게 나눠어 천백 년이 되도록 그 돌아가는 도수 호발도 틀리지 아니하니 지각없는 것이 어찌 스스로 돌아가며 돌아간들 어찌 절로 도수에 맞으리오. 반드시 극히 신령하고 능한 이가 잡고 돌려야 돌아갈 것이니 이 돌아가게 하시는 이는 천주시니〉가 그러하다.

다섯 번째는 신의 피조물로서 인간의 유한성을 통한 존재 증명이다. 〈순수하게 자연적인 사람은 없다. 자연이 사람을 낳는 것이 아니기 때문이다. 그렇게 행하시는 자는 신이다〉라는 아우구스티누스의 믿음처럼 정약종도 〈천주가 처음 사람을 아니 내여 계시면 지금 사람이 어디로 조차 나리오. 또 부모의 능으로는 자식을 낳지 못하니 사람이 자식 낳기를 장인의 그릇 만들 듯이 제 재주로 할진대 어찌하야 낳고 싶어도 낳지 못하며 아들을 낳고 싶어도 딸을 낳으며 잘 낳고 싶어도 몹시 나음이 있나뇨. 오직 천주 영하신 슬기로 마련하시고 알으시나니라〉고 믿었기 때문이다.

② 신의 속성 — 아홉 가지

『주교요지』에서 정약종이 알기 쉽게 풀어서 소개하는 천주의 속성은 다음의 아홉 가지이다.

i) 오직 하나이심(유일성).
ii) 본대 계시고 스스로 계심(자존성).
iii) 시작이 없으시고 마츰이 없으심(영원 불변성).
iv) 지극히 신령하사 형상이 없으심(비연장성).
v) 아니 계신 곳이 없음(편재성).
vi) 무궁히 능하심(전능).
vii) 온전히 알으심(전지).
vii) 무궁히 아름다우시고 좋으심(최고선, *Supremum Bonum*).
ix) 세 위(位)이시고 한 체(體)이심(삼위일체, *Trinitate*).

이러한 아홉 가지의 속성은 아우구스티누스가 설명하는 신의 속성을 더욱 알기 쉽게 열거한 것이나 다름없다. 아우구스티누스의 『삼위일체론 *De Trinitate*』에 의하면, 〈신은 자존하는 영원 불변의 존재로서 무한하며, 또 무한하기 때문에 파악할 수 없다. 신은 완전 그 자체이고 순일(純一)하며, 그래서 신의 예지와 인식, 선과 능력은 신 자신의 본질이다. 이 본질에는 우유성(偶有性)이 없다〉. 또한 그는 『창세기 주석 *De Genesi ad litteram*』에서도 신의 속성을 〈신 자신에는 공간의 간격도 연장도 없다. 그러나 신의 불변하는 탁월한 힘 때문에 만물이 그 안에 있으므로 신은 만물에 내재하면서 동시에 만물을 초월하여 있으므로 만물 밖에 있다. 그래서 신에게는 시간의 간격도 연장도 없지만, 그의 불변하는 영원성 때문에 만물에 앞서서 존재한다〉고 주장한다.

정약종이 신의 속성에 대해 특히 심혈을 기울인 것은 〈삼위일체에 대한 다음과 같은 설명이었다. 〈천주는 본대 무궁히 능하신 성이시오 체(體)시라 그 밝으신 얼굴과 그 사랑하시는 정이 또한 그 체와 같이 생활하시고 진실하사 그 본체 하나이시오 그 얼굴이 하나이시오 그 사랑하는 정이 하나이신고로 세 위(位)라 이르나니 세 위란 천주 셋이 아니라 위는 비록 셋이시나 그 체는 오직 하나이시라 그 비취시는 얼굴이 곧 체시오 그 사랑하시는 정이 곧 그 체시니 세 위 한가지로 한 체시오 한 정이신고로 세 위 도무지 높고 낮음과 크고 적음과 먼저와 나중의 분별이 없나니라. 또 세 위 먼저와 나중의 계신 분별이 없으나 차례의 선후를 의논컨대 그 본체는 아비라 이르고 그 아비와 아들이 서로 사랑하여 발하신 정은 성신이라 이르나니.〉

이것은 아우구스티누스가 17년간 저술한 『삼위일체론』 가운데 가장 핵심적인 내용인 신의 유일성과 삼위성을 알기 쉽게 요약하여 소개한 것이다. 이것은 플로티누스의 삼위일체론, 즉 존재 위에 있는 일자와 누스(nous: 말씀이나 로고스가 아닌 지성), 그리고 세계 혼이라는 세 가지 보편적 원인이 같은 존재인 우시아ousia와 함께 참여하지 않는다는 일자신학(一者神學)에 반대하여 신의 세 가지 위격이 하나의 단일한 존재, 단일한 신이라는 아우구스티누스의 존재 신학을 소개하려는 것이었다. 다시 말해 〈성부·성자·성신〉이라는 제각기 구별된 명사(위격)들은 〈온전히 구별되지 않는 초월적인 유일성 안에서 공동으로 영속하면서 내재하고는 있지만 거기에는 아무런 혼동도 없다〉고 하여 수적으로 하나인 신의 실체의 세 위격 각자에는 본질적인 실재적 구별이 있을 수 없다는 것이다.

더구나 그가 강조하는 것은 『삼위일체론』에서 〈이제 우리가 원하는 것은 우리에게 허락되는 대로 삼위일체에 대한 그 영원성, 동등성, 통일성에 대한 깨달음을 얻고자 하는 것이다. 그러나 우리가 깨달을 수 있기 전에 우리는 먼저 믿어야 한다〉[48]고 하여 삼위일체에 대한 이해가 아니라 무조건적인 신앙이었다. 정약종이 9가지로 신의 속성을 열거하면서 삼위일체를 마지막에 두어 강조하려는 것도 마찬가지의 이유에서였을 것이다.

③ 불교에 대한 비판

한국 불교사에서 조선 왕조 5백 년은 동면을 강요받은 기나긴 동토의 계절이었다고 해도 과언이 아니다. 구국을 위해 의승군이 활약했던 임진왜란·병자호란과 같은 국난의 기간을 제외하면 불교는 배불이나 억불 정책으로 고난을 겪지 않던 시기가 드물었기 때문이다. 예를 들어 현종은 즉위하면서 억불 정책을 더욱 강화하여 1664년 문정황후의 두 니원(尼院)을 폐쇄하는가 하면,

 i) 불교가 중화에서 생긴 것이 아닌 이방의 것이므로
 ii) 인과응보의 그릇된 견해로서 윤회를 망녕되이 설하므로
 iii) 농사를 짓지 않고 놀면서 재물만 소모하므로
 iv) 삼대 후에 출현하여 상고의 법이 아닌 시대가 다른 것이므로
 v) 머리를 깎고 힌망(憲網)에 잘 걸려 성교(政教)를 손상하므로

등과 같은 폐불훼석(廢佛毁釋)의 이유를 들어 승려와 불자들을 더욱 엄중히 단속하였다. 불교에 대한 이러한 배척과 억압의 정책은 조선 후기로 갈수록 더욱 심해져 종명과 종단마저 박탈당하여 무종무파의 교단으로 일관할 수밖에 없었다. 그러므로 오랜 기간 억불정책으로 인해 불교의 세력이 이처럼 지리멸렬해지는 상황이었음에도 불구하고 불교 탄압에 대하여 직접 항의하는 사례를 찾아보기란 쉽지 않다. 고작해야 백곡(白谷) 처능선사(處能禪師)만이 「간폐석교소(諫廢釋教疏)」를

---

48 한철하, 『고대 기독교 사상』, 대한기독교서회, 1970, p. 275.

상소했을 정도였다.

이에 비해 불교의 정당함과 그 위치를 되찾기 위한 항소(抗疏)나 간쟁(諫諍)보다 배교나 비판의 논변들은 무성하였다. 예를 들어 신후담(愼後聃)이 『서학변』에서 서교의 영혼 불멸과 당옥설을 비판하기 위한 근거를 불교에서 찾는 경우가 그러하다. 즉 그것들은 불교에서 빌려온 불교의 여론(餘論)에 지나지 않는다 하여 오류의 근본을 서교보다도 오히려 불교에서 찾으려 했다. 신후담에 의하면,

〈그 뒤에 불교가 나타나서 사람은 죽어도 정신은 불멸하여 윤회전생과 인과응보의 과정이 있다고 하였다. 이른바 정신이 불멸한다는 말은 세상 사람들의 죽음을 싫어하는 마음을 흐뭇하게 했고 윤회전생, 인과응보 따위의 이야기도 사람들의 마음을 손아귀에 넣고 올러 유인할 수 있었다. 그러므로 온 세상이 휩쓸리듯이 이에 따르게 되는 것은 역시 이(利)를 위해서이다. ……서학으로 말하면 불교의 여론에 뿌리를 박고 있으면서 내용을 좀 변화시켜 더욱 이치에 가깝게 하였다. 그래도 역시 삶을 탐내고 죽음을 싫어하는 저 이를 위하는 마음은 스스로 감추지 못한다.〉
〈서학에서 천당과 지옥이 있고 영혼이 불멸한다고 하는데 이것은 분명히 불교의 학설이고 지금까지 우리의 유학의 글에서는 대체로 찾아 볼 수 없다. ……시시하게 불교의 여론을 주어 모아 도리어 불교를 물리친다고 내세우니 이 마테오 리치의 일파는 한갓 우리 유가의 죄인일 뿐만 아니라 또한 불교의 역적이기도 하다.〉

이처럼 신후담은 서교의 영혼 불멸이나 당옥설을 불교의 여론에 신세진 것이라고 하여 불교의 윤회설보다도 비하하고 있다. 그러나 서교주의자들에게 신후담의 이러한 주장은 논적을 궁지에 몰아넣기 위해 파놓은 논리적 함정인 양도 논법(兩刀論法, dilemma)이나 다름없다. 그것은 교통 법규 위반의 누명으로 즉결심에 회부된 자가 당한 불쾌한 양자택일의 딜레마와 같은 경우이다. 법규 위반을 시인하면 벌금을 내지만 즉시 풀려날 수 있고, 부인하면 다음날도 법정에 서서 무죄를 주장하면서 고통을 참아야 하는 딜레마가 그것이다.

그러나 이러한 딜레마에서 전자를 선택한 정약용을 제외한 모든 서교주의자들

은 고통을 감내해야 하는 후자의 길을 선택했다. 정약종이 서민 대중에게 서교 전도를 위해 쓴 기초 교리서에서 가장 많은 분량의 지면을 할애하여 굳이 불교를 비판하려는 것도 그러한 양도논법에 대한 논파의 의지가 작용했음을 부인하기 어렵다. 예를 들어 〈지옥에는 천주 전능으로써 무형한 형벌을 마련하사 무형한 영혼을 괴롭게 하시거늘 불경에 말하였으되 죄인의 혼을 지옥에 나려 칼로 겻고 톱으로 혀고 가마에 삶는다 하니 어디를 칼로 버이며 무엇을 가마에 넣고 삶으리오. 이 천주의 전능으로 벌하여 괴롭게 하심인 줄을 도무지 아지 못하고 의논함이니리라〉고 하여 불교의 윤회설과 당옥설의 극명한 차이를 밝힘은 물론 후자가 전자의 여론(餘論)에 불과하다는 양도논법도 아울러 논파하고 있다.

나아가 정약종의 불교 비판에서 두드러진 것은 미타신앙(彌陀信仰)의 불합리와 부조리에 대한 다음과 같은 비판이다. 그는 〈불경에 이르되 세상 사람이 무수한 죄악을 짓고도 죽을 때에 나무아미타불 한 소리를 하면 억만 죄악이 없어져 극락 세계로 간다 하니…… 그럴진대 세상 사람이 몹쓸 노릇을 많이 한들 무엇이 어렵고 두려우리오. 평생에 몹쓸 노릇을 싫토록 하다가 죽을 임시에 염불 한마디만 하면 좋은 세계로 갈지라……. 이 말은 정녕 착한 사람을 착한 공부에 게으르게 함이오. 몹쓸 사람을 몹쓸 일에 방자하게 함이니 어찌 착한 일을 권하고 몹쓸 놈을 징계하는 도리 되리오〉라고 하여 칭명염불(稱名念佛)의 불합리성을 비판한다.

그러나 그가 정토 불교에 대해 더욱 비판적 자세를 갖는 것은 교의 자체에 대한 문제 의식에서뿐만이 아니라 그것이 가져온 당시의 사회적 폐단에 대한 염려에서 비롯된 것이기도 하다. 불교의 전래와 함께 이 땅에 들어온 미타신앙은 통일 신라 이후 널리 퍼져 고성염불이 보편화될 정도였다. 특히 조선 후기 이후에 사회 불안이 점증하자 그것을 반영하듯이 현실에 대한 낙관적 기대보다는 정토왕생의 신앙이 민중들 사이에 더욱 고조되었다.

예를 들어 많은 사찰마다 염불당을 세워 1만 일 동안 나무아미타불(을 칭념하는 법회인 만일회(萬日會)를 앞다투어 개설한 경우가 그러하다. 순조 때(1801~34)

와 철종 때(1850~63), 그리고 고종 때(1881~1908), 등 세 번에 걸친 건봉사(乾鳳寺)의 만일회[49]가 그 대표적인 예일 것이다. 이처럼 민중의 현실적 일상에 대한 적극적 관심보다는 만일염불회를 통한 정토업(淨土業)을 닦음으로써 왕생하려는 소극적인 현세관에 더욱 치중하므로 불교는 서교로부터 비판적 시선을 피하기 어려웠고 조정으로부터도 억불의 악순환을 자초하는 경우도 적지 않았다.

● 『주교요지』 ─ 하편

『주교요지』의 하편은 계시를 중심으로 한 일종의 구속론이다. 그러므로 여기에서는 신의 천지 창조와 인간의 원죄설, 그 죄의 구원을 위해 구속자로서 천주의 강림과 부활 승천, 그리고 미래의 심판에 대한 사도의 신앙과 신조를 매우 알기 쉽게 풀이하고 있다.

정약종은 애당초부터 사대부나 지식층이 아닌 일반 대중, 특히 한문을 접할 수 없는 서민을 대상으로 한 알기 쉬운 교리서로서 이 책을 쓴 것이었으므로 하편에서도 난해한 교리의 논증보다는 신앙과 계율의 준수를 통한 구원의 약속에 초점을 맞추었다.

예를 들어 하편에서는 〈천주교를 전하는 사람들이 다른 사람에게 《십계를 지키어 거짓말을 말라》 하면서 어찌 자기가 거짓말을 하여 지중지대하신 천주의 말씀을 그릇쳐 지옥에 죄를 짐짓 범하리오?〉라든지 〈예수의 구속하신 공은 신통한 약 같아서 뭇사람이 그 효험을 입나니라〉[50]와 같이 난세의 고통받는 자를 위한 구원의 메시지를 담고 있다. 특히 하편은 〈사람이 개과천선하면 천주께서는 그 죄 사하심을 허락하여 주시나, 내년을 기다리는 사람에게는 내년을 허락지 아니 하시나니, 너도 오늘부터 시작하고 미루며 핑계하지 말지어다〉로 끝맺음으로서 회심과 회개를 다시 한 번 재촉한다.

---

49 김영태, 『한국 불교사』, 경서원, 1997, pp. 315~316.
50 정약종, 『주교요지』, 성·황석두 루가서원(영인본), 1986, pp. 96~97.

3) 정약전의 천주 찬가 — 「십계명가」

1801년 2월 신유박해로 잡혀 온 정약전(丁若銓, 1758~1816)은 죽음은 면했지만, 흑산도에서 16년간 유배 생활을 하다 1816년 6월 6일 결국 그곳에서 삶을 마쳤다. 「십계명가(十誡命歌)」는 그것이 실린 「만천유고」에 〈己亥 臘月 於走魚寺 講論後 丁選(巽의 誤記)庵 權公相學 李公寵憶 作歌寄之〉라고 쓰여 있는 점으로 보아 1779년 겨울 권철신·이벽이 주관한 주어사 강학회가 끝날 무렵 정약전이 권상학(權相學)·이총억(李寵憶)과 함께 지은 우리나라 최초의 천주 가사이자 포교 가사이다. 그러나 하성래(河聲來)는 『천주 가사의 사적 연구』(1984)에서 「십계명가」의 작자는 기록상 세 사람으로 되어 있으나 권상학·이총억의 배교 등의 이유로 그 대표적 인물이 정약전으로 보이므로 이를 〈정약전의 십계명가〉라고 부른다.

그러면 오늘날의 찬송가의 역할과도 같았던 천주 가사가 왜 「십계명가」의 창작으로부터 시작되었을까? 그것은 조선에 서교가 유입되면서 그것을 신앙하던 이들이 천주경·성모경·십계명을 가장 중요한 경문(經文)과 계율로 여겼기 때문이다. 이들은 그 가운데서도 특히 이벽에게서 배운 십계명과 주기도문을 가장 중요시하였다. 신유박해 때 잡혀온 최창현(崔昌顯)의 공술(供述)에서도 〈그 학에 십계가 있는데 정약전, 정약용, ……권일신, 일신의 아우, 이가환의 생질 신여권과 함께 배웠다〉고 지백한 깃을 보넌 서교의 유입 초기부터 그들이 이것을 열심히 배우기 시작했음을 알 수 있다.

주지하다시피 「십계」는 본래 이집트의 시나이 산의 바람의 신이었던 야훼가 이스라엘 인들이 이집트에서 노예로서 혹사당하는 것을 보고 기원전 1,360년경 모세를 지도자로 하여 구출한 뒤 시나이 산 정상에서 선민으로서의 이스라엘 민족에게 약속한 10가지 계약이다. 팔레스타인 지방에는 기원전 1천 년까지만 해도 농업신을 비롯해 많은 신들이 있었기 때문에 다른 신들을 물리치고 유일신이 된 야훼는 십계의 제1조에서부터 다른 신을 절대로 숭배하지 않는다는 계약을 요구하고 있다. 그러므로 십계는 윤리적 명제 이전에 그것을 어기면 신의 벌을 감내해야 하는 신의 법률, 즉 율법이다.

이처럼 신앙의 절대적 서약이기도 한 십계는 서교가 조선에 유입되던 초기부터 서교인들의 공동체 의식의 강화와 결사체의 형성을 더욱 공고히 할 수 있는 수단으로 작용하였기 때문에 실제 생활에서 십계명을 엄격히 지키는 것을 곧 서교를 〈수계(受戒)〉하는 것으로 간주할 정도였다.[51] 그러나 중국에서 서교서와 함께 들어온 십계명은 미처 한글로 번역되지 않은 채 초기의 서교인들에게 한문 그대로 암송되어야 했기 때문에 자연히 누구에 의해서든 한글로 된 십계명가가 창작될 수밖에 없었다.[52]

십계명가

세상사람 선비님네 이 아니 우수운가 사람살자 한평생의
무슨귀신 그리많소 아침저녁 종일토록 합장배례 주문외고
있는 돈 귀한재물 던져주고 받쳐주고 (중략)
허위허례 마귀미신 믿지말고 천주믿세 하늘위에 계신천주
(중략) 죄짓고서 우는자요 천지신명 왜찾느뇨

음양태극 선비님네 상재상신 의론하쇼 말을일러 달라시대
이모두가 천주시네 천주일러 거룩하사 대고말고 논치마소
(중략) 세상사람 벗님네야 이내말씀 들어보소 인간세사
희로애락 인생칠십 고래희락 옛말부터 일컬으고 남녀칠세
부동석도 일곱부터 성장일세

---

51 하성래, 『천주가사의 사적 연구』, 고려대 대학원 박사 학위 논문, 1984, pp. 48~51.
52 신유박해 때 윤현(尹鉉)의 집 구들 밑에서는 한글로 된 「요리문답」 3권, 「천주십계」 2권, 「성교일과」 5권, 「천주성교일과」 1권, 그리고 십계명의 해설서인 「성교명증」 등이 발각되어 압수되었다. 하성래, 앞의 책, p. 51 참조.

일곱날중 엿새간은 근면노력 다하고서 일곱째날 고요히
천주공경 하여보세 갑론을박 쉬지않고 논쟁구걸 무용일세
천지고금 만물지사 부모효도 으뜸일세 부모효도 모르고서
불효자식 되고나면 죄중에서 제일크고 죽은후에 지옥가네
(중략)

천지고금 만물지사 부모효도 으뜸일세 부모은혜 모르고서
불효자식 되고지면 죄중에서 제일크고 죽은후에 지옥가네
하늘같이 넓은대지 부모정이 일컬으면 인간금수 초목만물
그아버지 천주일세 부모효도 알고지면 천주공경 알고지고
영원불멸 큰은혜 하시필경 얻어지네

전쟁에서 적을죽여 충신된다 해도 대역을 저질러서
죄인신세 못면해도 또한내가 갈길없어 스스로가 자결해도
이모든것 천주뜻을 알지못한 죄라하네 (중략)

너네어미 딴곳가서 외도길해 니넣나넌 너는또한 세상보고
무슨행신 어이할꼬 큰뜻아래 자식낳고 인간행신 하련마는
더럽고도 추악한짓 마음썩고 몸버리네 간음사행 멀리하여
천주뜻이 인간되자 (중략)

도적이란 크고작고 인륜에 큰죄일세 마음속에 도적심도
큰죄된다 못할소냐 도적질해 자손까지 아니망자 보았느냐
(중략)

국운이 기울어져 흥망성쇠 뚜렷하네 간신소부 까막까치
헐뜯어서 싸움일세 자고로 터싸움에 죽고살고 얼마더냐
예나제나 터싸움은 군신서민 일반일세 우부되고 초부같이
어질게 살라더냐 한마음 넓게눈떠 천주큰뜻 알고나면
벌레같은 인간세상
(중략)

남의소유 탐치마소 만악의 근원이 이로하여 일어나니
수분낙도 알고나면 큰마음 편하건만 제마음 기둥없이
재물사치 탐과하면 세상갖은 화근들이 필연코도 과화같다

위에서 보았듯이 「십계명가」는 『구약성서』, 「출애굽기」의 십계명에 따라 차례로 지은 4·4음조의 장편 가사이다. 이 가사는 구약성서의 계율에 비추어 당시 조선 사회를 계몽하기 위해 그릇된 현실을 질타하는 일종의 사회 비판적 계몽 시가이면서도 천주교의 포교를 위한 선교 시가이다. 그러므로 이 가사는 십계명의 순서대로 제1계명에서 제10계명까지를 단락의 구분 없이 노래하고 있다. 그러나 하성래는 십계명을 전체 9단으로 나누어 다음과 같이 전개하고 있다고 주장한다.[53] 그에 의하면,

제1단은 십계명 가운데 다른 귀신들을 믿지 말라는 제1계명과 어떤 우상도 만들지 말라는 제2계명을 노래한 것이다. 다신교 사회였던 팔레스타인 땅에서 야훼 신이 이스라엘 민족을 대신한 모세에게 요구한 첫번째 계율이 〈너는 나 이외에 다른 신들을 네게 있게 하지 말라〉였듯이 미신과 무속이 만연한 조선 사회에서도 「십계명가」는 〈사람낳자 한평생에 무슨귀신 그리많노〉, 〈허위허례 마귀귀신 믿지말고 천주믿세〉를 첫번째로 강조했다.

[53] 하성래, 「천주가사 연구(上)」, 『한국 언어 문학 연구』, 한국언어문학회, 제8·9집 합병호, 1970, pp. 306~309.

제2단, 〈너는 너의 하나님 여호와의 이름을 망령되이 일컫지 말라〉는 제3계명을 노래한 것이다. 〈천주이름 거룩하사 대고말고 론치마소〉에서 보듯이 이것은 유교 사회에서 비등하던 서교와 천주의 존재에 대한 오해와 비난에 대하여 올바른 이해와 인식을 촉구하는 노래였다.

제3단, 〈안식일을 기억하여 거룩하게 지키라〉는 제4계명을 노래한 것이다. 그러나 제7일에는 아무 일도 하지 말라는 이유가 천지창조 이후 여호와의 안식일이기 때문이라는 주장은 당시 사대부들의 우주관이나 세계관과의 충돌이 불가피한 궤변일 수밖에 없었다. 그렇기 때문에 이 가사는 〈일곱날중 엿새간은 근면노력 다하고서 일곱째날 고요히 천주공경 하여보세〉라는 구절의 다음에다 〈갑론을박 쉬지않고 논쟁구결 무용일세〉를 첨가하여 비판에 대한 무용론까지 언급하고 있다.

제4단, 〈네 부모를 공경하라〉는 제5계명을 노래한 것이다. 십계명 가운데 제5계명부터 제10계명까지는 공동체로서의 인간 사회를 유지하기 위한 기본적인 덕목의 계율화이자 성서의 윤리적 토대라고도 말할 수 있다. 그 가운데서도 특히 제5계명은 효행을 보상할 보증자로서 천주를 요청함으로써 유교의 윤리와 근본적인 차이를 나타내고 있음에도 불구하고 효(孝)라는 윤리적 접점을 통해 천주에 대한 절대적 신앙을 다시 한 번 강조한 것이기도 하다. 예를 들어, 〈천지고금 만물지사 부모효도 으뜸일세〉라고 하면서도 〈인간금수 초목만물 그아버지 천주일세 부모효도 알고지면 천주공경 알고지고〉를 주장하는 것이 그러하다.

제5단, 〈살인하지 말라〉는 제6계명을 노래한 것이다. 여기에서 어떤 경우의 살인도 금지하는 이유는 그것이 곧 죄이기 때문이다. 그러므로 인간의 자유 의지를 부인함으로써 어머니를 살해한 네로 황제에게 무조건적인 죄를 물을 수 없다는 스피노자의 의지 결정론적 주장도 여기에는 해당되지 않는다. 심지어 서교에서는 전쟁에서 적군을 살해하는 것은 물론이고 자살 행위마저도 살인죄의 범위 안에 포함해야 한다는 것이다.

제6단, 〈간음하지 말라〉는 제7계명을 노래한 것이다. 꿈속에서의 음행(淫行)을 비롯하여 부부 사이 이외의 모든 남녀 관계를 더럽고 추악한 사음으로 규정하여 이 단에서는 〈큰뜻아래 자식 낳고 인간행신 하렸건만 더럽고도 추악한짓 마음썩고 몸버리네〉라고 타이른다.

제7단, 〈도적질하지 말라〉는 제8계명을 노래한 것이다. 특히 이 단은 〈모든 가지는 바의 재물이 공평한 의리로 오지 않는 것을 모두 도적〉으로 규정한 「성교명증」의 교리를 그대로 가사화함으로써 마치 〈소유물에 관한 정의justice in holdings〉를 주장하는 노직R. Nozick의 권리 자격론을 연상시킨다. 이것은 〈어떤 소유물이라도 취득에 관한 정의의 원리에 따라 취득하지 않는다면 어느 누구도 그 소유물에 대한 권리 자격이 없다〉[54]고 주장하는 노직의 정의론과 다를 바 없기 때문이다.

제8단, 〈네 이웃에게 거짓 증거하지 말라〉는 제9계명을 노래한 것이다. 남인당 신서파에 속한 탓에 정권의 변방을 맴돌 수밖에 없었던 정약전에게 이 계명은 조선사회의 고질적 병폐인 당쟁과 파쟁에 대한 천주의 경고로 받아들일 수 있었다. 그가 〈간신소보 까막까치 헐뜯어서 싸움일세 자고로 터싸움에 죽고살고 얼마더냐〉라고 하여 이 단락에서 사회 비판에 초점을 맞춘 것도 그러한 이유에서였을 것이다.

제9단, 〈네 이웃의 소유를 탐내지 말라〉는 제10계명을 노래한 것이다.[55] 이 마지막 단에서 정약전은 유교 윤리의 이상적 지향점이기도 한 수분낙도(守分樂道)를 강조함으로써 유교와 윤리적 연대감의 공유를 다시 한 번 시도한다. 〈남네소유 탐치마쇼 만악의 근원이 이로하여 일어나니 수분낙도 알고나면 한마음 편하건만〉이 그러하다.

---

54 Robert Nozick, *Anarchy, State and Utopia*, Basic Books, Inc., 1974, p. 151.
55 하성래는 정약전의 「십계명가」에는 「성교명증」에서와 마찬가지로 제9계명이 빠져 있다고 주장한다. 다시 말해 〈남의 아내를 원치 말라〉는 제9계명이 생략되었다는 것이다. 그런가 하면 그는 그것이 제10계명에 포함되었다고도 주장한다. 그러나 구약성서 「출애굽기」 20장에 보면 이 구절은 애당초부터 제10계명인 17절 안에 포함되어 있을 뿐이다. 〈네 이웃의 집을 탐내지 말라. 네 이웃의 아내나 남종이나 여종이나 그의 소나 나귀나 무릇 네 이웃의 소유를 탐내지 말라〉가 그것이다. 오히려 하성래는 제1단에서 제2계명인 〈우상을 숭배하지 말라〉를 제1계명으로 간주함으로써 제9계명이 빠진 것으로 착각했을지도 모른다.

4) 정하상의 호교문 — 「상재상서」

정약종의 둘째 아들인 바오로 정하상(丁夏祥, 1795~1839)은 불과 7살의 어린 나이에 불굴의 소명 의식을 순교로 대신한 부친과 형의 모범을 가문의 비극적 운명이 아닌 지상 명령으로 다짐하기 시작했을지도 모른다. 선대의 서교적 소명 의식으로 인해 가문이 유배와 순교의 회오리 속에 놓일 수밖에 없었기 때문에 사대부의 자녀로서 유학 교육마저 제대로 받을 수 없었던 그는 성장하면서 자신의 인생 행로를 신의 예정 조화이자 가문의 유업으로 간주했을 것이다. 그 자신이 언젠가는 체포될 것이라는 생각에서 재상에게 올릴 호교문을 미리 작성해 두었던 것도 그 때문이었다.

그는 자신의 예감대로 1839년 7월 11일 노모와 여동생과 함께 체포되어 〈국금을 어기고 당을 모아 교를 베풀었다(敢冒國禁 聚黨施教也)〉는 이유로 가혹한 문초를 당하기 시작했다. 결국 그는 마치 이탈리아의 도미니크 교단 수도사였던 조르다노 브루노G. Bruno가 자신의 처형에 완강히 저항하다 1600년 로마 피오리 광장 Campo de Fiori의 장작더미 위에서 화형되기까지 의연했던 모습처럼 안색조차 변하지 않은 채 8월 17일 서소문 밖에서 모반부도의 죄목으로 참수됨으로써 비장한 최후를 마쳤다.

그가 체포된 다음 날 재상에게 올린 「상재상서(上宰相書)」는 3,644자로 쓰여진 비교적 단문의 글이었으나 정연한 논리와 명료한 논지로 서교에 대한 유학자들의 일방적인 비난과 비판에 대해 다산가를 대변하여 대담하고 의연하게 반박하고 설명한 그의 신앙 고백록이었다. 그런가 하면 이것은 당시 조선인의 독자적인 노력에 의해 습합된 서교의 수준이 어느 정도였는지를 가늠할 만한 조선의 호교론이기도 하다.

박종홍은 이것에 대해 평하길, 〈다년간의 온축을 그야말로 압축하여 이로(理路) 정연하게 표현한 것이다. 한 종지를 이만큼 간명하게 쓴 글을 과연 다른 데서도 볼 수 있을는지 모르겠다〉[56]고 극찬한다. 이원순도 이 책의 「해제」에서 〈유교적 전통

사회에 이질적 문화 체계인 서교의 수용·정착으로 나타난 천주교 신앙을 동서 사상의 습합·봉착을 이해할 수 있는 자료로도 주목된다〉⁵⁷고 평가한다. 1874년 홍콩의 주교인 고약망(高若望)이 이 글을 활자본으로 출판하여 중국의 교인들에게 천주교의 교리 학습용 자료로 활용한 사실은 이러한 평가들을 뒷받침하기에 충분한 사례였다.

이 글은 그러한 찬사에 걸맞게 다음과 같은 격조 높은 논변으로 서론을 시작한다. 〈맹자가 양묵(楊墨)의 약점을 밝힌 것은 유문(儒門)에 방자한 해[肆害]를 끼칠까 염려함이었고 한유(韓愈)가 불노(佛老)를 공척(攻斥)한 것은 백성을 어지럽게 할까 염려함이었다. 군자는 반드시 그 의리가 어떤지를, 그 해됨이 어떤지를 생각한 다음에 당연히 금해야 할 것은 금하고 만일 그것이 의리에 맞는 것이라면 비록 나무꾼의 말이라도 성인이 반드시 취하였으니 이것은 옳은 말을 사람이 폐하지 않는 것이다. 그런데 우리나라에서는 의리가 어떤 것인가를 처음부터 묻지 않고 사도(邪道)로 간주하여 신유년(1801) 전후에 많은 사람이 죽었지만 누구도 서교의 원류를 더듬어 연구한 사람이 없다. 유문에 해가 될 것 같아 그런 것인가? 백성이 어지럽게 될 것 같아 그런 것인가? 서교의 도는 천자로부터 서민에 이르기까지 일용상행(日用常行)의 도이므로 해가 되거나 난이 될 리가 없다. 이제 그 도리가 잘못된 것이 아님을 대충 말하려고 한다.〉⁵⁸

이 글의 본론의 핵심은 역시 세 가지 증거에 의한 신에 대한 존재 증명이다. 그는 만물·양지(良知)·성경을 삼증(三證)으로 간주하여 우선 신(천주)의 존재에 대한 논증부터 시작한다.

---

56 박종홍, 「서구 사상의 도입과 비판」, 『아시아 연구』, 35호, 1969, P. 70.
57 이원순, 「상재상서 해제」, 아세아문화사, 1976. pp. ii~iii.
58 정하상, 「상재상서」, 아세아문화사, 1976, pp. 3~4.

① 신의 존재 증명 — 세 가지

i) 〈만물〉에 의한 증명

그에 의하면, 〈만물의 기묘한 상상(像狀)은 저절로 생성된 것이라고 할 수 없다. 만일 저절로 된 것이라면 어째서 일월성신은 그 궤도를 어기지 않고 춘하추동은 어째서 차례를 어기지 않는가? 흥폐영고(興廢榮枯)를 주재하는 것은 누구이며 선을 복되게 하고 음(淫)을 화되게 하는 것은 누구인가? 세상 사람들은 저절로 그런 것이라고 하지만 이것은 마치 유자(遺子)가 아비를 보지 못하여 아비가 있음을 믿지 않는 것과 무엇이 다르겠는가?〉

이것은 마치 〈계획성에 의한 논증the design argument〉이나 〈목적론적 논증the teleological argument〉과 다를 바 없다. 플라톤의 『티마에우스』와 아퀴나스의 〈다섯 번째 방법〉을 거쳐 근대 신학의 윌리엄 페일리W. Paley가 제기한 〈자연 신학, 또는 자연현상에 나타난 신의 존재와 속성에 대한 증거〉에서처럼 이 세계는 시계와 같이 복잡한 구조를 가지고 있기 때문에 세계의 설계자가 있었다고 가정해야 한다[59]는 것이다. 실제로 이 논증은 오늘날 보수 신학자들이 좋아하는 방법 가운데 하나이기도 하다.

또한 〈만물〉에 의한 증명에서 정하상은 〈세간의 모든 사물은 질(質)·예(貌)·작(作)·위(爲) 네 가지 이외의 다른 것이 아니다. 질이란 재료이고 예란 형상이다. 작은 공장(工匠)이며 위는 수용(需用)이다. 가까이는 몸으로부터 멀리는 사물에 이르기까지 그렇지 않은 것이 없다. 그러므로 저 큰 천지에 어째서 만든 자가 없겠는가? 이처럼 만물로 인해 주재가 있음을 알 수 있다〉[60]고도 주장한다.

---

[59] 그러나 흄D. Hume은 『자연 종교에 관한 대화Dialogues Concerning Natural Religion』 제8장에서 〈우리가 살고 있는 세계는 설계된 것같이 보이게 마련이다. 이 세계의 모든 부분이 어느 정도는 서로 적응하도록 되어 있기 때문이다〉라고 하여 〈계획성에 의한 논증〉을 정면으로 비판한다.

이 논증에서 눈에 띄는 것은 존재의 궁극적인 원인을 주재(신)에게서 찾는다 하더라도 경험 세계의 사물들이 질·예·작·위 등 네 가지에서 비롯되었다는 주장이다. 그것은 스콜라 철학을 거쳐 아리스토텔레스의 4원인설로 그 형이상학적 계보가 이어졌을 것이라는 추론을 가능하게 한다. 왜냐하면 이 논증에서 사용하는 질=재료·예=형상·작=공장·위=수용과 같은 개념들은 아리스토텔레스가 어떤 사물에 관해서 a) 그것은 무엇인가? b)그것은 무엇으로 만들어지는가? c) 그것은 무엇에 의하여 만들어지는가? d) 그것은 어떤 목적을 위해 만들어지는가?와 같이 형상인 *causa formalis* · 질료인 *causa materialis* · 작용인 *causa efficiens* · 목적인 *causa finalis*에 관해 묻는 개념과 다르지 않기 때문이다.

ii) 〈양지〉에 의한 증명

양지(良知)에 의한 논증은 신에 대한 생득 관념 *innate idea*에 의한 존재 증명이다. 신에 대해서는 경험적으로 체득하지 않아도 누구에게나 선천적으로 구비된 본유 관념인 양지를 통하여 의심 없이 그 존재를 확신할 수 있다는 것이다. 그에 의하면, 〈여항(閭巷)의 우부우부(愚夫愚婦)도 만일 창황군급(蒼黃窘急)한 일을 당하거나 비통원한의 때를 만나면 반드시 천주를 부르고 이를 알리려는 것은 본연의 착한 성품을 가리울 수 없기 때문이다. 그것은 가르치지 않아도 알고 배우지 않아도 알 수 있다. 단지 어떻게 섬길 것인지를 알지 못해 두려워하기는 마찬가지이다. 이것이 바로 양지를 통해 천주가 있음을 아는 것이다〉.[61]

iii) 〈성경〉에 의한 존재 증명

이것은 그의 상고주의적인 유학에 대한 깊은 이해와 통찰을 통하여 신의 존재 증명을 시도한 것이다. 중국의 고경을 서교의 성경과의 접점으로 삼아 중국 성현

---

60 정하상, 앞의 책, pp. 5~6.
61 같은 책, pp. 6~7.

들의 실재성을 의심할 수 없듯이 천주의 존재도 마찬가지라는 것이다. 그에 의하면, 〈옛날 성현들이 전한 것은 경사(經史)가 있기 때문에 알 수 있으므로 만일 경사가 없다면 요순우탕문무주공(堯舜禹湯文武周孔)이 어떤 심법을 전하였으며 어떤 전장(典章)을 베풀었는지 누가 알 수 있겠는가? 마찬가지로 천주교에도 많은 경전들이 있어서 뚜렷이 전하여 오고 있다. 중국의 경사만 하더라도 역경에는「상제에 제사한다(以享上帝)」고 하였고, 시경에는「상제를 섬긴다(昭事上帝)」고 하였다. 서경에는「상제에 제사한다(禋于上帝)」고 하였고, 공자는「하늘에 죄를 얻으면 빌 곳이 없다(獲罪干天 無所禱也)」고 하였다. 이른바 경천(敬天)·외천(畏天)·순천(順天)·봉천(奉天)의 설이 제자백가의 글 속에 뒤섞여 나오므로 서국의 경사가 들어오지 않은 때에도 이러한 사상이 있었음을 알 수 있다. ……명나라 만력 연간에 서사(西士)들이 래유하여 많은 저술을 내었고 지금까지 중국에 유전한 지 50년여가 되었다. 이와 같이 성경에 의하여 주재(主宰)가 있음을 알 수 있다〉[62]는 것이다.

그러나 중국의 경사와 서교의 성경은 본질적으로 다른 것임에도 불구하고 경사와 성현의 실재성을 근거 삼아 유교 사회인 조선의 재상에게 정하상은 성경에 의한 천주의 존재를 알기 쉽게 증명하려 했을 것이다. 단지 〈성경〉이라고만 말할 경우 그것은 일반적으로 계시를 통해 이스라엘 민족에게 신의(神意)로서 계약한 이른바 구계약서로서 구약성서와 예수가 희생을 통해 인류의 구속을 새롭게 계약한 신약성서를 모두 지칭한다. 그러나 그가 서교에도 이러한 〈성스러운 이야기〉가 있다는 사실만으로 막연히 신(천주)의 존재를 믿으라고 요구한 것은 단순 논리나 억지 논리로 보이기 쉽다. 그가 역경·시경·서경과 논어의 상제관의 내용을 구체적으로 열거하면서 중국 성현들의 존재를 증명하려 한 것에 비하면 이것은 순교 직전의 최후 진술과도 같은 논증임에도 불구하고 그 설득력이 부족하다고 하지 않을 수 없다.

62 앞의 책, pp. 7~9.

② 「십계」

신에 대한 존재 증명에 이어서 「상재상서」는 인간이 어버이를 섬기는 진리에 따라 마땅히 보본(報本)의 생활을 실천하도록 요구한다. 그에 의하면, 받들고 섬기는 진리는 고원난행(高遠難行)한 일이 아니다. 섬기는 진리란 오직 상제의 계명을 따를 뿐이라고 하여 그는 다음과 같이 십계의 준수를 강조한다.

i) 하나의 천주를 공경하고 섬길 것(欽崇一天主萬有之上).
ii) 천주에게 거짓 맹세하지 말 것(無呼天主聖名以發虛誓).
iii) 예배의 날을 지킬 것(守膽禮之日).
iv) 부모에게 효경할 것(孝敬父母).
v) 살인하지 말 것(無殺人).
vi) 사음(邪淫)하지 말 것(無行邪淫).
vii) 도적질하지 말 것(無愉盜).
viii) 망증(妄證)하지 말 것(無妄證).
ix) 남의 아내를 원하지 말 것(無願他人妻).
x) 남의 재물을 탐내지 말 것(無貪他人財物).

이미 정약전의 「십계명가」에서도 보았듯이 십계명에 대한 강조는 서교가 유입되던 초기부터 두드러지게 나타난다. 초발심자에게 종교적 회심을 확고한 신앙과 신념으로서 공고히 하는 데, 그리고 그것을 통해 공동체 의식을 강화하는 데는 계율이 더없이 효과적이었을 것이다. 심지어 서교인들은 십계명의 준수를 수계로 간주할 정도였기 때문이다.

「상재상서」에서 정하상이 십계 가운데 어떤 것도 어겨서는 안 된다는 점을 강조하는 것도 그런 이유에서였다. 그에 의하면 충서(忠恕)·효제(孝悌)·인의(仁義)·예지(禮智)가 모두 그 속에 포괄되어 있기 때문에 천주를 섬기는 절목인 위의 삼계와 수성(修省)의 공부를 요구하는 아래의 칠계 가운데 어디에도 전혀 부족함이 없다. 특히 〈한갓 몸으로 범하는 것만 금하는 것이 아니오 마음으로 범하는 것을 더욱 금한다. 무릇 사람의 과실은 그 마음에서 생겨 그 일을 해치는 것이니 천주는 한갓 그 일만 다스리는 것이 아니오 그 마음도 다스린다〉63고 하여 그는 십계를 신범(身犯)과 심범(心犯)의 일체를 다스리는 초법적 지상명법으로 제시하고 있다.

③ 호교 논쟁

정하상이 「상재상서」를 올린 근본적인 이유는 유교 이데올로그라고 할 수 있는 당시 지배 계층과 지식인들에 의해 사교로서 이단시될 뿐만 아니라 부도덕한 사도로서 비난받는 서교를 변론함으로써 반서교주의로부터 신명을 다해 지키려는 호교 의지 때문이었다. 그러나 그가 처형당한 기해박해(1839) 때의 반서교적 분위기는 신유박해 이상이었다고 해도 과언이 아니다.

더구나 그해 10월 18일 헌종(憲宗)이 사학을 배척하기 위해 내린 다음과 같은 〈척사윤음(斥邪綸音)〉을 보면 서교를 논박하는 임금의 척사 의지가 어느 정도였는지를 가늠하기에 충분하다. 〈사도들은 본래의 성품을 이미 잃었고, 오랜 습관을 고치지 못하여 결국 신유년 사도를 토벌하는 옥사에까지 이르러 극도에 달하였도다. 약간 재주가 있는 자는 그 새로움을 좋아하여 선동하고, 무식한 자는 그 허탄함을 좋아하여 좇으니 몸이 대신의 벼슬에 있는 자도 스스로 당파를 만들었고, 시와 예가 전해 오는 집안도 물들었노라. ……오호라! 지금 신유년을 지난 지 40년에, 금법이 점점 소홀해져 사교가 다시 성하여지니 요물들이 그림자를 감추고, 늑대와 가라지가 모습을 바꾸듯 성명을 바꾸어 출몰하고, 요망스러운 통역이 재화를 실어 나른다. ……오호라! 내가 가르치지 않고 형벌을 주는 것은 백성에게 재앙을 주는 것이라 하였으니, 내 마땅히 사교의 근원을 조목에 따라 분석하여 조정에 있는 신하와 온 나라의 남녀에게 널리 고하노니 각각 깨달아서 조심하도록 할지어다.

오호라! 저들 천주학자가 말하기를 《이 도학은 하늘을 공경하며 존숭한다》 하는

---

63 앞의 책, p. 12.

데, 하늘은 진실로 공경하고 존숭할 것이로되 저들이 공경하고 존숭한다는 것은 죄를 면하고 복과 은총을 맞이하려고 하는 비루한 일에 불과하니 결국 스스로 하늘을 모독하고 더럽히는 데로 돌아갔도다. 우리가 공경하고 존숭하는 바는 이른바 사단(四端)과 오륜으로 천명과 왕명을 순종하여 나날의 일이 이치에 합당하였다. 사교와 정도의 구별은 두말할 것도 없도다.

또한 저 야소라는 자는 사람인지 귀신인지, 진짜인지 가짜인지 알 수가 없도다. 그 무리들의 말로는 처음에 천주로서 내려왔다가 죽은 후에 올라가서 천주가 되어서 만물과 인류의 큰 부모가 되었다고 하나, 하늘은 소리도 없고 냄새도 없거니와, 사람은 육신이 있으되 결코 서로 혼동할 수 없는 것인데 이제 하늘이 내려와 사람이 되고, 사람이 올라가 하늘이 되었다는 것은 현혹시킴이 이토록 거짓될 수 있으랴? 너희들이 생각할 때에 옛부터 오늘날까지 이런 이치가 있겠는가?

오호라! 아비가 없으면 어디서 나며, 어미가 없으면 어떻게 길러지겠는가? 저들은 나를 낳은 이는 육신의 부모가 되고 천주는 영혼의 부모가 된다 하며 친애하고 존숭함은 천주에게 있고 부모에게 있지 않다 하여 스스로 부모를 끊으니, 이것이 과연 핏줄의 인류으로서 차마 할 수 있는 것이랴?······

오호라! 임금과 신하의 의리는 천지 간에 벗어날 수 없는 것인데 저들은 교황과 교주로 호칭하니 오랑캐의 추장과 도적의 괴수가 백성을 다스리는 권리를 뺏으려 하는 것뿐만 아니라 정치와 교화가 닿을 데가 없고 명령이 베풀어질 곳이 없게 되는 것이니 재앙의 시초와 어지러움의 근본이 이보다 더 심할 수 있으랴?

오호라! 음양이 있으면 반드시 부부가 있는 것은 바꿀 수 없는 이치어늘 저들은 시집도 아니 가고 장가도 아니 가서 망년되이 정덕(貞德)을 핑계하고 그 낮은 층은 남자와 여자가 뒤섞여 살아 풍속과 교화를 어지럽히니 앞의 것에 말미암으면 인류가 멸망할 것이요, 뒤의 것에 말미암으면 인륜이 흐려질 것이니라. 아비도 없고 임금도 없는 것이 이 지경이니 부부에 있어서는 더 말할 것도 없도다.〉

정하상의 「성교요지」는 물론 헌종의 「척사윤음」보다 몇 개월 먼저 제출된 것이므로 헌종의 교시에 대한 직접적인 반론이라고 말할 수는 없다. 그러나 다음에서 보듯이 그 내용의 상반된 논점은 마치 직접 진행된 논쟁과 다를 바 없다. 먼저 정하상은 서교를 〈지성(至聖)·지공(至公)·지정(至正)·지진(至眞)·지전(至全)·지독(至獨)하여 유일무이한 종교〉라고 정의한다.

다시 말해 〈천주가 친히 세운 교이니 지성한 것이오, 귀천·현우·남녀·노소·동서·남북의 모든 사람이 다 행하여야 할 도이므로 지공하다는 것이오, 광대·명백·탕탕(蕩蕩)·평평(平平)하여 일호의 치우친 일이 없으니 지정하다는 것이오, 천하에 교가 없는 나라가 없으나 참되지 못한 것이 많다. 노장은 허무하고 선불은 환망하거니와 이 밖의 백가방술은 말거리도 못된다.

그런데 성교의 도리는 진실하여 거짓이 없고 길이 어긋나지 않으므로 지진하다는 것이다. 또 성교는 초목에 비유하면 밑둥도 있고 가지도 있고 잎도 있고 꽃도 있고 열매도 있어서 천지 귀신 인사의 시말과 기왕·현재·미래의 앞과 뒤가 혼연히 모두 갖추어졌으니 지전하다고 하는 것이다〉.[64]

또한 스스로 육신의 부모와 인연을 절단함으로써 인륜을 저버린다는 헌종의 비난과는 달리 천주교를 무부무군하다는 것은 성교의 뜻을 모르는 말이라고 반박한다. 다시 말해 〈십계의 제4계명에 부모를 공경하라고 하지 않았던가? 대저 충효의 두 글자는 만세의 바꿈 없는 도이다. 성교를 믿는 사람은 더욱 근신하여 섬기므로 그 예를 다하고 봉양함에 있어서 그 힘을 다하는 것이니 그렇지 못하면 교계(敎誡)를 어기는 것이다. 이러한 서학이 과연 무부무군의 학이겠는가? ……가부의 명을 듣고 국군의 명을 듣지 않으면 그 죄가 중하듯이 국군의 명을 듣고 천지 대군의 명을 듣지 않으면 그 죄는 더욱 극하기 비할 데 없는 것이다. 군명을 어기는 것이 아니오 천주를 섬기기 때문에 부득이한 것이니 이것을 들어 무부무군이라고 하여 옳겠는가?〉라고 논박한 것이다.

64 앞의 책, pp. 19~20.

서교인들이 서양인과 통하여 재화를 유출한다든지 남녀가 혼숙하여 색을 통한다는 비난에 대한 정하상의 논박도 다음과 같이 단호하였다. 〈천주교는 화(貨)와 색(色)을 통한다고 비난하지만 이것도 모르는 말이다. 대저 통화(通貨)라는 것은 법이 없다면 한 나라에 살아 남을 사람이 얼마나 되겠는가? 이것을 불미한 법이라고 하여 도리어 금해야 할 일인가?

또 이른바 색을 통한다는 것은 금수들까지도 그렇지 않은 것이 있거늘 하물며 성교(聖敎)가 그럴 리 있겠는가? 십계명의 제6계명에 사음하지 말라고 하였고 제9계명에 타인의 처를 원하지 말라고 하였다. 제6계명은 몸으로 범하는 것을 경계한 것이오 제9계명은 마음으로 범하는 것을 경계한 것이다. 성교가 사음을 이처럼 중복하여 엄하게 금하고 있음에도 불구하고 도리어 색을 통한다고 하니 어찌 그런 역윤난상의 교가 있겠는가?〉[65] 이상에서 보듯이 순교를 각오한 정하상의 호교론은 헌종의 「척사윤음」을 자초할 만큼 대담하고 단호한 것이었다. 이러한 대담성은 정하상의 순교로만 끝나게 하지 않았고 서교인을 발본색원하려는 정책으로 이어질 수밖에 없었다. 그의 처형 직후인 1839년 9월 우의정 이지연(李止淵)이 사교 무리들을 색출하기 위해서는 서울 외곽에 오가작통제를 실시해야 한다고 상계(上啓)하였고 이것이 받아들여진 것도 그런 이유에서였다. 이것은 마치 일본의 도쿠가와 막부가 1613년부터 1871년까지 사청증문(寺請證文)제도인 이른바 단가 제도(檀家制度)를 실시한 것과 유사하다. 도쿠가와 막부는 모든 가족으로 하여금 자신이 속한 사찰인 단나사(檀那寺)의 주지로부터 천주교도가 아니라는 증명서인 사청증문을 매년 받게 함으로써 천주교도를 철저히 색출하려 했던 것이다.

④ 제사와 무격 비판

정하상은 「상재상서」의 본문 3,452자 이외에 192자를 추가하여 우사(又辭)를

---

65 앞의 책, pp. 22~23.

말미에 첨가하였다. 그것은 그가 본문에서 못 다한 이야기, 다름 아닌 민속 신앙에 대한 비판을 첨언하기 위한 것이었다. 그렇지 않으면 그는 당시 민중들 사이에서 만연하던 조상 제사와 무속 신앙을 묵인하고 방치하는 조정에 대하여 그의 신앙에 따른 소신을 분명하게 피력하는 것으로 말미를 삼으려 했을 것이다.

이미 그의 아버지인 정약종도 『주교요지』 상편에서 〈잡귀신을 위하여 소위 군왕과 만명(萬明: 무당의 열두 거리의 굿 가운데 열한 번째 거리)과 제장(諸將: 출전했다가 죽은 신령)과 제석(帝釋: 무당이 숭봉하는 신의 나라)과 성주(成柱: 집을 지키는 신령)와 영등(바람신이라는 영등할머니)과 성황(부락의 수호신인 서낭) 등을 섬기어 굿도 하고 제도 하여 복을 빌고 화를 면하고자 하는 사람이 어찌 두 임금을 섬기는 죄를 당하지 않으리오?〉하여 당시 민간의 세태를 비판한 바 있다.

또한 앞에서 보았듯이 정약전의 「십계명가」에서도 가장 먼저 지켜야 할 계율로서 우상 숭배의 금지를 요구하고 있다. 그 제1단에서 〈사람낳자 한평생의 무슨귀신 그리많노 허위허례 마귀귀신 믿지말고 천주믿세〉가 그것이다. 이렇듯 제사와 무격에 대한 비판은 서교의 계율에 가장 먼저 위배되는 것이므로 선대를 거쳐 정하상에게도 상속된 과제일 수밖에 없었다.

우사(又辭)에서 전개한 그의 비판은 다음의 두 가지이다. 첫째, 죽은 사람의 발꿈치에 주식(酒食)을 차려 올리는 것 같은 허례허식에 대한 비판이다. 그는 제물이야말로 허례와 가식의 상징이라고 믿기 때문이다. 〈생전의 영혼도 배반(盃飯)을 들지 못하거늘 하물며 사후의 영혼이랴.……비록 효심이 지극한 아들이라도 맛있는 음식이라고 하여 부모가 자는 앞에 들일 수 없음은 잘 때는 음식하는 때가 아니기 때문이다.……사람의 아들로서 어찌 허가(虛假)의 예를 가지고 이미 없는 어버이를 섬길 것인가?〉라고 반문하는 이유도 거기에 있다.

둘째, 신주와 같은 무격 신앙에 대한 비판이다. 〈목주(木主)야말로 이미 기맥골혈(氣脈骨血)의 서로 이어짐이 없는 것이오, 생양(生養)의 수고와 무관한 것이다. 공장(工匠)이 만든 것, 분과 먹으로 칠하고 꾸민 것을 일러 참된 부모라고 할 것인가?〉⁶⁶라고 반문하는 것도 그것이 십계명 가운데 두 번째인 〈너희는 우상을 섬기지 말라〉는 계율에 정면으로 배치되기 때문이다.

이상에서 보았듯이 정하상이 「상재상서」를 올린 이유는 반서교적 정치 권력에 대항하여 최후의 호교적 메시지를 통해 서교를 지키려는 것이었으므로 그가 할 수 있는 마지막 말도 〈차라리 사대부에게 죄가 될지언정 천주교에 죄가 됨을 원치 않노라(寧得罪於士大夫 不願得罪於天主敎)〉와 같은 순교의 변이었다.

7. 결론

모든 철학은 시대정신의 산물이다. 철학은 어느 시대이건 그 시대의 정신 문화를 상징적으로 대변하기 때문이다. 모든 철학이 문화 철학일 수밖에 없는 이유도 거기에 있다. 더구나 문화에는 순종이 있을 수 없는 문화의 습합성이나 융합성을 감안한다면 철학에도 순종을 기대하기란 어리석은 짓일 것이다.

17세기에서 19세기까지 조선 시대 후기의 사상 지도만 보더라도 유학과 서학의 철학적 잡종화 hybridization, 그리고 유교와 서교의 종교적 융합화가 역동적으로 진행되고 있었음을 쉽게 알 수 있다. 이것은 서교의 유입으로 인해 이질적인 문화적 요소들간에 서로 섞이려는 문화적 본성이 습합과 융합의 중층적 결정을 통한 제3의 문화적 상징 체계를 배태하고 있었음을 의미한다. 예를 들어 조선 실학의 형성 과정이 바로 그것이다.

그러면 서양의 스콜라 철학적 신관과 야소 신앙이라는 이중적 요소를 지닌 서교는 조선 후기의 지적 구도 속에 어떻게 유입되었고 어떤 영향을 주었을까, 그리고 그것은 그 구도를 어떻게 새롭게 배치시켰을까?

66 앞의 책, pp. 27~28.

1) 거시적 관점에서

① 서교 유입은 조선 후기의 사상 지도를 중층적 구도로 변화시켰다. 지정학적으로 문화 유통의 오지였던 탓에 비교적 문화적 순종 유지가 수월했던 문화적 폐역에 서교의 유입은 동·서문화의 융합이라는 문화 복합 현상을 일으키는 최초의 문화적 사건이었다. 그것은 결국 조선의 후기 사상을 내용에 있어서 잡종화를, 그리고 구조에 있어서 중층화를 결정하는 인자로서 작용했다

② 수야이건 배야이건 간에 서교에 대해 적극적으로 반응하거나 관련된 자일수록 실학자로서 간주하기 어렵다. 배야의 강도는 그 만큼 유교의 호교성으로 반작용하기 때문에 배야론자들에게 사유의 탄력성을 가질 수 없게 했다. 다시 말해 사유의 경직성은 신사고의 여유를 허용하지 않았고 실학에로의 열린 사고도 기대할 수 없게 만들었다. 적극적 야소 신앙도 그 독단성 $dogma$에서는 마찬가지였다. 새로운 종교로 회심한 수야론자들의 문화적 계몽 의지와 사명감은 서교의 포교에 대한 강박 관념이었을 뿐 실학에의 열정으로 이어지지는 못했기 때문이다.

③ 서교 유입은 조선 후기 유교 사회의 피로감을 증가시켰다. 피로 현상이란 일종의 병적 증상이다. 기질적 질환이 아닌 경우 피로 현상은 과도한 정신적 스트레스나 육체적 과로 상태일 때 나타난다. 그것은 불안감이나 불면증의 원인이 되는가 하면 피로골절(疲勞骨折)로까지 나타난다. 이러한 병적 증세는 역사나 사회 현상에서도 마찬가지이다. 서교의 유입과 신자의 급증으로 인해 조선의 유교 사회가 받는 종교적 스트레스와 피로 증세는 결국 유혈 시대를 야기했기 때문이다. 1801년 30명의 순교자를 낸 신유박해를 시작으로 14세의 소년에서 79세의 노파에 이르기까지 58명을 처형시킨 기해박해(1839)를 거쳐 1846년의 병오박해에 이르면 최초의 신부인 김대건(金大建)을 참수하는 역사적 피로골절까지 겪게 된 것이다.

2) 미시적 관점에서

① 서교 유입은 성호 학파의 내부에서 변증법적 구도로 진행되었다. 모든 지적 사유와 문화적 모델을 성리학적 인식의 틀로 환원하거나 주자학적 문화 양식으로 형식화하려는 신후담이나 안정복의 유학적 테제these화에 대하여 이벽을 비롯한 이승훈·이가환·정약종·약전 형제 등의 적극적인 수야와 야소 신앙은 철학적·종교적 안티 테제antithese의 제기라고 보지 않을 수 없다. 그런가 하면 정약용의 서교 습합적 신관confucian Deus은 외유내야의 중층구조를 가진 종합 명제synthese 이자 일종의 제설혼합주의이라고 말할 수 있다. 이것은 신유학에 중심 축을 두고 서교를 부분적으로 수용한 성호 이익의 보유론적 서교주의 속에 이미 잠재태로 있던 이중적 유전 인자가 현실태로서 실현된 것이나 다름없다.

② 철학적으로, 서교의 유입은 비주상고적(非朱尙古的) 인식의 계기가 되었다. 나아가 그것은 실학 운동의 방향 설정에도 마찬가지의 영향을 주었다. 예를 들어 다산의 사상 구축에 있어서 반주자학적·복고주의적 인식의 계기가 되었던 경우가 그러하다. 주자학적 언설들로만 지적 체계가 이루어졌고 지의 배치가 가능했던 조선 사회에 서학과 서교의 세계관과 인간관의 영향은 다산 이외의 많은 실학자들에게도 인식론적 단절의 조건을 마련하기에 충분한 것이었다.

③ 종교적으로, 서교는 서양 선교사의 도움 없이 자발적·능동적으로 유입되다. 동아시아 3국의 서교 수용사에서 한국의 경우는 서양 선교사에 의한 직접적인 전래와 수용이 아니었다는 데 그 특징이 있다. 이문화에 대한 호기심과 지적 욕구가 자발적으로 서학과 서교에 대한 관심과 이해로 이어졌고, 그러한 문화적·학문적 여과 작용을 거쳐 서교는 주체적·능동적으로 수용되었다. 다시 말해 종교로서의 서교는 선교사와 같은 인간적 매개 없이 물적 매개만을 통해 학문적으로 수용된 뒤 종교적 수용이 자발적으로 이루어진 것이다.

④ 다산의 외유내야설은 역사적 갈등과 피로의 정점에서 선택한 〈지식인의 변

명〉이었다. 지식인은 본래 현실과 불가근 불가원의 이율배반적 관계 속에서 살아가는 존재이다. 그러므로 원근의 거리 선택이나 결단은 지식인의 조건이자 운명일 수밖에 없다. 역사적 피로가 심한 난세일수록 지식인은 그 선택과 결단의 강요 앞에서 갈등하고 고뇌한다. 보유론적 서교 인식을 공유한 성호와 다산의 처세의 차이도 그들이 살았던 시기의 역사적·정치적 피로감의 차이에서 비롯된 것이었다. 특히 다산의 불운의 경우가 더욱 그러할 것이다. 그러나 난세의 위기의식이 모든 지식인을 갈릴레오나 다산처럼 변명하게 하지는 않는다. 지적 변절을 위한 변명보다 결백을 위한 결단을 선택한 지식인도 적지 않았기 때문이다.

3 서학 속의 실학·실학 속의 서학

주지하다시피 서양의 사상과 문화, 즉 서학의 핵심은 고대 그리스의 정신과 중세 기독교의 신앙이다. 그러나 엄밀히 말해, 서학은 그리스적 사고방식으로 기독교를 정리하고 설명하는 것, 즉 기독교를 그리스화한 것이다. 그러므로 표현형, 또는 현상형 *phénotype*으로서의 서학의 핵심은 인자형, 또는 유전자형 *génotype*으로서의 그리스 사상과 문화이다. 이러한 사정은 유학(주자학)과 서학을 핵심적 모티브로 하여 생겨난 실학의 경우에도 다르지 않다.

1. 유전자형으로서의 서학

유전학에서 유전자형이란 특수한 결합에 의해 생긴 생물의 유전 소질을 말하거나 동일한 유전자 구조를 가진 개체의 집합을 의미한다. 이러한 논리를 따르면 실학에서도 서학은 핵심적 인자형일 수 있다. 서학은 실학으로 수용되는 과정에서 인자형적 도태 *genotypic selection*를 거치기는 하지만 경세치용(經世致用)·이용후생(利用厚生)·실사구시(實事求是)와 같은 실학의 결정적 유전 소질로서 전화되기 때문이다.

그러면 이러한 실학의 유전 소질로 전화될 수 있는 서학의 유전자 구조의 개체들과 그 집합은 무엇인가? 그것은 서양의 종교·사상·윤리·정치·경제 등의 인문 사회에 관한 한역 서학서들을 비롯하여 수학·천문·역법·의학·병법·치수·지리 등의 과학 기술에 관한 한역 서학서들이다. 이것은 중국의 실학에서도 마찬가지였지만 150여 년간 중국을 중간 숙주로 하여 거의 대다수가 조선에 유입됨으로써 조선의 〈신학〉인 실학에서도 유전 소질로서 전화된 것이다. 그러므로 조선의 실학이 중국의 실학과 유전자 구조의 상당 부분에서 일치할 수밖에 없는 것은 피할 수 없는 사실이다.

두 개의 유전자형의 접점이나 일치를 밝히기 위해 각각의 경우를 살펴보면 다음과 같다.

1) 중국에 유입된 서학서와 한역 서학서

유력도(兪力濤)는 「서학 동점과 명청 시대의 경세 실학(西學東漸與明淸之際의 經世實學)」에서 서양의 예수회원들이 들여온 〈서학〉에는 이미 〈교(敎=천주교)〉와 〈학(學=과학 기술)〉이 들어 있고 〈체(體)〉와 〈용(用)〉이 들어 있어서 그것들의 유기적 통일을 이루고 있다고 주장한다.[67] 그렇기 때문이 실용을 강조하고 실천 정신을 고양시키며 실리를 중시하는 서학은 중국인에게 새로운 시야를 갖게 했고 경세 실학적 계몽사상을 깨우쳤으며, 그렇게 함으로써 중국인에게 환영받고 동경의 대상이 되는 사회적 효과를 가져올 수 있었다는 것이다.

두석연(杜石然)도 「명청 시대의 실학 사조와 과학 기술(明淸時代の實學思潮と科學技術)」에서 〈명 말·청 초의 과학 기술의 발전에 커다란 영향을 끼쳤던 중요한

---

67 葛榮晉 編, 『中國實學思想史』中卷, 首都師範大學出版社, 1994, p. 241.

사회적 배경 가운데 하나는 서학 동점이었다. 명 말 이래 서양 선교사의 도래와 더불어 서양의 과학 기술도 중국에 전해지기 시작했다. 서학의 동점과 실학 사조의 발흥은 상호 보충 관계를 가지면서 당시 중국의 과학 기술이 발전하는 중요한 사회적 배경이 되었다〉[68]는 것이다.

특히 당시 중국에서는 역법을 바꾸기 위하여 천문학의 지식이 긴요했을 뿐만 아니라 철포와 화약의 제조 기술을 필요로 했던 때였다. 이것은 예수회의 선교사들에게 자신들의 선교 사업을 전개할 수 있는 절호의 기회로 여겨졌고 이를 실현하기 위해 그들은 치밀한 사전 준비를 게을리 하지 않았다. 마테오 리치도『중국예기(中國禮記)』의 서문에서 상제가 과학을 이용하여 중국의 학자를 회심시켰다고 설명할 수 있는 것보다 더 좋은 예는 없다고 말할 정도였다. 당시의 로마 교황은 마테오 리치의 이러한 요청을 받아들여 주로 천문학을 비롯하여 과학 기술에 정통한 학자적인 인물들을 골라 60여명이나 선교사로 파견했다

예를 들어, 로마 신학교 Collegio Romano에서 16세기의 유클리드로 불리는 클라비우스 Clavius로부터 기하학·천문학·지리학 등을 배워 당시 서양의 근대 과학을 섭렵한 마테오 리치는 물론이고 프랑스의 루이 14세가 국위 선양을 위해 파견한 제르비용 J. Gerbillon · 기 타샤르 Guy Tachard · 부베 J. Bouvet 등 여섯 명의 예수회원들도 모두 수학자로서 1666년 설립된 프랑스 과학 아카데미의 회원이었다. 이것은 당시의 로마 교황청이나 루이 14세의 중국을 선두로 한 동아시아의 선교 전략, 나아가 동아시아의 중간 숙주의 확보를 위한 문화 기생 책략이 무엇이었는지를 쉽게 알 수 있게 하는 증표이기도 하다.

명청대의 실학은 선교사들의 직접적인 서학서의 보급으로 인해 고무된 뒤, 그들에게 서학을 배운 중국학자들이 그것을 실학으로 더욱 발전시키는 양상으로 전개되었다. 그러므로 우선 명 말 중국에 입국한 선교사들 가운데 주로 과학 기술과 관

---

68 源了圓·末中哲夫,『日中實學史硏究』, 思文閣出版, 1991, p. 264.

련된 서학서들을 보급한 인물들을 열거하면, 마테오 리치 이외에도 롱고바르디(龍華民, N. Longgobardi, 1597년 입국)·판토하(龐迪峨, D. Pantoja, 1599년 입국)·우르시스(熊三拔, S. De Ursis, 1606년 입국)·디아스(陽瑪諾, E. Diaz, 1610년 입국)·트리골트(金尼閣, N. Trigault, 1610년 입국)·알레니(艾儒略, J. Aleni, 1613년 입국)·테렌츠(鄧玉函, J. Terenz, 1621년 입국)·아담 샬(湯若望, J. Adam Schall, 1622년 입국)·로(羅雅谷, J. Rho, 1624년 입국) 등이 있다.

청초에는 주로 프랑스의 루이14세가 파견한 선교사들이 대부분이었다. 베르비스트(南懷仁, F. Verbiest, 1659년 입국)를 비롯하여 모텔(穆迪我, J. Motel, 1657년 입국)·부베(白晉, J. Bouvet, 1687년 입국)·제르비용(張誠, 1687년 입국)·레지스(雷孝思, J. B. Régis, 1698년 입국)·파레닌(巴多明, D. Parrenin, 1698년 입국)·쾨글러(戴進賢, I. Köegler, 1716년 입국)·앙투안(宋君榮, G. Antoine, 1721년 입국)·베누아(蔣有仁, M. Benoist, 1744년 입국) 등이 그들이다.

한편 이들이 중국에 보급한 서학서의 규모를 보면 엄청나다. 예를 들어, 1620년 중국 예수회단장인 롱고바르디의 지시로 선교사의 증파를 요청하기 위해 교황청에 갔던 트리골트(金尼閣, Trigault)가 교황 바오로 5세로부터 받은 수법(水法)·산법·만국지도·각국풍속·인체의리(人體醫理)와 치료·격물궁리(格物窮理)·물리사리(物理事理)·기하원본·제작공기(制作工器) 등 7,000여 권의 도서를 가지고 돌아와 이것을 모두 차례로 번역하려고 했을 정도였다. 또한 1622년에 입국한 아담 샬이 가져온 도서만도 철학·신학·인문 분야를 비롯하여 의학·법학·음악 분야 등 3,000여 권에 이르렀다. 1687년 프랑스의 선교사 부베와 제르비용이 가져온 도서와 지구의도 30여 상자의 분량이었다.『방호문록(方豪文彔)』에 의하면, 이렇게 도입된 서학서들은 서양 근대의 천문·역법·수리·수학·지리·물리·기하·의학·음악·미술·언어·종교·철학 등 각 분야의 학문을 총망라한 것이었다.

그러나 이러한 서학서들이 모두 번역되어 한역 서학서로 출판된 것은 아니다. 다시 말해 이것들이 모두 유전자형이 되어 조선 실학의 유전 소질과 접점을 이루거나 유전적 공유 소질이 된 것은 아니다. 서학의 동점도 서세 동점에 대한 저항의 분위기로 인해 일부에서는 심한 반대에 부딪칠 수밖에 없었기 때문이다. 예를 들어 서양의 천문역법의 전래도 두 차례에 걸쳐 커다란 충돌을 겪어야 했다. 『명사(明史)』·「역지曆志」에 의하면 명 말 숭정(崇禎) 초년에 서역법(西曆法)을 주장하는 서광계·이지조·이천경(李天經) 등은 이를 반대하는 위문괴(魏文魁)를 중심으로 한 세력과 격론을 벌인 끝에야 겨우 승리할 수 있었다. 이처럼 서학이 실학 속에서 유전 소질로 전화되는 과정에는 여러 가지 이유로 인해 인자형적 도태 *génotypic selection*를 거칠 수밖에 없었다.

그래도 중국의 한 통계(부정확하여 아쉽지만)에 따르면 한역 서학서는 대개 300여 종에 이르며, 그 가운데 천주교 교리의 번역서를 제외한 과학 기술 분야의 도서는 중국인들의 도움으로 함께 번역한 것을 포함하여 대략 120여 종[69] 정도였다. 그 가운데 대표적인 것들을 분야별로 열거하자면 다음과 같다.

① 수학 분야의 한역 서학서

명 말의 경세 실학 속에 전화된 서학의 유전 소질 가운데 가장 두드러진 것은 서양의 근대 수학이 지닌 유전자형 *génotype*이었다. 『마테오 리치 서신집』(제2권)에 보면 1605년 로마 교황에게 그는 〈중국에 서양의 수학을 소개하는 것이야말로 수학을 이용하여 중국인의 관심을 이끌어 내는 좋은 방법〉이라고 보고한 바 있다. 서양에서 도입된 근대 수학이 중국의 모든 실용 과학의 기초가 되는 동시에 중국인

---

[69] 이원순은 『조선 서학사 연구』의 61쪽에서 徐宗澤의 『明淸間耶蘇會士譯著提要』에 1753년까지 출판된 한역 서학서는 41명에 의한 181종이 열거되어 있지만 실제로는 60여 명에 의한 500여 종에 이른다고 주장한다. 그러나 그는 86쪽에서 180여 년간 예수회원들에 의한 한역 서학서가 350여 종에 달한다고도 주장한다. 이와 비슷한 숫자를 제시하는 사람은 중국의 유력도(兪力濤)이다. 그의 논문 「西學東漸與明淸之際의 經世實學」에 의하면 부정확한 통계에 의존한다는 단서를 달기는 했지만, 梁啓超의 『中國近三百年學術史』의 附表인 「明淸之際耶蘇會敎士在中國者及其著述」과 徐宗澤의 『明淸間耶蘇會士譯著提要』를 참고해 볼 때 120여 종의 과학 기술서를 포함한 300여 종의 한역 서학서가 있었다는 것이다.

에게 경세치용의 유력한 도구가 될 수 있다고 판단한 마테오 리치는 천주교 교리의 소개보다도 서양의 수학을 소개하는 데 더욱 열심이었다. 실제로 마테오 리치가 천주교의 소개를 위해 번역 출판한 서교서는 6종 정도인데 비해 수학과 관련된 한역 서학서는 12종 이상이나 출판될 정도였다.

  1605년 그가 천체론(상권)과 수리론(하권)으로 된 『건곤체의(乾坤體義)』를 소개한 것도 그런 이유에서였다. 이 책의 출판은 중국에 처음으로 서양의 근대 수학이 도입되는 계기가 되었다. 이어서 같은 해에 서광계는 마테오 리치의 지도를 받아 중국에 최초로 기하학을 소개하는 『기하원본』(6권)을 번역하여 출판했다. 1607년에 마테오 리치와 서광계가 공동으로 번역 출판한 『측량법의(測量法義)』는 기본적으로 측량 지식에 관한 책이지만 한편으로는 측량 수학을 소개한 책으로서 서양의 수학이 실용 과학의 기초임을 입증하는 책이기도 하다. 또한 마테오 리치는 이지조와 공동으로 도형 기하학서인 『환용교의(圜容較義)』(1608)와 산술과 산법을 소개한 『동문산지(同文算指)』(1613)도 번역 출판했다. 그 밖에도 알레니와 구식곡(瞿式谷)이 공동 번역한 『기하요법』(전4권, 1631)을 비롯하여 서양의 수학을 소개한 서학서는 헤아릴 수 없이 많다.

  이처럼 명 말·청 초에 황제를 비롯한 지배 계층은 마테오 리치 등 대부분의 선교사가 소개한 서양의 과학 가운데 수학에 더 큰 관심을 보였다. 베르비스트도〈중국인이 중요시하는 과학으로는 천문학·광학·역학 등이 있으나 가장 관심을 갖는 것은 수학 분야이다. ……수학은 중국에서 크게 성황을 이루고 있기 때문에 황실에 출입하여, 아무리 고관일지라도 왕좌로부터 멀리 떨어져 부복하는데 (이방의) 과학자는 자주 왕좌의 옆에 시립할 수 있었다〉[70]고 증언한 바 있다. 특히 강희(康熙) 황제 자신이 서양의 수학 연구에 몰두하여 제르비용에게 유클리드의 기하학을 직접 배울 정도였다.

---

70 김용운·김용국,『중국 수학사』, 민음사, 1996, pp. 281~182 재인용.

『강희전』에 기록된 부베의 강희 황제 예찬론을 보면 다음과 같다. 〈황제는 유클리드의 가장 중요한 명제를 자주 복습하여 그 증명을 잘 기억해 두기 위해서 노력하였다. 그는 5, 6개월이 지나자 기하학의 원리에 정통하게 되었고 어떤 명제에 관한 도형을 제시하면 당장에 명제와 증명을 기억해 낼 만큼 놀라운 발전을 보였다. ……황제는 수학의 연구에 더할 나위 없는 쾌락을 느꼈다. 그래서 황제는 수학을 화제로 우리들과 함께 매일 빠짐없이 두세 시간을 보냈다.〉[71] 이처럼 강희 황제는 서양의 수학 연구에 몸소 열심이었을 뿐만 아니라 왕세자와 사대부들에게도 수학의 소양을 갖추도록 주문했으며, 나아가 1723년 수학자의 양성을 위해 산학관(算學館)을 설립하기도 했다.

그러나 중국의 지배 계층이나 실학자들이 서양의 수학에 대단한 관심을 기울인 이유는 무엇보다도 그것이 경세치용적 과학이라는 데 있었다. 그렇기 때문에 마테오 리치도 『기하원본』을 번역하면서 기하학이 가장 〈실리적〉 학문임을 다시 한 번 강조한 바 있다. 이 책의 서문에서 보면 서광계는 서양의 근대 수학을 모든 실용 과학의 기초로서 간주하여 실학의 가장 중요한 실험 수단과 실증 정신을 거기에서 찾으려 했다. 특히 서양의 근대 수학이 지닌 실용성과 실증 정신은 중국의 고전 수학이 지닌 부허공소(浮虛空疏)의 폐단에 대한 심각한 반성의 계기가 되었다. 서양의 수학이 소개되기 이전까지만 해도 중국은 전지(田地)의 측량〔方田章〕이나 전조(田租)의 운반〔均輸章〕 등 농본적 봉건관인 사회를 배경으로 하여 성립된 구장산술(九章算術)[72]에 의존해 왔기 때문이다.

---

71 Joachim Bouvet, *Portrait historique de l'impereur de la Chine*, 1697, p. 106, 109. 김용운·김용국, 『중국 수학사』, 민음사, 1996, p. 290 재인용.
72 『구장산술』은 예수(隷首)가 만들었다고 하나, 자세한 사정은 알 길이 없다. 기록에 따르면, 단지 주공이 예를 제정하면서 구수(九數)를 두었는데 그것을 계승·발전시킨 것이 구장이다. 그러나 이것이 오늘날과 같은 모습으로 갖춰진 것은 263년 위나라의 유휘(劉徽)가 주를 달고 당초기에 이순풍(李淳風)이 주석을 덧붙임으로써 이뤄진 것이다.

② 천문·역법 분야의 한역 서학서

명 말·청 초의 실학 정신의 발단은 오랫동안 중국인의 사유 방식을 지배해 온 〈공언무실〉에 대한 자각과 그것으로부터의 탈피에 있었다. 서학은 이러한 자기 반성을 자극했을 뿐만 아니라 탈출 욕구를 부추기는가 하면 새로운 욕망의 통로도 다양하게 제공하면서 중국을 문화 기생의 중간 숙주로 삼는 데 성공적인 매체이자 수단이 되었다. 서양의 천문·역법이 중국의 실학 정신 속에 유전 소질로서 전화된 것도 이러한 과정을 통해서였다.

명 말·청 초에 예수회 선교사들에 의해 중국에 소개된 천문·역법의 저서는 약 50여 종이었고 극황도좌표를 사용한 혼천의(渾天儀, Armillary sphere)와 지구의를 비롯하여 당시에 도입된 천문 기기도 34종이나 되었다. 이처럼 예수회원들이 중국에 들어온 초기부터 서양의 천문·역법에 관한 소개에 적극적이었던 이유는 대략 다음과 같은 두 가지였다. 첫째, 한대 이후 수명개제(受命改制)의 이데올로기에 의해 왕조가 바뀔 때마다 개력(改曆)을 실시해 온 전통을 그들은 이미 잘 알고 있었기 때문이었다. 둘째, 그러나 그보다 더욱 중요한 이유는 원대 이래 타성적으로 실시해 온 수시력(授時曆)이『대통력(大統曆)』으로 명칭만 바뀐 채 여전히 사용되어 왔고[73] 원대에 페르시아로부터 전해진 이슬람식 역법인『회회력(回回

이 책은 제복대로 다음과 같은 아홉 개의 장으로 구성되었다. (1) 여러 모양의 밭의 길이나 넓이를 구하는 내용인 방전(方田), (2) 농산물의 교환 비율을 이용해 교환량을 계산하는 속미(粟米), (3) 등차 또는 등비수열을 이용하여 할당량을 따지는 쇠분(衰分), (4) 밭의 정사각형, 정육면체의 한 변을 구하거나 원의 넓이를 알고 둘레를 구하는 내용의 소광(少廣), (5) 토목 공사의 입체기하학적 형태와 관련된 부피나 길이를 구하는 상공(商功), (6) 부세 제도인 균수의 집행을 가늠하게 하는 균수(均輸), (7) $y=a+bx=a'+b'x$의 관계에서 x, y의 값을 구하는 영부족(盈不足), (8) 1차 연립방정식과 관련된 방정(方程), (9) 서양의 피타고라스 정리인 구고술을 활용한 구고(句股) 등이 그것이다.

73 성호 이익도『성호사설』에서〈한나라가 개국한 이래 400년 동안 다섯 번이나 역법을 고쳤고, 위나라에서 수나라에 이르기까지 13번이나 역법을 고쳤으며, 당나라에서 후주(後周)에 이르기까지 16번이나 역법을 고쳤고, 송나라는 3백년 동안 18번이나 역법을 고쳤으며, 금나라 희종(熙宗)부터 원나라에 이르기까지는 세 번이나 고쳤다. 명나라가 개국한 뒤 유기(劉基)의 건의로

曆)』도 실제로 일식과 월식에 잘 들어맞지 않자 이것을 고치려는 논의가 제기된 데 있었다.

특히 마테오 리치가 서양의 과학적인 천문학과 역법을 중국에 서둘러서 소개하려 한 것도 이러한 당시의 사정을 누구보다도 잘 간파했기 때문이었을 것이다. 1605년 마테오 리치가 서양의 수많은 과학 기술서 가운데 일식과 월식을 정확하게 예측할 수 있는 방법을 자세하게 설명하고 있는 『건곤체의』를 먼저 선택하여 번역 출판한 사실도 이러한 사정을 잘 반영하는 것이었다. 그는 서적을 통해 서양의 천문학을 이론적으로 소개하는 동시에 처음으로 혼천의와 지구의 등 천문기기들도 도입하여 서양 천문학에 대한 이해와 신뢰를 더욱 높이려는 노력도 함께 했다.

마테오 리치 이후에 중국에 온 디아스Diaz는 1615년 〈지원설(地圓說)〉을 이론적으로 설명하는 『천문략(天文略)』을 출판하는가 하면 서광계와 공동으로 서양의 천문학을 130여 권에 집약한 『숭정역서(崇禎曆書)』를 편집하기도 했다. 결국 청초의 아담 샬Schall이나 베르비스트Verbiest · 그리말디P.M. Grimaldi · 페레이라 T. Pereira 등 수많은 선교사들은 강희(康熙) 황제의 칙령에 의해 역법의 개정을 담당할 뿐만 아니라 중국의 천문·역법을 관장하는 흠천감(欽天監)의 책임자[74]인

대통력을 실시했는데, 이는 건국 초기에 감정(監正)인 원통(元統)이 정한 것이지만 사실은 원나라 태사(太史, 천문·역법을 담당한 관리)인 곽수경(郭守敬)이 만든 수시력(授時曆)이다〉라고 소개한 바 있다. 『星湖僿說』, 「天地門」, 曆象條 참조.

74 아담 샬이나 베르비스트가 중국의 천문·역법을 총괄하는 흠천감정(欽天監正)의 자리를 차지하기까지의 순탄치 않은 과정은 중국 역법과 서양 역법 사이에 일어난 신·구 역법의 충돌 과정이었지만, 달리 생각해 보면 그것은 서양 문화와 중국의 주류 문화와의 불가피한 충돌이었고, 문화적 우세종cultural dominant의 헤게모니 장악 과정이었다. 예를 들어, 『시헌력』(1645)의 반포에서 베르비스트의 흠천감정 재등용(1669)까지의 과정이 그러하다. 1644년 8월 1일에 있었던 일식에 대해 대통력과 회회력의 예보가 빗나갔지만 아담 샬의 서양 신법은 적중했다. 그로 인해 이듬해에 『시헌력』이 작성될 수 있었다. 그러나 전통 역법을 지키려는 수구파의 탄핵으로 1665년 신역법이 폐지되고 대통력으로 다시 돌아갔다. 또한 아담 샬과 베르비스트도 감정(監正)의 자리에서 물러났다. 그러나 1669년 윤달의 착오가 일어나고 일월 오성(五星)의 예보에서도 착오가 생겨 모든 천체 현상과 불일치했지만 서양 역법의 경우는 그렇지 않았다. 이렇게 되자 강희 황

감정(監正)과 감부(監副)의 자리를 200년이나 맡기도 했다. 특히 아담 샬은 『숭정역서』의 개정을 명령받아 100권으로 된 『서양신법역서』를 편집함으로써 공식적으로 서양의 천문학을 소개하는 계기를 만들기도 했다. 드디어 1645년에는 『숭정역서』를 토대로 하여 순전히 서양 역법만으로 만든 새로운 역법인 『시헌력(時憲曆)』이 결정되었고, 곧 바로 칙령으로 전국에 공포·시행되기에 이르렀다. 이것은 중국이 대통·회회 역법으로부터 인식론적 단절을 공식적으로 천명한 일종의 과학 혁명이자 문화 혁명일 수 있다.

서양의 천문·역법이 이처럼 명 말·청 초에 중국의 통치 이념의 변화까지 가져온 것은 그것이 새로운 세계관과 우주관을 제시하기 때문이기도 하지만 그보다는 중국의 전통적인 천문·역서가 지닌 신비주의와 공언무실의 폐단 때문이었다. 전통적으로 중국에서의 〈천문(天文)〉이란 글자 그대로 〈하늘에 새겨진 무늬〉, 즉 천변을 보고 군주의 죽음이나 모반, 외적의 침략, 가뭄 등의 국가적 대사를 점치는 기술이었다. 심지어는 한대에 세워진 왕립 천문대도 왕조나 집권자의 운명을 미리 간파하기 위한 일종의 점성술 연구만을 주요 업무로 여길 정도였다.

그러나 그것은 실측과 실증의 정신에 기초한 서양 역법에 비해 신비와 미신이 혼재한 역리(曆理)에 불과하여 실용적일 수 없었고 정밀을 요구하는 천문학적 실측 정신과도 거리가 먼 것이었다. 이러한 폐단 때문에 특히 〈실측방법〉과 〈험천사상(驗天思想)〉을 겸비한 인물이었던 강희 황제는 1704년 자신이 직접 천문 기기를 사용하여 관측 실험하기도 했다. 그러므로 이러한 실학 사상에 기초한 통치 이념의 실현을 위해 그가 과학적인 역법 제정에 적극적이었던 것은 당연한 일이었을지도 모른다.

제는 결국 베르비스트를 감정에 재등용하였고 이듬해부터 전적으로 시헌력의 통용이 이뤄졌다. 김용운·김용국, 『동양의 과학과 사상』, 일지사, 1984, p. 165 참조.

③ 지리·지도 분야의 한역 서학서

서양의 지리학과 지도학을 중국에 처음 소개한 사람도 마테오 리치이다. 그는 중국의 조경(肇慶)에 도착한 후 그곳의 지방 행정관인 왕반(王泮)에게 그가 가져온 〈만국여도〉를 중국어 설명을 곁들여 제출했다. 이것은 중국의 지배 계층에게 공간적으로 중화 중심적 폐역의 관념에 일대 수정을 불가피하게 한 사건이었다. 다시 말해 이것은 중심과 주변에 대한 공간적 이해를 달리할 수밖에 없는 정치적 사건이자 문화적 충격이었다. 그로 인해 명말의 신종(神宗)은 중국이 중심이 되는 세계 지도의 필요성을 느끼게 되었고 그것의 작성을 마테오 리치에게 부탁하기에 이르렀다.

결국 신종의 제청을 받아들인 마테오 리치는 남경·북경·항주·서안 등지의 경·위도를 실측하여 중국을 중심에 둔 최초의 세계 지도를 제작했다. 이것이 바로 〈곤여만국전도(坤輿萬國全圖)〉이다. 이것은 〈세계의 교사〉로서 자부해 온 중국이 서학 동점이라는 문화 대이동 과정에서 정치적 이데올로기나 자긍심을 더욱 강화하면서도 문화의 습합적 융합을 주체적으로 시도한 일례일 수 있다.

마테오 리치의 뒤를 이어 알레니는 1623년 5대주 각 국의 풍토·민속·기후와 6대양의 해명·해도(海島와 海道)·해상(海狀)·해족 등이 중국어로 소개된 『직방외기』 5권을 간행했다. 또한 그는 1637년에도 서양 각국의 풍토와 사정을 소개한 『서방문답』 2권을 출판했다. 베르비스트도 『어람서방요기(御覽西方要紀)』(1668)를 편찬하여 서양의 국토·풍속·인물·토산물 등을 소개하는가 하면 그것을 보완한 『곤여도설』(1674) 2권을 저술하기도 했다. 쾨글러는 태양계의 운행도인 『황도경위항성도』를 편찬했으며 『지구도』·『월리표(月離表)』·『일전표(日躔表)』 등도 남겼다.

특히 선교사들의 이러한 노력은 강희 황제로 하여금 일찍이 실측에 의한 전 국토의 측량과 지도 제작을 결심하게 하는 결정적인 계기가 되었는가 하면 나아가 외교·정치 분야에서 지도의 중요성을 통한 새로운 공간 이데올로기를 갖게 했다.

지도에서 얻을 수 있는 정치적 자긍심을 새롭게 할 뿐만 아니라 그것으로 인해 정치적 욕망 경계선의 한계 설정을 합리적·실증적으로 새롭게 해야 할 필요를 느꼈기 때문이다.

황제는 프랑스의 선교사 부베Bouvet 등의 도움으로 1708년부터 이 사업에 착수한 지 10년 만에 티베트와 신강(新疆)을 제외한 중국 전역을 측량하는 대역사를 완성하여 자신이 명명한 『황여전람도(皇輿全覽圖)』를 제작해 냈다. 이렇게 하여 당시로서는 프랑스나 영국보다도 앞서는 가장 정밀하고 선진적인 세계 최고 수준의 실측 지도가 완성된 것이다. 구형 대지의 관념 하에 기준점을 7백여 개나 설정한 삼각 측량법과 원통도법 등 서양의 과학적인 지도 제작법에 따라 이러한 전국 지도가 제작된 것은 〈미측호연(未測浩衍)〉하는 중국의 전통 지리학의 병폐를 깨닫고 실측에 기초한 서양의 지리학을 중시하려는 황제의 실증 과학적 결단에서 비롯된 것이다. 이것은 서양의 실증적 공간 과학인 지리학과 지도학이 중국의 실학 속에서 (위로부터 자발적으로 이뤄지는 것이기는 하지만) 어떻게 유전 소질로서 전화되는지를 보여 주는 또 하나의 사례이기도 하다.

④ 의학 분야의 한역 서학서

인체 해부학과 같은 서양 의학이나 약학이 중국에 도입된 것도 예수회 선교사들에 의한 서학서의 도입과 때를 같이 한다. 1594년 마테오 리치가 편찬한 『서국기법(西國紀法)』의 「원본편」에 기록된 서양 신경학에 대한 소개가 그 서막이었다. 1621년 스위스 출신의 의사이자 예수회 선교사인 테렌츠(鄧玉函, J. Terrenz)는 근대 해부학의 아버지인 동시에 근대 의학의 출발점이라고 할 수 있는 베살리우스 A. Vesalius의 『인체의 구조에 관하여De Humani Corporis Fabrica』를 토대로 한 인체 생리 해부학자로서 『태서인신설개(泰西人身說槪)』를 편찬하여 서양의 해부학을 중국에 본격적으로 소개하기 시작했다.

그 뒤에도 로Rho와 롱고바르디는 장기를 비롯한 인체의 내부 환경을 소개한

『인신도설(人身圖說)』을 번역 출판했는가 하면, 아담 샬도 『주제군징(主制群徵)』을 출판하여 갈레누스Galenus의 심장·간·뇌를 거점으로 하는 3종류의 프네우마에 관한 이른바 〈삼귀의 설(三貴之說)〉이라는 인체 생리학을 소개한 바 있다. 서양의 이러한 인체 생리학과 해부학이 소개되기 이전에 중국에도 인체 해부학이 없었던 것은 아니다. 1045년 광서(廣西)에서는 반역죄를 지은 죄인 50여 명을 이틀에 걸쳐 해부하여 『구희범오장도(歐希範五臟圖)』라는 해부도가 실린 책이 등장한 적이 있다. 또한 1102~1106년 사이에는 절도범의 몸을 해부하여 정리한 『존진환중도(存眞環中圖)』(1113)가 등장하기도 했다.[75]

그럼에도 불구하고 중국의 전통 의학에서 병리나 치료 기제의 해석은 음양오행설에 의존해 왔기 때문에 서양 의학의 과학적 실험성과 실용성을 따를 수 없었다. 그러나 임상 병리와 해부를 중요시하는 테렌츠와 같은 의학 선교사가 오면서부터 서양 의학의 실험성과 실용성을 과감하게 수용하는 가시적 변화가 일어나기 시작했다. 실제로 의학 발전에서 인체 해부를 통한 실험과 실증만큼 효과적인 방법은 있을 수 없기 때문일 것이다. 이러한 서양 의학의 영향은 특히 강희 황제가 서양에서 온 선교사를 어의(御醫)로 고용하고 치료를 위해 양약을 사용하면서 더욱 두드러졌다. 중국의 고전 의학과 의술은 형이상학적 독단의 잠에서 깨어나 의학적 실증정신과 실천에 대한 자각과 자기 반성에 박차를 가하지 않을 수 없게 된 것이다.

⑤ 화기 분야의 한역 서학서

명대에도 남쪽의 왜구와 동북 쪽의 여진 등을 제어하기 위해서는 현대식 화기의 개선과 증강이 절실했다. 이러한 시대적 필요에 따라 서광계와 이지조가 예수회 선교사들에게 서양의 화기 제작 기술을 전수받으려고 노력한 것은 자연스런 일이었을 것이다. 이들의 뒤를 이어 1639년에 아담 샬은 명의 마지막 황제인 의종(毅

75 이부영 편, 『의학개론·I』, 서울대학교출판부, 1994, p. 135.

宗)의 요청에 따라 주총청(鑄銃廳)을 설치하고 대포 20문과 장거리포를 주조한 바 있다. 아담 샬의 지도로 편찬된 『화공격요(火攻擊要)』 3권은 불을 뿜고 날아가는 이른바 〈연화비기(燃火飛機)〉의 선진 기술을 소개한 중요한 저서였다. 여기에서는 화기 제조법뿐만 아니라 조탄(造彈)·총차(銃車)·화전(火箭)·분통(噴筒)·지뢰·화약 제조 등의 각종 서양 화기의 시방법(試方法)까지도 소개하고 있다.

청 초에도 서양 화기의 전문가로서 가장 유명한 인물은 베르비스트였다. 그가 편찬한 『신무도설(神武圖說)』에는 주조 화포 이외에 44가지의 도해를 비롯하여 서양 화기와 관련된 군사학에 대해 소개하고 있다. 그는 1674년부터 2년에 걸쳐 실제로 대·소포를 합쳐 120문을 제조한 뒤 1680년에는 〈충천포〉라고 명명한 서양식 전포를 320문이나 제조하기도 했다. 특히 강희 황제는 중국의 고대 병법인 화법(花法) 대신 오직 실용성과 유효성만을 추구하는 그 화기의 우수성 때문에 신하를 이끌고 자신이 직접 충천포를 시험 발사해 볼 정도로 지대한 관심을 보였다.

이상에서 보았듯이 중국의 명 말·청 초의 실학 사상 속에 전화된 유전자형 *génotype*은 이미 예수회 선교사들과 그들이 직접 들여온 서학서에서 배태된 것이나 다름없다. 이렇게 보면 실학 사상은 선교사들의 직접 경로를 통해서 형성된 서학이라는 유전 소질의 작용과 당시의 정치 환경에 의해 실현된 표현 형질 *phénotype* 이라고 말할 수 있다. 또한 이것은 역사적 우연일 수 있지만 내외의 조건이 시의적절하게 결합하여 (실학이라는) 새로운 문화 유형이 형성되는 문화 융합의 실례이기도 하다.

만일 이러한 역사적 우연성과 시의성이 실학 사상의 형성 조건이 아니었다면 중국 철학사에서 서학을 유전 소질로 한 유사한 유전 형질의 개체군이 일시에 현상화할 수 없었을 뿐만 아니라 중국 문화사에서도 새로운 문화 융합의 기회를 맞이할 수 없었을 것이다. 두석연도 「명청 시대의 실학 사조와 과학 기술」에서 만일 서학의 동점이 명 말·청 초에 일어나지 않고 송, 명의 이학과 심학이 영향력을 한창 발휘하던 명대의 중반이나 그 이전에 일어났다면 결과는 전혀 달랐음은 물론이고 나아가 서학의 수용을 거부하는 사상이 우위를 차지했을지도 모른다[76]고 주장한다.

그러나 명 말·청 초에 서학 동점이 비교적 순조로웠다고 하더라도 서학과 서교가 문화적 우세종으로서 시대정신을 반영할 만큼 일방적으로 우세한 영향력을 발휘했던 것은 아니다. 선교사에 의한 문화 기생의 본질적인 목적이 서교(천주교)의 포교였지 서양의 과학 기술과 같은 서학의 이식이나 보급에 있었던 것이 아니었으므로 수단[用]을 앞세운 목적[體]의 달성이 순조로울 수는 없었다. 오히려 예고 없이 당도한 서교 문화는 결코 문화적 열세종*cultural recessive*이 아니었던 중국의 주류 문화와의 첨예한 충돌도 피할 수 없었다. 장학지(張學智)에 의하면 당시에도 과거와 마찬가지로 중문경무적(重文輕武的) 전통이 지배적이었기 때문에 사대부들이 가장 중요시하는 것은 과거(科擧)와 사장지학(辭章之學), 즉 경서의리(經書義理)와 문장 기법이었다.[77] 다시 말해 서양의 과학 기술을 원리적 지식의 일부로 간주하여 실제로 그것을 배우려는 사람은 소수에 지나지 않았다는 것이다.

그러나 개혁이나 혁명과 같은 변혁의 주체는 언제나 창조적 소수자이지 평균적 다수자가 아니었으므로 수적 열세만으로 서학자와 서학의 영향이 과소평가되거나 폄훼되지는 않을 것이다. 어쨌든 예수회의 선교사들은 목적을 뒤로 한 채 수단을 크게 앞세워 중국에 도래했음에도 불구하고 서교와 서학을 체용겸해(體用兼賅)·본말일여(本末一如)라는 실학 사상의 유전자형*génotype*으로 전화시켜 명 말·청 초의 시대정신이자 인식소가 되게 했음을 부인하기 어렵다.

2) 조선에 유입된 한역 서학서

중국이 서세 동점, 즉 서교와 서학의 직접 경로였다면 조선은 그 간접 경로였다. 엄청난 양의 서학서가 선교사들에 의해 중국에 도입되면서 번역이라는 여과 과정

---

76 杜石然,「明淸時代の實學思潮と科學技術」, 源了圓·末中哲夫 編,『日中實學史硏究』, 思文閣出版, 1991, p. 268.
77 張學智,『明代哲學史』, 北京大學出版社, 2000, p. 719.

을 거쳐 조선에 유입되었기 때문이다. 다시 말해 조선은 서양에서 출판된 서학서들보다 중국에서 번역된 한역 서학서들이 유입되었으므로 서학 동점의 간접 루트인 셈이다.

이수광의 『지봉유설』에 의하면, 조선에 가장 먼저 도입된 한역 서학서는 이광정이 1603년 사대사행원으로 북경에 다녀오면서 가져온 마테오 리치의 〈곤여만국지도〉이다. 그 이후 1783년 이승훈이 북경에서 세례를 받고 돌아오기까지 180년간 매회 200~300명씩 편성된 사행원들이 200회 이상 북경을 다녀오면서 도입한 한역 서학서도 정확히 알 수는 없지만 적어도 200종 이상이었으리라고 짐작된다. 그것들을 분야별로 나눠 보면 대략 다음과 같다.

① 한역 서교서

한국의 서양 사상 수용사는 서양 사상(서도)의 공급원으로서 한역 서교서가 조선에 도입되면서부터 시작되었다고 해도 과언이 아니다. 그 이전에는 서양 사상을 제대로 접할 수 있는 어떠한 직·간접 경로도 찾기 힘들었기 때문이다. 그러면 부경사행원들에 의해 도입된 서교서들은 어떤 것이었으며 이것들을 통해 소개된 서양 사상은 어떤 것이었을까? 그리고 그것들은 어떻게 조선의 실학 속에 유전 소질로서 전화되었을까?

조선의 지식인들이 『천주실의』를 비롯한 한역 서교서들을 언제부터 접하게 되었는지는 정확하게 알 수 없다. 1610년대에 이미 이수광·유몽인·허균에 의해 『천주실의』와 서교에 관해 간략하게나마 소개되는 것으로 보아 한역 서교서들은 그 이전에 이미 유입되었음이 분명하다. 그러나 각종 서교서들을 통해 서양의 종교와 사상이 조선에 본격적으로 소개되는 것은 정두원(鄭斗源)이 1631년 7월 북경에서 돌아오면서 중국의 이지조(李之藻)가 편찬한 『천학초함(天學初函)』(1629)을 가져오면서부터였다. 마테오 리치 등의 예수회원들에 의해 번역 출판된 한역 서학서들이 연구의 편의를 위해 종교·윤리에 관한 이편(理篇) 9편과 과학·기술에 관한 기편(器篇) 10편을 합쳐 총 52권으로 체계있게 편집된 이 총서는 조선에 도입되면서부터 일부 지식인들에게 지대한 관심을 불러 일으켰기 때문이다. 이 총서 가운데 이편에 속한 9편과 이 이후에 도입된 서양의 종교·윤리에 관한 책들을 열거하면 다음의 표와 같다.

순서	책 이름	저자	출신국가	발행년도
1	畸人十規	Matteo Ricci (利瑪竇)	이탈리아	1584
2	交友論	〃	〃	1595
3	天主實義	〃	〃	1603
4	二十五言	〃	〃	1604
5	畸人十篇	〃	〃	1608
6	辯學遺牘	〃	〃	1609
7	七克	D.de Pantoja (龐迪我)	스페인	1614
8	西學凡	G.Aleni (艾儒略)	이탈리아	1623
9	職方外紀	〃	〃	〃
10	靈言蠡勺	F. Sambiasi (畢方濟)	〃	1624
11	萬物眞源	G. Aleni	〃	1628
12	主制群徵	J. A. Schall (湯若望)	독일	1629
13	敎要序論	F. Verbiest (南懷仁)	벨기에	1670
14	眞道自證	E.Chavagnac (沙守信)	프랑스	1718
15	盛世芻蕘	J-F. Mailla (馮秉正)	〃	1733
16	聖年廣益	〃	〃	1738

(이 표는 최동희의 『서학에 대한 한국 실학의 반응』, 고려대 민족문화연구소, 1988, p. 15에서 인용한 것임.)

이상의 한역 서교서 이외에도 1636년 청에 인질로 잡혀간 소현세자가 귀국하기 직전 북경에서 흠천감정 아담 샬에게서 받은 천문서나 천주교 교의서와 양학서들 가운데에도 조선 실학의 유전 소질은 물론이고 서양 사상을 소개하는 것들이 포함되어 있었다. 예를 들어 사양 천문학사인 『역법서전(曆法西傳)』을 비롯하여 천주교의 기원을 밝히면서 중세의 스콜라 철학을 간접적으로 소개하는 『주교연기(主教緣起)』9권과 스콜라 철학에 기초한 신학 입문서인 『주제군징』 2권, 그리고 천주교 복음서인 『진복성전(眞福性詮)』 등이 그것이다.

특히 알레니Aleni의 『서학범(西學凡)』은 당시 서양의 학제에 대한 개론적 소개서였기 때문에 「서학범해제」를 통해서 서양 학문의 종류와 그 분류를 이해할 수 있었다. 6분과로 나눈 그 분류에 따르면 그것들은 다음과 같다.

a) 륵탁리가(勒鐸理加) —— 수사학Rhetorica······문과
b) 비록소비아(斐錄所費亞) —— 철학Philosophia······이과
c) 묵제제납(默第濟納) —— 의학Medicina······의과
d) 륵의사(勒義斯) —— 법률학Leges······법과
e) 가락익사(加諾搦斯) —— 종교법학Canones······교과(教科)
f) 도록일아(徒祿日亞) —— 신학Theologia······도과(道科)

여기에서 특기할 만한 것은 문과, 즉 수사학을 배운 뒤 철학을 배운다고 하여 수사학이 철학의 선수 과목임을 밝힌 점이다. 또한 문과를 중국의 소학(小學)과 같은 것으로 비유하는가 하면 이과, 즉 철학을 중국의 대학(大學)에 비유하고 있다. 그 밖의 분과들은 모두 〈醫科法科教科道科者 皆事業〉이라고 하여 실제 생활에 쓰이는 응용 학문으로 간주했다.[78]

또한 알레니의 『직방외기』는 세계의 인문 지리에 관한 책이지만 서교의 교리 일반에 관한 사상서이다. 그러나 이 책에는 유럽의 각종 학교 교육 제도와 교육 과정

---

78 이원순, 『조선 서학사 연구』, p. 285 참조.

에 대해서 다음과 같이 자세하게 소개되어 있다. 여기에서 특이한 것은 문과라고 부른 초등 교육 과정과는 달리 중등 교육 과정을 이과라고 하고 그 과정의 이름을 斐錄所費亞Philosophia, 즉 철학이라고 부른 점이다. 그것은 초학년에서는 시비지학인 落日加Logic, 즉 논리학을, 2학년에서는 성리지학(性理之學)인 費西加 Physics, 즉 물리학을, 그리고 3학년에서는 성리상지학(性理上之學)인 達費西加 Metaphysics, 즉 형이상학을 교과목으로 하는 데서도 보듯이 당시의 서양 교육이 이미 철학과 물리학을 학문의 기초 교육 과정으로 삼고 있음을 알 수 있게 한다.

그러므로 대학은 이것을 바탕으로 한 전문 교육 기관이었다. 그 학과도 각자가 스스로 선택하는 다음의 4가지로 되어 있다. 질병 치료를 전문으로 배우는 의과(醫科, Medicina), 정사(政事)를 주로 배우는 치과(治科, Politica), 종교법의 준수를 배우는 교과(教科, Canones), 그리고 서교의 전도를 위해 교의를 배우는 도과(道科, Theologia)가 그것이다.

『천주실의』나 『기인십편』을 비롯한 한역 서교서의 도입을 통해 조선에 소개된 서양 사상은 중세의 스콜라 철학이 주류를 이루지만 스콜라 철학의 성격상 고대 그리스 철학을 전제하지 않을 수 없었다. 다시 말해 아우구스티누스(奧古斯丁)와 토마스 아퀴나스(托馬斯 阿奎那)의 철학과 신학을 소개하기 위해서는 헤라클레이토스(黑蠟)를 비롯하여 피타고라스(坒泰戈拉)·데모크리토스(德牧)·제논(責煖)은 물론이고 소크라테스(束格剌得)와 플라톤(柏拉圖), 그리고 아리스토텔레스(亞里士多德)의 철학에 대한 소개도 불가피했다.

특히 아리스토텔레스의 형이상학이 여러 한역 서교서에 소개되면서 4원소설과 4원인설, 그리고 영혼론에 대한 논의가 집중되었다. 예를 들어, 마테오 리치의 『건곤체의』에서는 아리스토텔레스의 4원소설(元行說)을 소개하기 위해 탈레스(泰勒斯)의 물과 헤라클레이토스(赫拉克利特)의 불, 그리고 엠페도클레스(恩培多克)의 수(水)·기(氣)·화(火)·토(土)에 의한 4근설(根說)을 언급하지 않을 수 없었다. 아리스토텔레스의 4원인설을 가장 자세하게 소개한 한역 서교서는 두 권으로 된 바뇨니(高一志, A. Vagnoni)의 『공제격치(空際格致)』이다. 이 책의 상권인 『육행성설(六行性說)』은 4원소론에 의한 아리스토텔레스의 우주론이었고 하권인 『원행성론(元行性論)』은 생성 현상의 단서로서 〈사행(四行)〉에 대한 자연 과학적 논의였다.

아리스토텔레스의 4원인설에 대한 소개는 마테오 리치의 『천주실의』에서부터 시작된다. 마테오 리치는 아리스토텔레스의 4원인설을 인용하여 신(천주)을 〈부동의 제일 추동자(推動者)〉로서 전제하고 여러 가지 방법으로 천주의 존재를 논증하려 했다. 또한 루벨리A. Lubelli도 『진복직지(眞福直指)』에서 천주를 최종적인 추동자, 즉 창조자로 설명하기 위해 토마스 아퀴나스의 4원인설을 인용함으로써 아리스토텔레스의 형이상학과 스콜라 철학을 연결시킨 바 있다. 만물의 생성을 천주의 창조로서 해석하기 위해 천하 만물이 구유하고 있는 네 가지 원인, 즉 작자(作者, 운동인)·모자(模者, 형식인)·질자(質者, 질료인)·위자(爲者, 목적인)도 만물의 조성자인 부동의 제일 추동자에서 비롯되었다는 것이다. 신의 존재 증명에 대한 이러한 소개는 마테오 리치 이전에 루지에리M. Ruggieri의 『천주성교실록(天主聖敎實錄)』에서 시작되어 그 이후에도 여러 한역 서교서에서도 반복되었다.

스콜라 철학의 영혼론을 가장 자세하게 소개한 한역 서교서는 삼비아시F. Sambiasi의 『영언려작(靈言蠡勺)』이다. 이 책에서 삼비아시는 천주교의 아니마(亞尼瑪, Anima), 즉 영혼을 소개하기 위해 아리스토텔레스에서 아우구스티누스를 거쳐 토마스 아퀴나스에로 이어지는 스콜라 철학의 사상적 계보를 그대로 따르고 있다. 삼비아시는 이 책의 서문에서 아니마의 학을 斐錄所費亞philosophia, 즉 철학에서 가장 유익하고 가장 존귀한 것이라고 정의한 뒤 학문의 뿌리로서 〈자기 자신을 알라〔認己〕는 것도 먼저 나의 아니마의 존귀함과 아니마의 본성을 아는 것(先識己亞尼瑪 亞尼瑪之性也)〉이라고 설명한다. 이어서 그는 아리스토텔레스의 말을 인용하여 아니마의 학은 신체의 병을 고치는 의사도 배워야 하지만 사람의 병을 고치는 치인자(治人者)야말로 더욱 배워야 할 것이라고 강조한다.

이상에서 보았듯이 조선에 도입된 한역 서교서들이 소개한 중세 스콜라 철학의 중심 주제는 크게 나누어 세 가지였다. 즉 신의 존재 증명·영혼 불멸·자유 의지 등과 같은 전통적인 형이상학적 문제, 창세 신화·원죄설·예수 탄생과 부활·천당과 지옥·최후 심판 등과 같은 기독교 신화, 그리고 교의 문답·기도문·예배 등과 같은 기독교인의 영혼 수양에 관한 것들이었다. 어쨌든 다양한 한역 서교서들을 통해 조선에 소개된 서양 사상은 이미 제2장에서도 언급했듯이 이익을 비롯한 신후담·안정복·이벽 등의 성호학파에게 직접적인 영향을 크게 주었고 그 밖의 많은 실학자들에게도 그에 못지 않은 영향을 끼쳤다. 다시 말해 조선에 도입된 한역 서교서들이 모두 조선 실학의 유전 소질로서 전화된 것은 아니지만 당시 조선의 정치·문화적 환경에 적응하는 과정에서 인자형적 도태를 거치면서도 적지 않은 요소가 유전자형*génotype*으로서 형질화되었음을 부인하기 어렵다.

② 한역 지리·지도서

1603년 이광정과 권희(權憘)가 유럽 지도인 〈구라파국여지도〉, 이른바 〈곤여만국전도(坤輿萬國全圖)〉를 도입한 것은 조선인에게 새로운 세계를 발견케 함으로써 공간적 지평을 확대하는 계기가 되었고, 나아가 탈중화적 세계 인식을 가능하게 하는 단서로서도 작용했다. 당시 유럽의 지도에서는 중앙에 중국 대륙을 위치시키지 않았지만 이 지도는 중국을 굳이 중앙에 두어 중국인에게서 호의적 반응을 얻으려는 계획으로 만들었다. 그러면서도 이 지도는 유럽에서 유행하던 아피아누스 도법을 따라 만든 최신형의 타원형 세계 지도였다. 더구나 거기에는 아리스토텔레스의 천체구조론에 의한 9중천설(九重天說)도 담겨 있었다.[79]

이러한 세계 지도의 도입은 조선의 지식인들에게 지도를 통해서라도 이전에는 경험할 수 없었던 공간에 대한 인식의 폭*span*을 확장시켰다. 그러나 그로 인해 그

[79] 전상운, 『한국 과학사』, 사이언스북스, 2000, p. 324.

들은 새로운 인식 공간을 메우려는 지적 호기심의 작용과 더불어 새로운 경험적 대상으로부터 받는 인식론적 충격도 피할 수 없게 되었다. 1969년 우주 비행사들이 처음으로 달 표면에 착륙함으로써 미지의 우주 공간에 대한 호기심과 충격이 달나라 신드롬으로 나타났듯이 당시 조선의 지식인들도 같은 사정이었을 것이다. 다시 말해 조선의 실학자들은 이 지도를 보면서 무엇보다도 서양에 대한 지적 호기심과 새로운 문물 도입에의 정열을 갖기 시작했으며, 나아가 중국에서 활동하는 서양의 예수회 선교사들에 대한 시각도 달라지기 시작했을 것이다.

이러한 분위기를 반영하듯 황중윤(黃中允)은 그 이듬해에 〈양의현람도(兩儀玄覽圖)〉를 들여왔고 정두원은 1631년에 알레니가 만든 〈만국전도〉를 도입했다. 또한 1674년에 귀국한 소현세자도 아담 샬에게 기증받은 지구의와 (도입 시기를 정확하게는 알 수 없지만) 베르비스트가 마테오 리치의 지도를 두 개의 원으로 분리하여 동서 양반구를 각각 하나의 반구에 표시한 양반구도법(兩半球圖法)에 의해 그린 〈곤여전도〉[80]를 가지고 들어왔다. 더구나 이 지도에 뒤이어 들어온 베르비스트의 『곤여도설』 두 권은 이 지도에 대한 해설과 더불어 세계 지리에 관한 해설까지 제공함으로써 조선의 지식인들에게 인문 지리에 대한 이해를 높여 주었을 뿐만 아니라 중화 중심의 세계 인식에 대한 반성의 계기가 되기도 했다.

한역 지리서 가운데 조선 실학에 가장 큰 영향을 준 책은 알레니가 쓴 『직방외기』이다. 그러나 이 책에 대해 가장 민감한 반응을 보인 신후담은 『서학변(西學辨)』에서 〈이 책에서는 이 지상의 오대주를 아시아 · 유럽 · 아프리카 · 아메리카 · 메가라니카(남방 대륙)라고 하였다〉고 소개함으로써 중국 이외의 확대된 지평의 존재에 대해서 부인하지 않는 대신 그 실체에 대한 인식에서는 부정적인 입장을 나

---

80 이 지도는 한국과 일본, 중국을 포함한 동아시아와 유럽, 아프리카에 이르는 이른바 구대륙을 왼쪽 원에 그리고, 남북아메리카의 신대륙을 오른쪽 원에 경위선과 함께 그린 8폭짜리의 세계 지도이다. 이 지도는 1860년에 조선에서도 목판으로 제작되었고, 현재 서울대학교 규장각에도 보존되어 있다. 전상운, 앞의 책, pp. 324~325 참조.

타내고 있다. 예를 들어, 〈내가 생각컨대 중국은 천하의 한가운데에 있고 자연적인 조건이 알맞기 때문에 예로부터 지금에 이르기까지 성현들이 번갈아 나와 도덕에 관한 가르침이 높아서 그 풍속의 아름다움과 인물의 뛰어남이 정말 다른 나라에 미칠 수 없다. 그런데 저 유럽에 있는 나라 따위는 머나먼 바다의 멀리 떨어진 지역이며 멀리 떨어진 오랑캐가 사는 땅에 지나지 않는다. 그러므로 그 나라들은 중국 앞에 스스로 나설 수가 없다〉와 같은 중화적 세계관의 고수가 그것이다.

그러나 따지고 보면 이것도 새롭게 열려진 세계관 속에서의 중심 대 주변에 대한 논쟁에 지나지 않는다. 신세계로 이미 열려진 눈[開眼]은 누구도 맹목과 무지로 되돌려놓을 수 없기 때문이다.

③ 한역 천문·역법서

조선에 가장 먼저 소개된 한역 천문서는 마테오 리치의 〈구라파국여지도〉이라고 하는 이른바 〈곤여만국전도(坤輿萬國全圖)〉이다. 그러나 서양의 천문·역법에 대한 체계적인 한역 서학서가 조선에 소개된 것은 서양 역산서의 집대성인 『숭정역서』가 도입되면서부터일 것이다. 특히 그 안에 수록된 롱고바르디의 『치력연기(治曆緣起)』는 서양의 역법사였고, 아담 샬의 『망원설(望遠說)』은 망원경의 제작과 활용을 설명하는 것이었으며, 아담 샬이 저술한 20여 종의 한역 서학서를 비롯하여 그 안에 수록된 상당수의 저술들도 당시 조선의 지식인들에게 서양의 천문·역법이 얼마나 객관적 실증과 과학적 관찰을 지향해 왔는지를 알 수 있게 하는 것이었다.

예를 들어, 부경사행원 정두원과 동행한 역관인 이영준(李榮俊)은 로드리게스(陸若漢, Rodriquez)에게 서양의 천문추산법과 프톨레마이오스의 천문학을 배운 뒤 편지로 서양의 12중천설(重天說)에 의한 천체 구성과 역법에 관해 질문하기도 했다. 그는 일찍이 『천문략(天問略)』과 『치력연기』 등 여러 천문·역법서들을 읽고 누구보다도 서양의 천문·역법의 우수함을 깨닫고 있던 인물이었다. 조선이 마침내 중국의 새로운 역법인 〈시헌력(時憲曆)〉을 받아들여 서양식 역서의 작성에 성공한 것은 1653년 효종 4년이었지만 이것은 그 이전에 정두원이 아담 샬의 〈적도남북총성도(赤道南北總星圖)〉를 도입하였다든지 관상감(觀象監) 김육(金堉)이 부경사행 때마다 역관으로 하여금 중국 흠천감의 신력을 배워 오게 하거나 관련 서적들을 몰래 들여 오게 하는 등 수많은 이들의 노력에 의한 것이었다.

조선의 지식인 사회에 서양의 천문·역법의 도입을 적극적으로 지원한 인물은 아담 샬 이외에도 25년간이나 청의 흠천감정을 지낸 예수회 선교사 쾨글러였다. 그는 숙종 46년(1720년) 부경진청사인 이이명(李頤命)에게 천문·역법에 관한 자료를 제공한 것을 비롯하여 영조 9년(1733년)에 관상감관(觀象監官), 안중태(安重泰)에게는 『칠요력(七曜曆)』 등 각종 서양 역산서를 구입할 수 있게 도와주었다. 또한 영조 17년에는 역관 안국린(安國麟)이 『일월교식표(日月交食表)』·『일식주고(日食籌稿)』·『월식주고(月食籌稿)』 등 다수의 천문·역서를 구입할 수 있게 했으며 영조 21년에도 안국빈(安國賓)·김태서(金兌瑞)가 대천리경과 『율력연원(律曆淵源)』 가운데 『역상고성(曆象考成)』 상·하편 등을 도입하는 데 큰 도움을 주었다. 그 이듬해인 영조 21년(1745년)에 조선이 케플러의 타원설(楕圓說)에 근거한 국력(國曆)을 작성할 수 있었던 것도 그의 지속적이고 적극적인 협조의 결실이었다고 말할 수 있다.[81]

서양의 천문·역법에 대한 이러한 일련의 습득과 수용 과정을 거쳐 훗날 이익도 『성호사설』에서 〈지금 실시하고 있는 시헌력은 서양인 아담 샬이 만든 것으로서 역도(曆道)의 극치를 이룬다. 해와 달의 교차 및 일식·월식에 관해서는 아직 조금도 틀리지 않는다. 성인이 다시 태어난다고 해도 반드시 이에 따를 것〉[82]이라고 주장함으로써 그가 서양의 천문·역법을 얼마나 신뢰하고 있었는지를 잘 보여 주고

---

81 이원순, 『조선 서학사 연구』, pp. 73~74 참조.
82 『星湖僿說』, 「天地門」, 曆象條, 〈今行時憲曆 卽西洋人湯若望所造 於是乎 曆道之極矣 日月交蝕 未有差謬 聖人復生 必從之矣〉.

있다. 그 이후에도 이러한 노력이 계속되어 천문·역법은 서양 문화의 어느 분야보다도 적극적으로 조선의 지식인들의 우주관을 크게 변화시킨 바 있다.

④ 한역 의학서

조선에 서양 의학설이 처음 소개된 것은 아담 샬의 『주제군징(主制群徵)』을 통해서였다. 1645년 정월 중국에서 귀국한 소현세자가 반입한 한역 서학서들 가운데 하나인 이 책은 주로 아리스토텔레스의 철학을 소개하기 위한 것이지만 이를 위해 아리스토텔레스의 목적론적 형이상학에 기초한 로마 시대의 의학자 갈레누스 Galenus의 인체 생리설을 다루고 있기 때문이다. 그러나 그렇게 하기 위해서 아담 샬은 갈레누스가 스승으로서 가장 존경하는 히포크라테스의 4체액설(혈액·점액·흑담즙·황담즙)로 소급해야 했다. 또한 그것은 자연히 히포크라테스가 피타고라스의 4원질(온·냉·건·습)에서 엠페도클레스의 4원소(불·공기·땅·물)로 이어지는 대우주 macro-cosmos의 4근원설을 인체라는 소우주 micro-cosmos에 적용하여 얻어낸 것임을 설명하는 계기가 되기도 했다.

그러나 아담 샬이 여기에서 직접적으로 소개하려는 갈레누스의 인체 생리설의 핵심은 자신의 의학적 토대인 히포크라테스의 체액 병리설이 아니라 세 가지 종류의 프네우마 설(說)이다. 이것은 본래 아테나이오스 Athenaios가 프네우마(Pneuma, 靈氣)[83]를 만물의 근원으로 여기는 스토아학파의 세계관에 입각하여 인간의 건강한 생명 기능과 병리 현상을 프네우마의 성상(性狀)으로 설명함으로써 생리학을 의학의 기초로 삼은 의학설이었다. 다시 말해 이것은 기본적으로 건강을 프네우마의 정상 상태로서 간주하는 반면에 프네우마의 변질 상태를 질병으로 간주하는 아

---

[83] pneuma는 단어적 의미로는 공기를 가리키지만 이것을 호흡하면 건강을 유지할 수 있다고 생각한 프네우마학파의 핵심 개념이다. 히포크라테스 이후 600년간의 고대 그리스 의학의 교조학파·경험학파·방법학파 등 여러 학파 가운데 기원 1~2세기에 활동한 프네우마학파는 스토아학파의 프네우마설을 생리학과 병리학에 끌어들여 여러 학파의 설을 종합한 학파로서 발전해 갔다.

테나이오스를 비롯한 프네우마 학파의 생리 및 병리학설이었다.[84]

히포크라테스의 의학설에 충실한 이러한 프네우마 설은 신체를 정신 기능의 활성화를 위해 존재하는 것으로 이해한 갈레누스에 이르면 거기에서 생명의 기능이 영위되는 다음과 같은 세 종류의 프네우마로 나뉘어 설명된다. 즉, 호흡을 통해 신체 안으로 들어가 심장을 거점으로 한 〈생명 프네우마〉와 뇌를 거점으로 한 〈정신적 프네우마〉, 그리고 간장을 거점으로 한 〈육체적 프네우마〉가 그것이다.

그런데 갈레누스의 이러한 인체 병리설이나 해부 생리설은 아담 샬의 『주제군징』을 통해 조선에 소개됨으로써 또 하나의 문화 기생체로서, 나아가 이익을 비롯하여 박지원·정동유(鄭東愈)·정약용·이규경(李圭景)·최한기와 같은 실학자들에 의해 조선 실학의 유전자형 *génotype*으로 형질화하기 시작했다. 예를 들어, 이익의 『성호사설』 5권에서 「서국의(西國醫)」라는 제목으로 갈레누스의 서의설을 소개하는가 하면 이규경의 『오주연문장전산고(五洲衍文長箋散稿)』[85] 제19권에서도 「인체내외총상변증설(人體內外總象辨證說)」이라는 제목으로 『주제군징』의 골육론과 종두 변증설(種痘辨證說) 등 서양 의학의 생리설을 소개하고 있다

한역 의학서에 의한 서양 의학설을 가장 많이 소개한 사람은 최한기이다. 그가 수집한 천여 권의 『명남루문집(明南樓文集)』 가운데는 서양의 생리학서인 『신기천험(身機踐驗)』을 비롯하여 1851년부터 8년 동안 상해의 인제의관(仁濟醫舘)에서 영국 의사 흡슨(合信, Hobson)이 번역한 『전체신론(全體新論)』·『서의각론(西醫各論)』·『내과신론』·『부영신설(婦嬰新說)』·『박물신편』 등 다섯 종류의 한역 의학

---

[84] 이부영, 『의학개론 I』, 서울대학교출판부, 1995, pp. 99~103 참조.
[85] 『散稿』는 19세기 중엽에 편집된 전체 60권 60책의 규장각 필사본이다. 그것은 본래 더 많았을 것으로 짐작되지만 崔南善이 보관하다 현재의 규장각에 넘겨진 것이 모두 60책뿐이었다. 그것은 역사·경학·천문·지리·병법·광물·초목·어충·농업·광업·화폐·의학·종교·서학·예제(禮制)·재이(災異)·문학·음악·음운 등의 내용을 고증학적 방법을 동원하여 변증설의 형식으로 해설했다. 그것은 총 1,417항목에 걸쳐 당시의 지식을 총망라한 것이었으므로 백과전서와도 같은 것이다.

서가 포함되어 있다.[86] 이것들은 서양 근대의 해부학에서부터 외과학·내과학·산부인과와 소아과학, 그리고 기초 의학으로서의 생리학에 이르기까지 당시의 서양 의학을 총망라하는 것으로서 최한기의 실학 사상 속에 인자 형질로 전화된 대표적인 서학서들인 셈이다. 특히 홉슨이 19년 동안이나 중국에서 의료 활동을 하면서 펴낸 이 책들이 최한기의 관심을 끌게 된 것은 그것들이 서양 의학에 관한 수많은 정보와 지식을 제공하기 때문만은 아니었을 것이다. 그 책들 속에는 서양 의학만이 소개된 것이 아니라 음양오행설만 배제되었을 뿐 치료법이나 약물 이론 등에서 중국 의학을 상당 부분 받아들여 동서 의학의 절충과 종합을 시도하고 있었기 때문이다.[87]

2. 표현형으로서의 실학

유전학에서 표현형 *phénotype*은 생물의 표현적 형질, 즉 사람의 눈에 보이는 생물의 체질을 말한다. 다시 말해 그것은 유전자의 작용과 환경에 의해 외부에 나타나는 표현형 형질을 의미하거나 동일한 유전자 구조를 가진 개체의 집합인 유전자형 *génotype*과는 달리 외관상으로 비슷할지라도 유전 형질이 다른 개체군의 현상형 형질을 가리킨다. 예를 들어 그것은 한·중·일의 실학이 외관상으로는 비슷할지라도 실제로는 다른 개체군들로서 각기 다른 체질을 나타내는 경우와 마찬가지이다. 중국과 한국의 실학만 비교해 보더라도, 그것들은 서학과 서교, 특히 한역 서학(교)서에 의해 전화된 유전자형의 상당 부분이 일치하지만 서학이나 서교와의 접촉 경로의 차이에 따라 서로 다른 표현형의 실학으로 현상화할 뿐만 아니라 그것들을 수용하는 환경의 차이로 인해 서로 다른 개체군으로 표현되기 때문이다.

그러면 서학 동점의 과정에서 중국과 조선의 실학은 인자형의 일치나 유사에도

---

86 김두종,『한국 의학사』, 탐구당, 1954, pp. 360~361 참조.
87 여인석·노재훈,「최한기의 의학 사상」,『醫史學』 2(1), 1993, pp. 66~79.

불구하고 어떻게 서로 다른 개체군으로 현상화했는지, 더구나 서양 사상〔西道〕의 수용 양식으로서 조선 실학의 표현형은 어떤 것이었는지를 살펴보자.

1) 중국 실학의 표현형

중국 철학사에서 〈실학〉이라는 개념만큼 다의적인 단어도 흔치 않다. 실체 실학·도덕 실천 철학·경세 실학·실측 실학·고증 실학·계몽 실학 등이 모두 실학이라는 의미의 포괄적 범위 안에 놓일 수 있기 때문이다. 그러므로 중국의 실학은 시대적 범위가 길 수밖에 없었고, 또한 그만큼 발전 단계도 수차례에 걸쳐 진행되었다. 시간 길이로 보더라도 중국의 실학 사조는 북송 중기의 철학자인 정이(程頤, 1033~1107)의 실학 개념에서부터 청말의 아편전쟁기에 이르기까지 무려 8백여 년의 긴 세월을 차지하였다.

그 발전 단계도 사회 정치적 위기의 출현과 유학의 부흥 운동이 일어난 북송 중기에서 명대 중기까지의 첫째 시기가 〈내성적 실체의 학〉으로서 중국 실학의 태동기라고 한다면 서학 동점이 활발하게 진행된 명대 중기에서 청대 건가(乾嘉)시대까지의 둘째 시기는 〈경세지학·실측지학〉으로서 중국 실학의 융성기였다. 아편전쟁을 전후로 한 청대 도함(道咸) 시대에서 동광(同光) 시대까지의 셋째 시기는 〈중체서용적(中體西用的) 사상〉으로서의 경세 실학이 클라이막스에 도달한 중국 실학사의 종언기이기도 하다.[88]

그러나 실학이 독립된 학파로서 주도적인 사회 사조가 된 것은 명대 중기부터 1840년 아편전쟁이 일어나기까지 3백년간으로서 중국 실학의 발전 단계상 두 번째 단계에 해당한다. 그 이전까지만 해도 실학은 독립된 사상 체계를 지니지 못한 채 송명 이학(宋明理學)의 사상 체계의 일부가 되어 〈인간의 진실을 추구하는 실학〉, 또는 〈도덕 실천의 실학〉으로서 심학적(心學的) 관점에서 다루는 정도에 지나

---

88 葛榮晉 編,『中國實學思想史』(上), 首都師範大學出版社, 1994, pp. 14~17 참조.

지 않았다.

그러던 것이 명대 중기에 들어와 후기 봉건 사회의 위기 속에서 생겨난 개혁파 지주 계급과 자본주의적 생산 양식의 출현으로 인해 탄생한 시민 계급은 명청 실학이 발생할 수 있는 사회적 기초가 되었다. 뿐만 아니라 송명 이학의 쇠퇴와 더불어 많은 사상가들이 이학의 진영으로부터 탈출하여 〈심성을 공담(空談)한다〉는 허로부터 실로, 즉 〈실을 숭상하고 허를 출(黜)한다〉는 사상적 변신은 새로운 실학 시대의 개막을 재촉하는 내적 요인이 되기도 했다. 그러나 이러한 내부 요인에 못지않게 명청 실학의 발생에는 서학 동점과 같은 외부적 요인의 작용이 더욱 결정적이었다고 말할 수 있다. 서학과 서교만큼 명청 실학 속에 유전 인자 génotype로서 성공적으로 전화된 요소도 없을 뿐만 아니라 그것만큼 명청 실학의 표현형 phénotype으로서 잘 현상화된 것도 없기 때문이다.

이처럼 명청 실학은 송명 이학과는 달리 내·외적 요인들이 중층적으로 작용하여 독자적인 사회·문화적인 내용과 특징을 지닌 명청 시대의 주류 사조였다. 다시 말해 그것은 정주(程朱)의 〈이학적 실학〉, 육왕(陸王)의 〈심학적 실학〉, 불교와 도가의 〈허무적멸의 교〉 등을 모두 버리고 서도와 서기를 수용하여 〈실체·실천·실행·실습·실공(實功)·실심·실념·실언(實言)·실재(實才)·실정(實政)·실사·실풍〉이라는 에피스테메(인식소)를 통해 특히 명 말·청 초의 시대정신을 집중적으로 반영한 것이었음에 틀림없다.

그러면 그 표현형은 어떤 것들이었을까? 신관결(辛冠潔)은 「명청 실학 산론(散論)」에서 명청 실학을 가리켜 정치에는 수명(修明)을, 경제에는 개량을, 문학에는 혁명을, 자연 과학에는 제창을, 역사학과 고증학에는 해방을, 철학에는 반성을 요구하며 전 방위적으로 등장한 신사조라고 규정한다. 다시 말해 그는 그것을 경세 치용·근대 의식의 계발·사공(事功)의 중시와 물욕의 승인·감별 고증 방법의 표출로서 간주한 것이다.[89] 그런가 하면 갈영진(葛榮晉)도『중국 실학 개론』에서 명청 실학을 비판 정신·경세 사상·과학 정신·계몽 의식의 집약으로 간주하여 신관

결과 마찬가지의 입장이었다. 그러면서도 그는 명청 실학의 표현형을 실체 실학·경세 실학·과학 실학·고증 실학·계몽 실학 등 다섯 가지로 분류한다.[90] 이것은 명청 실학이 고증 실학이나 비판 실학에서 알 수 있듯이 상고주의 속에서 실학의 모델 문화를 발견하려는 과거 지향성을 갖는 한편 과학 실학·계몽 실학에서 보듯이 서양의 사상과 과학 속에서 실학의 새로운 모델을 찾아내려는 미래(근대) 지향성도 동시에 내포하고 있음을 의미하는 것이기도 하다.

그러나 기(氣)라는 물질을 근본 실체로 간주한 본체론·실천에 근거하는 인식론·〈성기상자(性氣相資)〉를 기본 내용으로 하는 자연 인성론·〈실공〉을 주요한 수양 방법으로 삼는 도덕론·이욕에 기초한 이욕 통일론이나 의리 통일설 등과 같은 실체 실학과 주자 이전의 『육경』으로 돌아감으로써 한자 부흥의 새바람을 일으키자는 고증 실학은 서학이나 서교와 유전 인자를 직접 공유한 실학 사조로 간주하기 어렵다. 그러므로 여기서는 중층적 문화 변형이 비교적 뚜렷하기 때문에 습합 문화의 표현형으로서 분류하기 쉬운, 그리고 조선 실학에도 유전 인자를 제공한 경세 실학과 과학 실학, 그리고 계몽 실학만을 논의하려 한다.

① 경세 실학

경세 실학의 기본 정신은 〈경세치용〉이다. 이것은 명청 실학이 지향하는 일반적인 정신이지만, 거기에는 특히 사회적 악폐를 지적하고 비판하는 동시에 그것을 구제하려는 구상과 실천 방법까지 제시되어 있다는 점에서 적극적인 사회 개혁 사상이기도 하다. 이것은 지주 계급 가운데 개혁파와 농민, 그리고 자본주의 상업 경제에 눈뜬 소시민들의 사회 개혁의식에서 발로된 비판을 대변하듯 전제·수리·조세·염법(塩法)·병제·변방(邊防)·과거제와 이제(吏制) 등 구체적인 〈치법〉으로

---

89 辛冠潔,「明淸實學散論」, 源了圓·末中哲夫 編,『日中實學史硏究』, 思文閣出版, 1991, p. 237.
90 葛榮晉,『中國實學槪論』, 앞의 책, pp. 219~222 참조.

서 이른바 경국치인지법(經國治人之法)을 제시하고 있다.

대표적인 경세 실학자로는 왕정상(王廷相)·고공(高拱)·장거정(張居正)·여곤(呂坤)·고헌성(顧憲成)·장부(張溥)·진자룡(陳子龍)·고염무(顧炎武)·장학성(章學誠)·홍량길(洪亮吉)·위원(魏源)·황종희(黃宗羲)·왕원(王源)·전조망(全祖望) 등이 있다.

특히 이들 가운데 진자룡은 1637년 송정벽(宋征璧)·서자원(徐孚遠)·이문(李雯)과 함께 속유(俗儒＝腐儒)의 〈사무실학적(士無實學的)〉 공소학풍(空疎學風)을 신랄하게 비판하고 〈후세의 사법(後世之師法)〉이 될 개혁 방안으로서 『명경세문편(明經世文編)』을 편찬해 냈다. 진자룡 이외에 123인이 참여하여 5백여 권으로 편집한 이 종합 전서를 가리켜 마도(馬濤)는 〈천붕지해(天崩地解)〉의 위기 시대에 구세를 목적으로 편찬된 〈집체적 지혜의 산물〉이라고 평가한다.[91] 이처럼 당시의 이학 말류(理學末流)가 하늘이 무너지고 땅이 꺼질까 봐 두려워 오직 강학에만 몰두했던 현실 도피의 태도와는 달리 봉건 사회의 위기를 구하기 위하여 악습을 타파하고 부국강병을 위한 방책을 제시하려 했던 것은 난세의 지식인의 사회적 책무가 무엇인지를 보여 주는 사례가 아닐 수 없다.

② 과학 실학

서광계는 『태서수법(泰西水法)』 서문의 첫머리에서부터 마테오 리치를 비롯한 〈태서(泰西)의 제 군자(諸君子)〉를 높이 평가하기 위해 〈그들의 실심·실행·실학은 사대부에게는 참으로 믿기 어려울 정도〉라고 하여 그들의 실학인 과학과 기술을 찬탄한 바 있다. 이지조도 『청역서양역법등서소(請譯西洋曆法等書疏)』에서 서양에서 도입된 자연 과학을 가리켜 〈모든 실학에 밑천이 되는 것이며 세용(世用)에 도움이 되는 것〉이라고 평하였다.

---

91 馬濤,「明經世文編及其救世精神」,『中國實學思想史』中卷, pp. 118~119.

이것은 명청 실학자들에게 당시 서양의 과학이 실학 사조에 얼마나 중요한 구성 요소로서 간주되었는지를 가늠하게 하는 표현들이다. 다시 말해 천문·역법·지리·수리·수학·물리·의학·생물·농업 등 예수회 선교사들에 의해 도입되는 서양의 과학은 서광계와 이지조 이외에도 이시진(李時珍)·반계순(潘季馴)·서하객(徐霞客)·주재육(朱載堉)·송응성(宋應星)·서홍조(徐弘祖)·전산(傳山)·방이지(方以智)·왕석천(王錫闡)·매문정(梅文鼎)·류헌정(劉獻廷)·완원(阮元)·정요전(程瑤田)과 같은 실학자들에게 더없이 좋은 습합 자료였던 것이다. 〈공담심성 불무실제(空談心性 不務實際)〉의 허학적 학풍을 버리고 서학적 무실정신(務實精神)의 집약인 〈격물궁리의 학(格物窮理之學)〉, 즉 자연 과학을 통해 실학의 안목을 갖게 되었다는 서광계와 이지조의 고백에서도 과학 실학이 명청 실학의 대표적인 표현형임을 잘 알 수 있다.

명 말·청 초의 과학 실학자들이 이처럼 서학을 직접 습합하거나 서학적 무실 정신에 고무되어 여러 분야에서 나타낸 괄목할 만한 성과들은 헤아릴 수 없을 만큼 많다. 그들이 저술 활동을 통해 나타낸 그 표현형을 연대기적으로 대충 열거하면 다음과 같다.

○ 이시진은 임상 실험을 통해 과거의 틀린 점을 과감하게 정정하며 독창성을 중시하는 『본초강목(本草綱目)』을 저술했다.

○ 반계순은 제방으로 물을 막고 물로써 모래를 다스릴 것을 주장하기 위해 실지 조사를 통해 얻은 결론을 『서하관견(西河管見)』·『서하경로(西河經路)』·『하방일람(河防一覽)』 등으로 저술해 냈다.

○ 서광계는 『각동문산술(刻同文算術)』의 서문에서 서양의 과학은 형식적으로 별것 아니지만 세상의 쓰임에는 매우 적절하다고 주장한다. 그런가 하면 그는 서양의 과학 기술을 가리켜 때때로 세상의 움직임을 파악할 수 있게 한다든지 도리를 가리키고 원리를 밝히며 만물의 근본을 사실에 이르게 함으로써 일체의 허현환망한 주장들을 제거해 버리는 것이라고도 천명한다.

그는 서학을 수용하여 우선 중국의 천문·역법을 개조시킨 뒤 기상학·수리공정 (水利工程)·지도학·생물학·의학·회계학·건축학·기계 공학·군사학·예술·철학에 이르기까지 가능한 모든 분야를 전면적으로 개조함으로써 부국 강병을 통한 명말의 사회적 위기의 극복을 시도했다. 이를 위해『구고의(句股義)』서문에서도 밝히고 있듯이 그는 서북의 치하(治河)나 동남의 수리가 모두 시급하므로 서둘러서 치수치전의 서양 기술을 이용하는 데 힘써야 한다고 강조한다. 그러므로 그가 편찬을 주도한 130여권의『숭정역서』는 물론이고 60권의『농정전서(農政全書)』도 서양의 과학 기술에 기초한 실학의 과학화를 구가하는 과학 사상서이지만 나아가 중국 근대화의 중요한 좌표이자 지침서이기도 하다.

○ 서광계와 더불어 당시 최고의 과학 실학자였던 이지조도 수학을 비롯한 서양의 과학 기술을 찬양하기는 마찬가지였다. 명말 최고의 수학자인 그는 서양의 선진 과학에 비해 중국의 과학이 낙후된 가장 큰 원인을 사물의 수량적 관계를 파악하려는 수리적 사고방식의 결핍이라고 지적한다. 그는『동문산지』의 서문에서도 수학의 방법은 사람의 마음으로 하여금 사물의 인식을 정확하게 하여 허기를 점차 없앤다고 주장한다.

또한 수학은 사람마다 지혜를 갖게 하며 점차 재능 있는 인재로 만들어 낸다고도 주장한다. 다시 말해 미시적으로는 쌀·소금과 같은 것을 포괄할 수 있을 뿐만 아니라 거시적으로는 땅과 하늘, 그리고 우주까지도 수학으로 파악할 수 있다고 하여 그의 수학 예찬론은 전 포괄적 지식으로까지 확대된다. 그러나 그가 찬양하는 것은 구장산술에만 의존해온 명 말 이전까지의 중국 수학이 아니다. 오히려 그는 그것이 지닌 공부폐단(空浮弊端)을 규탄하고, 서양 수학의 실학 정신에 대한 찬양으로 대신하려 한다. 그가 일찍이『동문산지』나『환용교의』의 편찬에 적극적이었던 이유도 서양의 근대 수학이 지닌 수학적 실용성과 실증 정신을 습합하여 과학 실학을 중국 실학의 주류적 표현형이 되게 하는 데 있었다.

○ 송응성은 평생 동안 실학 정신에 토대한 농공 기술의 획기적인 개선을 위해

노력한 인물이다. 특히 그는 사대부 계급이 농공 생산을 소홀히 하거나 홀대하는데 반발하여 다수의 봉건 사대부에 대한 증오심을 표출하기에 주저하지 않았다. 그가 『천공개물(天工開物)』이라는 저서를 남긴 것도 그의 이러한 실학 정신의 반영이라고 볼 수 있다.

○ 황종희는 『수시역고(授時曆故)』·『구고도설』·『개방명산(開方命算)』·『할원팔선해(割圓八線解)』·『측도요의(測圖要義)』·『서양역법가여(西洋曆法假如)』·『신추교식법(新推交食法)』 등 주로 서양의 역산을 소개하는 20여 권의 과학 실학의 책들을 저술했다. 전림(錢林)·왕조(王藻)도 『황종희전』에서 그는 서양의 과학 지식을 대거 수용하여 태서학술을 이용한 일월오성의 만남과 그 행도를 알아냈다고 적고 있다.

○ 방이지는 예수회 선교사에 의해 소개된 서교〔西道〕에 대해서는 적극 반대했지만 그들이 도입한 서양의 과학 기술〔西器〕에 대해서만은 높이 찬양한 중체서용론의 대표적 인물이었다. 그는 『물리소식(物理小識)』의 서문에서 만력(萬曆, 1573~1619) 연간에 서학이 들어와 자세히 연구되었지만 의사 교류에는 미치지 못한 것을 안타까워했다. 『통아(通雅)』에서도 그는 서양 과학을 모델로 하여 자세히 질문하고 연구해야 한다고 주장하는가 하면, 서양의 과학 기술을 학습하여 자신을 위해 쓸 수 있게 하라고도 요구한다. 그가 『통아』의 『물리소식』에서 역산·물리·화학·의학·수리·화기·채광·조선 등 서양의 자연 과학과 공예 기술을 전면적으로 소개하는 것도 자신의 이러한 실학 정신을 적극적으로 실천하기 위한 것이었다.

○ 청대 전기 최고의 수학자는 매문정이다. 『방정론』 6권·『주산』 2권·『평삼각거요(平三角擧要)』 5권·『고삼각거요(孤三角擧要)』 5권·『기하통해』·『기하보편(幾何補編)』 4권·『도산석측(度算釋側)』 2권 등 수많은 그의 저서들이 이를 입증한다. 특히 매문정은 중서 수학을 회통하는 당시의 많은 수학자 가운데 서양의 근대 수학을 수용하여 이를 발전시킨 대표적인 수학자였다. 그는 서양의 수학적 기

초를 소화한 뒤『기하통해』에서는 중국 수학의 구고정리(피타고라스 정리)를 이용하여 유클리드의『기하원본』에 나오는 수많은 명제들을 증명하는가 하면,『기하보편』에서도 입체기하학으로『기하원본』의 부족한 부분을 보충할 만큼 수학적 독창성을 발휘했다.

○ 완원은 중국의 과학자 243명과 서양의 과학자 37명을 열거한『주인전(疇人伝)』(1799)을 저술하여 중국과 서양의 과학 문화를 융합시키려고 시도했다. 이 책은 전통적인 유학자의 입장에서 쓴 일종의 동서 역산가 열전이지만 한편으로 일방적인 서학 동점의 한계 시점을 경과한 뒤 저술된 저서들의 내용과 성격을 예시하는 것이기도 한다. 이 책은 예수회 선교사에 의한 서학의 도입이 더 이상 이뤄지지 않자 중국의 고전 수학이 다시 고개 드는 상황에서 쓰여진 것이기 때문이다.

이상에서 보았듯이 과학 실학은 명청 실학의 표준형이지만 습합 실학이라고 말할 수 있을 만큼 대표적인 서학 습합적 표현형이기도 하다. 실학의 과학화 과정이야말로 명청 실학이 내적으로 변용하는 파노라마일 수 있기 때문이다. 그러므로 수학에 국한된 경우이긴 하지만 김용운·김용국도『동양의 과학과 사상』에서 서양의 수학이 명청 실학 속에 수용→습합→변용되는 이른바〈중국화〉형태, 즉 과학 실학의 표현형 phénotype을 다음과 같이 네 가지로 나누어 설명하고 있다. 첫째, 마테오 리치와 이지조의『동문산지』처럼 유럽 수학의 뼈대에 재래의 중국 산수에 담겨 있던 문제를 수록하는 경우. 둘째, 전통적인 중국 수학과 서양의 수학을 공존시키는 융합 형식의 경우. 셋째, 중국인에 의해 서양의 수학을 재현시킨 경우. 넷째, 매문정처럼 서양 수학을 중국적으로 변용시킨 경우들이 그것이다.[92]

③ 계몽 실학

계몽 실학은 명청 실학을 특징짓는 중요한 내용 가운데 하나이다. 다시 말해 그

---

92 김용운·김용국, 앞의 책, pp. 175~176 참조.

것은 명청시대의 실학 정신을 체현하는 대표적인 경세 사상이다. 그것은 개혁파 지주 계급의 진보적인 사상과 자본주의가 싹트면서 각성된 시민 의식이 결합하여 시민 계급의 이익과 요구를 반영하는 계몽 의식에서 비롯되었기 때문이다. 그러므로 계몽 실학은 개혁파 지주 계급의 입장에서 보면 〈보천적(補天的)〉 경세 실학이고, 신흥 시민 계급의 입장에서 보면 하늘이 무너지는 〈탑천적(榻天的)〉 경세 사상이다.

위종우(魏宗禹)는 「시민 계급과 계몽 경세 사상」에서 명청 실학의 특징을 규정하는 계몽적 경세 의식, 즉 실학적 계몽주의의 형성을 다음과 같은 네 가지 관점에서 지적한다. 첫째, 사회 경제적 관점에서 그것은 전통적인 중농억상 사상을 부정하고 부국족민(富國足民)을 위한 공상본의(工商本義)를 제창하는 경우. 둘째, 정치적 관점에서 그것은 봉건적 전제 제도를 반대하고 시정소부(市井小夫), 즉 시민이 천하를 다스릴 수 있는 사회 공제적 이상의 실현을 주장하는 경우. 셋째, 사상적 관점에서 그것은 문화 전제주의를 반대하고 사상의 자유를 부르짖는 경우. 넷째, 인성 문제의 관점에서 그것은 금욕주의적 속박을 반대하고 자연적 인성과 개성의 해방을 존중하는 경우[93]가 그것이다.

이상에서 보면 계몽 실학은 명대 중기 이후에 대두된 개혁파 지주 계급과 신흥 시민 계층이 봉건적 통치에 반대해 온 투쟁 정신의 반영으로서 중국 근대의 계몽 사상의 선구이다. 그러나 민본주의와 공리주의를 이념으로 하는 명청 시대의 계몽 실학은 사회적·정치적·경제적 평등화를 구현하려는 계몽주의의 기본 정신에서는 다를 바 없지만 중농주의를 거부하고 중상주의를 지향한다는 점에서 18세기 서양의 계몽주의와는 상반된 시대사조이다.

과학 발달에 따른 탈신비화와 정치 사회적 변화에 따른 탈권위주의 운동이라는 점에서 17, 8세기 중국과 유럽의 계몽주의 운동은 정치 사회적 동기의 유사성에도

---

93 魏宗禹,「市民階級與啓蒙經世思想」,『中國實學思想史』中卷, p. 298.

불구하고 전 근대적 경제 구조로부터의 해방을 위한 개혁의 대안으로는 얄궂게도 서로 엇갈린 경제 사조였다. 금본위 화폐 경제의 절대주의 경제 사상인 유럽의 중상주의가 화폐 주조용 금속의 희소화로 인해 야기된 경제 불안이 곧 정치 사회적 불안으로 확산되면서 토지와 농업만이 부의 근원이라는 중농주의를 대안으로 선택했다. 중농주의의 아버지인 케네F. Quesnay도 〈내가 식욕을 느껴서 따먹는 과일은 자연이 내게 제공하는 재화*un bien*이다〉라고 주장한 바 있다.

그러나 유럽의 계몽주의가 장밋빛 대안으로 선택한 중농주의는 중국의 계몽 실학이 시민의 질곡이라고 비판해 온 그것과는 지향하는 정신에서 같은 것일 수 없었다. 〈농부가 가난하면 국가도 가난하고 그렇게 되면 국왕도 가난해진다*pauvres paysans, pauvre royaume; pauvre royaume, pauvre roi*〉는 케네의 『경제표 *Tableau Oeconomique*』의 표어처럼 그것은 농민을 국부의 원동력으로 간주하고 농민의 자유를 최대한으로 보장해 주는 자유 방임적 중농주의였기 때문이다. 중농주의의 이상을 실현하기 위해 케네가 정부에게 요구한 것도 재화의 생산과 순환에서의 완전한 자유, 인벌적(人閥的) 특권의 종식, 국가의 세무가 관리의 사리에 얽힌 독단과 전횡에 종속되지 않게 할 것 등이었다. 이것은 국가의 간섭을 가능한 한 배제하고 농민이 각자 자유롭게 자신의 이익을 추구할 수 있도록 방임하면 아담 스미스의 주장대로 〈보이지 않는 손〉이 작용하여 사회 전체의 복지를 증진시킨다는 것이다.

그런데 바로 이러한 경제 논리는 중국의 계몽 실학의 논거이기도 하다. 시민 사회의 도래를 가능케 하는 자유주의의 경제 논리 속에서 중농주의의 농민을 상공인으로, 농업을 상공업으로 바꾸면 명청의 계몽 실학이 이상으로 삼는 중상주의〔工商皆本〕, 바로 그것이 되기 때문이다. 예를 들어 화폐의 통일된 규격·양식·제조 및 발권 등을 요구하는 황종희의 화폐 통일론으로부터 인간의 물욕을 시민 경제 발전의 인성적 동기로서 인정해야 한다는 전산(傅山)의 반금욕주의적 재부론에 이르기까지 계몽 실학의 논거가 그것이었고 계몽 실학이 추구하는 이상도 거기에 있었다.

명청 실학의 표현형이 경세 실학·과학 실학·계몽 실학으로 특징화될 수 있다는 것은 중국이 명 말·청 초에 이르러 이러한 근대적 실학 정신을 통해 근대화 운동을 본격적으로 시작했다는 의미이기도 하다. 근대적 각성에 의한 일련의 실학 운동은 서세 동점이라는 외발적 동기 부여가 가장 큰 계기일 수 있지만 내부에서 자발적·능동적으로 생긴 내발적 동기에 의한 것이기도 하다. 어쨌든 중국의 명청 실학은 근대화를 지향하는 중국식 계몽주의의 탄생임이 분명하다. 1582년 오다 노부나가(織田信長)의 갑작스런 죽음으로 인해 근대화의 기회를 놓친 일본이 도쿠가와 막부에 의해 반계몽적인 무단 통치와 쇄국 정책으로 근대화에 역행하기 시작한 시점에서 중국은 계몽 운동을 통해 아시아 근대화의 선두에 선 것이다. 아시아의 계몽주의, 즉 근대화를 지향하는 아시아의 드라마가 중국에서 가장 먼저 시작된 것이나 다름없다.

2) 조선 실학의 표현형

① 동아시아의 실학 벨트와 조선 실학

명청 실학의 표현형 *phénotype*이 중국의 근대화를 지향하는 나침반과 같은 것이었다면 조선 실학의 표현형은 어떠했을까? 조선 반도까지 건너온 서학 동점(계몽)의 물결은 우선 조선의 이성을 독단의 잠에서 깨울 수 있었을까? 그것이 계몽의 빛이었다면 조선의 이성은 어떻게 반응했을까? 그리고 그 이성적 반응이 실학이라면 그것은 조선의 후기를 계몽의 시대라고 불러도 좋을 만큼 사회 개혁의 이론적 공급원으로서 작용했을까?

최영성(崔英成)은 실학을 당시 조선의 지식인에게 부과된 〈시대적 요구〉였다고 평한다. 그는 이 요구를 절감한 양심적인 지식인들이 〈실제 생활에 유용한 학문〔實用之學〕〉에 기울인 노력을 실학이라고도 정의한다.[94] 그 시대는 실제 생활에 유용한 학문을 양심적인 지식인들에게 요구했다는 것이다. 허학을 대신할 실학에 대한 이성적 요구가 그 시대의 정신으로서 표현되기 시작했다는 것이다.

그러나 실학은 시대적 〈요청으로서 학문〉이었다기보다 일부 선진 지식인들의 신학문에 대한 습합 의지의 산물이었다. 당시 조선에는 명 말·청 초의 사회처럼 전면적인 변혁을 요구하는 개혁파 지주 계급이나 봉건 통치에 반대하는 신흥 시민 계층이 있었던 것도 아니고 그러한 시대적 요구를 직접 감당하면서 개혁의 전면에서 정신 혁명을 주도한 명청 실학자들처럼 사회 진화를 담당할 변혁의 주체가 있었던 것도 아니다. 더구나 조선 후기에는 강희·건륭 황제 만큼 서양의 근대 정신으로 개화된 군주가 있었던 것은 더욱 아니다.

오히려 조선 후기의 실학은 정치적 사대 관계가 가져다 준 뜻밖의 소득이었을지도 모른다. 조선의 지식인들은 독단의 잠에서 자발적으로 깨어난 것이 아니라 타의에 의해 각성의 계기를 맞이하게 되었다고 보아야 옳을 것이다. 예수회 선교사들의 신지식이 명 말의 지식인들에게 계몽 의지를 부채질했듯이 사행원을 중심으로 한 조선의 뉴프런티어들에 의한 예수회의 신 지식과 명청 실학의 발견이 새로운 지(知)에의 의지와 욕구를 불러일으켰기 때문이다.

문화의 습합과 변용이라는 전이의 속성은 언제나 〈새로움〉에의 의지와 욕구에서 비롯되는 것이므로 모델 문화의 문화 지배소가 이식되는 것은 피할 수 없는 사정일 것이다. 중국의 주류 문화가 서학이라는 모델 문화와 습합하여 송명 이학과는 다른 명청 실학이라는 표현형으로 표현되었듯이 중국을 통한 서학과 서교의 간접 유입으로 인해 조선 실학의 표현형들이 형성된 것, 그렇게 하여 유사한 유전자형génotype을 지닌 동아시아의 실학 벨트가 형성되기 시작한 것도 문화 전이론이나 습합론적 입장에서 보면 자연스러운 현상이다.

그러면 조선 실학의 표현형이란 구체적으로 어떤 것이었을까? 명청 실학과 조선 후기의 실학은 그 표현형이 어떻게 같거나 다를 수 있을까? 그리고 조선 실학으

---

94 최영성, 『한국 유학 사상사 Ⅳ』, 아세아문화사, 1995, pp. 71~72 참조.

로 습합된 서양 사상은 어떤 것이었을까? 일반적으로 조선 실학의 시간 길이를 17세기 초에서 19세기 전반까지로 잡는다면 그 기간 동안의 실학 운동은 정치 사회적 조건의 변화에 따라 다음과 같은 세 가지 표현형으로 진행되었다.

제1기(17세기 초~18세기 초) —— 경세치용파
제2기(18세기 초~18세기 후반) —— 이용후생파
제3기(18세기 후반~19세기 초) —— 실사구시파

② 달라진 인식소로서 경세치용(經世致用)

명청 실학의 경우와 마찬가지로 조선 후기의 실학도 현실 인식의 차이와 그에 따른 학문하는 방법의 차이로 인해 그 이전 시대와는 인식론적 단절을 이루고 있다. 한마디로 말해 일부 지식인들의 에피스테메(인식소)가 달라진 것이다. 봉건 통치 질서와 중농주의, 그리고 그것을 뒷받침해 온 주자학적 관학 이데올로기, 이것들 모두에 대한 반성적 비판이라는 인식론적 균열 사이로 실학에의 의지가 솟아났기 때문이다. 예를 들어 학문하는 방법으로서 〈격물치지(格物致知)〉에 대한 이해, 특히 물(物)을 분기점으로 한 인식의 차이가 시대 인식의 단절을 증언하고 있었다. 주자학에서의 격물치지는 기본적으로 유교의 윤리·도덕에 국한된 일종의 수양 방법이다. 그러므로 사물에 접하여 지식을 구한다고 할 경우에도 그것은 일체의 객관 세계나 사물 현상을 가리키는 포괄적 개념일 수 없다. 이에 반해 실학자들이 주장하는 격물치지의 대상은 윤리·도덕적 규범에 국한되지 않는다. 그것은 물론이고 사회·국가·세계에 관한 일체의 사실과 현상에로 확대된 개념이다. 주자학을 외향적 사회 사상이라고 단정할 수 없듯이 실학을 내성적 도덕 수양론으로 규정할 수 없는 이유가 거기에 있다. 실학이 애당초부터 경세치용·유민익국(裕民益國)·부국유민(富國裕民)의 학문임을 강조하고 나선 이유도 마찬가지이다.

특히 토지 제도의 개혁을 통한 경세 실학의 본격적인 표현은 반계(磻溪) 유형원(柳馨遠)의 토지 공전제론(公田制論)을 계승한 성호 이익의 균전론(均田論)이다.

지주 계급의 토지 사유화와 독점화를 제도적으로 차단하려는 토지 제도론을 토대로 한 이익의 이러한 중농주의적 경세 실학은 그의 경제 개혁 사상의 출발점이자 사회·정치 개혁 사상의 귀착점이기도 하다. 〈재물은 토지로부터 생긴다. 따라서 정치에서 토지 제도보다 더 큰 것은 없다〉라든지 〈왕도 정치는 전지(田地)의 균등한 분배를 근간으로 하지 않으면 결과는 모든 것이 구차할 뿐이다. 재산의 빈부가 균등하지 못하고 권리의 강약이 서로 같지 않으면 어떻게 나라를 다스릴 수 있겠는가〉[95]와 같은 주장이 그의 토지 개혁을 통한 경세 실학을 함축적으로 대변한다.

그런데 이것은 〈토지란 부가 그곳에서부터 추출되는 원천이거나 재질〉이라는 18세기 유럽 중농주의의 중심 명제와도 일치한다. 〈경제의 의사〉라는 별명을 가진 중농주의자 케네의 핵심 개념인 〈토지공개념 co-propriété〉도 바로 거기에서 비롯되었다. 더구나 전지를 나누는 방법이 경제적 균등〔制産〕에만 의존하지 않고 경작 능력〔治田〕에 따라 분배되어야 한다는 주장도 케네의 이른바 〈우호적인 분배 partage amical〉라는 〈분배적 정의〉의 주장과 아주 흡사한 경제 철학이었다고 하지 않을 수 없다.

이익의 진보적 사회 개혁 사상을 경세치용적이라고 규정할 수 있는 또 다른 이유는 서학, 즉 서양의 과학·기술을 긍정적으로 습합하여 실천하려는 그의 선구적 입장 때문이었다. 이익은 일찍이 정두원이 중국에서 가져온 마테오 리치의 『천주실의』를 비롯해 『기하원본』·『건곤체의』 등을 섭렵했을 뿐만 아니라 알레니의 『직방외기』·우르시스의 『태서수법』·디아스의 『천문략』·그리말디의 『방성도해』와 『치력연기』·아담 샬의 『주제군징』 등의 한역 서학서들을 통해 서양의 과학·기술에 해박한 지식을 가진 개명한 사상가였다. 특히 경세치용적 학문을 지향하려는 새로운 지(知)에의 의지와 욕구는 『성호사설』의 천지문(天地門) 223항이 모두 천문·역법·지리·수리 등 서양의 과학·기술을 적극적으로 수용하려 했다든지 경사

---

[95] 『星湖僿說類選』四卷, 下「田制」.

제3장 서학 속의 실학·실학 속의 서학 **137**

문(經史門)의 1,048항에서 궁경(窮經)의 목적을 치용(致用)에 둔 것에서도 충분히 엿볼 수 있다.

③ 실학의 실학으로서 이용후생

서학을 유전자형 *génotype*으로 한 명청 실학의 다양한 표현형 *phénotype* 가운데 그 핵심을 차지하는 것이 과학 실학이라고 한다면, 그것과 유전 인자를 공유한 조선 실학의 표현형은 이용후생(利用厚生)파의 백과전서식 실학 사상일 것이다. 홍대용를 비롯하여 박지원·박제가 등 북경을 드나들며 서학과 명청 실학을 접하면서 그것들의 수용과 습합, 나아가 다양한 변용을 시도한 이른바 북학파의 백과실학이 그것이다. 조선에도 백과전서적 박학주의 시대가 도래한 것이다.

i) 홍대용의 실증 실학

홍대용(洪大容, 1731~1783)은 18세기 조선의 최고의 수학자이자 천문학자였다. 그의 실용적인 수학 교재인 『주해수용(籌解需用)』은 서양의 대수학을 동양에 처음으로 소개한 책이다. 이 책은 4율(비례)법·약분법·면적법·체적법 등과 같이 근대 수학의 용어를 사용함으로써 종래의 산법과는 다른 특징을 나타낸다. 그러면서도 이 책은 실제 생활에 필요한 수학적 지식만을 대상으로 한다는 점에서 저자가 애당초부터 이용후생용 수학서임을 밝히고 있다.

예를 들어 토지의 측량 방법인 「양전법」에서는 〈양전에는 많은 유형이 있지만 우리 나라에는 다섯 종류만 쓰인다〉고 하여 방전(方田: 정사각형의 토지)·직전(直田: 직사각형의 토지)·구고전(句股田: 직각삼각형의 토지)·규전(圭田: 이등변삼각형의 토지)·제전(梯田: 사다리꼴의 토지) 등에 관해서만 간단히 소개한 것이 그러하다. 농지세를 부과하는 방법인 「해부법(解負法)」에서도 〈일등전에서 육등전까지의 세율은 동일 면적에 대하여 15/100씩의 차이가 있다. 즉, 일등전 100에 대하여 이등전 85, 삼등전 70,……육등전 20이다. 다음 물음에 답하라. 방전의 한 변이 128척이라면 전체 면적 및 일등전에서 육등전까지의 세는 각각 얼마인가?〉⁹⁶와 같이 함으로써 그는 실제 생활과 직결된 산법만을 가르치고 있다.

천문·역법에 관해서도 그는 자신이 직접 관찰하고 계산하는 실증적 방법을 적용하여 그것을 〈인간 생활에 불가결한 과목〉이라고 강조한 바 있다. 그는 젊었을 때 이미 수력을 이용한 자동 장치를 부착시킨 천문 관측기로서 〈혼천의〉와 〈자명종〉을 자기 집에 설치했다. 이 혼천의는 서양의 제작 방법을 참고하여 만들었기 때문에 종래의 것보다는 훨씬 정교하고 정확한 것이었다. 그 밖에도 그는 자기 집에 통천의(統天儀)·측관의(測管儀)·구고의(句股儀) 등도 갖춘 서양식 사설 천문 관측소인 농수각(籠水閣)을 설치할 정도였다. 그러나 그의 자연 과학적 지식을 가장 돋보이게 한 것은 자신의 우주관을 피력한 지전설(地轉說)이었다.

1765~6년 북경에서 흠천감정인 할러슈타인A. Hallerstein과 부감정인 고가이슬A. Gogeisl을 만나 지전설에 관한 지식을 얻은 홍대용은 『의산문답(毉山問答)』에서 그것을 다음과 같이 설명하고 있다. 그는 〈지구(地塊)가 모든 별의 중심이라고 말하는 것은 우물 안에 앉은 개구리가 하늘을 작다고 말하는 것과 같은 생각〉이라고 하여 태양도 지구를 중심으로 회전한다는 지구중심설을 정면으로 부인한다. 다시 말해 〈지구는 회전하면서 하루에 일주한다. 땅 둘레는 9만리이고 하루는 12시이다. 이 9만리의 거리를 12시간에 달리기 때문에 그 움직임은 벼락보다 빠르고 포환보다 신속하다〉⁹⁷는 것이다. 이것은 〈천원지방설(天圓地方說)〉·〈천동지정설(天動地靜說)〉·〈지구중심설〉·〈천지개폐설〉·〈이십팔숙(二十八宿)〉과 같은 전통적 관념에 대해서는 〈조선의 코페르니쿠스적 전회〉라고 할 만큼 치명적 타격을 주는 주장이었다. 더구나 〈서양인은 서양을 정계(正界)로 하고 중국을 도계(倒界)로 본다. ……그러나 횡계(橫界)도 도계도 없으며, 고루 정계인 것이다〉와 같은 탈중화적 세계관, 또는 다중심 세계관의 제시는 더욱 그러했다.

이러한 반주자학적 우주관은 그의 무한 우주설에서 절정을 이룬다. 〈지구에서

---

96 김용운·김용국, 『동양의 과학과 사상』, pp. 378~379 참조.
97 『毉山問答』 卷四, 「內集」.

별까지의 거리는 몇 천만억 리일지 알 수 없지만 그 별의 바깥에도 또 별이 있다. 공계(空界)가 무한하기 때문에 별도 무한하다〉라든지 〈은하는 많은 세계가 모여 이루어진 세계이며, 태양이나 지구는 그 가운데 일부에 지나지 않는다.······은하계와 같은 세계가 몇 천만억이나 되는지 알 수 없을 정도이다〉[98]와 같은 우주 공간의 무한성과 다세계성은 천에 극(極)이 있다는 주자학적 우주관을 황당무계한 것으로 간주하기 때문이다.

피타고라스에서 아리스토텔레스로 이어지는 4원소설은 마테오 리치의 『천주실의』와 아담 샬의 『주제군징』 등을 통해 홍대용에 이르면 음양오행설에 대한 주저없는 비판도 가능하게 했다. 그는 만물의 생성 소멸에 대해 음양의 작용을 부인할 뿐만 아니라 오행설도 인정하지 않기 때문이다. 즉 기(氣)→음양이기(陰陽二氣)→오행(五行)→만물 형성이라는 소박하고 비과학적인 논리 대신 자연 과학적 원리에 따라 자연 그대로 설명하려 했다. 기(氣)→질(質)→일(日=火), 월(月), 성(星), 지구(土, 水)→목(木), 금(金)의 순서로 만물이 형성된다고 하여 그는 만물의 구성 요소로서 서양 철학의 4원소설(火·氣·水·土)과 마찬가지로 氣·火·地(=水·土)를 내세웠다. 〈천(天)은 기(氣), 태양은 화(火), 지구는 수(水)와 토(土) 이외의 어떤 것도 아니다. 만물은 기(氣)의 박조(粕糟, 지게미)이고, 화(火)의 도용(陶鎔)이며 지구의 우췌(疣贅, 사마귀와 혹)이다. 이 넷 자 가운데 어떤 것 하나만 부족해도 조화가 이뤄지지 않는다〉[99]는 것이다.

홍대용은 이처럼 구체적인 물질적 원소 개념으로 자신의 형이상학을 전개함으로써 그의 철학도 과학 사상과 마찬가지로 서양의 것들과 얼마나 잘 습합했는지, 그렇게 함으로써 그가 얼마나 과학적인 실측과 실증에 충실하려 했는지를 잘 보여 주고 있다. 주도적인 북학론자답게 과학·기술을 비롯하여 필요한 서양 문물의 수용에 주저하지 않은 그의 백과전서식 실학 정신은 북학파 실학자들에게 뿐만 아니라

98 앞의 책.
99 앞의 책. 또는 鄭聖哲, 『朝鮮實學思想の系譜』, 雄山閣, 1982, pp. 298~299 참조.

고루한 독단의 잠에 빠진 이성을 깨우는 계몽 실학의 역할도 유감없이 발휘했다.

ii) 박지원의 실용 실학

박지원(朴趾源, 1737~1805)의 실학 사상은 중상주의적 경제 실학에 기초한다. 그는 누구보다도 중상적 생산과 유통, 그리고 기술 혁명을 통한 조선의 근대화를 강조한 실학자였다. 그는 〈책을 읽고 실용을 알지 못하면 그것을 학문의 연구라고 말할 수 없다. 학문 연구를 귀하다고 하는 것은 그 실용에 있다〉[100]고 하여 학자로서의 사명이 공리공론이 아닌 실용 학문에 있음을 분명히 했다.

더구나 그가 주장하는 실용의 목적은 〈이용후생〉과 〈유민익국(裕民益國)〉을 실현하기 위한 것이므로 무엇보다도 국가 경제의 획기적인 발전을 위한 개혁 프로그램의 제시에 있었다. 그는 농업에서부터 상업과 공업, 나아가 수공업에 이르기까지 경제 구조의 근대화를 위한 의식과 제도의 개혁은 물론 기술 혁신의 시급성도 구체적으로 강조했다. 예를 들어 내연 기관의 발명이 신체의 운동계(근육계)를 외재화하여, 즉 인력의 외재화를 통해 동력 에너지의 혁명(산업 혁명)을 이룩한 것과 같이 박지원도 운송 수단의 혁명이라고 할 수 있는 「차제(車制)」의 개혁을 통해 조선의 상업 혁명과 경제 개혁을 제안한 경우가 그러하다. 그는 특히 북경에서의 사행 기간 중에 중국의 운송 수단인 자동차와 배가 상업과 화폐 경제에 얼마나 큰 영향을 미치는지를 깨닫고 교통 수단을 통한 유통 구조의 개선을 경제 개혁의 지름길로 인식하게 되었다.

그에 의하면 〈넓이가 수천 리에 달하는 나라에서 백성의 생활이 이 정도로 가난한 것은 왜일까? 한마디로 말해 그것은 국내에 차(車, 수레)가 다니지 않기 때문이다. 그러면 차는 왜 다니지 않는 것일까? 한마디로 말해 이것도 모두 유생과 관리의 죄이다. 그들이 일생을 바쳐 읽는 책은 『주례(周禮)』라는 성인의 책이다. 《윤인(輪人)》·《여인(輿人)》·《차인(車人)》·《주인(輈人)》 등에 대해서는 말하지만 차를

---

100 『燕岩集』, 10卷, 雜著 原士.

만드는 방법은 어떠하며, 차를 취급하는 기술은 어떤 것인지에 대한 연구는 없다〉.[101] 이처럼 그가 교통과 운수의 혁신을 위해서, 나아가 이를 통한 획기적인 상업 경제의 활성화를 위해서 가장 선결 문제로 간주한 것이 수레의 문제였다.

그는 조선의 경제가 낙후된 가장 근본적인 원인도 수레의 경제적 가치에 대한 통치자의 무지에 있다고 하여 경제 개혁의 실마리를 거기에서 찾으려 했다. 수레 문제가 그의 이용후생론과 중상주의 경제 개혁론의 단서인 셈이다. 통치자가 이용후생을 위해 노력하지 않기 때문에 수레가 사용되지 않고, 그로 인해 도로의 정비도 제대로 이뤄지지 않으며, 따라서 교통이 발달될 수 없다고 생각한 그는 교통 운수의 발전만이 상업을 일으켜 국가 경제를 활성화시킬 수 있다고 믿었다. 그 방법만이 지방의 생산물을 전국에 유통시켜 국내 시장을 통일시킬 수 있을 뿐만 아니라 시장 경제 체제의 실현도 가능할 수 있다는 것이다. 〈정부는 어떻게 국가를 번영시킬 수 있겠는가?〉와 같은 중상주의자들의 영원한 질문에 대한 대답을 그는 교통을 통한 유통 구조의 확립에서 찾으려 했기 때문이다.

박지원의 중상주의 경제 사상의 또 하나의 모티브는 화폐 경제론이다. 그것은 은을 중국에 수출하면서 질이 나쁜 중국의 옛날 주화인 당전(唐錢)을 수입하여 유통시켜 온 종전의 졸렬한 화폐 정책에 대한 신랄한 비판으로부터 시작한다. 그는 은의 국외 수출을 금지하는 대신 국내의 모든 은을 국가 관리 하에 5냥·10냥 단위의 화폐로 주조하여 전국에 유통시킴으로써 신·구 화폐를 공정히 재평가하는 화폐 개혁을 단행하는 통화 정책을 제안했다. 그에 의하면 〈은은 화폐로서도 가장 귀중한 것이므로 천하가 모두 보물로 여기고 있다. (그러나) 우리 나라의 풍속은 주화만을 돈으로 사용하고 은화는 사용할 줄 몰랐기 때문에 은이 화폐로 간주되지 않고 광물로 간주되고 있다. 은은 중국 시장에 가져가지 않는 한 무용지물과 마찬가지이다〉.[102] 이것은 그가 중국의 화폐 경제에서 깨달은 은화의 중요성을 조선의

---

101 앞의 책, 十二卷, 『熱河日記』, 「車制」.

상품 경제에도 도입하려는 의지의 표명이었다. 그는 당시 중국의 화폐 경제론의 제1인자인 구준(邱濬)이 주장하는 은폐(銀幣)·전폐(錢幣, 즉 동전)·초(鈔, 즉 지폐) 등 세 가지 가운데 은본위 화폐의 불변적 가치를 위한 동전과 지폐의 보조 기능을 이미 배운 바 있기 때문이다.

  박지원은 이미 화폐가 국가 경제에 미치는 영향을 잘 간파하고 있었다. 그는 상품 경제에서 화폐 기능의 중요성을 인식하고 그것을 이용하여 국가가 물가를 조절하는 가격 정책의 수행이 국가의 중요한 경제적 책무임을 강조한 것이다. 그는 국가의 중요한 경리가 오직 화폐에 있음에도 불구하고 국가의 재정 고갈이나 민간에게 화폐가 없는 것은 재정 정책이 그 도리를 다하지 못하기 때문이라고 하여 화폐 정책의 실패를 비판하다. 또한 화폐 가치와 상품 가격과의 상관 관계에 대해서도 그는 〈화폐의 가치가 높아지면 물가가 내려가고, 화폐 가치가 내려가면 물가가 오른다. 물가가 오르면 민중과 나라가 동시에 병들며, 물가가 내려가면 농민과 상인과 똑같이 손해를 본다〉[103]고 하여 원활한 화폐 유통이 〈유민익국〉의 열쇠일 수 있음을 주장한다. 이것은 중국의 계몽주의 경세 실학자인 황종희(黃宗羲)가 주장하는 화폐공능론(貨幣功能論)과의 접점이거나 실학 사상의 공유 부분이라고도 말할 수 있다. 황종희는 이미 근대 시장 경제에서 화폐 기능의 중요성을 누구보다 잘 간파한 인물이기 때문이다. 화폐를 국내 시장의 신용 수단으로 간주한 그는 상품과 화폐의 등가 교환성을 화폐의 기능이라고 간주하여 시장 경제의 기본 조건으로서 통일 화폐론을 역설한 바 있다.

  또한 이것은 그가 직접적인 영향은 받지 않았지만 17세기 영국의 철학자 로크J. Locke의 중상주의 경제 이론을 연상시키기에 충분한 것이었다. 로크는 『이자의 인하와 화폐 가치 인상의 결과에 대한 고찰』(1692)에서 화폐란 가치 척도로서의 기능뿐만 아니라 상품에 대한 청구권으로서의 기능을 가진다고 생각하여 화폐량과

102 앞의 책, 二卷, 序, 賀金石相履素書.
103 앞의 책.

물가와의 관계를 성공적으로 잘 설명하고 있다. 또한 그는 화폐 수량설에 입각하여 상품의 수량이 증가하면 가치의 척도로서 화폐의 수량도 증가해야 하지만 국제 거래에 있어서는 금과 은이 이용되어야 하므로 통화량과 교역량과의 관계는 일정한 비율을 유지해야 한다[104]고까지 주장한다.

이렇게 보면 박지원의 화폐 공능론과 중금주의는 로크의 중상주의 경제 이론과 발상의 차이가 거의 없었음을 쉽게 알 수 있다. 당시는 초기 자본주의의 싹밖에 보이지 않던 태동기였음에도 불구하고 이들의 통찰력은 미래 사회의 예측이나 청사진에서 경제학자로서도 남다른 혜안을 지니고 있었던 것이다.

또한 박지원은 박학주의 시대의 백과전서적 지식인이었다는 점에서는 홍대용과 크게 다르지 않았다. 자연 과학적 지식에 기초하여 천문·역법·농업·공업·광업 및 금속 제련·수공업·제지·도자기·문방구 등에 이르기까지 그는 모든 생산 분야에 신지식과 기술을 통한 이용후생을 도모하려 했기 때문이다. 기존의 권력에게 개혁은 곧 반역일 수 있다는 두려움 때문에 중국학자 곡정(鵠汀) 왕민호(王民皥)와 필담 형식을 빌어 간접적으로 자신의 사상을 정리한『곡정필담(鵠汀筆談)』에서 그는 지구의 빛은 태양의 빛을 받아 반사하는 것이라는 〈지광설(地光說)〉을 비롯하여 〈지원설〉·〈지동설〉은 물론 생물의 발생과 진화에 이르기까지 서양 과학에 기초한 자연 과학적 지식을 토로하여 박학다식을 다시 한 번 과시했다.

iii) 박제가의 민중 실학

박제가(朴齊家, 1750~1815)의 실학 사상의 관문(화두)은 이용후생이다. 또한 상업·무역·화폐 유통·공업·교통 운수·국방 등을 거쳐 돌아오는 그 귀착점도 이용후생이다. 그것도 민중을 위한 이용후생이어야 한다. 그러므로 그가 생각하기에 이용후생은 정치의 기본이다. 〈이용후생에 있어서 하나라도 소홀히 하는 것이 있다면 그것은 왕의 성덕을 침범하는 것이다. ……지금 민생이 날로 곤궁해지고 재정

---

104 John Locke, *Some Considerations of the Consequences of the Lowering of Interest and Raising the Value of Money*, 1692, p. 76. 주명건,『경제학사』, 박영사, 1996, pp .108~110.

이 궁핍해지고 있는데도 고위의 양반 관리는 어째서 손놓고 방관하며 이를 구하려 하지 않을까?〉[105]에서 보듯이 그는 경제 이용후생을 민생 정치의 당면 과제이자 경제 실학의 핵심 주제로 삼았다. 북학에 대한 강조도 그 때문이었다.

1780년 하연축하사(賀筵祝賀使)인 박명원(朴明源)을 따라 북경에 들어간 박지원이 때마침 열하(熱河)로 청의 고종(高宗)을 수행한 왕민호·조광연(趙光連)과 함께 그곳까지 가서 배운 것들을 『열하일기』로 남겼듯이, 박제가가 4차례에 걸친 북경에로의 사행길에서 배운 것들을 빠짐 없이 정리하여 『북학의(北學義)』와 『진북학의(進北學義)』로 편찬한 이유도 거기에 있다. 〈진실로 백성에게 이롭고 나라의 살림을 넉넉하게 하는 것이라면, 그 법이 비록 이적(夷狄)에게서 나온 것일지라도 이를 받아들여 이용해야 한다〉[106]는 박지원의 북으로부터의 문물 수입론과 마찬가지로 박제가도 중국 흠천감에서 일하는 서양인들이 모두 이용후생의 방법에 정통하므로 이들을 초빙하여 천문·역법·농잠·조와(造瓦)·채광·조선·조차·제지·의약·성곽·건축 등의 과학 기술을 배워야 한다[107]고 북학 수용론을 거듭 역설해 온 것이다.

박제가의 경제이용후생론으로서 북학론의 특징은 다음과 같은 세 가지이다.

첫째는 사회적 분업론이다. 박제가에 의하면, 〈해변에 사는 사람은 고기 잡는 것을 업으로 삼고, 두메 산골 사람은 나무하는 것을 업으로 삼고 있다. 모든 백성이 언제나 흙을 갈아서만 먹게 한다면 그들은 생업을 잃게 되고 농업은 드디어 날이 갈수록 쇠잔해질 것이다.…… 농민은 밭을 가는데 게으르지 않고 국가에서는 인재를 등용하면서 상업을 잘 통용되게 하고 공업에도 혜택을 주어서 나라 안에서 얻을 수 있는 이익을 모두 동원한다면 크게 부족함을 면할 수 있을 것이다〉[108] 또한

---

105 『北學義』, 序.
106 앞의 책.
107 앞의 책, 內·外篇.
108 앞의 책, 通江南浙江商船議.

〈영동에는 꿀은 생산되지만 소금이 없고, 관서에는 철이 나지만 귤이 없으며, 북도에는 대마가 잘 되지만 무명이 귀하다. 두메에는 꿀이 흔하고 해변에는 창란젓과 메기가 많다. 그 밖의 영남 고찰에서는 이름난 종이를 산출하고, 청산과 보은에는 대추 숲이 많고, 한강 하구의 강화에는 감이 많다. 이런 물자를 이용하여 쓰임새를 풍부하게 할 수가 있다〉[109]는 것이다.

그가 특히 사회적 분업을 강조하는 이유는 우선 전국의 자본을 합리적으로 이용하여 민중의 생활을 골고루 윤택하게 할 수 있는 효과적인 경제 정책이라고 믿었기 때문이다. 그러나 그보다는 통치자의 〈중농억상〉 정책에 반대하여 상인도 〈사민〉의 하나로서 없어서는 안될 사회 분업의 주체라고 그가 생각했기 때문이다. 나아가 그는 〈상인은 사농공상 사민의 하나이며, 그 하나로써 다른 셋에 통하는 것인 만큼 10에 3의 비율이 아니면 안 된다〉고 하여 상인이 30%를 차지해야 한다고까지 주장한다. 심지어 그는 양반이 상행위를 하더라도 인격이나 명망, 또는 지조에 흠이 되는 것이 아니라는 양반 상인론을 주장할 정도였다.

이것은 아담 스미스가 노동의 생산성을 향상시키기 위한 방법으로서 분업론을 전개한 것과 다를 바 없다. 스미스도 생산성을 증대시킬 수 있는 효과적 방법을 분업과 전문화라고 생각하여 〈핀 공장에서 열 사람의 직공이 서로 독자적으로 핀을 만든다면 하루 20여 개도 채 만들기 힘드는데 그 공정을 18가지로 나누어 만늘면 하루에 약 48,000여 개 정도를 생산할 수 있다〉[110]고 주장한 바 있기 때문이다. 이렇게 보면 사회적 생산적 제고를 위한 분업론을 역설한 박제가는 한국 경제사에서 어느 누구보다도 먼저 아담 스미스와 같은 경제학자의 면모를 과시한 인물이었다.

둘째, 사회 간접 개발론이다. 오늘날 한국 경제의 기적과 같은 발전의 초석은 1960년대 박정희 정권의 경제 개발 정책을 상징화하는 〈경부 고속도로〉의 개통이었다. 이것은 사회의 간접 자본이 경제 개발에 얼마나 지대한 역할을 하는지를 잘

---

109 앞의 책, 車九則.
110 Adam Smith, *Wealth of Nations*, Book I, Ch. I.

보여 주는 사례였다. 박제가는 사회 분업론의 효과적인 성과를 기대하기 위한 필요조건으로서 이러한 사회 간접 개발론의 중요성을 누구보다도 절실하게 주장한 인물이었다.

예를 들어, 〈말 한 마리와 수레 한 채가 운반할 수 있는 짐이 비슷하다고 하더라도 수레가 훨씬 유리한 것은 두말할 나위도 없다. 왜냐하면 짐을 끌어당기는 데 소요되는 힘과 말에 싣고 가는 데 소요되는 고통이 아주 다르기 때문에 말이 병들지 않는다. 하물며 5~6필의 말이 운반하는 것을 한 채의 수레에 모두 실을 수 있으니 그 이익이 몇 곱절이냐?〉[111]라든지 〈대저 100채의 수레에 싣는 짐이 배 한 척에 싣는 것에 미치지 못하고, 육로로 천리를 가는 것이 뱃길로 만리를 가는 것보다 오히려 불편한 법이다〉[112]와 같은 주장들이 그러하다.

박제가의 이러한 사회 간접 개발론은 아담 스미스가 경제적 분업의 활성화를 위한 대안으로서도 이미 다음과 같이 언급한 것과 다를 바 없다. 즉 〈두 명의 마부가 타고 8마리의 말이 이끄는 대형 마차는 약 6톤의 화물을 싣고 런던과 에딘버러 사이를 6주에 왕복한다. 이와 거의 같은 기간에 6~8명의 뱃사공이 타고 런던과 리스 사이를 항해하는 선박은 200톤의 짐을 싣고 왕복한다. 그러므로 수상 운송의 이점은 같은 기간에 100명의 마부와 400마리의 말이 50대의 대형 마차를 가지고 운반할 수 있는 짐을 런던과 에딘버러 사이에 나를 수 있는 것이다〉.[113] 이렇게 보면 박제가는 아담 스미스와 마찬가지로 일찍이 도로나 교통 운송 수단이 발달하면 육로와 해로를 통해 실물 경제가 활성화될 것이라고 확신하여 사회 간접 자본의 과감한 투자를 주장한 조선의 거시 경제학자로 간주되어도 지나치지 않을 것이다.

셋째, 해외 통상론이다. 해외 진출론자인 박제가는 〈때를 잘 아는 것이 중요하다〉고 하여 급변하는 세계적 추세에 대한 식견이 부족한 쇄국주의자들에 대해 비

---

111 『北學議』, 車條.
112 『進北學義』, 商船條.
113 權炳卓, 『韓國經濟史』, 박영사, 1984, pp. 224~5 참조.

판적이었다. 그가 국내의 산업을 발전시켜 대외 무역을 적극적으로 추진해야 한다고 주장한 것도 발전하는 세계 정세에 대해 선진적인 식견을 가지고 있었기 때문이다.

이것은 마치 아담 스미스의 경제적 자유주의가 단순한 방임주의가 아니라 많은 분업 부문에서 산업 자본의 발전을 가져와 국내 시장이 확대되고 생산성을 향상시킴으로써 대외 경쟁력을 높이려는 데 정책적 과제를 두었던 것과 같은 발상에서 비롯된 것이다. 왜냐하면 박제가의 해외 통상론은 아담 스미스가 국내 산업을 대외적으로 보호하는 정책 대신 국내 시장을 중시하면서도 자유 무역을 대내외적으로 적극 권장하는 정책으로의 전환을 주장했던 것과 다르지 않기 때문이다.

그러므로 유럽에서 중상주의와 자유 무역 간의 조절과 조화로 인해 국제 사회가 새로운 경제 질서로서 재편되고 있는 상황에서 박제가의 이러한 국제 무역론은 〈조선의 국부론〉과도 같은 경제학적 아이디어의 제시였다고 하지 않을 수 없다. 특히 조선의 지리적 여건을 이용한 중계 무역의 가능성을 주장한 그의 국제 통상론은 오늘날 한반도를 21세기 동아시아 무역의 중심지로서, 또는 동북아의 물류 중심지로서 발전시키자는 21세기 경제 발전 전략을 무색하게 만드는 것이었다. 그는 한강을 중심으로 한 경기·충청·전라·황해도의 하구를 무역항으로 만들어 조선의 면포나 해산물 등의 수출을 비롯한 적극적인 해외 진출만이 국력을 배양하고 민생을 향상시키는 유민익국의 길이라고 믿었던 것이다.

서사(西士)초빙론까지 주장했던 박제가의 신지식에의 의지이자 북학에의 염원은 그가 조선의 초대 검서관(檢書官)이 되면서 더욱 강하게 표출되었다. 그는 그 직책을 수행하는 동안 특히 명청 실학을 꽃피울 수 있게 한 한역 서학서들을 비롯하여 근대적 과학·기술의 계몽적인 서학 관련서들을 대량으로 구입하는 데 적극적이었다. 그가 여러 차례의 북행 때마다 당시 북경의 유명 서점인 〈취영당(聚瀛堂)〉과 〈십이가(十二家)〉를 빠짐없이 열람한 것도 사전 답사를 위해서였을 것이다. 실제로 그는 정조 원년(1777년)에 『흠정고금도서집성(欽定古今圖書集成)』1

만 권 5,200책을 구입하기 위한 상담에 성공했다. 그 이듬해에도 그는 『통지당경해(通志堂經解)』 1,750권 500책을 구입하는 등 새로운 지식과 문물을 도입하려는 북학에 대한 열정을 발휘했다.

iv) 백과전서파와 북학파

홍대용을 비롯한 박지원·박제가 등의 북학파 실학자들은 조선의 백과전서파라고 해도 무방할 것이다. 이용후생을 위한 방법으로서 그들이 섭렵한 신지식의 파노라마는 18세기 프랑스의 백과전서파들의 의지와 노력에 비해 뒤지지 않기 때문이다. 더구나 민생 구제와 애민 애국을 위해 헌신을 기꺼이 감내하는 계몽주의적 사명감과 정열에서도 북학파는 백과전서파와 다르지 않았다.

백과전서파란 디드로와 몽테스키외를 비롯하여 달랑베르·콩도르세·볼테르·루소·튀르고·케네 등 200여 명의 학자들이 참여하여 1751년부터 1780년까지 35권으로 출판해 낸 『백과전서 Encyclopédie』 또는 『예술과 산업에 대한 이론적 사전 Dictionnaire raisonné des arts et métiers』의 집필진들에게 붙여진 명칭이다. 이들은 절대 왕정의 오랜 동안의 우민정책으로 인해 몽매해진 민중을 학문과 이성의 힘으로 계몽하여 과거의 인습으로부터 해방시키려는 목적으로, 또한 그렇게 함으로써 자유롭고 풍요로운 행복한 세상을 만들겠다는 목표로 그 시대의 신지식을 총망라한 백과사전을 편찬·보급한 계몽주의자들이었다. 그러므로 계몽을 위한 그들의 슬로건도 『백과전서』의 서문에서 밝힌 대로 〈종교와 철학의 시대를 과학의 세기에로〉였다. 그들의 이러한 개혁 의지는 금서 칙령과 집필자들의 투옥 등 계속되는 탄압에도 불구하고 결국 1789년 프랑스 대혁명의 성공, 즉 성공한 계몽 운동으로 이어졌다. 그들의 소망대로 프랑스는 계몽주의 시대를 개막하는 민중의 봄을 맞이하게 된 것이다.

그러나 조선의 북학파에게는 봄이 오지 않았다. 그 시대의 역사도 민중의 편은 아니었다. 오히려 1801년 신유박해는 계몽의 동면을 강요했고 민중도 쇄국으로 이어지는 어두운 터널 속의 삶을 받아들여야 했다. 신유박해로 3년간 유배 생활을 마친 뒤에도 비분과 고독의 유랑 생활로 1805년 삶을 마쳐야 했던 박제가의 말년은 조선의 민중에게는 질곡의 세월이 아직 끝날 수 없었음을 말해 준다. 한마디로 말해 그것은 실패한 계몽 운동일 수밖에 없었다. 조선의 역사도 그것을 〈계몽의 연기〉, 또는 〈연기된 근대화〉로서 기록해야 했다.

④ 실학의 한계 상황과 실사구시

〈경학의 부흥〉을 외치는 청대 건가학파(乾嘉學派)의 실학인 〈실사구시의 학(實事求是之學)〉은 고증 실학이었다. 그것은 명 말·청 초의 경세 실학이나 과학 실학과 달리 서학과는 더 이상 유전 인자를 공유하지 않는 대신 기본적으로 주자 이전의 『육경』으로 돌아가자는 복고주의적 실학 정신에서 비롯된 것이다. 그러므로 거기에서는 서양의 과학·기술과의 습합을 찾아볼 수 없다. 거기에는 중층적 문화 변형이 거의 나타나지 않는다. 고증 실학에서 서학으로부터 어떠한 전이 문화의 표현형phénotype도 발견할 수 없는 이유가 거기에 있다.

이것은 동아시아 실학 벨트의 중간 지대에 위치한 조선 후기의 실학 풍토에도 지배적인 문화소로서, 즉 19세기 조선 실학의 지배적인 결정인으로서 작용할 수밖에 없었다. 1809년 젊은 나이(24세)에 북경에 들어가 청대 고증 실학자인 옹방강(翁方綱)이나 완원(阮元)을 비롯하여 대진(戴震)·능정감(凌廷堪) 등과 교류하면서 배운 김정희의 실사구시론이 그 대표적인 경우이다.

김정희(金正喜, 1786~1856)는 옹방강·완원 등에게서 배운 이른바 〈한송절충론(漢宋折衷論)〉 또는 〈한송불이론(漢宋不二論)〉에 따라 자신의 고증학도 한대의 훈고학과 송대의 성리학을 구분하지 않고 훈고(訓詁)와 의리를 모두 수렴하고 종합한 절충론의 입장을 나타낸다. 그는 사실에 바탕을 두지 않고[不實以事] 논리성·이념성만 추구하는 성리학파의 폐단과 진리에 대한 탐구를 소홀히 한 채[不求其是], 실증성·실용성만 추구하는 실학파의 단점을 비판하면서 실사와 구시의 종합을 지향했다.

그러나 이것은 명청 실학의 경우와 마찬가지로 조선 실학의 일대 변화가 아닐 수 없다. 무엇보다도 조선에 서학의 공급 차단 현상이 발생한 것이다. 조선 실학은 이제까지 간접 경로를 통해 진행시켜 온 서구 문화와의 융합이나 습합을 더 이상 기대하기 어렵게 되었기 때문이다. 이것은 민중의 현실적 삶을 개선하기 위해 유용성과 실용성만을 인식소로 삼아 온 조선 실학의 표현형의 변형이 불가피해졌음을 의미하는 것이기도 하다.

⑤ 실학의 문화적 경계 장애와 그 결과들

동아시아가 실학 벨트를 형성한 것은 서학과 직·간접으로 습합을 이룰 수 있는 문화적 접경 지대cultural borderland, 즉 문화적 전이 지대transitional zone를 형성하고 있었기 때문이다. 그러므로 이러한 접경지의 경계선에 장애가 생기면 그것은 곧 전이의 장애로 이어질 수밖에 없다. 이른바 문화적 경계 장애cultural borderline disorder로 인한 경계형성부전(境界形成不全)이 불가피할 뿐만 아니라 그로 인한 문화적 전이의 장애와 부전도 피할 수 없는 것이다. 예를 들면, 김정희를 비롯한 19세기 초 실사구시파의 탄생이 바로 그러한 조건과 환경의 변화가 가져 온 결과일 수 있다.

그러면 이렇게 달라진 정치 사회적 환경에서, 그리고 조선 실학사의 전개 과정에서 서교 탄압이나 쇄국과 같은 문화적 경계의 장애는 결국 조선의 지성사에 어떤 결과를 가져왔을까?

첫째, 이것은 구세의 염원이라는 현실적 실학 이데올로기에 빠져 경전 해석마저 주관적으로 해온 경향에 대한 반작용이었으므로 〈실제 생활에 유용한 학문(實用之學)〉보다는 오히려 〈학문을 위한 학문〉[114]이라는 실학 정신의 경직화를 피할 수 없었다. 나아가 이것은 유민익국(裕民益國)·부국유민(富國裕民)의 실현을 위해

---

114 최영성, 앞의 책, pp. 186~191 참조.

조선 후기의 실학이 이제까지 경세치용과 이용후생을 무엇보다도 우선적으로 추구해 온 실제 생활의 유용성과 실용성의 후퇴나 포기를 의미하기도 한다.

둘째, 이것은 역사적으로 흔히 보아 온 정치와 지식인 사이의 일종의 피드백 feedback 현상이다. 강화된 정치적 제어력(출력 에너지)에 의해 지식인의 계몽 의지는 어느 사이 자기 시대에 순종적·순응적으로 되돌아갔기 때문이다. 정치적인 감시와 유폐 구조, 즉 닫힌 사회에 민중은 길들여지기 시작했다. 뿐만 아니라 선구적 지식인들도 더 이상 민중의 삶을 개선하기 위한 적극적 계몽 의지를 발휘하기보다는 사회 변혁에 애써 무관심하거나 소극적인 탈이데올로기적 순수 학문으로만 지적 통로를 선택한 것도 그런 이유에서였다.

셋째, 그러나 이것은 신유박해 이후 점차 심해진 정치적 스트레스의 반영일 수 있다. 조선 시대에 지속적으로 증가하던 인구가 가뭄과 홍수와 같은 천재지변이나 각종 질병의 만연 등을 감안하더라도 순조 원년부터 헌종 12년(1801~1846) 사이 약 반세기 동안 18세기보다 인구가 무려 100여만 명이나 감소했다는 사실로 미뤄 보아도 19세기 전반까지 민중이 느꼈던 집단 스트레스가 어느 정도였는지를 짐작하기 어렵지 않다.[115]

예를 들어, 30여 명의 참수형과 오가작통제를 강화하면서 서학도의 탄압을 시작한 신유박해를 서막으로 하여 1839년의 기해박해는 힌중이 느낀 서학 스트레스의 강도 이상으로 박해의 보복도 참혹했다. 14세의 소년에서 79세의 노파에 이르기까지 78명이 참수되어 전 국토가 사산혈하(死山血下)였다고 문석현(文錫玄)의 『기해일기』는 표현할 정도였다. 문석현도 결국 이 기록으로 인해 1846년의 병오박해에 참수되었고 아내와 아버지, 그리고 여동생까지 모두 처형되었다. 이러한 유혈 시대의 클라이막스는 그해 7월 25일 양통죄(洋通罪)의 대역죄로 참수된 김대건 신부의 순교였다. 그러나 이처럼 서학에 대한 극심한 스트레스로 인해 생긴 정치

---

115 국사편찬위원회,「조선 후기의 경제」,『한국사』, 탐구당, 1997, p. 13.

적·종교적 알레르기가 조선의 지성사에 치명적이었던 이유는 그 병적 징후가 너무나 많은 신진 지식인을 희생시켰기 때문이다. 나아가 서학 루트를 통한 신지식의 공급 차단으로 인해 조선 실학사의 신진대사가 더 이상 불가능하게 되었기 때문이기도 하다.

넷째, 이것은 쇄국과 정치적 폐역화로 인해 지식인들이 느끼는 지적 피로 현상과 위기의식의 반응일 수 있다. 특히 이것은 금압이라는 강제 수단을 동원하여 서학의 수용이나 습합을 강제적으로 차단함으로써 일어난 조선 실학사 내부에서의 일시적인 〈인식론적 단절 la rupture épistémologique〉이기도 하다.

동도서기론에서 동서통합론까지

1. 비교 사상론으로서 동도서기론

비교는 편견과 자가 당착을 피하고 대상에 대한 올바른 이해를 위해 인류가 추구해 온 불가피한 방법이고 최고의 선택이다. 그것은 사상과 문화에도 다를 바 없다. 모든 사상이나 문화는 각 시대마다 또는 개인이나 개별적인 지역에 따라 나름대로 형성·발전해 왔다. 그러므로 그것들은 저마다의 개성과 특질을 지니기 마련이다. 시대정신을 반영하지 않은 어떠한 사상도 있을 수 없듯이 다른 문화적 공간과 절연한 어떠한 문화도 있을 수 없다. 시간과 공간은 사상과 문화의 모태이자 유전 인자이기 때문이다.

1) 조선의 19세기를 어떻게 볼 것인가

① 제국의 대체와 아시아 시대의 종언

중국 문화의 숭배자로 알려진 프랑스의 계몽주의 철학자 볼테르는 1750년대에 쓴 『중국의 고아L'orphelin de la Chine』에서 〈모든 면에서 교훈을 얻고자 한다면 동양으로 눈을 돌리지 않으면 안 된다〉고 주장한 바 있다. 그는 18세기의 유럽의 관료 조직을 비롯한 문화 전반이 중국보다 열등했다고 중국을 예찬할 정도였다.

그로부터 200년이 지났음에도 저명한 서양 사학자인 배러클러프G. Barraclough 는 『전환기의 세계사History in A Changing World』(1955)에서 〈기독교를 포함하여 유럽의 역사 가운데 풍요로운 열매를 가져왔던 힘과 자극의 대부분은 유럽의 밖, 곧 아시아로부터 들어왔다〉고 하여 유럽 문화 속의 아시아의 힘을 여전히 고백한 바 있다. 심지어 프랑스의 구조주의 정신분석학자인 크리스테바J. Kristeva도 1974년 중국을 다녀온 뒤에 쓴 『중국의 여인들Chinese Women: The Mother at the Center』(1977)에서 〈중국 공산주의의 역사는 여성 해방의 역사와 다를 바 없다〉고 하여 중국을 사회주의 혁명으로 인해 서구보다 먼저 부권적(자본주의적) 문화가 해체된 미래의 서구 사회의 모델로까지 간주했다.

그러나 19세기는 아시아의 수난 시대였다. 1784년에 영국은 증기 기관의 발명으로 기계를 움직이는 산업 혁명 시대를 전개하기 시작했다. 1799년에 인도 침략을 본격화하면서 말라카·스리랑카를 침공했고 1807년에는 네덜란드 함대를 몰아내고 동남아시아를 장악했다. 영·불 제국의 힘에 의해 이슬람 제국이 몰락한 데이어 인도의 무굴 제국, 그리고 중국의 청 제국이 무너지기 시작한 것도 이때부터였다. 그 이후에도 대영 제국의 아시아 진출은 더욱 가속화되었다. 영국은 인도의 황폐화를 대가로 하여 중국 시장을 넓혀 나갔고, 인도의 아편으로 중국의 부를 빼앗는 대신 1839년 아편전쟁에서 보듯이 중국에 해체와 오욕을 선사하면서 부를 더욱 축적해 갔다. 1851년 런던에서 제1회 만국박람회를 개최한 것도 이제 영국이 세계의 공장·세계의 은행으로서 세계 경제를 장악했음을 과시하기 위한 것이었다. 1860년대 영국은 마침내 이집트의 수에즈 운하가 완성되자 그 지배권을 획득함으로써 아시아의 숨통마저도 손에 넣을 수 있게 되었다.

결국 아시아 대제국의 역사는 이렇게 마감했고 아시아 시대의 종언마저 맞이하게 되었다. 팍스 브리타니카 *Pax Britanica*의 실현이 〈빛은 언제나 동방에서 온다〉는 신화를 무색하게 만든 것이다. 자유·평등·박애를 상징하는 1830년 7월의 시민 혁명 이후 프랑스의 야심찬 아시아 진출도 동전의 양면과도 같은 유럽인의 아시아에 대한 해묵은 동경과 컴플렉스가 어느 정도였는지를 반증하기에 충분한 것이었다. 이렇듯 19세기 유럽이 〈아시아에 보여 준 제국에의 욕망 *Orientalism*〉은 기나긴 아시아의 제국 시대에 억제되었던 강박 관념의 정도만큼이나 강렬할 수밖에 없었고, 그 병적 징후만큼 아시아는 가혹한 시련을 강요받을 수밖에 없었다.

② 〈열려진 사회〉와 그 적들

위험과 위기가 긴박할수록 자기 방어적인 것은 작용과 반작용의 물리적 법칙이기 이전에 동물의 본능이다. 17, 8세기 일본의 도쿠가와 막부의 쇄국 정책이 그랬고, 19세기 조선의 해금책도 위기 앞에서의 동물적 방어 본능과 다를 바 없었다. 그러나 역사의 전개는 대개의 경우 힘의 논리에 따른다. 토인비의 말대로 역사의 도전과 응전에서는 더욱 그러하다. 예를 들어 1842년 영국 군대가 중국의 광동·상해·남경에 침입하여 강화 조약을 강요함으로써 5개 항구를 영국에게 내주는 난징조약을 체결할 수밖에 없었던 경우가 그러하다.

이러한 사정은 일본과 조선의 경우도 마찬가지였다. 중국의 보호 무역 정책보다 훨씬 자기 방어적인 일본의 쇄국 정책과 조선의 해방책(海防策)이나 해금책(海禁策)도 제국의 무력앞에는 적절한 응전 전략이 되지 못했다. 1854년 우라가(浦賀)항에 나타난 미 군함 페리호의 강요에 의해 1858년 일본이 개항했듯이 조선도 1882년 미·영과 수호조규(修好條規)를 조인하면서 원산·부산·인천항을 개항할 수밖에 없었다. 18세기와 달리 19세기의 동아시아는 이렇게 자발적 개항과 개국이 아닌 강제된 개국의 역사 시기를 맞이해야 했다. 굳게 닫힌 사회, 조선도 제국의 힘에 의해 〈열려진 사회〉, 즉 강요된 문화 전이 지대로 화했다.

그러나 쇄국 이전의 조선, 18세기까지의 조선이 국내의 통치 이념(유교)에 의해 닫힌 사회였다면 쇄국 이후, 즉 19세기의 조선은 제국의 속령화 이데올로기(오리엔탈리즘)의 위기의식에 의해 닫힌 사회였다. 베르그송H. Bergson에 의하면, 〈닫힌 사회closed society〉란 본래 사회 통합만을 목적으로 하는 불변적이고 의무적인 닫힌 도덕이나 배타적이고 독단적인 닫힌 종교에 기초한 사회를 말한다. 이것은 개인이 전체라는 유기체 속에서만 존재할 뿐 유기체를 떠나서는 존재할 수 없는 사회, 즉 금기와 독단이 지배하는 전체주의적·유기체적 사회를 닫힌 사회라고 정의하는 칼 포퍼Karl Popper에게 선(先)이해의 모델이 되는 사회이기도 했다.

그러나 실제로는 엄격한 유교 이데올로기로 사회 통합을 오랫동안 고집해 온 조선 사회가 바로 그 현실태일 수 있다. 쇄국 이전까지만 해도 수많은 서학도들과 실학자들의 열린 사고를 죽음에 이르게 한 의무적 유학지남(儒學指南)과 독단적 유교 교의들이 닫힌 사회, 조선을 전체주의적 유기체로서 힘겹게 지켜 온 것이 아닐까? 또한 쇄국 이후 거대 권력의 제물화 욕망에 대한 배타적 자구책인 해금책으로 〈창 없는 사회windowless society〉가 되어 버린 〈대외적〉 폐쇄 사회도 따지고 보면 〈국내적〉 폐쇄 사회를 겉으로 뒤집어 놓은 것에 지나지 않는다. 쇄국의 조선도 더 큰 유기체인 제국의 그물망에 걸려든 연결 고리일 뿐이기 때문이다. 조선의 개항과 개국은 그 연결 고리를 걸려는 제국의 힘에 의해 강제될 수밖에 없었고, 그렇게 하여 조선은 더 큰 폐쇄 회로 속에 편입되어야만 했다. 〈열려진 사회opened society〉 조선이 〈열린 사회open society〉일 수 없는 이유도 바로 거기에 있다.

포퍼는 자유로운 비판과 토론이 허용되고 보장되는 열린 사회의 모형을 합리적인 과학자 사회라고 생각하기 때문에 과학적 방법의 적을 곧 열린 사회의 적으로 간주한다. 예를 들어 그가 과학적 방법에 부합하지 못하는 정치 이념을 잘못된 정치 이데올로기라고 하여 배척하는 경우가 그러하다. 실제로 19세기의 제국주의 이데올로기가 그렇고, 그것에 의해 강제로 열려진 사회, 조선이 그러했다. 조선이 바로 그 적의 제물이었다.

그러면 열려진 사회, 조선의 적들은 구체적으로 무엇이었을까? 한마디로 말해 그것은 19세기 제국의 아시아적 드라마의 주제이기도 한 오리엔탈리즘이었다. 예를 들어, 지구상에서 해가 지지 않는 평화로운 대영 제국의 건설이라는 팍스 브리태니카*Pax Britanica*의 아시아 편이 그것이었다. 또한 유럽에서 이주한 미국인이 제작한 서부 개척의 드라마가 〈미개척의 서부는 존재하지 않는다〉는 신념 하에 태평양 너머로 개척의 공간을 연장함으로써 동아시아를 결국 미국 오리엔탈리즘 *American Orientalism*의, 나아가 팍스 아메리카나*Pax Americana*의 실험 극장으로 선택한 것도 마찬가지 이유에서였다. 이미 1842년에 미국동양협회*American Oriental Society*를 창설한 초대 회장 존 피커링John Pickering이 이듬해 제1차 대회에서 〈미국이 동양 연구에 적극적으로 나서기 시작한 것은 유럽 제국주의 열강을 뒤따르기 위한 것〉이라고 설립 취지를 밝힌 데서도 유럽에서 미국으로 오염된 제국의 야망을 잘 엿볼 수 있다.

그러나 열려진 사회, 조선의 적은 서양의 오리엔탈리즘만이 아니었다. 메이지 유신 이후 줄곧 명예 백인 증후군이나 서구 클럽의 멤버쉽 컴플렉스에 시달려 온 천황신의 나라 일본이 꿈꿔 온 대동아 공영권의 실현이나 천하를 천황신의 가호 아래 두겠다는 팍스 자파니카*Pax Japanica*, 즉 팔굉일우(八紘一宇)의 허위 의식은 19세기 말 이후 조선에게는 서양의 것보다도 가혹한 모방(사이비 오리엔탈리즘 *pseudo orientalism*)이었다.

이렇게 보면 오리엔탈리즘은 애당초부터 평화론이 아니었다. 그것은 19세기가 반(反)평화주의적 제국주의의 경연 시대였음을 입증하는 위장 용어였을 뿐이다. 제국의 건설을 위해 위장한 *Pax*라는 용어 자체가 이미 〈평화〉와 〈은총〉보다는 〈강화〉와 〈협정〉을 먼저 뜻할 뿐만 아니라 정치적 의미를 이중적으로 동시에 담고 있다는 데서도 19세기의 유럽과 미국, 그리고 일본의 팍스 오리엔탈리즘*Pax Orientalism*은 조선에게도 위장 평화론일 수밖에 없었다.

③ 문화의 면역 체계와 19세기 조선의 문화

버넷M. Burnet과 화이트D. White는 『감염성 질병의 자연사Natural History of Infectious Disease』(1899)에서 다음과 같이 말한다.

〈질병의 본질을 연구할 때면 생명이 있는 존재들의 모든 범주가 우리의 영역에 들어온다. 왜냐하면 한때라도 기생물의 숙주였거나 기생 생물 자체가 아니었던 유기체는 없기 때문이다. 많은 것이 이 두 가지 역할을 함께한다. 감염성 질병은 보편적이며, 어떻게 그것이 발생했는지를 상상하려는 모든 시도는…… 불가피하게 우리를 생명의 가장 초기로 이끌고 간다.〉[116]

여기에서 보면 생물학적으로 모든 유기체는 기생물이거나 그것의 숙주이다. 이것은 감염이 애초부터 유기체에게는 피할 수 없는 운명과도 같은 존재의 조건임을 의미한다. 유기체에게 감염의 역사는 이미 5억 년쯤 전부터 시작된 것이나 다름없다. 그것은 좀더 복잡해진 유기체가 최초의 화석 흔적을 남겼을 때부터 어디에나 있었기 때문이다. 오늘날에는 거의 모든 유기체가 더 작은 무임 승객들로 충만하다고 말해도 과언이 아닐 정도에 이르렀다. 모든 생명체는 직접이든 간접이든 어느 정도 다른 생명체를 이용하면서 살아가야 한다. 왜냐하면 생물은 단백질을 합성할 때에만 생존이 가능하기 때문이다. 그러므로 한 생명체가 다른 종의 단백질을 획득하기 위해서는 최소한의 기생이라도 불가피하기 마련이다.

생명체의 이러한 기생의 존재 방식에 대하여 아노 칼렌Arno Karlen은 다음과 같이 주장한다. 〈기생 생물과 숙주 사이의 적응은 유행성·풍토성·공생이라고 불리는 여러 단계를 거친다. 처녀 인구집단(virgin population: 어떤 세균에도 감염된 적이 없어서 면역력이 없는 집단)에 들어온 세균은 종종 모든 연령에 걸쳐 급성 질환을 일으킨다. 이것은 유행병의 고전적 형태이다. 그것이 전 세계에 퍼지면 범유행성pandemic이라고 불린다. 생존자는 대개 재감염에 의해 더 나은 방어 능력

---

[116] Arno Karlen, *Man and Microbes*, 권복규 옮김 『전염병의 문화사』, 사이언스북스, 2001, p. 30에서 재인용.

을 갖추기 마련이다. 세대를 거듭할수록 추가 방어 기제가 발달한다.······ 기생 생물과 숙주가 더 잘 적응한다면 공생 관계가 된다. 여기서 세균과 숙주는 상호 관용 관계를 이루거나, 심지어는 상호 이득이 되는 상리 공생(commensalism: 문자 그대로 같은 식탁에서 식사하는 것을 뜻한다) 관계가 된다. 기생 생물과 숙주는 언제나 이런 단계를 거쳐왔으며 현재도 그렇다.〉[117]

이것은 어떤 세균에 대해서도 방어 능력을 가진 적이 없는 면역 이전의 생명체인 처녀 인구집단에 침입한 세균이 마침내 상리 공생 관계에 이르기까지 기생체와 숙주와의 상호 공존 방식에 관한 원론적 면역 체계론이다. 그러나 여기에서 주목해야 할 것은 유행성→풍토성→공생에 이르는 과정이다. 이것은 16세기 이전까지만 해도 서양 문화에 대한 처녀 인구집단이었던 동아시아에 서양의 문화 기생체가 침입하여 일으키는 문화적 감염의 경우와도 크게 다르지 않기 때문이다. 특히 조선에 대해서도 이것은 17세기 초부터 밀려든 서양 문화가 조선에 어떻게 유행성 징후로 나타나는지, 그리고 시간이 지나면서 어떻게 토착화하는지, 결국 그것의 중간 숙주인 조선에서 어떻게 공생하게 되는지를 효과적으로 설명할 수 있는 일종의 문화적 면역 체계론이기도 하다.

예를 들어, 19세기 이래 의·약학의 진보에 대한 믿음이 만연하면서 감염성 질병을 영원히 퇴치시킬 수 있을 것이라는 낙관주의가 결국 그러한 질병에 대한 면역력 결핍을 불러왔고, 그 이후 전지구적인 유행병인 발진티푸스와 인플루엔자 A형에 의해 그 낙관주의도 정당화될 수 없었듯이 유교 낙관주의에 빠져 있던 조선의 문화적 면역 체계도 마찬가지 형국이었다. 이처럼 조선의 관학인 주자학만으로도 사회적 통합을 유지할 수 있다는 유교적 낙관주의는 이(異)문화의 감염에 대해 조선의 문화가 면역력을 결핍한 가장 큰 원인이었다고 해도 과언이 아니다.

조선은 결국 해금(海禁)과 해방(海防)이라는 극단적인 방역책을 서둘러 마련했

---

117 앞의 책, p. 36.

지만 그것이 곧 낙관주의의 포기를 의미하는 것은 아니었다. 그러나 지배 권력의 이러한 이념적 수구와는 달리 문화의 최전선에 있는 지식인들의 의식에는 적과 더불어 같은 식탁에서 식사할 수 있는, 심지어 동침도 할 수 있는 상호 관용과 이득을 위한 상리 공생이 소리 없이 진행되고 있었다. 다시 말해 19세기 조선의 유교적 낙관주의는 이미 수정주의로 문화적 변형을 시작한 것이다. 이른바 동도 우월론으로서 동도서기론이 그것이다. 더구나 동서절충론을 거쳐 동서통합론에 이르면 최선의 기생적 존재 방식인 상리 공생이 19세기 조선 문화의 면역 체계를 대변하는 결과를 낳기도 했다.

2) 비교 사상론의 변형으로서 동도서기론

동도서기론은 더 이상 이념적 유아론(唯我論, *solipsism*)이 아니다. 질풍노도와 같은 서양 문화에 대해 자기 방어적일 수밖에 없었던 수정주의적 유교 낙관론은 비교 사상론적, 또는 비교 문화론적 입장으로 후퇴하지 않을 수 없었기 때문이다. 결국 〈동도서기〉라는 개념 자체도 19세기의 이런 상황 속에서 동서 문화의 지배소(支配素, *cultural dominant*)를 가리는 문화 헤게모니적 용어로서 등장했던 것이다.

비교란 본래 유사한 것, 동일한 것을 발견하려는 데서 출발한다. 그 어원에서도 알 수 있듯이 〈비교하다〉는 영어로 *compare*, 프랑스 어로 *comparer*, 스페인 어로 *comparar*, 이탈리아 어로 *comparare*이지만 이것들 모두가 라틴 어 *comparare*에서 온 것으로서 *com*+*par*(같은·동일한)에서 생긴 것이다. 다시 말해 이것은 〈같은 것을 모은다〉는 뜻이다. 독일어의 〈비교하다〉인 *vergleichen*이 *gleich*(동등한)의 뜻이 들어 있는 *gleichen*(비슷하다·닮다)에다 비분리 동사를 만드는 접두사인 *ver*를 붙여 만들어진 것도 같은 이유에서였다. 이처럼 비교한다는 것은 본래 같음이나 유사함의 확인을 통해 동일성이나 일체감에서 오는 심리적 편안함을 얻기 위한 것이었다.

그러나 〈동도서기〉에서 동서의 비교는 같음의 확인이라기보다 다름의 발견이었고 차별을 위한 대립의 강조에 그 의도가 있었다. 그것도 서기(西器)에 대한 동도(東道)의 차별적 우월성을 강조하기 위한 것이었다. 19세기의 조선 문화와 사상은 비교라는 사유의 개방 공간으로 이끌려 나왔지만 그것은 자율적이라기보다 타율적, 즉 불가피한 도전에 대한 자기 방어적 응전이었기 때문에 비교의 시작도 독단의 출구가 아닌 입구일 수밖에 없었고 편견으로부터의 탈출이 아닌 강화이어야 했다. 이런 점에서 유교적 낙관주의에서 동도서기론으로의 후퇴는 〈유아론에서 비교론에로〉라는 개방적 사유로의 전환임에도 불구하고 그것의 의도가 (우월론에 있다고 하더라도) 시작부터 유아론적 낙관주의의 포기를 의미하는 절반의 실패였다고 해도 과언이 아니다. 그것은 이미 적자생존의 법칙만이 지배하는 당시 서구의 진화론적 논리 구조 속으로 자발적으로 들어간 것이나 다름없기 때문이다.

그러면 19세기의 동아시아와 조선에서 이러한 문화적 변형은 왜 불가피했을까? 그리고 비슷한 역사적 조건 속에서 조선의 이러한 대응 방식과 일본의 것은 어떻게 달랐을까? 한마디로 말해 동도서기론은 제국주의의 역사적 스트레스에 대한 자구적 대응론이었다. 지구적 권력의 거대 구조 속에 강제로 편입되어야 했던 19세기 조선의 지식인들이 제국주의 문화와 차별화를 위해 선택한 지적 대안이 곧 동도서기론과 같은 대립적 구조 속에서의 비교론적 우월론이었다.

그러나 그것은 문화적 광장 공포증Agoraphobia 때문이라기보다 백색(=서구) 공포증Caucasianphobia에서 비롯된 것일 수 있다. 그것은 서구 오리엔탈리즘에 대한 문화적 경계심과 지적 강박 관념의 결과일 수도 있다. 동도서기론을 전통적 가치의 수호를 위한 반서양적 위정척사론으로서 제기한 것이 그러하다. 이에 비해 일본의 사정과 반응, 즉 서구 문화의 도전에 대한 응전 방식은 조선과 달랐다. 일본은 동도의 비교 우위와 같은 독단적 차별화로써 서구 제국주의 문화에 대처한 것이 아니라 오히려 그 문화의 적극적 수용과 모방을 통한 동질화를 시도함으로써 문화적 스트레스를 해소하려 했다. 특히 메이지 유신 이래 일본은 문화적 광장 공포증을 백색 문화의 모방이나 명예 백인화를 통해 백색화의 동경과 백색 욕망

*desire for Caucasian*을 충족시키려 했다. 예를 들어 〈탈아입구론(脫亞入歐論)〉이 그것이고, 나아가 서구 제국의 에이전트로서, 또는 서구 제국주의의 모방자 *copycat of imperialism*로의 변신이 그것이었다.

19세기의 조선이 동도우월론에서 동서절충론을 거쳐 동서통합론에로 나아가는 데에 마치 변증법적 과정에서와 같은 내부적인 갈등과 긴장이 적지 않았을 뿐만 아니라 조선이 문화의 주체적·능동적 변형을 용인할 만큼 문화적·사상적 융통성과 탄력성의 여유도 지니고 있지 못했다. 한마디로 말해 조선은 도전에 대한 응전을 미처 준비하지 못했고 그렇게 할 수 있는 총체적 에너르기도 부족했던 게 사실이다. 그럼에도 불구하고 동도서기론은 아마도 당시의 지식인들이 선택한 최선의 대안이었을 것이며, 그 이후 동서통합론에로의 점진적 변형도 소수의 인텔리겐치아가 옥시덴탈리즘*Occidentalism*을 경계하면서 시도한 지적 혜안의 산물이었을 것이다.

3) 19세기의 진화 이데올로기와 조선의 동도서기론

① 헤겔과 진화 이데올로기의 여명

19세기는 진화의 이데올로기가 지배하는 세기였다. 특히 19세기 후반은 사회진화론이 보편적 시대정신이었다고 해도 과언이 아니다. 19세기는 인간 사회의 진화 발달의 과정에서 도태가 중요한 요인으로 작용한다는 전제 하에서 사회적 불평등을 정당화하고 전쟁의 불가피성을 인정하는 민족 우생학적 이데올로기가 널리 통용되던 시기였다. 영국을 비롯한 서구 열강에게는 사회 진화론의 생존 경쟁과 적자생존의 논리가 더없이 좋은 시대정신의 설명 도구이자 제국주의 이데올로기를 정당화하기 위한 이론적 근거였다. 이른바 서구 오리엔탈리즘의 실체도 바로 그것이었다.

이러한 사회 진화론이나 진화 이데올로기, 특히 오리엔탈리즘의 토대가 되었던 동아시아에 대한 인식은 이미 헤겔(1770~1831)의 『철학사 강의』에서부터 극명하게 등장한다. 헤겔이 1805년에서 1806년에 걸쳐 예나 대학에서 처음으로 철학사를 강의하면서 중국 철학에 대해 언급한 것이 그것이다.[118] 〈세계사란 자유의 의식을 내실로 하는 원리의 발전 단계를 서술하는 것〉이라고 한다든지 〈세계사는 자유의 의식, 자유의 정신의 발전과 그 의식에 의해 산출된 현실의 과정을 서술하는 것〉이라고 하여 세계사를 궁극적으로 개인·이성·자유를 전개한 세계의 역사라고 규정한 헤겔은 유럽만을 그 세계의 범위로 간주하려 했다. 그러므로 중국을 비롯한 비유럽의 세계는 세계사의 중심인 유럽과는 대조되는 주변 세계에 불과했다.

헤겔에 의하면 동양 사상은 대개 본질적으로 종교적 성격과 혼동되어 있다. 동양에는 철학과 유사한 종교적 관념이 있지만 그것은 진정한 의미에서의 철학적 관념이 아니다. 동양에서 진정한 의미의 철학이 발생하지 않은 이유는 자유의 의식이 결여됨으로써 개인이 확립되어 있지 않았기 때문이라는 것이다. 개인의 의식의 포기가 오히려 동양인의 진면목이라고 하여 그는 동양 문명을 정의의 억압 형태라고까지 폄훼했다. 그러므로 중국 철학의 주류인 공자와 유교에 대한 그의 언급도 이러한 인식에서 전혀 벗어나지 않았다.

그의 『철학사 강의』에 의하면, 〈공자와 그의 제자들과의 대화가 전해지고 있지만 거기에 있는 것은 통속적 도덕일 뿐이다. 그것은 어떤 민족에게도 있는 것이므로 특기할 만한 것이 못된다. 공자는 실용적인 지혜의 소유자이므로 그에게는 사색적인 철학이 전혀 없다. 또한 그는 단지 선량하고 유용한 도덕만을 가르치므로 그에게는 특별한 것이 있을 수 없다〉는 것이다. 다시 말해 헤겔의 기준에서 보면 공자는 전혀 이성적 사고, 즉 표상적 사고나 반성적 사고를 하는 철학자일 수 없다. 공자의 사상에 이성적 주체는 없고, 객체로서 주체에 대립하여 주체를 억압하

---

118 헤겔이 중국 철학에 대해 집중적으로 언급한 것은 예나 시기였지만 1821~1822년 베를린 대학에서 종교학과 역사 철학을 강의할 때에도 그에 못지않게 거론되었다. 그러나 그의 철학 전체를 통해 나타나는 중국 철학에 대한 부정적인 인식은 예나 시기의 것을 벗어나지 않았다.

는 통속 도덕만이 있을 뿐이다. 무엇보다도 공자는 전통적 도덕을 부연하는 인물에 불과했기 때문이다. 〈공자의 책은 중국인들 사이에서 가장 존경받고 있다. (그러나) 그는 기본 문헌, 특히 역사의 기본 문헌에 주석을 덧붙이거나 그 밖의 철학에 관한 작업을 했지만 그것 역시 전통적인 문헌의 주석서에 지나지 않는다〉고 하여 헤겔은 공자의 사상과 유교를 무가치한 것으로까지 간주하려 했다.

② 사회 진화론과 제국의 건설

그러나 동양 문화와 동양 사상에 대한 이러한 일방적인 편견과 오해는 헤겔에게만 국한된 것이 아니었다. 19세기 후반 유럽의 지식인들 사이에서는 지리적 탐험과 고고학적 발견으로 인해 〈인류〉라는 개념이 형성되면서 자신들의 문명을 인류 문화에서 진화의 정점으로 간주할 뿐만 아니라 그들이 발견한 다른 지역의 문화를 인류가 과거에 가졌던 미개인의 문화가 남아 있는 것으로 간주하는 인류 문화사가 재구성되기 시작했다. 모건L. H. Morgan의 『고대 사회Ancient Society』(1877)에서 보듯이 인류 사회와 문화의 발전 단계를 야만→미개→문명으로 이어지는 이른바 〈모건 도식〉과 같은 단선적 진화주의나 낙관주의적 진보론이 지식인들 사이에 그 시대의 보편적인 인식소로서 일반화되고 있었다.

예를 들어, 제국의 문화적 완벽성을 믿었던 영국인들의 모든 식민지 계획은 토착민의 야만성이나 후진성에 대한 그와 같은 도식적 인식에서 비롯된 것이었으므로 토착민이 독립하거나 평등하기에는 전혀 적합하지 않다는 가정에서 출발한 것이었다. 그들은 식민의 계획을 오히려 신성한 것이라고까지 생각했기 때문이다. 〈문명국들의 서로의 독립성과 민족성에 대한 신성한 의무는 그것이 일종의 악이 되거나 기껏해야 의심스러운 선이 되는 사람들에게는 해당되지 않았다〉는 밀J. S. Mill(1806~1873)의 주장도 그런 믿음에서 비롯된 것이며 그가 언제나 인도가 독립하면 안 된다고 충고한 것도 마찬가지 이유에서였다.

영국의 예술 비평가인 존 러스킨J. Ruskin(1819~1900)이 1870년 옥스퍼드 대학에서 영국의 운명에 대한 신의 가호를 기원하면서 행한 다음과 같은 취임 강연도 완벽한 문명국의 제국주의적 권위에 대한 신념은 팍스 브리태니카*Pax Britanica*의 이데올로기를 그대로 대변한 것이었다. 러스킨에 의하면, 〈이제 우리에게 가능한 하나의 숙명이 있다. 그것은 한 국가가 수용하거나 거부하거나를 떠나서 그 이전에 이미 설정된 최고의 운명이다. 우리는 여전히 기질적으로 방종하지 않고 지배에 대한 확신과 복종에 대한 은총을 갖고 있다. ……지난 수년 사이에 눈부신 자연 과학의 법칙들이 급속도로 우리들 앞에 전개되었다. 그리고 통신과 운송 수단이 우리에게 주어졌고 그것은 인간이 생존할 수 있는 지구를 단 하나의 왕국으로 만들었다. 하나의 왕국! 그러나 누가 그 왕이 되어야 하는가? ……그것은 바로 섬나라 영국이 전 세계의 빛의 원천이자 평화의 원천으로서, 그리고 학문과 예술의 여왕으로서 왕권을 확립하는 것이다.

……그것은 바로 영국이 그 발을 내딛는 모든 비옥한 미개척지들을 장악하여, 그곳의 식민지 개척자들에게 그들의 최선의 덕목이 국가에 대한 충성심이라는 것과 그들의 첫째 임무가 영국의 권력을 육지와 해양에 걸쳐서 확장시키는 것이라는 사실을 가르치는 것이다. ……지구 절반의 주인이 되어야 할 영국이 불평 불만의 비천한 군중들에 의해 짓밟혀 한 무더기의 잿더미로 남을 수는 없다. 영국은 이제 다시 과거와 같은 영국이 되어야만 하며, 모든 아름다운 방법으로 더 많은 것을 이뤄야 한다. 신성하지 않은 구름이라고는 하나도 없는 영국의 하늘에 매우 행복하고 한적하고 순수하여 천상이 보여 주는 모든 별들을 똑바로 새길 수 있을 것이다. 영국의 매혹적인 정원의 초록빛 대로에서 신성한 키르케Circe와 진정한 태양의 딸인 영국은 인간의 예술을 인도해야 하고, 야만인으로부터 인간으로 발전되고 절망에서 평화를 구원해 낸 먼 나라의 신성한 지식을 모아야 한다〉.[119]

이상에서 보았듯이 진화론적 신념에 찬 러스킨의 이 강연은 19세기 후반 대영제

---

[119] John Ruskin, Inaugural Lecture, *The Works of John Ruskin*, Vol. 20, George Allen, 1905, p. 41~42, E. W. Said, *Culture and Imperialism*, Vintage, 1993, pp. 102~103에서 재인용.

국의 이데올로기 자체이자 제국주의의 시대정신을 전형적으로 담고 있는 텍스트이다. 사이드E. Said의 표현대로 영국이 왕과 전 세계의 빛의 원천인 왕권의 섬나라가 되어야 하기 때문에 젊은이들의 일차적 목적도 영국의 권력을 육지와 해양에 걸쳐서 확산시키는 식민지 개척자가 되는 것이어야 했다.

이러한 사정은 당시 제국의 패권을 경쟁해 온 프랑스의 경우도 예외일 수 없다. 이미 19세기 초 이집트를 비롯한 중동과 아프리카에 진출한 프랑스의 국력을 따라 순례한 많은 지식인들 가운데 소설가이자 정치가인 샤토브리앙F. R. Chateaubriand (1768~1848)은 장엄한 나일 델타에 건설 중인 프랑스의 공장들을 보고 〈나에게는 이 장대한 대평원에 적합한 것은 오직 영광에 가득 찬 우리 조국의 기억뿐이라고 생각한다. 나는 프랑스의 천재에 의해 나일 강가에 세워진 새로운 문명의 기념비가 남아 있는 것을 보았다〉고 감탄한 바 있다. 그는 순례의 궁극적 목적지인 예루살렘에 도착해서도 〈신은 새로운 민족을 선택했고, 그것은 유대 인이 아니라 프랑스 인이다〉라고 말함으로써 동양은 프랑스 인과 총체적인 조화를 이루게 될 것이라는 환상을 토로하기도 했다.[120]

그러나 제국에의 환상은 시간이 지날수록 지배자와 지식인 모두에게 제국의 실현을 위한 의지와 야망으로 구체화되었다. 예를 들어, 프랑스 대통령과 파리 시장까지 참석한 1875년도 프랑스지리학회 제2차 국제 대회에서 라 루시에르 르 누리 La Roucière-Le Noury가 행한 다음과 같은 개막 연설은 러스킨의 제국주의적 예술혼에 뒤지지 않을 만큼 지리학적 야망을 그대로 드러낸 것이었다. 〈참석자 여러분, 전지전능하신 신께서는 우리에게 지구를 알고 또 그것을 정복하라고 말씀하셨습니다. 이 최고의 명령은 우리들의 지성에 또 우리들의 행복에 부여된 절대적인 의무의 하나입니다. 지리학은 아름다운 헌신을 불러일으켰고, 또 그 이름으로 많은 사람들이 희생되어 왔던 학문으로서 이제 지구상의 철학이 되었습니다〉[121]와

---

120 E. W. Said, *Orientalism*, Vintage, 1979, p. 174.
121 E. W. Said, *Culture and Imperialism*, p. 170에서 재인용.

같은 그의 연설에서도 알 수 있듯이 제국의 야망은 프랑스에서도 이미 지배 권력과 지식인들이 야합해 낸 그 시대의 철학으로 위장되고 있었기 때문이다.

더구나 1892년에는 유진 에티엔느E. Etienne에 의해 〈식민지협회Groupe Coloniale〉가 창설되는가 하면 1889년에서 1894년 사이에도 파리에서는 〈국제식민지학회International Colonial Congress〉까지 열렸다. 지리학을 비롯한 여러 분야의 학자들은 〈모건 도식〉에 따라 〈문명화의 임무〉를 가장한 프랑스의 제국적 전략을 만들어 내는 동시에 제국주의 이데올로기의 학문적 정당화도 진행시켰다. 이미 프랑스는 1880년부터 1895년까지 15년간에도 195만km²의 식민지를 확보했고, 점령한 식민지의 인구도 5백만에서 5천만으로 늘어나 영국에 버금가는 대제국의 건설을 위한 야망을 실현하고 있던 중이었기 때문이다.

③ 동아시아의 사회 진화론과 조선의 동도서기론

영·불을 비롯한 서구 열강이 모건 도식의 실험장으로 선택하려는 곳, 즉 제국의 건설을 위한 야망의 덫을 놓고 싶어한 곳은 아시아와 아프리카였다. 특히 아시아에서 〈야만에서 문명에로〉의 미명 하에 영국과 프랑스, 그리고 미국이 남긴 제국의 상흔을 간략하게 열거하면 다음과 같다.

1817년 영국의 싱가폴 점령.
1839~42년 중국의 아편전쟁 — 청의 굴복으로 영국과 〈난징조약〉 체결, 홍콩 양도, 5개 항에 영국인 거주 허용과 영사 재판권 이양.
1853년 미국 동인도 함대의 일본 우라가(浦賀)항 입항.
1854년 영국의 미얀마 남부 정복, 일미·일영 친화조약 체결.
1856~60년 제2차 아편전쟁 — 영·불 연합군에 굴복하여 〈톈진조약〉, 〈베이징조약〉의 체결로 중국의 주권 상실과 반식민지화.
1857~8년 영국 인도의 무티니를 제압하고 합병.

1858년 일미수호통상조약 체결.
1877년 영국령 인도 제국 성립 — 빅토리아 여왕을 인도의 여왕으로도 칭함.
1884년 중국·프랑스 간의 전쟁 — 베트남을 사이에 둔 영토 분쟁.
1887년 프랑스 령 인도차이나 연방 성립.
1899년 프랑스가 중국의 광주를 조차(租借) 지역으로 획득.

그러면 동아시아 가운데서도 조선의 경우는 어떠한가? 1801년의 신유박해는 19세기 조선의 운명이 서양의 권력 의지에 따른 타율적인 프로그램에 휘말릴 것을 암시하는 불길한 징조였다. 다시 말해 조선에 그것이 불행한 운명의 예고편이었다면 서구 열강에게 그것은 모건 식 드라마의 서막과도 같은 것이었다. 예를 들면, 1831년 조선 교구가 북경 교구에서 분리된 지 8년 만에 일어난 기해박해를 비롯하여 김대건 신부 등이 처형된 병오박해(1845년)는 프랑스 군대를 조선에 불러들이는 빌미가 되었으며, 마침내 1866년 10월 7일 프랑스 함대가 강화도에 상륙하는 병인양요로 이어졌다. 강화도는 결국 강제로 파열된 조선 땅의 처녀막이었고 서양의 권력 의지에 의해 무너진 조선 문화의 처녀성이었다. 그 뒤(1871년)에도 미군 함대가 들어온 곳이 강화도였고, 1875년 9월 일본 군함 운요호가 들어온 곳도 강화도였다. 그로 인해 〈창 없는 사회〉, 조선에게 〈열려진 사회〉로의 변신을 강요한 것도 1876년 2월에 체결된 한일수호조규, 이른바 〈강화도조약〉이었다.

그러나 그것은 샤토브리앙의 말대로 문화의 기념비적 사건이었을까? 또는 그것이 곧 프랑스 지리학자의 주장처럼 그 시대의 지구적인 철학이었을까? 영국도 프랑스도 아닌 동아시아에 사회 진화론이나 문화 진화론과 같은 단선적·낙관적 진보론은 정치적으로나 문화적으로나 일종의 파르마콘(그리스어 *pharmakon*은 독약, 즉 독이자 약이다)[122]이었다. 왜냐 하면 그것은 인식의 차이에 따라, 그리고 이

---

122 그리스어로 독약의 뜻인 *pharmakon*은 〈치료〉·〈약〉·〈치유〉의 뜻이기도 하다. 데리다는 플라톤의 대화편 『*Phaedrus*』에서 이 단어를 사용한 것은 의미의 논리적 구조의 이중성이나 그것

해의 동기에 따라 독과 약의 이중성으로서 다가왔기 때문이다.

일찍이 메이지 유신(1868년)을 통해 거듭난 일본에 모건 도식과 같은 진화 이데올로기는 계몽의 메시지였다. 그들에게 사회 진화론은 상리 공생의 지침서이자 옥시덴탈리즘의 교과서였다. 나아가 그것은 모방 오리엔탈리즘의 결정적인 참고서이기도 했다. 일본인에게 문명 선진국으로서 서구는 한편으로는 야생의 맹수처럼 아시아의 제 민족을 마구 사냥하는 제국주의의 이리 떼로 보였지만, 다른 한편으로는 하루 빨리 동화되고 싶은 동경과 모방의 대상으로 비춰지기도 했다. 이러한 이중적 상황 인식 속에서 일본의 선택은 무엇이었을까?

그것은 일본의 문명화(서구화)를 위한 아시아와의 공존보다는 지배와 희생이었다. 유럽이 선택한 방식 그대로 일본도 문명을 지배권의 정당화 구실로 삼아 지배 이데올로기로서 탈아시아주의를 선택했다. 문명에로의 성급한 야욕은 아시아를 야만으로 규정해야 했고, 그 때문에 아시아의 부정을 통한 아시아 지배를 결정한 것이다. 결국 아시아의 각 민족은 서구에 의한 아시아 지배보다도 아시아에 의한 아시아의 지배라는 최악의 상황에 직면하게 되었다. 급기야 1885년에는 후쿠자와 유키치(福澤諭吉)의「탈아론(脫亞論)」과 타루이 토우키치(樽井藤吉)의「대동합방론(大東合邦論)」이 공표되기에 이르렀다.[123] 전자가 일본식 옥시덴탈리즘의 가이드북이었다면 후자가 일본형 오리엔탈리즘의 청사진일 수 있는 이유도 거기에 있다.

그러나 돌이켜보면 일본의 이러한 모험은 도쿠가와 막부의 통치로 인해 잠복될 수밖에 없었던 백색 욕망이 메이지 유신과 더불어 표면화된 것에 불과하다. 또한 그것은 막부의 쇄국으로 인해 내색하지 말아야 했던 서구에 대한 열망이 사회 진화론에 고무되어 다시 점화된 것이나 다름없다. 예를 들면, 일본의 지식인 사회는

의 구조적 경제성을 표시하기 위한 것이라고 해석한다.
[123] 이광래,「일본의 아시아주의 속에서의 한국 인식」,『한 일 양국의 상호 인식』, 국학자료원, 1998, p. 208.

이미 1877년부터 3년간 도쿄 대학에 초빙된 미국의 동물학자이자 진화론자인 모스(E. S. Morse, 1838~1923)의 강의로 인해 동아시아 어느 나라보다 먼저 다윈을 비롯한 스펜서와 헉슬리 등의 팬클럽이 되고 있었고 그들의 사회 진화론으로 단련되고 있었기 때문이다.[124]

당시의 유학자인 미야케 세츠레이(三宅雪嶺)도 메이지 유신 이후 유교적인, 예를 들어 태극도설적인 우주론이 붕괴되자 사람들이 우주 삼라만상을 설명할 통일 원리를 갈망하던 즈음에 가장 논리적이고 과학적인 것으로 보인 진화론은 빠른 속도로 유행할 수밖에 없었다고 주장한 바 있다. 그러나 일본에서 1878년 이후 20년간 사회 진화론의 소개서들이 30여 종이나 번역 출판된 것은 그와 같은 형이상학적 이유에서만은 아니었다. 그보다는 오히려 생존 경쟁에 의해 인간의 정신과 문화와 문명이 무한히 진보할 수 있다는 낙관적 기대감 때문이었고, 부적격자는 경쟁에서 도태될 수밖에 없다는 진화론적 숙명론이 당시의 유신 이데올로기를 뒷받침하고 있었기 때문이었다.

한편 중국의 지식인들이 사회 진화론을 받아들인 것은 경험적 모델인 일본이라는 간접 경로를 통해서였다. 일본에 대한 중국의 재발견은 이규(李圭)가 쓴 『동행일기(東行日記)』에 의해서였다. 1876년 미국의 필라델피아에서 열린 건국 100주년 기념 박람회에 참석하는 길에 일본을 방문했던 그가 이 책을 통해 메이지 유신에 대한 실상을 전하면서부터였다. 그때까지만 해도 중국에서는 메이지 유신을 천황이 장군을 대신하여 정권을 장악한 역성혁명이라고 생각하는 것이 일반적이었기 때문이다. 그러나 이규는 유신 이후 일본이 서학이나 서법을 적극적으로 받아들여 자강변혁하고 있다고 긍정적으로 평가한 것이다.

이렇게 달라진 일본에 대한 이해를 더욱 확실하게 전한 사람은 황쭌셴(黃遵憲)이었다. 그는 1877년부터 1882년까지 초대 주일 공사인 하여장(何如璋)의 참찬관

---

124 윤사순·이광래,『우리 사상 100년』, 현암사, 2001, pp. 268~269.

(參贊官=서기관)으로서 일본에 근무하는 동안 일본에 관한 종합 연구서를 집필하기 위한 많은 자료를 수집했다. 특히 그는 후쿠자와 유키치와 함께 계몽 운동을 주도한 나카무라 마사나오(中村正直)[125] 등과 교류하면서 서양의 신학문에 관한 많은 정보의 도움을 받을 수 있었다. 그의 노력은 결국 1889년 40권으로 된 『일본국지(日本國志)』의 출판으로 결실을 맺게 되었고, 이것은 캉유웨이(康有爲, 1858~1927)와 량치차오(梁啓超) 같은 변법유신파에게 메이지 유신에 대한 새로운 이해의 계기가 되기도 했다.

캉유웨이는 1895년 상해에 강학회를 설립하여 황쭌셴과 자주 만나면서 메이지 유신을 모델로 한 변법유신을 계획한다. 이때 그는 장녀인 동미(同薇)의 도움으로 서양의 신학문을 소개한 일본 서적을 수집하여 분류 편찬한 책인 『일본변정고(日本変政考)』를 출판했다. 그는 이 책의 서문에서 〈큰 나라로부터 작은 나라로 나아가고, 강한 나라로부터 약한 나라로 나아가고, 존립하는 나라로부터 패망하는 나라로 나아가는 것이 있다면 살펴보지 않을 수 없다. 작은 나라로부터 큰 나라로 나아가고, 약한 나라로부터 강한 나라로 나아가고 패망하는 나라로부터 존립하는 나라로 나아가는 것이 있다면 살펴보지 않을 수가 없다. 요즘에 많은 나라들은 왕래하며 서로를 이기려고 경쟁한다(有自大而小, 自强而弱, 自存而亡者, 不可不察也. 有自大而小, 自弱而强, 自亡而存者, 不可不察也. 近者萬國交通, 爭雄競長)〉고 하여 생존 경쟁에 의한 국가 흥망과 변법 자강의 필요성을 사회 진화론적 관점에서 피력하고 있다.[126]

그러나 중국에 사회 진화론이 본격적으로 소개된 것은 영국에서 유학하고 돌아와 진화론의 입장에서 정치 개혁을 주장한 옌푸(嚴復)에 의해서였다. 중국이 청일

---

125 中村正直(1832~1891)는 메이지 유신을 주도한 〈明六社〉의 일원으로서 1866년 일찍이 영국에 건너가 영국의 경험론과 공리주의, 그리고 계몽 사조 등을 섭렵하고 돌아왔다. 특히 그는 1872년 J. S. Mill의 『자유론』을 번역하여 메이지 전기의 계몽 운동에 많은 영향을 주기도 했다.
126 山室信一, 「淸末知識人の西洋學習と日本學習」, 『日中文化交流史叢書 3』, 思想, 大修館書店, 1995, pp. 492~495.

전쟁에서 패한 이듬해인 1896년 유신변법운동의 참고서가 된 헉슬리T. H. Huxley 의 『진화와 윤리Evolution and Ethics』(1893)가 그에 의해 『천연론(天演論)』이라는 제목으로 번역되었기 때문이다. 량치차오도 옌푸의 초고를 읽으면서 수구의 중국이 개신(開新)의 일본에 패한 것은 새로운 자가 승리하고 낡은 자는 패하는 것이 〈천리〉라는 사실을 확인시킨 것이라고 생각할 정도였다.

마지막으로, 조선의 경우를 보자. 어느 때보다도 격랑의 시기인 19세기에 조선의 선택은 무엇이었을까? 실제로 인간의 삶은 끊임없는 선택의 과정이다. 인간은 무수한 선택의 기회 앞에 놓여 있고 선택을 강요받는다. 선택은 외면할 수도 거부할 수도 없고 포기할 수도 없는 삶의 조건이자 굴레이다. 그럼에도 불구하고 인간이 선택 앞에서 주저하는 이유는 무엇일까? 그것은 선택이 곧 파르마콘일 수 있기 때문이다. 그러면 조선이 적자생존을 위해 선택한 동도서기론은 무엇이었을까? 위기 앞에 선 조선의 지식인들은 왜 일본이나 중국의 지식인들과는 다른 길을 선택했을까?

첫째, 그것은 무엇보다도 백색공포Caucasianphobia 때문이었을 것이다. 1801년의 신유박해로부터 반세기 이상 천주교도를 처형해 온 유혈의 역사는 수백 명의 목숨을 희생시키고도 그 공포로부터 해방되지 못했다. 그것은 오히려 역사의 유령이 되어 조선을 더욱 긴장시켰을 뿐이다. 이항로(李恒老)로부터 노골화되기 시작한 존화양이·서세거척(西勢拒斥)의 도기론(道器論)은 백색공포의 증가에 비례하여 그 논리의 강화와 경직을 더해 가면서 김평묵(金平默)의 척양론(斥洋論)→유중교(柳重敎)의 척사론(斥邪論)→최익현(崔益鉉)의 왜양일체론(倭洋一體論)을 거쳐 20세기의 문턱까지 넘어섰기 때문이다.

둘째, 동도우월론으로 적자생존의 대안을 마련한 것은 파르마콘에 대한 인식의 차이에서 비롯된 것이다. 그것은 그들이 전통의 수호만이 적자생존의 비약(秘藥)이라고 확신했기 때문이다. 그러나 동도 우월론은 공자→맹자→주자→송자(우암 송시열)로 이어지는 도통을 강조하는 일종의 체제 유지적 정태론이다. 더구나 도통의 논리적 근거를 따질 경우에 그것은 공자에게로 소급하는 과거 지향적 상고주의일 수밖에 없다. 그러므로 그것은 사회 발전의 낙관적 진보론이자 미래지향적 동태론인 사회 진화론과는 애초부터 시대정신을 공유하거나 공감할 수 없는 사고방식이었다. 19세기의 조선 사회가 〈창 없는 사회〉에서 능동적으로 벗어날 수 없었던 이유도 거기에 있으며, 그것이 당시의 지식인들에게 열린 사고로 나아갈 수 없는 인식론적 장애물이었던 이유도 거기에 있다.

셋째, 백색공포와 긴장에서 오는 사유의 경직성이 〈밖으로의 사고〉를 가로막았기 때문이다. 동도서기론이 논증의 자폐선*folium*을 그리고 있는 일종의 철학적 자폐증*autism*인 이유가 그것이다. 그 때문에 한 세기에 걸친 도기론자들에게서는 아쉽게도 〈밖으로의 사고〉에 적극적이었던 일본이나 중국의 유신론자들과는 달리 아틀라스 콤플렉스*Atlas Complex*를 엿볼 수 없었다. 아틀라스 콤플렉스는 지배 욕망에서 비롯된 사디즘*sadism*으로서 일종의 〈높이에의 침범〉 콤플렉스이다. 그것은 기필코 산 정상에 오르려는 높이에 대한 도전 욕망과도 같은, 즉 거대한 힘에 대한 집착과 그 무게 아래에 능동적으로 자신을 두겠다는 사디즘적 강박 관념이다. 한마디로 말해 그것은 인간이 거대한 것을 정복하면서 위대해지려는 욕망과도 같은 것이다.[127] 그러나 19세기 조선의 도기론자들에게 아틀라스의 신화는 사회질서를 파괴하는 한갓 이단의 사설일 뿐이었다.

2. 문화적 내셔널리즘으로서 동도 우월론

1) 동아시아 3국의 문화적 수용 양식

수용이란 우리가 우리 아닌 타자를 우리 안에 영입하는 것이다. 그것은 우리가

---

127 윤사순, 이광래, 앞의 책, p. 302.

우리 아닌 것과 일체가 되는 것이므로 그것 자체가 일종의 변용이다. 그것은 외국 문화의 수용에서도 마찬가지이다. 그러나 어떤 문화든 다른 문화를 수용할 때는 그대로 수용하는 것이 아니라 저마다의 원인과 방식을 달리하게 마련이다.

예를 들면, 조선이 주자학을 수용하는 동기와 방식이 일본의 것과 같지 않은 경우가 그러하다. 현상윤(玄相允)에 의하면, 조선의 지식인들이 성리학의 수용과 학습에 열중했던 이유는 한·당 유학에 대한 염증과 사화의 영향 때문이었다. 종래의 한·당 유학이 지나치게 사장(詞章)과 전고(典故)에 치우쳐 염증을 느껴 오던 터에 이론적 면모를 일신한 송학(宋學)의 등장은 지식인들의 관심과 흥미를 끌기에 충분했다. 그러나 이보다 현실적으로 더욱 중요한 이유는 빈번한 사화로 인해 지식인들이 현실 참여에 소극적인 대신 죽림에서 도를 닦는 것이 현명하다고 판단했기 때문[128]이라는 것이다.

그러나 일본이 조선을 통해 주자학을 수용하게 된 이유와 방식은 전혀 다르다. 그것은 임진왜란을 통해 일본이 우연히 획득한 최대의 전리품이었지만 그것의 가치를 깨달은 현실 정치의 중심 세력과 일부 지식인의 상호 이해의 일치에 의해 계획적으로 수용되었기 때문이다. 그것은 마치 처녀 인구집단에 감염된 기생체가 중간 숙주와 결국 상리 공생 관계에 이르게 되는 과정과 다를 바 없다. 도쿠가와 막부의 개막 전야에 임진왜란 때 인질로 잡혀온 퇴계의 제자 강항(姜沆)에 의한 감염이 무장 아카마츠 히로미치(赤松廣通)→후지와라 세이카(藤原惺窩)→그의 제자 하야시 라잔(林羅山)→도쿠가와 이에야스(德川家康)에게 이어져 결국 막부의 관학이자 통치 이데올로기로까지 자리잡게 되었던 것이다.[129]

한편 수용된 문화의 토착화 방식이나 변용 양식도 제각각이다. 동아시아가 하나의 유교 문화권을 구축했다 하더라도 각국 내의 문화적 요소가 지리적·역사적 조건과 관계에 따라 상이한 문화 현상을 나타내기 때문이다. 송명의 주자학이 조선

---

128 현상윤,『조선 유학사』, 민중서관, 1949, p. 62.
129 阿部吉雄,『日本朱子學と日本』, 東京大學出版會, 1965, pp. 38~39.

의 성리학으로, 그리고 일본의 근세 유학으로 이어지면서도 동일한 유전자형 génotype만 지녔을 뿐 그것의 표현형phénotype을 달리하는 이유도 거기에 있다.

그러면 문화 현상마저 다르게 만드는 문화의 수용 양식이 동아시아 3국 간에는 어떻게 차별화될 수 있을까? 우선 중국의 경우를 보자. 중국(中國)은 국명에서도 보듯이 4천 년 이상을 세계의 지리적 중심이 중국이라는 생각을 잊어 본 적이 없다. 그러므로 마테오 리치를 비롯한 서양의 선교사들이 세계 지도를 반입함으로써 중국 사회에 준 충격이 어느 정도였을지는 짐작하기 어렵지 않다. 더구나 1895년 청일전쟁의 패배는 동아시아에서마저도 주변국에 의해 중심국인 중국이 패한 것이었으므로 그 이전의 어떤 경험과도 비교할 수 없는 충격적 사건이었다. 변법유신이라는 충격 요법이 아니면 헤어나지 못했을 것이다.

그럼에도 불구하고 중국은 여전히 중화 사상, 즉 중국 중심주의에서 한 번도 벗어난 적이 없다. 어떤 동기에서든 중국에 들어온 것은 결국 중국에 수용된다는 중국화의 사고방식을 고수해 온 것이다. 변법 운동의 주역이었던 캉유웨이도 신학인 일본의 유신 서학을 동학(東學)으로 간주하고 동학도 중국의 부강화를 위해서는 불가결한 것이지만 결국 〈중학이 내학이고 서학은 외학〉일 뿐이라고 단정함으로써 중화 중심주의를 다시 한 번 강조했다.

그러나 일본의 경우는 중국과 다르다. 이시다 이치로(石田一良)는 일본 문화의 특징을 한마디로 〈문화적 잡거성(雜居性)〉이라고 규정한다. 그에 의하면 일본의 사상과 문화는 그 잡거성 속에서 마치 연금술처럼 종합성과 결정(結晶) 능력을 발휘해 왔다[130]는 것이다.

프랑스의 인류학자 레비-스트로스Lévi-Strauss도 1988년 3월 9일 〈혼합과 독창의 문화 — 세계 속의 일본 문화〉라는 제목의 강연에서 일본을 지리적으로 외래문화와의 만남과 혼화(混和)의 장소로 규정하고 일종의 증류 장치인 람비키rambiki

---

130 石田一良, 『日本思想史槪論』, 吉川弘文館, 1963, p. 3.

에 비유했다. 일본 문화는 역사의 흐름을 따라 운반되어 온 다양한 내용을 증류시켜 적은 양이지만 귀중한 에센스만을 도출해 낼 수 있었다는 것이다. 그는 일본 문화의 이런 능력을 가리켜 차용과 종합, 혼합과 독창의 능력이라고 평가했다. 그러나 그가 열거한 이러한 몇 가지 용어들도 따지고 보면 〈습합〉이라는 단어의 수사적 풀이에 지나지 않는다. 습합이 곧 일본 문화의 수용 양식이자 종합적 결정력인 것이다. 습합은 일본 문화가 외래 문화와의 끊임없는 접점에서 발휘해 온 불변의 수용 양식이기 때문이다.[131]

그러면 한국의 경우는 어떠한가? 한국의 문화적 수용 양식은 한마디로 말해 전통의 중시나 보존, 나아가 그것의 고수이다. 새로운 변화보다 옛것의 보존을 더욱 중요시한다. 변화라고 하더라도 온고이지신에 따르는 점진적 변화일 뿐 변혁과 변법을 선호하지 않는다. 조선으로부터 수용한 일본의 근세 유학은 얼마 지나지 않아 고학으로 탈바꿈했지만 조선의 성리학이 조선 시대 오백 년간 변절하지 않은 이유도 거기에 있다. 변화의 강요가 심할수록 조선의 유학은 더욱 전통의 강화만을 생존의 조건으로 믿어 온 것이다.

19세기 말 조선 유학의 허위적 폐단을 신랄하게 비판한 이건방(李建芳)도 우리 민족이 국망인멸(國亡人滅)의 화를 당하게 된 것은 근본적으로 옛것만을 굳게 지키려 하고 경장(更張)을 생각하지 않는 데서 말미암은 것[132]이라고 하여 부유(腐儒)의 인순고식적(因循姑息的) 구태를 개혁의 가장 큰 걸림돌로 지적한 바 있다. 이렇듯 전통과 정통, 그리고 원조에의 집착은 이미 우리 문화의 유전자형이 된 지 오래다. 20세기에 들어서도 의암 유인석(柳麟錫)이 척사의리를 항일 정신의 지상 명령Imperative으로 간주한 것도 그 때문이었다.

---

131 이광래, 「실학과 실천 철학의 접점으로서 서구 사상의 수용 양식」, 『일본 사상』, 제2호, 한국일본사상사학회, 2000, pp. 211~212.
132 李建芳, 『原論』, 上.

2) 문화 진화론과 이항로의 동도서기론

화서(華西) 이항로(李恒老, 1792~1868)는 조선의 대표적인 위정척사론자였다. 그럼에도 불구하고 그는 왜 동도서기론자였나? 그것은 19세기 조선의 지식인들 가운데 그가 누구보다도 도(道)의 우월적 정통성을 강조한 도기비교론자(道器比較論者)였기 때문이다. 그의 도기설에 따르면, 〈도가 아니면 기를 기를 수 없고 기가 아니면 도를 실을 수 없다. 도는 천지 만물의 지극히 존귀함이요, 기는 천지 만물의 지극한 보배이다〉.[133]

그러나 그에게 도와 기가 상호 불가결의 것일지라도 그것들의 존재론적 위격마저 동등한 것은 아니었다. 그에 의하면, 〈도리는 천하의 공물이므로 지극히 크고 중대하며, 형기(形氣)는 자기 한 몸의 사물이므로 지극히 작고 가볍다〉[134]고 하여 양자 간의 상하 관계를 분명히 하는 도기론을 제시했다. 이처럼 그의 도기론은 본래 기를 논리적으로 부인하거나 존재론적으로 배제하는 유리론(唯理論)이 아니었다. 그것은 단지 존재론적 질서의 차별성을 강조하는 도우월적 도통론이었다.

그럼에도 불구하고 그가 형기적 기능만을 인정한 서학을 실제로는 그토록 비판할 뿐만 아니라 전면적으로 배척했던 이유는 무엇일까? 그것은 무엇보다도 서양 문화의 위세에 대한 현실적 위기감 때문이었고, 장차 그것이 미칠 영향력에 대한 폐쇄적 강박 관념 때문이었다.

　　검은 물결 사납고 거칠기만 한데 黑水波瀾闊
　　서양 도깨비는 깊숙이 도사리누나 西洋鬼魅幽
　　동쪽 바다 아직 얕아지지 않았거니 東溟猶未淺
　　우리 道가 어찌 오래토록 잠잠하리오 吾道詎長休[135]

---

133 이항로, 『華西集』, 卷二十五, 六, 「道器說」.
134 『華西集』, 卷三, 三, 「擬疏」.
135 『華西集』, 詩 卷一, 憂嘆, 35~36, 금장태, 『화서학파의 철학과 시대 의식』, 태학사, 2001.

이것은 이항로가 44세(1836년) 때 당시의 역사적 상황에 대해 근심과 탄식 속에서 〈우탄(憂嘆)〉이라는 제목으로 지은 시의 한 구절이다. 그는 서양 제국주의 문화의 거센 파도를 가리켜 서양 도깨비의 검은 물결에 비유했다. 그러면 서양의 독약pharmakon이라고 하여 그를 그토록 우려와 탄식 속에 빠져들게 한 〈검은 물결〉이란 무엇인가? 그리고 그것을 가리켜 그가 서양의 재앙, 즉 〈양화(洋禍)〉라고 하여 극도로 경계한 이유는 무엇인가?

그에 의하면, 서양의 문화가 강한 중독성의 재앙인 이유는 그것이 무엇보다도 이기주의적인 재화와 여색[貨色]만을 추구할 뿐 강상(綱常)과 윤기(倫紀)를 멸시하기 때문이다. 〈서양의 교설은 비록 천만 가지 단서가 있다고 하더라도, 근본적으로는 부모를 부모로 여기지 않고 임금을 임금으로 여기지 않으며, 재물을 교역하고 남녀가 교제하는 것[通貨通色]만을 그 방법으로 삼는다〉[136]는 것이다. 다시 말해 통화와 통색은 인간의 욕망과 직결되는 것이므로 의리를 등지는 대신 인욕을 추구하여 인륜을 파괴하고, 나아가 국가와 사회를 금수와 이적(夷狄)의 상태로 타락시킨다[137]는 것이다.

그러나 인류의 역사가 본래 욕망의 존재인 인간의 욕망 실현의 역사였고 인류의 문명사도 마찬가지였음에도 불구하고 이항로는 왜 화색(貨色)과 같은 인욕의 기본 요소를 그토록 경계한 것일까? 더구나 물물 교환으로부터 시작되어 온 인간의 경제 활동을 무엇 때문에 그토록 염려하는 것일까? 그것은 동서의 문명 충돌에 의한 충격 가운데서 무엇보다도 경제적 쇼크economic impact가 가장 컸기 때문일 것이다. 서양은 오늘날과 같은 대기업이 출현하지는 않았지만 모든 기업이 수공업 단계를 넘어 공장에서 다량의 제품을 생산하기 시작한 중소 기업 단계에 진입함으

p. 130 재인용.
136 『華西集』, 卷十五,「溪上隨錄」.
137 『華西集』, 卷二十六, 〈貨色, 人慾之切近者也. 故其勢必先自通貨通色始. 是豈非亂倫亂國之大賊乎. 只知其害之至於亂倫亂國, 而實不究其害之由於通貨通色之禍, 不待一轉而陷入於禽獸夷狄〉.

로써 이미 신흥 자본가 계급이 경제의 주도권을 장악하기 시작한 시기였다. 그러므로 동아시아에서는 볼 수 없는 신상품의 종류가 많았을 뿐만 아니라 그 질과 양에서도 비교할 수 없는 경제 수준에 이른 상태였다.

이에 비해 당시 조선의 경제 수준은 제조업에서도 조선의 도매상인이었던 객주(客主)와 여각(旅閣)[138]이 취급한 물품에서도 알 수 있듯이 제1차 산업의 수준을 넘어서지 못한 상태였다. 상업 경제에서도 17세기부터 사상(私商)인 잠상(潛商)의 성장을 막기 위해 어용 상업 체제인 봉건적 시전(市廛)제도를 강화해 온 생산물의 유통 체제가 겨우 붕괴되어 신흥 상인 계급이 형성되던 시기에 불과했다. 그러나 19세기 후반의 상품 유통이 활발했다고 하더라도 객주와 여각이라는 독점적 특권 상인들이 장악한 사상도매(私商都買)의 체제였으므로 자유로운 유통 경제 질서에는 아직 이르지 못했기 때문이다.

동서의 이러한 경제 상황을 뒷받침하듯이 경제학사의 관점에서 보더라도 서양은 자유 무역의 시행을 강조한 아담 스미스의 고전 경제 이론이 밀 J. S. Mill (1806~1873)에 의해 완성되던 때였다. 그가 1848에 출판한 『정치경제학 원리 *Principles of Political Economy*』는 제1권 생산론, 제2권 분배론, 제3권 교환론, 제4권 사회 진보가 생산과 분배에 미치는 영향, 제5권 정부의 작용 등 전5권으로 구성된 고전 경제학의 완성편이라고 해도 과언이 아니다. 더구나 서양의 19세기는 자본주의 경제 체제가 아직 성숙하지 않았는데도 대기업의 비중이 점차 커짐에 따라 소비자와 노동자에 대한 대자본가의 착취가 심화되어 결국 자본주의가 몰락할 것이라는 마르크스의 비관적인 자본주의 경제 예언서가 크게 주목받을 정도였다.

---

138 객주와 여각은 조선 후기의 상품 유통을 독점한 상업 기관이었다. 객주는 위탁 판매를 주업으로 했지만 금융·운송·창고업·어음의 발행과 인수뿐만 아니라 개항 이후에는 외국인 무역상까지 상대하는 특권 상인이었다. 여각의 역할은 객주와 따로 구별할 정도는 아니었지만 굳이 구분하자면, 여각이 취급한 상품이 미곡·어물·과실·담배 등 크고 무거운 물품이었던 데 비해 객주는 직물·가죽·종이·인삼·금은 세공품 등 작고 가벼운 물품을 다루었다. 金玉根, 『韓國經濟史』, 新知書院, 1998, pp. 295~298.

그러나 19세기 조선의 경우는 상업 발달이 빠르게 진행되기 시작했지만 경제에 관한 주장도 제2차 산업을 기반으로 한 것이 아니라 농업 생산을 토대로 한 중농주의 경제론에 지나지 않았다. 대표적인 예를 들자면, 정약용의 경세유표(經世遺表, 1817)나 목민심서(牧民心書, 1818)가 그것이다. 전자가 국가 기구, 즉 중앙 행정 기구의 간소화와 국가의 재정 정책을 민본주의에 근거하여 재정립하자는 것이었으며, 후자도 지방 행정, 즉 농촌 경제를 정비하기 위한 농경 정책으로 재구축하자는 것이었기 때문이다. 그의 경제론의 모체가 다름 아닌 농촌 경제 개혁안인 토지 관리론[田論]에 있었기 때문에 더욱 그러하다. 일찍이 안재홍(安在鴻)이 〈현대사상의 선구자로서의 다산 선생 지위 ― 국가적 사회민주주의 ― 〉에서 그의 사회 개혁론을 모건 L.H. Morgan의 『고대 사회』나 루소의 『민약론』에 비유함으로써 경제 사상보다는 정치 사상으로서 그 가치를 더욱 높이 평가한 것도 그런 이유에서였다.[139]

이것은 이항로의 경우도 마찬가지이다. 그의 반(反)통화론이 서양의 상품 경제를 간접적으로 비판하는 것일지라도 경제 사상이나 경제 이론으로까지 발전하지 못했기 때문이다. 그것은 마르크스와 같이 초국가적 관점에서 서양의 새로운 경제 쇼크에 대한 비판론이 아니라 국수주의적 애국심에서 비롯된 자본주의 경제 이론 이전의 문화적 내셔널리즘의 일종이었다. 기본적으로 그의 〈동서남북설〉이 그러하다. 그에 의하면, 자연현상에서 남북은 풍속과 산물이 상통하지 않지만 동서는 쉽게 상통할 수 있다. 또한 동서는 거리가 멀어 풍속의 차이가 심하면 심할수록 그 해독도 크다. 더구나 서양의 해독은 극동인 조선이 가장 심각할 것이기 때문에 더욱 철저히 물리쳐야 한다[140]는 것이다.

그가 남녀의 교제, 즉 통색(通色)을 배격해야 한다고 주장하는 이유도 마찬가지

139 안재홍, 「현대 사상의 선구자로서의 다산 선생 지위 ― 국가적 사회 민주주의 ― 」, 『신조선』, 1935년 8월호, pp. 29~30.
140 『華西集』, 卷二十四, 5, 「東西南北說」, 〈南北土産, 永不相通, 東西土産, 互相繁殖……我國濱東海之極, 洋國盡西海之極,……今西洋之俗, 來逼, 受害中毒, 最先於萬國, 固其勢也, 受害最先, 故防患尤不可不嚴, 中毒最沈, 故塞源尤不容不猛〉.

이다. 그는 남녀칠세부동석과 같은 엄격한 남녀 차별적 불평등 사회에서 남녀 교제로 인한 전통적 윤리 체제의 동요가 인륜을 어지럽히고 나아가 국가의 존립마저 위협할 수 있다고 믿었기 때문이다. 그러나 당시 통화통색의 금지는 이항로의 〈우탄〉으로만 끝나지 않았다. 그것은 이미 본서의 제2장 〈서교의 유입과 사상 지도의 변화〉의 4) 정하상의 호교문에서도 보았듯이 기해박해가 일어난 1839년 10월 18일 헌종의 〈척사윤음〉의 주된 내용이기도 했다. 이에 대해 정하상은 순교를 각오하고 〈천주교가 화색을 통한다고 비난하지만 이것은 모르는 말이다. 대저 통화라는 것은 법이 없다면 한 나라에 살아 남을 사람이 얼마나 있겠는가? 또 이른바 색을 통한다는 것은 금수들까지도 그렇지 않은 것이 있거늘 하물며 성교가 그럴 리 있겠는가? 천주교가 사음을 엄하게 금하고 있음에도 도리어 색을 통한다고 하니 어찌 그런 역윤난상의 교가 있겠는가?〉라는 호교문을 상재한 바 있다.

그러나 서학 동점이 대세화된 문화적 격변의 시점에서도 이항로를 비롯한 그의 제자들인 화서학파가 이러한 반서구적 문화관, 즉 전통의 고수를 위한 문화적 쇄국주의를 강화하던 것과는 대조적으로 일본의 메이지 유신을 주도한 지식인들의 신문화에 대한 인식이나 국가의 문화 정책은 우리와 정반대의 입장이었다. 예를 들어 이항로의 통색금지론과는 반대로 일본에서는 메이지 유신 초기부터 페미니즘 운동인 남녀·부부 동등권을 둘러싼 논쟁이 공론화되기 시작했다. 1878년에는 스펜서H. Spencer가 쓴 『Social Statics』가 오자키 유키오(尾崎行雄)에 의해 출판된 『권리제강(權利提綱)』속에 「여자의 권리」라는 제목으로 번역되었는가 하면 이듬해에도 밀J. S. Mill의 『Subjection of Women』의 일부가 『남녀동등론』으로 출판되기도 했다. 더구나 메이지 정권의 초대 문부대신이었던 계몽주의자 모리 아리노리(森有禮)는 결혼 제도의 획기적인 개혁을 부르짖으면서 자신이 몸소 계약 결혼을 실천할 정도였다. 일본 문화의 이러한 사정은 훗날 화서학파의 척사론이 왜양일체론으로 확대된 이유 가운데 하나가 되기도 했다.

하지만 세계화, 즉 지구 가족화를 세기적 과제로 삼고 있는 오늘날 우리의 시공간적 인식에 비하면 그러한 문화적 내셔널리즘은 우리의 역사 속에 무엇을 기여했는가? 왜 우리의 문화사에는 표현형으로서 계몽주의가 뚜렷하게 보이지 않았는지, 또는 계몽의 주체가 왜 역사의 주류일 수 없었는지, 그리고 차이의 발견과 인정이라는 개방적 사고와 비교의 객관적 여유로움이 우리 문화사의 유전자형 가운데 하나일 수 없었는지 돌이켜 보면 안타까울 뿐이다.

일본의 계몽주의자들이 과거와의 결별에 과감했던 것에 비해 조선의 사상과 문화를 주도한 지식인들이 처음부터 전통을 운명처럼 전제하고 그 안에서만 정체성을 찾으려 했던 이유는 무엇이었을까? 조선은 그래서 일가(一家)의 통치사로서 유례가 없을 만큼 오랜 장기 지속이 가능할 수 있었던 것일까?

3. 사상적 절충주의의 대두

1) 사상의 습합적 수용으로서 절충주의

절충주의eclectism라는 용어는 〈뽑아내다〉·〈골라내다〉라는 뜻을 지닌 그리스어 eklegein에서 유래한 것이다. 일반적인 의미에서도 절충주의는 어원 그대로 이질적인 체계 속에서 진리로 여겨진 것을 추출하여 새로운 입장에서 하나로의 조정·혼합을 통해 전화된 것을 의미한다. 경우에 따라서 제설혼합주의라고도 부른다.

넓은 의미에서 보면, 레비-스트로스의 지적처럼 일본의 사상과 문화의 특질이 여기에 해당된다. 그러나 일본인들은 사상과 문화의 수용→혼화(절충)→전화라는 변형 과정을 통틀어 절충이 아니라 습합이라고 부른다. 그러므로 절충의 의미만을 강조한다면 그것은 〈습합 속의 절충〉이라고 해야 좋을 것이다. 습합 사상사로서 일본의 신도사(神道史)가 그 좋은 예이다. 특히 신불습합(神佛習合) 사상의 경우를 보자.

고대의 신기(神祇)의 제도화로부터 발전한 고대 신도가 백제에서 전래된 불교를 만나면서 불교에 의해 정비·변용된 뒤 신궁사(神宮寺)가 출현한다든지 본지수적설(本地垂迹說)이 제기되는 등 신도와 불교가 서로 습합·절충하면서 신불습합이 활발히 진행되었다. 예를 들어, 신궁사의 출현이 상설 제사 장소가 없었던 고대 신도의 신기 제도가 불교의 대가람 문화를 배워 그것과 절충하여 만들어 낸 문화적 전화물이었다면, 본지수적설은 인도의 본지불(本地佛)이 일본의 신이 되어 일본 땅에 권현(權現)(수적)했다고 믿는 또 하나의 절충주의였다.

 이러한 사정은 일찍이 인도의 불교가 중국에 수용되는 과정에서도 마찬가지였다. 한대에 서역으로부터 낙양(洛陽)에 온 노승인 도징(圖澄)은 계율을 엄격히 지키는 승려였음에도 불교의 심오한 교리를 가르치기에 앞서 도술과 주술로서 우선 신선 같은 방술사(方術士)의 면모부터 나타냈다. 이미 노장 사상과 도교에 익숙한 중국인들의 인심을 사로잡기 위해서였다. 그러므로 이런 과정을 거쳐 수용된 중국 불교에는 노장의 무위의 도(道)를 반야의 공(空)에 비유하여 설명하는 풍조가 유행했으며 경전의 주석에도 노장의 어귀가 널리 사용되었다. 도교에서도 불교의 경전을 고쳐 만든 것들이 적지 않았다. 예를 들면, 『열반경』을 고쳐 만든 『태상원양영보묘경(太上元陽靈宝妙經)』이나 『법화경(法華經)』 등 많은 경전을 인용하여 만든 『도교의추(道敎義樞)』 등이 그것들이다. 인도의 불교와 중국의 도교는 서로의 필요에 따라 습합하고 절충하여 전화된 형태로 거듭난 것이다.

 또한 서교와 서학이 마테오 리치에 의해 중국에 도입될 때에도 사정은 크게 다르지 않았다. 마테오 리치는 중국에 서교를 선교하기 위해 〈천주가 곧 상제이다〉와 같이 천주교의 교리를 될 수 있는 대로 사서·육경과 관련지어 설명하려 했다. 그는 처음부터 이른바 〈합유책략〉을 철저히 시도한 것이다. 그렇기 때문에 풍응경(馮應京)도 『천주실의』 서문에서 〈이 책은 우리 나라의 육경을 두루 인용하여 그 사실됨을 증명하고 헛됨을 논하는 잘못을 깊이 있게 비판하고 있다〉고 말할 정도였다. 한편 서양의 선교사들에게 서양의 과학·기술을 배운 중국의 서광계가 〈서양의 과학·기술을 가리켜 때로는 세상의 움직임을 파악할 수 있게 한다든지 도리를 가리키고 원리를 밝히며 만물의 근본을 사실에 이르게 함으로써 일체의 허현환망(虛玄幻妄)한 주장들을 제거해 버리는 것〉이라고도 주장한다.

이처럼 사상이든 과학이든 문화로서의 그것들이 탈영토화하고 재영토화하는 과정에서 절충주의라는 초문화화의 과도적 양식을 거치는 것은 자연스러운 일이다. 기관 없는 신체 le corps sans organes로서 문화의 본질이 무엇보다도 유목성 nomade에 있기 때문에 문화적 영토주의나 폐역화는 정치적 쇄국보다 어려운 일일 뿐만 아니라 애당초 불가능한 일이다. 왜냐하면 문화란 구조나 형태와는 무관하게 서로 교차하거나 혼융하며, 힘의 방향만 갖고 역동적으로 움직이는 에네르기의 운반체이기 때문이다.

2) 최한기의 동서절충주의

전통에의 집착이 어느 문화보다 강한 조선의 문화적 특질을 고려할 때 절충주의의 대두는 이례적이라고 말할 수 있다. 한편에서는 화서학파의 문화적 폐역화가 더욱 강고해지는데도 불구하고 다른 한편에서는 최한기(崔漢綺, 1803~1877)와 같은 이들에 의해 문화적 경계선 cultural borderline의 개방이 진행되고 있었다. 〈지금 천하만국에 언어가 전달되고 서적이 두루 통하여 지구의 모습이 완전히 드러났다. 대기가 크게 밝혀져 우주 안을 앞장서서 인도하므로 사물에 대한 지식을 다하는 신기(神氣)가 천고의 의심을 해결하였고, 분명하지 않았던 것이 그것으로 인해 매우 명백해져 바르게 된 것이 적지 않았다〉[141]는 그의 시대 인식은 화서 학파와는 달리 이미 밖으로 열려 있었다. 1836년 같은 해에 이항로가 「우탄」을 지으며 시대를 한탄하고 있을 때, 최한기는 대조적으로 『기측체의(氣測體義)』 9권을 간행하면서 세상을 새롭게 그려내고 있었던 것이다.

또한 그의 자유로운 관점으로 인해 그에게서는 이미 서양 문화의 수용이 시작되

---

141 최한기, 『神氣通』, 卷一, 體通.

었고, 동시에 동서 문화의 비교를 통한 제3의 절충적 생산도 진행되기 시작한 것이나 다름없다. 〈중국을 배우는 자는 서법(西法)을 배우려 하지 않고 서법을 배우는 자는 중국을 배우려 하지 않는 것은 그 학문의 폭이 좁고 보편성을 지니지 못하기 때문이다.……중국과 서법은 기화를 통해 절충하면 세계의 학자가 똑같은 바탕 위에서 연구할 수 있다〉[142]는 그의 절충주의적 인식이 바로 그것이다.

그러면 그가 절충의 모티브로서 제시한 〈기화(氣化)〉란 무엇인가? 또한 그는 왜 그 일기(一氣)의 작용만을 주장하였는가? 한마디로 말해 그의 일기는 모든 존재의 근원이다. 또한 그것은 존재의 체(体, 본질)이자 용(用, 현상 또는 기능)이기도 하다. 그러므로 그것은 경우에 따라 달리 불려진다. 〈기(氣)는 곧 하나이다. 그러나 경우에 따라 이름을 각각 달리할 뿐이다. 그 전체를 가리킬 때는 천(天)이라고 하고, 그 주재(主宰)를 가리킬 때는 제(帝)라고 하고, 그 유행을 가리킬 때는 도(道)라고 하고, 사람과 사물에 부여된 것을 가리킬 때는 성(性)이라고 하고, 몸을 주재하는 것을 가리킬 때는 심(心)이라고 한다. 또한 그 움직임에 따라 명칭이 각각 다르다. 기가 펴지면 신(神)이 되고, 굽어지면 귀(鬼)가 되며, 창달하면 양(陽)이 되고 거두어지면 음(陰)이 되며, 가면 동(動)이 되고 오면 정(靜)이 된다〉[143]는 것이다.

그러면 이처럼 포괄적인 의미를 지닌 그의 일기론(一氣論)은 서양의 사상과 과학을 어떻게 수용하면서 중국의 것과 절충하려 했는가?

① 아리스토텔레스 사상과의 절충

최한기의 일기론 속에 가장 많이 습합되어 있는 서양 사상은 아리스토텔레스의 4원소설과 4원인설, 그리고 영혼론 등 그의 형이상학이다. 그것은 마테오 리치를 비롯한 서양 선교사들의 한역 서학서들이 중국을 경유하여 조선에도 아리스토텔레스의 사상을 이미 소개한 지 오래기 때문이다. 예를 들어 마테오 리치의 『천주실

---

142 최한기, 『推測錄』, 卷六, 東西取捨.
143 앞의 책, 卷二, 一氣異稱.

의』와 『건곤체의』, 바뇨니A. Vagnoni의 『공제격치』, 아담 샬A. Schall의 『주제군 징』, 루벨리A. Lubelli의 『진복직지』, 그리고 삼비아시F. Sambiasi의 『영언려작』 등에서 아리스토텔레스의 사상에 대한 직·간접적인 언급들이 그것이다.

아리스토텔레스의 4원인설에 대해 가장 먼저 소개된 책은 마테오 리치의 『천주실의』이다. 그는 천주를 부동의 추동자에 비유하면서 천주의 존재를 증명하려 했다. 4원소설에 대한 소개는 그의 『건곤체의』에서 먼저 시작된다. 마테오 리치의 자연 철학서라고 할 수 있는 이 책의 상권에서 지구와 천체의 구조를 설명하면서 그는 수(水)·화(火)·토(土)·기(氣)의 4원행설(四元行說)을 소개한 바 있다. 4원인설을 더욱 자세하게 소개한 사람은 바뇨니와 루벨리였다. 전자는 『공제격치』의 상권인 「6행성설(六行性說)」에서 4원소론으로 우주론을, 하권인 「원행성론(元行性論)」에서는 〈사행(四行)〉에 의한 우주 만물의 생성 현상을 논의했다. 후자는 토마스 아퀴나스의 스콜라 철학에 대한 소개서이지만 천주를 최종적 추동자, 즉 창조자로 설명하기 위해 아리스토텔레스의 4원인설을 반복할 수밖에 없었다. 즉 만물의 생성을 천주의 창조로서 해석하기 위해서는 만물이 구유하고 있는 네 가지 원인도 만물의 조성자인 부동의 추동자에서 비롯되었다고 설명해야 하기 때문이다.

그러나 서양 선교사들의 이러한 한역 서학서들은 아리스토텔레스의 형이상학이라는 유전자형이 중국의 유학과 절충·전화되지 못한 채 한역화하여 겉모습만 바뀐 서학의 표현형들이었다. 엄격히 말해 그것들은 중국식으로 변장했을 뿐 서학의 유전 인자를 그대로 지닌 위장 표현형들이다. 그러므로 그것들을 절충주의적 전화물, 즉 습합된 표현형이라고는 말할 수 없다. 그러한 전이 문화의 표현형들은 명말·청 초의 계몽 실학자와 과학 실학자들에 의해서 출현되기 시작했고, 조선에서도 이들의 영향을 받은 실학자들에 의해 나타나기 시작했다. 그러나 그것들은 경세치용·이용후생과 같은 실학적 콤플렉스로 인해 사변적 습합의 여유가 부족했던 게 사실이다. 이런 점에서 보면 최한기의 기학, 즉 일기론은 조선 실학사의 보완이자 대미일 수 있다.

최한기의 일기론은 아리스토텔레스의 4원소설에서 통찰의 계기와 단서를 얻은 것이지만 그것의 비판적 습합을 통해 생겨난 절충주의적 우주론이었다. 엠페도클레스의 수(水)·화(火)·토(土)·기(氣)의 4근설(四根說)을 거쳐 아리스토텔레스에 이른 4원소설에 대한 그의 비판은 4원소 자체에 대한 것이 아니라 그것들 간의 관계에 관한 이의 제기였다. 다시 말해 만물의 근원이 되는 네 가지 실체들은 조화의 기능상 위격의 차별이 없는 동등한 것이 아니라는 것이다. 그러므로 그는 4원소설에서 기가 수·화·토와 대등하게 분배되는 데에는 동의하지 않았다. 왜냐하면 그가 보기에 4원소설은 〈일기의 순환과 변화〉 즉 일기운화(一氣運化)를 미처 파악하지 못했기 때문이었다.

예를 들어, 기가 물에 붙으면 물기(物氣)가 되고, 수에 있으면 수기(水氣)가 되고, 토에 있으면 토기(土氣)가 되고, 불에 붙으면 화기(火氣)가 되며 물에 붙지 않으면 〈운화기(運化氣)〉이다. 그러므로 기에 의해서는 수·화·토의 한계를 구분할 수 없다. 그 근본이 일기이고 만유는 그 분수(分殊)이기 때문이다. 그것은 운화기의 경우에도 마찬가지이다. 운화기란 천체가 화합하는 형질이자 모든 생명체가 의뢰하고 있는 한(寒)·열(熱)·건(乾)·습(濕)을 모두 갖춘 물(物)이다.[144]

이것은 홍대용이 『의산문답(毉山問答)』에서 음양오행설을 부정하는 4원소설보다도 더욱 기일원론(氣一元論)에 철저한 주장이었다. 홍대용은 기(氣)→질(質)→일(日=火)·월(月)·성(星)·토(土)·수(水)→목(木)·(金)의 순서로 만물이 형성된다고 하여 기(氣)를 순위의 우선으로 상정하고 있지만 그렇다고 하여 최한기와 같은 일기론적 주장을 펴는 것은 아니었다. 더구나 그는 〈천(天)은 기(氣)이고 태양은 화(火)이며, 지구는 수(水)와 토(土) 이외의 어떤 것도 아니다. 만물은 기(氣)의 박조(粕糟, 지게미)이고 화(火)의 도용(陶鎔)이며 지구의 우췌(疣贅, 사마귀와 혹)이다. 이 삼 자 가운데 어떤 것 하나만 부족해도 조화가 이뤄지지 않는다〉[145]

144 최한기, 『運化測驗』, 卷二, 知覺運化.
145 홍대용, 『의산문답』, 卷四, 內集.

고 하여 그는 아리스토텔레스의 4원소설이 최한기의 기일원론에서와는 달리 습합된 입장을 보여 준 바 있다.

이상에서 보았듯이 최한기의 일기론 속에 습합된 아리스토텔레스의 형이상학은 비판적 절충주의의 면모를 드러내고 있다. 그러나 그의 인식 이론은 플라톤·아리스토텔레스→마테오 리치→삼비아시를 거쳐 중층적으로 수용됐을 것이라는 추측만 가능할 뿐 4원소설만큼 그 유전 인자의 공급원이 뚜렷하지 않다. 단지 마테오 리치의 『천주실의』와 삼비아시의 『영언려작』에서 언급된 인식론적 언설들을 필요에 따라 차용하거나 변용하여 이론화한 흔적만 뚜렷할 뿐 구체적인 언명이 없기 때문이다. 또한 그 논의의 전개에서도 그의 인식 이론은 비판적이라기보다 그의 용어대로 〈습염적(習染的)〉이었다. 다시 말해 그의 인식 이론은 인식의 기원·범위·확실성 등에 관한 논의에서 시종일관 서양 인식론의 생각들을 유학의 인성론으로 옷 입힘으로써 자신의 형이상학적 주장보다 더욱 습합적 절충주의의 면모를 나타낸다.

② 서양 과학과의 절충

최한기가 서양의 과학에 대해 보여 준 습합에의 열정과 능력은 철학과 사상에 관한 것 이상이었다. 이미 『추측록』(1836)에서 제기한 지구 회전설을 시작으로 서양의 천문학과 수학 등을 적극적으로 수용하고 습합한 『지구전요(地球典要)』(1857), 『성기운화(星氣運化)』(1867) 등에 이르기까지 그의 과학적 절충주의는 그의 사상 파노라마에 망라되어 있다.

그의 지구 회전설은 『추측록』의 지구 자전설에서 시작하여 『지구전요』의 지구 자전·공전설로까지 이어졌다. 『추측록』에서 아직 그가 지구 자전설을 주장하고 있었던 것은 아마도 홍대용의 『의산문답』에서 〈무릇 땅 덩어리는 하루에 한 번씩 돈다. 지구의 둘레는 9만리, 하루는 12시간이다. 9만리의 큰 땅 덩어리가 12시간에 맞추어 움직이고 보면 그 빠르기가 포탄보다 더하다〉는 자전설의 수준을 넘어서지 못한 탓이었을 것이다. 그러나 1857년의 『지구전요』에 오면 그는 이미 코페르니쿠스의 태양 중심설에 대한 이해에 이르게 되었다. 지구의 공전, 즉 지구는 자전하면서 태양의 주위(黃道)를 365.25일에 한바퀴 돈다는 자전·공전설을 도해를 붙여 설명한 이 책은 그가 서문에서도 밝히고 있듯이 중국에서 코페르니쿠스의 태양 중심설을 소개한 위원(魏源)의 『해국도지(海國圖志)』(1842)와 서계여(徐繼畬)의 『영환지략(瀛環志略)』(1848)을 정리한 것이기 때문이다.

그러나 이 책보다 그의 천문학적 이해가 더욱 진일보한 것은 최후의 저술인 『성기운화』이다. 이 책은 영국의 천문학자 윌리엄 허셜J. F. W. Herschel의 『천문학개요Outlines of Astronomy』(1851)를 알렉산더 윌리A. Wylie와 수학자 이선란(李善蘭)이 1858년에 『담천(談天)』이라는 제목으로 번역한 것을 대본으로 하여 정리한 책이다. 이 책의 서문에서부터 최한기는 〈항성과 태양은 움직이지 않고 지구와 다섯 행성이 함께 태양을 돈다. 그러므로 1년은 지구가 태양을 한 바퀴 도는 것이고, 하루의 밤낮은 지구가 한 번 자전하는 것〉이라고 하여 지구의 자전·공전설을 다시 한 번 강조하면서 시작한다. 그러나 이 책은 허셜의 책 제목에서도 보았듯이 단지 태양 중심설만을 강조하기 위한 책이 아니라 코페르니쿠스에서 뉴턴 역학에 이르기까지 발전해 온 서양의 천문학과 우주론을 소개하는 최신 이론서였다.

그러면서도 그는 이 책에서도 한역서인 『담천』의 언설을 토대로 했지만 새로운 과학적 지식에 대한 일기론적 이해와 설명에 충실함으로써 습합적 절충주의 면모를 잃지 않고 있다. 예를 들면, 대기권과 대기권 밖에 관한 새로운 인식도 자신의 기론(氣論)에 입각하여 다시 설명하는 경우가 그러하다. 『담천』에서는 기권의 높이가 지구 지름의 1/100이 되는 곳은 이미 극도로 얇아 생물이 살지 못하기 때문에 지구 지름의 1/100을 지나면 기가 없다는 설명하고 있지만 최한기는 대기권과 대기권 밖을 몽기(蒙氣)와 몽기 밖의 기, 즉 순기(純氣)로 구분하여 설명할 뿐 기는 우주 어디에도 충만해 있다는 것이다.

그러나 〈비·이슬·서리·눈·바람·구름·번개·우레는 모두 하늘에 응하여 지구에서 일어난 것이므로 사람과 사물이 지구에 의지하여 붙어 있는 것은 몽기로써 기를 삼지 않은 것이 없으니 몽기 밖의 기는 알지 못한다」[146]고 하여 대기권 밖의 기에 대해서는 마치 칸트의 〈물자체〉에 대해서와 같은 인식론적 입장을 보였다. 즉 거기에서 일어나는 천체 운동의 소리는 단지 경험적으로 들을 수 없을 뿐이라는 것이다.

③ 서양 의학과의 절충

조선에 서양 의학의 수용은 한역 서학서의 도입에 의한 것이므로 이미 17세기 중반부터 시작된 것이나 다름없다. 굳이 그 연원을 밝힌다면 1645년 1월 소현세자가 중국에서 돌아오면서 가져온 아담 샬의 『주제군징』이 그 시발이었다. 이 책에 소개된 갈레누스Galenus(130~201)의 인체 생리설은 이익(李瀷)의 『성호사설』 卷五의 「서국의(西國医)」에 소개되기 시작하여 이규경(李圭景, 1788~?)의 『오주연문장전산고(五州衍文長箋散稿)』 卷十九에 이르면 「인체내외총상변증설(人體內外總象辨證說)」이라는 제목으로 자세히 소개되었기 때문이다.

이익은 『주제군징』을 인용하여 생리 원칙·혈액·호흡·뇌와 척수 신경 등 서양 의학의 생리설을 간단히 소개했지만 이규경은 이 책을 인용하여 인체의 형상에 관한 골육론과 심장·간장·뇌, 그리고 비장·담·신장 등의 생리적 기능을 자세하게 설명하고 있다. 예를 들어, 이규경은 「인체내외총상변증설」에서 각종 장기의 생리적 작용에 대한 해설이나 뇌와 척수의 신경 분포와 관계, 그리고 심장을 중심으로 한 간과 폐와 혈맥과의 관계에 대해서도 새로운 지식을 제공한 적이 있다.

이처럼 접근이 쉬웠던 선학들의 문헌을 통해 최한기가 서양 의학에 관해서도 이미 상당한 이해와 정보를 가질 수 있었으리라는 사실을 짐작하기는 어렵지 않다. 그가 수집한 천여 권의 『명남루문집(明南樓文集)』 속에는 서양의 철학이나 천문학

---

146 『推測錄』, 卷二, 推氣測理, 氣爲理本.

을 소개하는 것들뿐만 아니라 『신기천험(身機踐驗)』(1866)과 같이 서양의 생리학을 소개하는 책도 포함되어 있었기 때문이다. 특히 이 책은 1851년부터 6년 동안 상해의 인제의관(仁濟医館)에서 영국 출신의 선교사이자 의사인 벤자민 홉슨B. Hobson의 의학서 5권을 한역한 것들인 『전체신론(全體新論)』·『서의략론(西医略論)』·『내과신론(內科新論)』·『부영신설(婦嬰新說)』·『박물신편(博物新編)』을 편집한 것이었으므로 그가 이미 상당한 수준의 서양 의학과 접했음을 알 수 있다.[147]

이 책들 가운데서도 『전체신론』은 전신골격도에서 주신혈맥총관도(週身血脈總管圖)에 이르기까지 271가지의 인체 해부도가 망라된 당시 최고의 해부학서였으므로 최한기의 『신기천험』을 비롯해 그가 인체에 대한 해부학적 이해를 하는 데 결정적인 교과서의 역할을 했을 것이다. 세계 전도가 중국과 조선에 소개되면서 중화 중심주의에 충격을 주었듯이 그가 각종 인체 해부도를 보고 서양의 해부학을 가장 높이 평가한 것도 마찬가지 이유에서였을 것이다. 또한 그것이 바로 그가 기계론적 신체관을 갖게 된 계기이자 근거이기도 하다.

이상에서 보았듯이 19세기의 조선에는 최한기만큼 서양 학문의 수용과 습합, 그리고 비판적 절충을 통한 전화에 적극적이었던 인물도 흔하지 않았다. 그를 가리켜 〈서양의 것을 결코 일방적이고 비주체적으로 흡수하려 하지 않은 비판적 수용자〉[148]라고 평가하는 이가 있는가 하면 그의 책들은 거의 다 학문적 조급성으로 인해 중국에서 들어온 서양의 지식을 그대로 번안해 국내에 소개한 것이므로 독창적일 수 없다[149]고 지적하는 이도 있다. 그럼에도 불구하고 그를 폄훼할 수 없는 것은 동도서기의 시대 상황 속에서 그가 기울인 수용과 습합, 그리고 절충과 전화의 노력일 것이다. 절충주의가 늘 그렇듯이 폐역(쇄국)과 개방(개항) 사이에서 그가 놓은 징검다리는 더없이 중요한 것이었기 때문이다.

147 김두종, 『한국 의학사』, 탐구당, 1993, pp. 360~367 참조.
148 김용헌, 「최한기의 자연관」, 『최한기의 철학과 사상』, 철학과 현실사, 2000, p. 208.
149 박성래, 「한국 과학사와 실학」, 『한중 실학사 연구』, 민음사, 1998, pp. 57~58.

4. 개항과 동서통합론

1) 박규수의 서양 문화 수용론

1884년 12월 4일에 일으킨 갑신정변이 실패로 끝난 뒤 이광수(李光洙)는 갑신정변을 〈조선을 구미식 신정치 사상·자유 민권론, 오늘날의 말로 봉건에서 부르주아에로 옮겨 가는 신사상으로 혁신하려던 대운동이었다〉고 정의한 뒤, 박영효(朴泳孝)에게 이러한 혁신 사상이 유래한 경로를 묻자 그는 다음과 같이 대답했다.

〈그 신사상은 내 일가 박규수(朴珪壽)의 집 사랑채에서 나왔소. 김옥균·홍영식·서광범, 그리고 나의 백형(伯兄, 박영교)하고 재동에 있는 박규수의 집 사랑에 모였지요. 연암집(燕巖集)에 귀족을 공격하는 글에서 평등 사상을 얻었지요.〉[150]

이 글은 박영효 등에게 갑신정변을 일으키게 한 혁신 사상의 연원은 연암 박지원의 평등 사상이지만 결국 그의 손자인 박규수(1807~1876)로부터 그러한 신사상에 대한 계몽이 이뤄졌음을 밝히는 박영효의 회고담이었다. 그러나 박규수가 갑신정변의 사상적 진원지라고 할지라도 급진적인 개혁주의자는 아니었다. 오히려 그는 혁명보다는 점진적인 개혁을 주장하는 온건주의자였다. 서양에 대한 개방을 통해 근대적 개화를 주장하면서도 그가 해방론(海防論)을 끝까지 버리지 못하는 이유도 거기에 있다.[151]

[150] 「박영효씨를 만난 이야기 — 갑신정변 회고담 —」, 『이광수 전집』, 17권, 삼중당, 1962, p. 401.
[151] 이런 점 때문에 이완재는 박규수를 개화사상가로서 간주하지 않는다. 박규수의 개국론은 개화사상 이전의 개국통상론을 연장한 것에 불과하다는 것이다. 그러므로 그는 김옥균을 비롯한 개화당과 서재필을 중심으로 한 독립협회의 개화파만을 개화사상가로 국한하고 김옥균 이전의 동도서기적·개량적 개혁파는 개화사상가의 범주에서 제외시켰다. 개화사상은 개화의 진보성보다는 변법의 혁신성으로 판단해야 한다고 생각하기 때문이다. 그러나 李光麟·愼鏞廈·金泳鎬·孫炯富 등은 박규수가 갑신정변 이전의 인물이고, 개화파란 온건·급진, 개량·변법적 개혁파를 모두 포괄하는 의미라는 점에서 그를 온건 개화파 또는 선각적인 초기 개화사상가로서 규정한다. 李完宰, 『초기 개화사상 연구』, 민족문화사, 1989, pp. 34~41. 孫炯富, 『박규수의 개화사상 연구』, 일조각, 1997, pp. 166~177 참조.

또한 그는 무력을 앞세운 서세동점의 위기를 쇄국으로 대응하거나 서학의 쇄도에 대해 동도 우월 의식의 강화로만 대처해 온 수구 세력과는 달리 조선의 자기 반성을 우선하는 균형잡힌 시대 인식의 소유자였다. 1871년 조선이 미국과의 전쟁에서 패한 이유를 동생 박선수(朴瑄壽)에게 보낸 편지에서 다음과 토로한 것도 그런 인식의 발로였다.

〈소위 예의지방(禮儀之邦)이라는 나라가 오랑캐 하나에게 이 지경에 이르도록 모욕을 당했는데, 이것은 어떤 일로 생긴 것인가? 함부로 예의지방이라고 하는데 나는 본래 이 말을 추하게 생각한다. 천하 만고에 국가가 되어 가지고 어찌 예의가 없는 나라가 있겠는가? 이 말은 중국인이 이적(夷狄) 중에서도 예의가 있음을 가상히 여겨서 우리를 예의지방이라고 불렀던 데 불과하다. 따라서 이것은 본래 수치스러운 말로서, 이것을 가지고 스스로 천하에 호기를 부릴 만한 것은 아니다. 지벌(地閥)이 있음을 자랑하여 함부로 양반이라고 하는데, 이것은 최고로 감당하기 어려운 수치스러운 말이고, 무식한 소리이다. 지금 함부로 예의지방이라고 자처하는데, 이것이야말로 예의가 어떠한 것인지도 모르는 헛소리일 뿐이다.〉[152]

1866년 미국의 상선 제너럴 셔먼호가 대동강을 통해 평양에 들어왔을 때 평양 감사였던 박규수가 그 배를 소침시켰을 뿐만 아니라 그로 인해 1871년 신미양요에서 참패를 경험했음에도 반미의 적대감을 표시하기보다 오히려 쇄국의 통한을 반성하는 편지를 동생에게 보낸 것은 그의 사고방식이 동도 우월적 양이론에 빠져 있지 않았음을 입증하는 사례였다.

박규수의 이러한 열린 사고(세계관)의 토대는 박영효의 회고대로 조부인 박지원과 홍대용과 같은 북학파의 실학 정신이었다. 〈진실로 백성에게 이롭고 국가에 보탬이 되는 것이라면, 비록 그 법이 이적에게서 나온 것일지라도 진실로 그것을 취하여 준행하여야 한다〉[153]는 박지원의 화이의식을 초월한 문화 수용론이 그에게

---

152 박규수, 『환재집』, 卷八, 書牘.
153 박지원, 『열하일기』, 「馹汛隨筆」.

도 그대로 대물림되었던 것이다. 그가 어린 시절부터 배워 온 이러한 열린 사고는 실제로 1872년 4월 12일 홍대용의 손자 홍양후(洪良厚)에게 보낸 다음과 같은 편지에서도 잘 나타난다. 〈경세이용후생의 방안은 양가의 선덕(先德)이 평생 고심하여 마련한 것인데, 이것들을 어찌 한두 가지라도 일찍이 시도해 보지 않았겠는가. 그러나 천한 습속이 이 법을 본받지 않으므로 효과도 없이 그치고 말았다. ……나는 어렸을 때부터 매번 이것을 탄식하여 왔으며, 몸소 이것들을 실천하여 우리 나라를 발전된 노(魯) 나라와 같이 변개(變改)시키고 싶었다.〉[154]

연암으로부터의 정신적 상속 이외에도 박규수가 사상적 개안의 계기로서 스스로 내세우는 선학의 정신은 명 말·청 초의 경세실학을 주도한 고염무(顧炎武, 1613~1681)의 경세 사상이다. 그가 〈사숙 고사(私叔顧師)〉라고까지 표현할 만큼 학문적 스승으로 간주한 고염무는 전제적 봉건 정치에 강한 불만을 가진 반봉건적 계몽주의 실학자였다. 그는 역사를 지키는 것과 기절(氣節)을 지키는 것은 마찬가지로 중요하다고 생각하여 성리공담(性理空談)에 반대하고 경세치용을 주장했다. 특히 그는 〈기가 없으면 도도 머무를 곳이 없다〉고 단언할 정도로 서학의 수용에 적극적이었다. 당시 밀려드는 서양의 과학·기술을 적극적으로 받아들여야만 경세치용할 수 있다는 것이다.

이처럼 고염무와 박지원이 주장한 경세치용의 실학 사상이 박규수로 하여금 최이의식을 초월한 서양 문화 수용론으로 발전하게 한 정신적 진원지였다면 당시에 서양 문화의 수용과 습합을 그보다 먼저 주장한 이규경·최한기같은 이들의 서양 문화 습합론은 그의 사상적 모델이었다. 특히 최한기의 대기운화에 기초한 통민운화론(通民運化論)은 신분제뿐만 아니라 상업·수공업·국제 통상론에 이르기까지 민본주의 사상의 참고서였을 것이다. 더구나 이에 못지 않게 박규수에게 서양의 과학·기술 등 선진 문화에 대한 관심을 유발한 것은 위원(魏源)의 『해국도지』였

---

154 『환재집』, 卷九, 書牘, 與洪一能.

다. 최한기도 이미 이 책을 참고하여 13권 6책의 『지구전요』(1857)라는 책을 썼을 정도였다.

1871년 신미양요의 참패를 경험하고 1872년 사은사〔進賀兼謝恩使〕로서 중국에 다녀온 뒤 박규수가 개화파의 양성을 위해 젊은이들에게 『해국도지』의 탐독을 적극적으로 권장할 만큼 이 책은 최한기뿐만 아니라 그에게도 더없이 중요한 간접 경험의 자료였다. 〈오랑캐〔夷〕의 장기를 스승으로 삼아 오랑캐를 제압한다.〉 이른바 사이설(師夷說)의 선구가 된 이 책은 도(圖, 지도)와 지(志, 지지)로 나뉘어 주로 세계 각국의 역사와 지리를 소개한 당시 최고의 역사 지리서였지만 거기에 실린 「지구천문합론(地球天文合論)」에서도 보듯이 서양의 종교와 역법까지 망라된 방대한 백과전서적 경세서이기도 하다. 당시 우의정이었던 그가 장원 급제한 유길준(兪吉濬, 1856~1914)을 불러 이 책을 읽어보도록 직접 권고한 것도 그 때문이었다.

실제로 유길준이 이 책에서 받은 영향은 박규수의 기대 이상이었다. 유길준은 1874년 박규수에게서 받은 『해국도지』를 읽어본 뒤 지금까지 접해 보지 못한 세계 각국의 역사·지리·문화, 나아가 해방(海防) 사상까지 접하고는 충격에 휩싸였다고 토로할 정도였다. 그 이후 유길준이 김옥균·박영효·서광범·김윤식 등과 함께 초기 개화파의 산실인 박규수의 사랑방 멤버가 된 것도 그러한 자극에서 비롯되었다고 해도 과언이 아니다.

앞에서도 말했듯이 박규수는 일찍이 선대로부터 개방적 사고방식을 교육받고 성장한 탓에 누구보다도 열린 사고를 할 수 있었던 인물이지만, 결국 그가 서양의 선진 문화에 눈을 뜨고, 그것의 수용을 실제로 강조하게 된 것은 중국에서의 직접적인 체험 때문이었을 것이다. 그가 김옥균에게 지구의를 보이면서 〈오늘에 중국이 어디 있는가? 저리 돌리면 미국이 중국이 되고 이리 돌리면 조선이 중국으로 되니, 어떤 나라도 가운데에 오면 중국이 된다. 오늘날 어디에 중국이 있는가?〉라고 계몽한 것도 그 때문이었다.

문일평(文一平)도 〈나의 견해에 의하면 환재(瓛齋)가 근대의 명재상이요 당시의 선각자임에는 틀림없지만 그가 우내(宇內) 대세에 통달하게 된 것은 일찍이 그가 봉명사신(奉命使臣)으로서 연경(燕京)에 왕래하면서 얻은 견문과 거기서 가지고 온 태서역서(泰西譯書)에 의뢰한 바 크다 할 것이므로, 이것만은 거의 의심할 여지가 없다. ······그는 신미양요가 있은 지 바로 1년 뒤인 1872년에 두 번째 연경에 갔을 때 흠차(欽次)대신으로서 구미 제국을 다녀온 청인 숭실(崇實)을 방문하여 비로소 우내의 형세를 간접으로 득문하게 되었다〉[155]고 피력한 바 있다.

이러한 사정은 역관으로서 박규수를 수행하고 중국에 다녀온 오경석(吳慶錫, 1831~1879)의 아들 오세창(吳世昌)의 다음과 같은 회고담에서도 마찬가지였다. 〈우리 아버지 오경석은 역관으로서 중국에 체재 중 세계 각국의 각축하는 상황을 견문하고 크게 느낀 바가 있었다. 뒤에 열국의 역사와 각국의 흥망사를 연구하여 자국 정치의 부패와 세계의 대세에 뒤떨어져 있음을 깨닫고 언젠가는 반드시 비극이 일어날 것을 크게 개탄한 바 있었다. 그 때문에 귀국할 때 각종 신서를 지참하였던 것이다.〉[156]

이상에서 보았듯이 박규수는 조선의 개화를 갈구한 온건적 개량주의자였지만 이항로를 비롯한 화서학파처럼 동도 우월론을 앞세우는 수구적·폐쇄적 동도서기론자[衛正斥邪論者]는 아니었다. 오히려 그와는 반대로 그는 서양 문화의 역동적 습합을 강조한 진보적·개방적 동도서기론자이자 이를 위한 서양 문화 수용론자였다. 더구나 그의 사상은 정치의 중심에서 서세동점의 도전적 변란을 수차례 몸소 체험하면서 얻은 난세의 불가피한 선택이었고 현실적 고뇌의 결정(結晶)이었기 때문에 위정척사론자의 관념적 이데올로기보다 더욱 교훈적인 시대정신의 반영이었다.

155 문일평,『호암 전집』, 卷三,「환재 박규수」.
156『金玉均傳』, 古筠記念會, 東京, 1944, pp. 48~49. 이광린,『한국 개화사상 연구』, 일조각, 1979, p. 26 재인용.

2) 신기선·김윤식의 동서통합론

　신기선(申箕善, 1851~1909)에 의하면, 〈대개 동양 사람들은 형이상(形而上)에 밝기 때문에 그 도(道)가 천하에 홀로 우뚝하며, 서양 사람들은 형이하(形而下)에 밝기 때문에 그 기(器)는 천하에 대적할 자가 없다. 동양의 도로써 서양의 기를 행한다면 지구의 오대주는 평정할 것도 못된다. 그런데 동양 사람은 서양의 기를 잘 행하지 못할 뿐만 아니라 동양의 도도 한갓 이름만 있고 실(實)이 없어 쓰러질 형편이니, 이것이 날로 서양으로부터 모욕을 당하면서도 방어하지 못하는 까닭이다. 진실로 우리의 도를 잘 시행한다면 서양의 기를 행하는 것은 쉬울 것이니, 이처럼 도와 기는 서로 필요하며 떨어지지 않는 것이다〉.[157]

　이것은 강제된 개항(1876년) 이후 달라진 국제 정세에 조선이 적응해야 할 새로운 시대적 과제에 대해 신기선이 제시한 현실적 대안이었다. 이미 조선의 생존 조건은 도기(道器)의 공유와 공존, 나아가 동서의 문화적 조화와 통합에로의 길뿐이라는 것이다.

　19세기 기호학파의 학통을 잇는 신기선은 본체와 현상이 불가분의 것이듯 미래의 동서 문화에 대한 이해도 영원히 바뀌지 않는 동양의 도와 시대에 따라 발전해 온 서양의 기와의 조화 속에서 이뤄져야 한다고 믿었기 때문이다.

　그러나 이러한 시대 인식은 신기선에게만 국한된 것은 아니었다. 그와 절친한 친구이자 박규수의 제자인 김윤식(金允植, 1835~1922)도 같은 시대정신을 지닌 인물이었다. 김윤식에 의하면, 〈형이상(形而上)을 도(道)라고 하고 형이하(形而下)를 기(器)라고 하는데, 도는 형상이 없이 기 속에 포함되어 있으므로 도를 구하려 하는 자가 기를 버린다면 장차 어떻게 도를 구할 수 있겠는가. 그러므로 군자의 학문은 체(体)와 용(用)을 서로 의지하고 기와 도를 함께 익혀야 한다〉[158]는 것이

---

157 안종수, 『農政新編』, 「侍講院文學東陽申箕善序」.
158 김윤식, 『續陰晴史』, 卷五, 「沔陽行遣日記」.

다. 다시 말해 도를 구하려면 기에서 구해야 하므로 기를 가볍게 여기거나 기를 떠나서 도를 구한다면 실용적인 결과를 얻을 수 없다는 것이다. 심지어 그는 서양의 기 속에서도 동양의 도를 찾을 수 있다고 생각했다.

실제로 김윤식은 1881년 11월부터 1882년 3월까지 7차례나 중국에서 리훙장(李鴻章)과 회담하면서 당시의 국제 정세에 대한 폭넓은 식견을 갖게 되었던 인물이다. 12월 1일의 회담에서는 리훙장으로부터 서양 언어의 학습은 물론이고 서양인들과도 많은 교분을 쌓도록 권유받기도 했다. 또한 그는 8세에 부모를 여읜 뒤부터 그의 숙모이자 박규수의 사촌인 박씨 부인에게서 성장했고 16세가 되자 박규수의 문하에 들어가 그의 평생 사우(平生師友) 10인 가운데 첫번째로 꼽힐 정도였기 때문에 박규수 이상의 열린 사고를 지닌 인물이 되었다.

기호학파 신기선과 김윤식의 이러한 시대 인식은 한때 표류하던 조정의 이념적 조타법이 되었는가 하면, 다이달로스Daedalos의 미궁만큼이나 복잡한 당시의 국제 정세를 빠져나올 아리아드네Ariadne의 실타래와도 같은 것이었다. 무엇보다도 1882년 6월 임오군란이 발생하자 정책 쇄신을 위해 고종이 다음과 같이 발표한 8월 5일자 교서가 가장 적절한 예일 수 있다.

〈기계를 제조할 때에 조금이라도 서양의 법을 본받으면 문득 사교에 물들었다고 하니 이 또한 생각하지 못함이 심한 것이다. 저들의 교(敎)는 사특하므로 마땅히 음탕한 소리나 치장한 여자를 멀리하듯이 해야 하지만, 저들의 기(器)는 이로우니 진실로 이용후생할 수 있다면 무엇을 꺼려 피하겠는가. 그 교는 배척하되 그 기는 본받아 병행하는 것이 진실로 거스르지 않는 것이다. 하물며 강약의 형세가 이미 현저히 벌어졌는데, 만일 저들의 기를 본받지 않는다면 어떻게 저들의 모욕을 받고 저들의 엿보는 것을 막을 수 있겠는가.〉[159]

김윤식이 작성한 고종의 교서에서 분명한 것은 서교의 배척과 서양 문화의 수용

---

[159] 『고종실록』, 卷十九, 고종 19년 8월 5일.

이라는 상반된 정책 의지의 표명이었다. 그러나 교서의 행간에 숨어 있는 고종의 의지는 서양의 과학·기술을 적극적으로 수용하자는 데에 있었다. 적어도 그렇게 함으로써 동도와 서기의 병행을 도모하자는 것이었다. 통치자의 이러한 지침이 제시되자 서양의 과학·기술을 수용해야 한다는 상소가 잇달았다.

〈군신·부자·부부·장유·붕우의 윤리는 하늘로부터 얻어 본성에 부여된 것이므로 천지에 통하고 만고에 뻗치도록 변하지 않는 이치로서 도가 된 것입니다. 수레·배·농업·기계는 백성에게 편하고 나라에 이로운 것으로 드러나 기가 되는 것이니 제가 변화시키고자 하는 것도 기이지 도가 아닙니다〉[160]와 같은 1882년 12월 22일자 윤선학의 상소를 비롯하여 지석영·박기종·조문·고영문·변옥·조성교·정영조·유완수·변옹수·김원제 등의 상소도 계속되었다. 이러한 일련의 상소들은 모두가 동도를 유지하면서 서양의 과학·기술을 조속히 배워 부국 강병한 나라로 만들어야 한다는 것을 강조하는 애국 충정의 제안들이었다.

1881년까지만 해도 신기선·김윤식과 같은 극소수의 인물만이 동도 우월적 도기론〈위정척사론〉이나 동도 편향적 동도서기론 대신 개방적 도기병행론이나 문화적 동서결합론을 조심스럽게 주장해 오던 것이 이제는 조정을 중심으로 한 지배계층 사이에서도 본격적으로 공론화되기 시작했다. 결국 1871년의 신미양요 직후에 대원군이 세운 쇄국의 상징, 척화비마저 뽑혀 버리는 세상으로 바뀐 것이다.

5. 19세기의 동아시아와 동도서기론

본서 제2장의 제목은 〈서교의 유입과 사상 지도의 변화〉이다. 이것은 1583년 9월 10일 중국의 조경(肇慶)에 도착한 마테오 리치의 『천주실의』로 상징되는 이른

---

160 『승정원 일기』, 고종 19년 12월 22일 條.

바 〈합유책략〉이 동서 사상의 중층적 결정의 서막이었음을 시사하는 제목이었다. 이때부터 시작된 동아시아에서의 문화 융합과 변형은 4백년 간 계속되었고, 결국 이 지역의 사상 지도를 변화시키기에 이르렀다.

서구의 도전에 대한 동아시아의 응전은 위기에 대한 대처였으므로 서구 문화의 전략적 수용과 병합의 방식일 수밖에 없었다. 한국은 물론이고 중국과 일본에서도 〈동도서기(東道西器)〉의 문화 융합cultural metamorphosis은 그렇게 해서 생겨난 것이다.

1) 『해국도지』와 동아시아의 문화

청 말의 위원(魏源, 1794~1857)이 편찬한 『해국도지(海國圖志)』는 일종의 자위적 문화 항체cultural antibody이다. 항체란 본래 항원에 대해 특이하게 생성된 면역체이다. 『해국도지』가 문화 항체인 이유도 바로 그것이다. 그것은 이 책이 서양 문화의 감염으로 신음해 오던 중국 문화 속에서 인위적으로 생성된 면역체이기 때문이다. 그런 점에서 이 책은 인위 항체artificial antibody라고 말할 수 있다. 그런가 하면 이 책은 양이를 막기 위해서는 과감하게 서양의 장기를 습합해야 한다는 해방론적(海防論的) 취지에서 쓰여졌으므로 저지 항체이자 차단 항체blocking antibody라고도 말할 수 있다.

위원은 본래 청 말의 관리였지만 일찍이 공양학(公羊學)에 심취하여 경학(經學)도 치학(治學)으로 여기며 경세치용의 학자적 면모를 지닌 인물이었다. 33세(1826년) 때에는 청조의 창업 이래 내정에 관한 의견이나 정책을 수집하여 그것을 그 이후의 통치 지침으로 삼기 위해 하장령(賀長齡)이 쓴 『황조경세문편(皇朝經世文編)』의 편찬에 참여하게 되었다. 이것이 바로 그를 중국의 인위적인 문화 항체의 제공자로 만드는 결정적인 계기였다. 이때(1829년) 그는 날로 쇠퇴하는 청조의 국운을 깨닫고 국운 회복의 길을 모색하기 위한 자신의 구상을 책으로 남기기로 결심했다.

이러한 결심의 실천에 더욱 박차를 가하게 한 것은 그 와중에 일어난 아편전쟁이었다. 아편전쟁이 일어나자 자신도 직접 흠차대신 린쩌쉬(林則徐)를 도와 영국군에 대항했지만 패배의 자책으로 자살하는 절친한 전우 유겸(裕謙)의 죽음까지 체험해야 했던 그는 패전의 비통함에 빠져 있는 국민의 민족적 정체성을 회복시킬 수 있는 책을 하루 빨리 출판하려 했다. 이렇게 해서 아편전쟁이 끝난 직후(1842년) 14권으로 출판된 책이 바로 『성무기(聖武記)』이다.

그러나 『성무기』의 완성은 『해국도지』의 출간 예고나 다름없었다. 1843년에는 그가 린쩌쉬에게서 빌려 온 자료들로 역대의 사표(史表), 명(明) 이래의 도지(島志), 그리고 이국(夷國)과 이어(夷語)를 보완하면서 『해국도지』의 편찬을 서두르고 있었기 때문이다. 결국 이 책은 이러한 노력 끝에 이듬해인 1844년 12월 3일 50권의 방대한 분량으로 출간되었다. 이 책은 기본적으로 만국 지리서이지만 세계 각국의 지리뿐만 아니라 각국의 역사를 비롯해 정치·경제·종교·교육 등 당시의 세계 사정을 종합적으로 알리는 인문 지리서이다.

이 책의 주요 내용인 「사주지(四州志)」는 1,500쪽에 달하는 휴 머레이Hugh Murray의 『An Encyclopaedia of Comprising a Complete Description of the Earth, Physical, and Political』(3 vols, 1834)을 원덕휘(袁德輝)가 『四州志』라는 제목으로 한역한 책을 1/20로 요약한 것이었다. 그 밖의 내용도 대부분 당시 중국에 온 많은 선교사들이 쓴 한역 서학서에 지도나 도표를 첨가하면서 편집한 것들이었기 때문에 이 책은 위원이 직접 쓴 것이라기보다 서양인들이 쓴 것들을 종합하여 편찬한 자료집에 가깝다. 그 뒤 1847년 60권으로 증보된 개정판에 이어 1852년에는 최종의 정본 100권이 나왔지만, 이것도 포르투갈인 마키스(Machis, 吉士)의 『지리비요(地理備要)』와 미국인 브리지만(E. Bridgman, 高理文)의 『합성국지(合省國志)』에 의존해 증보된 것이다.

『해국도지』는 아편전쟁 패배의 충격이 가져온 지적 반사 작용이다. 그러므로 이 책의 편찬 속에는 현실에 대한 치욕적 인정과 동시에 그것의 극복을 위한 지적 야심도 도사리고 있다. 즉 〈오랑캐로써 오랑캐를 누른다〉 또는 〈오랑캐의 장기를 모범[師]으로 삼아 오랑캐를 제압한다〉와 〈오랑캐로써 오랑캐를 두드린다〉는 두 가지 대서방 전략으로 이 책을 편찬했기 때문이다. 전자가 중국의 전통적인 원교근공(遠交近攻)의 전략이라면 후자는 호시(互市)·의관(議款)의 통상 전략이다. 그러므로 전자의 입장에서 이 책을 해독한 이들이 서양 문명의 수용과 습합에 적극적이었던 양무파(洋務派)였다면, 후자의 입장에서 이 책에 공감한 이들은 양이론에서 개국론으로 전환하면서 서구 문명의 수용을 통해 민본적 정치 체제로의 일대변혁을 시도한 변법파(變法派)였다.

어쨌든 이 책의 출간은 자족적 문화의 전통 속에서 중화 사상에 빠져 있던 중국인에게는 획기적인 사건이 아닐 수 없다. 이 책은 피히테의 「독일 국민에게 고함」을 연상시킬 만큼 19세기말 충격과 실의에 빠진 중국인들에게 위원이 전하는 〈중국 국민에게 고함〉이었다. 위원을 가리켜 중국 사상사에서 〈패러다임의 전환자〉[161]라고 부르는 이유도 거기에 있다. 후한(後漢) 이후 현실을 상대화하거나 무화하는 전통적인 쇠퇴의 패러다임에서 진보의 패러다임으로 전환시킨 그의 사상은 중국 사상사에서 또 하나의 변화의 사상이고 진화의 사상이라는 것이다.

그러면 『해국도지』가 조선에는 언제 들어왔을까? 조선에 이 책이 처음 들어온 것은 1845년 3월 28일 사은사 겸 동지사(冬至使)로서 중국에 갔다 돌아온 호조참판 권대긍(權大肯)에 의해서였다. 그 이후에도 중국에 다녀오는 사절들은 이 책을 계속 들여와 웬만한 권세가나 지식인들의 소장이 가능했을 정도였다. 김정희(金正喜, 1786~1856)도 『완당선생전집(阮堂先生全集)』 卷三에서 〈海國圖志 是必需之書〉라고 하여 이 책을 필수적인 도서로 간주했다. 또한 허전(1792~1886)의 『성재집(性齋集)』卷十六에 있는 「해국도지발(海國圖志跋)」의 마지막에 〈故略抄其以資考閱云爾〉라고 쓰여 있는 것으로 미루어 보아 조선에서는 이미 『해국도지』의

---

161 日原利國, 「魏源―パラダイムの轉換者」, 『中國思想史』 下, pp. 358~366.

요약본도 간행되었음을 알 수 있다.[162]

한편 이 책은 서세동점의 위기의식 속에 있던 조선 지식인들의 지적 패러다임을 어떻게 전환시켰을까? 앞에서도 보았듯이 최한기는 이 책을 통해 홍대용의 지구자전설을 지구 자전·공전설, 즉 태양 중심설로 발전시킬 수 있는 정보와 지식을 제공받았다. 1857년에 그가 『지구전요』를 쓸 수 있었던 것도 이 책 때문이었다. 신미양요 직후인 1872년 박규수가 사은사로 중국에 다녀온 뒤 젊은이들에게 해외에 관한 관심과 이해를 촉구하면서 필독하도록 권장한 책도 이것이었다. 유길준·김윤식을 비롯한 박규수의 제자들인 초기 개화파 인물들이 간접적으로나마 세계에 관한 견문을 넓힐 수 있었던 것도 이 책 때문이었다. 결국 이 책은 19세기 조선의 지적 패러다임을 척사양이에서 동서회통(東西會通)에로, 즉 항생antibiosis에서 공생symbiosis으로 전환시키는 길잡이 역할을 했다.

이러한 사정은 일본의 경우도 크게 다르지 않았다. 일본에 이 책이 처음 들어온 것은 중국에서 출판된 지 7년이 지난 1851년이었다. 그것은 기독교에 대한 극도의 탄압을 지속해 왔던 도쿠가와 막부가 이 책의 내용 가운데 기독교에 관한 것, 이른바 〈御禁制之文句〉가 들어 있다는 이유로 반입을 허가하지 않았기 때문이었다. 뒤늦게 도입된 것도 어소(御所)의 문고용처럼 일반인이 접할 수 없는 세 곳에만 비치되었다. 이것의 정식 수입이 허가된 것은 미국의 페리 제독이 동인도 함대를 이끌고 우라가(浦賀)에 입항한 이듬해(1854년 9월)에 미일강화조약이 체결된 뒤의 일이었다. 이때 수입된 15부 가운데 7부는 막부용이었고, 나머지 8부는 경매되어 처음으로 일반인의 손에 들어갈 수 있었다.

그러나 막부 말기에 이르면 막부의 보관용도 당시 오사카 봉행소의 감정봉행(戡定奉行)의 지위에 있었던 카와지 토시아키라(川路聖謨)가 사재를 들여 스하라야 이하치(須原屋伊八)에게 번역 출판케 함으로써 한문을 해독할 수 없었던 일반인

---

162 이광린, 「『해국도지』의 한국 전래와 영향」, 『한국 개화사 연구』, 일조각, 1969, pp. 5~6.

에게 그 내용이 공개되는 계기를 맞이했다. 메이지 원년(1868년)에 이르기까지 3년간 번역된 『해국도지』는 무려 23종에 이를 정도로 이 책은 널리 보급되었다. 특히 1832년 타가노 치요에이(高野長英)·와타나베 카잔(渡邊華山) 등 개명한 학자들이 세계 정세를 설명하면서 막부 통치를 비판하는 그룹을 결성하자 쇄국이라는 대외 강경책을 강화하기 위해 이들을 투옥한 사건인 이른바 〈만사의 옥〉(蠻社の獄) 이후 세계 정세에 관한 정보가 차단된 상황이었기 때문에 이 책은 빠른 속도로 대중화될 수 있었다.

이러한 사정은 당시의 지식인들에게도 마찬가지였다. 1870년 후쿠자와 유키치의 『서양사정』이 간행되기 이전까지만 해도 그들의 세계 인식이나 서양에 대한 이해는 중국어로 된 서적을 통해서 얻을 수밖에 없었고 그것을 대표할 만한 것이 바로 『해국도지』였다. 그러므로 위원의 『성무기』나 『해국도지』의 수용을 적극적으로 강조한 당시의 변법파 하시모토 사나이(橋本左內)는 이것을 가리켜 단지 사물의 교역만이 아니라 〈지혜의 교역〉이라고까지 표현한 바 있다.[163] 사쿠마 쇼잔(佐久間象山)을 중심으로 한 막말(幕末)의 양무파, 즉 화혼양재론자들이 『해국도지』의 수용에 활발했던 것도 마찬가지 이유에서였다.

2) 중서 절충론으로서 중체서용론

나트그스의 말대로 밀폐된 관에 보관되어 있던 미이라가 신선한 공기에 노출되면 그 형체의 훼손이 시작되듯이 19세기 중국의 경우가 그러했다. 중국은 본래 미이라처럼 문화적으로나 정치적으로나 자기 완결적인 통일체, 즉 하나의 자족적 세계로서 존재해 왔다. 그러나 세계 문화의 중심으로서의 중화는 서세동점의 상대와 강도 변화에 따라 훼손이 불가피해졌고, 이에 대한 중화 중심주의의 대응도 이무→양무→변법 운동으로 바뀌어 갈 수밖에 없었다.

---

163 源了圓,〈幕末日本における中國を通しての「西洋學習」——『海國圖志』の受容を中心として——〉,『日中文化交流史叢書 3』, 思想, 大修館書店, 1995, pp. 324~344 참조.

영국·프랑스와의 두 차례 전쟁을 치르기 이전까지만 해도 중국은 위원이나 린쩌쉬와 같은 일부 선각자들의 계몽과 경고가 있었음에도 불구하고 서양이라는 존재를 단지 이적(夷狄)으로만 여겼을 뿐이다. 그러나 1856년~60년의 제2차 아편전쟁으로 중국은 서양에 대한 인식을 달리 하기 시작했다. 1861년 급기야 서양 국가들을 상대할 총리아문(總理衙門)을 설립함으로써 중국은 이무에서 양무로 정책전환을 시도한 것이다. 이것은 중국 정신사에서 일대 사건이 아닐 수 없다. 〈밖으로의 사고〉를 생각할 수 없었던 중국인의 사고방식에 일대 변화가 일어났기 때문이다. 서구의 충격으로 중국인들은 부강한 서양의 실질적인 힘을 배우기에 힘쓰지 않으면 안 된다고 생각하기 시작한 것이다.

그러나 이때부터 중국은 일찍이 경험해 보지 못한 전통적인 사상 체계와 외래문화와의 갈등과 긴장이라는 피하기 어려운 문화 충돌을 경험해야 했고 그것을 극복하기 위한 지혜도 동원하지 않을 수 없었다. 이러한 상황 인식과 논리의 산물이 바로 〈중체서용론(中體西用論)〉이다. 한마디로 말해 그것은 중학과 서학의 긴장을 완화하기 위해서는 양자의 관계를 체(体)와 용(用), 또는 도(道)와 기(器)로 설명하자는 절충론이었다. 한편으로 서학의 수용을 정당화하면서도 다른 한편으로는 그것의 범위를 한정하자는 일종의 문화적 절충주의가 제기된 것이다.

예를 들어, 〈형이상(形而上)인 자는 중국이고 도로써 승리한다. 형이하(形而下)인 자는 서인이며 기를 가지고 이긴다. 만일 서인만을 칭송하고 자신을 지키기에 소홀히 한다면 그것은 다스림의 본원을 알지 못하는 것이다〉라는 주장이 도기론에 기초한 왕도(王韜, 1829~1897)의 중체서용론이었다. 그런가 하면 〈중학은 그 본(本)이고 서학은 그 말(末)이다. 중학을 주로 하며 서학은 그 보가 된다〉는 정관응(鄭觀應, 1842~1921)의 주장은 본말론에 기초한 중체서용론이었다. 그것은 형이상의 도인 중국을 지키기 위해 형이하의 기인 서양을 요구해야 하는데 중학을 확립하지 않은 채 서학만을 추구한다면 본말전도나 다름없다고 하여 중국의 도를 더욱 강조하려는 자기 방위적 호교론이었다.

또한 〈중국이 오늘날 서법을 강구하는 것은 중국인에게 서법을 알게 함으로써 중국의 쓰임[用]이 되어 결국 중국을 강하게 하는 데 근본이 있을 뿐이지 중국의 일체의 전장문물(典章文物)을 폐기하고 서법으로 모두 바꾸자는 데 있지 않다. 그러므로 거기에는 반드시 공맹정주·사서오경·소학성리 등에 대한 공부를 근저로 삼지 않으면 안 된다. 효제충신·예의염치와 같은 강상윤기(綱常倫紀)·명교기절(名敎氣節)의 체를 먼저 숙지한 연후에 외국의 문자·언어·예술을 배워 용으로 삼아야 한다〉[164]는 주장도 지식인에게는 전통 보위의 책무가 우선한다는 보위론적 중체서용론이었다.

그러나 19세기 후반 중국에서는 내우외환이 더욱 심해지면서 지식인들의 중체서용관에도 변화가 일어났다. 서양에 대한 이무관에서 양무관에로의 전환이 변법관으로 이어진 것이다. 예를 들면 캉유웨이(康有爲, 1858~1927)와 옌푸(嚴復, 1853~1921)의 경우가 그러하다. 캉유웨이는 자신이 공양학자(公羊學者)라고 생각할 만큼 청대 공양학 계보에 속한 사상가였다. 일찍이(22세때) 홍콩을 통해 그가 받은 서구의 근대 도시에 대한 충격은 경세치용의 학문 이외에 진정한 학문은 없다고 생각하기에 이르렀고, 이때부터 그는 새로운 서구관을 가지고 서학에 대한 관심을 더욱 배가시켜 나갔다.

그러나 시간이 지날수록 그의 서구관은 자기 나름의 절충주의인 제동저(齊同的) 우주관 속으로 융해되어 갔다. 그의 이른바 〈대동 의식〉이 그것이다. 그는 〈대소제동(大小齊同)의 도를 깨달았다〉고 하여 최신의 서학이나 공양학적 개념, 나아가 유불의 개념들이 모두 하나로 융합된 자신의 형이상학을 주장하게 된 것이다. 이것은 단순한 중체서용의 논리가 아니라 고금동서신구(古今東西新舊)를 모두 포괄하는 사유 방식의 등장이므로 어떤 의미에서 중체서용적 절충주의의 변종일 수 있지만 결국 그것의 해체라고 해도 무방하다.

---

164 文悌,『翼敎叢編』, 卷二, 高田淳,『中國の近代と儒敎』, 紀伊國屋書店, 1994, p. 34.

1895년 청일전쟁의 패배의 충격과 함께 등장한 계몽주의적 중체서용론자가 옌푸이다. 그는 서학을 배워야 할 이유로서 〈구망(救亡)의 도가 여기에 있고 자강의 모(謀)도 여기에 있다〉고 하여 서학의 계몽을 통한 변법의 출발을 주장했다. 그러나 그가 생각하는 서학은 기존의 중체서용론자들과는 달리 단지 중국의 도에 대비되는 기가 아니다. 그가 생각하기에는 중학에 체(体)와 용(用)이 있듯이 서학에도 체와 용이 있는 것이다. 왜냐하면 그가 생각하는 체용은 나누어질 수 없는 일물이기 때문이다. 그에 의하면, 〈소라고 하는 체가 있기 때문에 물건을 나르는 용이 있고, 말이라는 체가 있기 때문에 멀리 달릴 수 있는 용이 있는 것이다〉. 그러므로 그는 중체를 그대로 둔 채 서용만을 접목하려는 생각은 잘못된 것이라고 주장한다. 본래 본(本)이어야 할 학문을 서용이라는 말(末)로 간주하는 것은 이중의 오류를 범하는 것이나 다름없기 때문이다.

그런데 그가 여기에서 말하는 서학이란 아이러니칼하게도 스펜서H. Spencer의 사회 진화론이다. 그는 서양이 부강하게 된 원인을 〈물경(物競, 생존 경쟁)〉과 〈천택(天擇, 적자생존)〉, 즉 〈원강(原强)〉에 있다고 하여 이것을 변법 운동의 원리로서 받아들여야 한다고 주장한다. 중국도 〈진화의 도〉라는 보편적 원리를 받아들여야만 근대화할 수 있다는 것이다. 그러나 이것은 구태의연한 중학의 거부를 의미한다. 중체의 학일지라도 이러한 적자생존의 원리에 맞아야 하기 때문이다. 그가 「구망결론(救亡決論)」에서 〈현재의 중국은 변법하지 않으면 반드시 망할 수밖에 없는 운명에 처해 있다. 그러므로 변법은 우선 팔고(八股)부터 폐지해야 한다〉고 주장하는 이유도 거기에 있다. 국가와 민족을 구하기 위해서는 구태의연한 중학으로는 불가능하다는 것이다.

3) 화혼양재론과 메이지유신

화혼양재(和魂洋才)란 문명을 기본적으로 혼과 재라는 정적인 틀로 양분한 뒤 그것을 다시 화(일본)와 양(서양)으로 구분하여 적용한 네 가지 카테고리의 조합

어이다. 그러므로 나머지 것도 논리적으로 조합하면 양혼양재·양혼화재·화혼화재의 범주화가 가능하다.

모리 오가이(森鷗外, 1862~1922)가『양학의 성쇠를 논함(洋學の盛衰を論ず)』에서 일본 양학의 성쇠를 제1기인 18세기 후반의 난학(蘭學)시대에서 메이지 초기까지, 제2기인 메이지 초기에서 메이지 10년대의 구화주의(歐化主義)까지, 제3기인 구화주의에 대한 반동기로 구분하는 것도 이러한 논리적 범주화에 따른 것이다. 특히 그가 제2기를 구화주의라고 한 것은 일본어를 폐지하고 서양어(영어)를 채택하자고 한다든지 서양인과의 혼혈 정책을 적극적으로 추진하여 일본 인종을 개량하자고 주장할 정도의 양혼양재에 경도되었던 시기였기 때문이다. 그와는 반대로 서양의 기교만을 중시하려 했던 제1기와 제3기를 타산석주의(他山石主義)라고 한 것도 화혼양재의 정신이 지배하던 시기를 그러한 범주적 개념과 인식 속에서 우회적으로 표현하려 한 것이었다.

이상에서 보았듯이 화혼양재론은 막말에서 메이지 시대에 걸쳐 일본이 서양 문명과의 불가피한 접촉 과정에서 일본의 전통적인 정신적 가치를 그대로 유지한 채 서양의 우수한 기술 문명만을 도입하자는 절충주의적 근대화론이었다. 그러므로 그것은 기본적으로 조선의 동도서기론이나 청조의 중체서용론과도 역사적 배경이나 지향하려는 정신에서 다를 바 없지만 그 개념의 유래에서는 그것들과 다르다. 화혼양재는 본래 헤이안(平安)시대의 문인인 스가와라 미치자네(菅原道眞, 845~903)가 한문을 읽고 쓰면서 중국 전래의 학문을 배우고 익힐지라도 일본 고유의 정신인 야마토다마시(大和魂)[165]를 잃지 말라고 주문한 화혼한재(和魂漢才)

---

[165] 야마토다마시(大和魂)는 일본주의의 본질인 야하라카(和)의 정신을 가리킨다. 1937년 3월 일본 문부성이 펴낸『국체의 본의(國體の本義)』에 보면, 〈국가 수립의 역사적 사실이라든가 발전의 흔적을 살펴볼 때 항상 보이는 것은 야하라카(和)이다〉라고 밝힌 바 있다. 또한 〈야하라카는 우리나라 개국 때부터 제왕의 대업에서 나온 것이며, 역사 생성의 힘과 더불어 일상생활을 벗어나지 않는 인륜의 길이다. 야하라카의 정신은 만물 융합 위에 성립한다〉고도 규정한다. 다시 말해 야하라카는 만물의 일체를 형성하는 다이와(大和)라는 것이다. 나카소네 야스히로도 야마

의 정신에서 비롯된 개념이기 때문이다.

그런데 이번에는 중학이 아닌 서학의 거센 동점으로 인해 국가의 존립이 위기에 처하자 막말의 사상가 사쿠마 쇼잔(佐久間象山, 1811~1864)이 이러한 정신의 계몽을 본격적으로 다시 제기한 것이다. 그는 중국이 일본을 이적(夷狄)이라고 부르는 과오를 범했듯이 일본도 서양 제국을 이적으로 간주한다면 일본 역시 중국의 과오를 답습하는 것이나 다름없다고 생각했다. 결국 그는 서양으로부터 기술 도입의 중요성을 통감하고 〈동양 도덕·서양 예술〉이라는 표어를 제창한다. 다시 말해 도덕이나 사회 정치 체제는 전통을 지키면서 서양의 예술(과학·기술을 의미함)을 적극적으로 받아들여야 한다는 것이었고, 그의 이 표어가 나중에 〈화혼양재〉라는 모토로 전화한 것이다. 서양의 과학·기술 가운데서도 그가 특히 주목하는 것은 수학적인 경험 과학이었다. 그는 수학 — 그는 수학을 상증술(詳証術)이라고 불렀다 — 을 〈詳証術, 万學之基本也〉라고 하여 만학의 기본으로 간주했기 때문이다.

그러나 이처럼 서양 학문에 대한 그의 동경과 애착이 무조건적인 것은 아니었다. 그의 주장에 따르면, 군자에게는 다섯 가지 즐거움이 있다. 그 네 번째 즐거움이 〈서양인들이 이성을 계발한 후에 태어나, 옛 성현들도 일찍이 몰랐던 이치를 알게 되는 것〉이라면, 〈다섯 번째 즐거움은 동양의 도덕과 서양의 예술을 남김없이 모두 찾아내어 세상의 이치를 깨달아 국운에 보답하는 것〉[166]이다. 그가 小林誠齋에게 보낸 편지에 보면, 〈아무튼 한학만으로는 공허하다는 비방을 면하지 못할 것이며 또한 서양의 학문만으로도 도덕 의리를 논할 수 없으므로 비록 사람들을 놀라게 할 만한 대업적을 이룬다고 할지라도 그것을 성현의 완전한 위업이라고는 할 수 없다〉고 한 뒤 그 말미에 〈도덕과 예술은 서로 돕는 것, 예를 들어, 아시아와 유럽

토다마시를 강조하기 위해 〈우리 일본에는 1억 인구가 있는데, 이 인구는 아마테라스 오미카미(天照大神) 이래의 야마토(大和)민족……〉이라는 말을 자주 사용하곤 했다. 이광래, 「일본주의의 허와 실」, 『한국과 일본: 왜곡과 콤플렉스의 역사』 1, 자작나무, 1998, p. 289 참조.

166 『象山全集』, 卷一, 高坂正顯, 『明治思想史』, 燈影舍, 1999, pp. 43~44.
平川祐弘, 『和魂洋才の系譜』, 內と外からの明治日本, 河出書房新社, 1972, p. 23.

이 합쳐서 지구를 이루는 것처럼 하나라도 부족한 점이 있으면 원형을 이룰 수 없다. 그와 같이 도덕과 예술도 그 가운데 어느 하나만 부족하더라도 완전한 것이 될 수 없다〉[167]고 덧붙여 설명하기까지 했다.

그러나 당시에 이러한 화혼양재론을 주장한 사람은 사쿠마 쇼잔만이 아니었다. 당면한 위기에 대처하기 위해서는 서양의 과학 기술을 시급히 수용해야 한다는 시대 인식은 요코이 쇼난(橫井小楠)·요시다 쇼인(吉田松陰)·하시모토 사나이(橋本左內) 등을 비롯하여 개명한 지식인들 대부분의 생각이었기 때문이다.[168] 사쿠마 쇼잔의 화혼양재론이 합리주의를 통한 자연 과학과 기계 문명의 수용을 강조했다면 요코이 쇼난의 경우는 역사주의에 입각하여 서양의 종교와 정치를 배우자는 것이었다. 그는 현재의 내가 과거의 사람을 미래의 사람에게 매개한다는 점에서 현재가 과거를 운반하여 미래를 잉태한다는 역사주의 입장에서 요순(堯舜) 삼대의 정치를 역사의 원형, 즉 유교의 정치 이념으로 간주하면서 근대 서양의 과학 기술〔器械之術〕을 배워야 한다는 것이었다. 그가 서양의 기독교에 대해 깊은 관심을 가진 것도 그런 이유에서였다. 불교는 윤리를 폐하지만 기독교는 윤리를 설교하므로 후자가 전자보다 우수하다는 것이다.[169]

이러한 과도기적 절충주의는 사쿠마 쇼잔 문하의 두 마리의 호랑이(象門의 二虎)라고 불린 요시다 쇼인의 경우에도 마찬가지였다. 굳이 구별하자면, 사쿠마 쇼잔이 양학과 유교의 궁리를 연결지은 데 비해 요시다 쇼인이 황국론을 양학과 연

---

167 『象山全集』, 卷四, p. 242.
168 그러나 코사카 시로우(高坂史朗)는 사쿠마 쇼잔의 이러한 도식의 역점과 실질적인 의미는 〈화혼〉에 있는 것이 아니라 〈양재〉에 있을 뿐이라고 주장한다. 그는 서양의 군사적 우월성을 잘 간파하고 있던 양재론자들이 당시의 정치적 상황을 고려하여 양이론자들의 비난을 비켜가기 위해 화혼을 양재 앞에 내세워 위장하려 한 것이 아닐까 하는 의문을 제기한다. 화혼양재의 노선이 그 이후 양혼양재로 옮겨간 것을 보아도 알 수 있다는 것이다. 이것은 모리 오가이가 메이지 초기에서 10년대까지를 화혼양재의 제2기인 구화주의(歐化主義) 시기로 간주한 것과도 같은 관점일 수 있다. 高坂史朗, 『近代という躓き』, ナカニシヤ出版, 1997, pp. 8~10.
169 高坂正顯, 『明治思想史』, 燈影舍, 1999, pp. 52~53.

결했을 뿐 이들의 화혼양재론은 대동소이한 서양 인식을 토대로 한 것이었다. 또한 하시모토 사나이도 〈器械藝術取 於彼, 仁義忠孝存 於我〉라고 하여 기본적으로 화혼양재라는 시대정신에 충실하려는 개명한 지식인이었다.

그러나 화혼양재와 같은 절충주의적 사고만이 당시 지적 분위기의 주류를 형성했던 것은 아니다. 막부의 〈동양 도덕·서양 예술〉이라는 양학 수용의 기본 방침은 오히려 시간이 지날수록 제대로 지켜지지 않았다. 서양 예술뿐만 아니라 서양 도덕에도 동양 도덕과 마찬가지의 관심을 기울여야 한다는 주장이 화란서(和蘭書)의 전문 번역 기관으로 1857년에 설립된 번서조소(蕃書調所: 洋學所의 개칭임)의 교관들 사이에서 제기되어 왔기 때문이다. 예를 들어, 사쿠마 쇼잔의 제자이면서 조소의 교관이었던 츠다 마미치(津田眞道, 1829~1902)는 고대 그리스 철학을 독학한 뒤 1861년에 쓴 「성리론(性理論)」에서 서양에 〈궁리(窮理)〉, 즉 형이상학이 미천하다는 편견은 타파되어야 한다고 주장하고 나섰다. 이러한 주장은 츠다 마미치의 조소 동료였던 니시 아마네(西周, 1829~1897)에 의해 더욱 본격화되었다. 그는 아예 동양 도덕·서양 예술적 학술관을 근본적으로 부정하면서 서양의 〈philosophia〉를 〈철학〉이라고 번역 소개하기에 이른 것이다.[170] 이들이 1862년 네델란드의 라이덴 대학으로 유학을 떠나 막부 최초의 서구 유학생이 된 이유도 거기에 있다.

그러나 그 이후 메이지 유신 초기의 젊은 엘리트들 사이에서는 인문·사회 과학을 막론하고 이와 같은 서구화가 빠르게 진행되어 더 이상 화혼양재라는 손자 병법식의 적정 탐색과 정찰을 위한 양학 연구의 분위기를 찾아보기 힘들게 되었다. 서양에서 유학을 마치고 귀국한 이들도 서양의 가치를 이상화하는 대신 토착의 가

---

[170] 니시 아마네(西周)는 1861년에 기초된 츠다 마미치의 유고 「性理論」의 말미에 부기한 자신의 評言에서 처음으로 philosophia를 〈希哲學〉이라고 번역한 바 있다. 그는 希哲學이라는 단어에 ヒロソヒ라는 傍訓을 사용했던 것이다. 李光來, 「실학과 실천 철학의 접점으로서 서구 사상의 수용 양식: 西周의 습합적 전개를 중심으로」, 『일본 사상』, 제2호, 한국일본사상사학회, 2000, pp. 225~239 참조.

치를 비하한 탓에 순전히 서양 학풍의 틀 속에서 서양 학문의 도입에만 열을 올렸다. 독일에서 유학하고 돌아와 도쿄 대학의 철학 교수를 지낸 이노우에 데츠지로(井上哲次郞, 1854~1944)도 『메이지 철학계의 회고(明治哲學界の回顧)』에서 당시 독일 철학에만 극도로 경도되어 다른 것을 소홀히 한 점이 가장 유감스럽다고 후회한 바 있다. 그러나 이러한 회한은 그에게만 그친 것이 아니었다. 모리 오가이도 메이지 말년에 일본 사상계에서 일어나는 학문의 전문화·세분화의 경향과 그에 따른 학자들의 심리적 변화와 그것이 가져올 위험성을 간파하고 학자들 사이에서 변질되고 있는 화혼양재관의 양상을 다음과 같이 비판하기도 했다. 그에 의하면,

〈나는 일본 근세의 학자를 《절름발이―本足》 학자와 《정상적인二本足》 학자로 나눈다. 새로운 일본은 동양의 문화와 서양의 문화가 서로 섞여 소용돌이치고 있는 나라이다. 그래서 동양의 문화에 입각하는 학자도 있고 서양의 문화에 입각하는 학자도 있다. 이들은 둘 다 한쪽 발로 서 있는 절름발이인 것이다. 한쪽 발로 서 있다고 해도 깊이 뿌리내린 거목처럼 그 다리에는 충분히 힘이 있어서 아무리 밀어도 쓰러지지 않는 사람도 있다. 이런 사람들도 국학자나 한학자같은 동양학자이든 서양학자이든 유용한 인재임에는 틀림없다. 단지 그처럼 한쪽 발로 서 있는 학자들의 의견은 편파적일 뿐이다. 이러한 편파성 때문에 거기에서 벗어나려고 하면 할수록 더욱더 힘들어진다. ……실제로 많은 학문상의 갈등이나 충돌은 이 두 요소가 싸우고 있는 것이다. 그래서 시대는 두 다리로 딛고 있는 정상적인 학자를 요구한다. 동서의 문화를 각각 한쪽 다리로 딛고 서 있는 학자를 요구하는 것이다. ……그런데 이러한 사람을 발견하기란 쉽지 않다.〉[171]

이상에서 보았듯이 조선의 동도서기론은 중국과 일본의 것과 개념을 달리했을 뿐 19세기 서구의 도전에 대한 자구적 응전 방식이었고 동서 문화의 불가피한 절

---

171 『鷗外全集』第二十三卷, 앞의 책, p. 58.

충주의적 융합 형식이었다. 서학동점이 18세기 동아시아의 실학 벨트를 형성했듯이 19세기에도 이 지역에는 동도서기라는 공통된 수용 양식의 절충주의적 문화 벨트가 형성되었다. 서학 또는 양학이라는 유전 인자형 *génotype*을 공유한 19세기 동아시아 문화의 공통된 표현형 *phénotype*이 생겨난 것이다. 〈중학위체 · 서학위용〉과 〈동양 도덕 · 서양 예술〉, 그리고 〈동도서기〉에서의 용(用) · 예(藝, 또는 才) · 기(器)가 모두 동아시아의 유교 정신을 근본으로 하여 서양의 과학 기술을 표현한 개념들이었기 때문이다.

5 쇄국과 개화의 사이

조선의 쇄국은 막연한 정치적·문화적 광장공포증Agoraphobia에서 비롯되었다기보다 백인공포증Caucasianphobia이 더 큰 원인으로 작용했을 것이다. 문화적으로 서구와 직접 접촉한 경험이 없었던 처녀 인구집단virgin population인 조선 사회가 그것에 대한 감염의 공포를 느끼는 것은 당연한 일이었다. 결국 조선의 선택은 거대 권력의 속령화 욕망에 대한 배타적 자구책인 해금책(海禁策) 뿐이었고 그로 인한 〈창 없는 사회windowless society〉의 길일 수밖에 없었다.

그러나 1875년 9월 일본 군함 운요호의 덫에 걸린 조선의 운명은 1876년 2월 한일수호조규, 이른바 병자수호조약을 통해 〈창 없는 사회〉에서 〈열려진 사회opened society〉로의 변신을 강요받았다. 조선은 쇄국에서 개항에로, 그리고 모방 제국주의[日帝]의 실험장으로 빠르게 변모되어 갔다. 서구에게 배운 야만 대 문명 개화의 제국주의 게임의 첫번째 희생양이 바로 조선이었다. 개화, 즉 서구화하지 못한 조선의 문화는 야만의 표상으로 간주되었고 그것을 빌미로 개화라는 편리공생의 프로그램이 조선에 강제되었다. 이때부터 조선에는 오리엔탈리스트와 옥시덴탈리스트가 뒤섞인 개화 시대가 도래한 것이다.

1. 서구 사상의 충격과 개혁설

1898년 9월 23일자 「황성신문(皇城新聞)」의 논설을 보면, 〈개물성무(開物成務) 하며 화민성속(化民成俗)을 개화라 위(謂)하나니라〉하여 〈개화〉가 이 두 구절의 머리글자를 합쳐 만든 용어임을 밝히고 있다. 그것은 〈사람이 아직 알지 못하는 것을 개발하고 이루고자 하는 것을 이루게 한다〉는 뜻과 〈백성을 교화하여 훌륭한 풍속을 만든다〉는 뜻을 합쳐 〈새로운 것을 개발하고 국민을 교화한다〉는 의미였다.

일본에서는 존왕양이(尊王攘夷)의 지도 이념 대신 개국의 방향을 근대화로 잡아 문명 개화를 내세우던 메이지 초기, 즉 메이지(明治) 4년(1871년)부터 10년 전후까지를 문명개화기라고 불렀다. 이때는 서양의 문물과 제도를 모방하여 1871년의 폐번치현령(廢藩置縣令)·단발령(斷髮令), 1872년의 근대적 학제령(學制令)·징병령(徵兵令), 그리고 1873년의 지조개정령(地租改正令) 등과 같은 일련의 개혁적 조치가 내려지던 시기였다. 당시의 사람들도 스스로 이를 〈옛날의 야만풍(昔の野蠻風)〉에 대해 〈오늘의 문명풍(今の文明風)〉이라고 과시하고 다녔다.[172] 특히 메이지 6년에 모리 아리노리(森有禮)가 결성한 신지식인들의 결사체로서의 〈명육사(明六社)〉는 일본 근대화의 중심 세력이었으며, 그들이 발행한 『명육잡지(明六雜誌)』는 근대화를 국민 운동으로 극대화할 수 있는 매개체이자 서구 사상의 보급 경로이기도 했다.

우리나라에서 〈개화〉라는 용어를 처음 사용한 이는 1881년 조사일본시찰단(朝士日本視察團)의 일원으로 3개월간 일본을 다녀온 박정양(朴定陽)이다. 그는 고종에게 바친 「일본문견조건(日本聞見條件)」에서 〈쇄항(鎖港)·수구를 주창하는 사람들은 감히 조의(朝議)에 참여할 수 없었고 오직 개항·개화의 무리들만이 크게 등용되어 높은 관직에 뛰어오르게 되었다〉[173]고 보고한 바 있다. 이처럼 박정양

---

172 髙坂正顯, 『明治文化史』 4, 思想言論編, 開國百年記念文化事業會編纂, 洋洋社, 1955, pp. 62~70.

은 당시 일본의 급변하는 개화, 즉 급진적인 서구화에 대해서는 부정적인 인물이었다.

그러나 그와는 달리 김옥균·박영효 등 젊은 지식인들은 전면적인 개방과 개항을 통해 서양의 과학·기술뿐만 아니라 사상·종교까지 받아들여야 한다는 급진적인 문명개화론을 주장했다. 이들은 서구 문물에 대한 문화 충격을 거부보다는 수용adoption으로 대응하자는 적극적·급진적 개혁주의자들이었기 때문이다.[174]

1) 서구 사상의 부분적 전래

이들의 개화 사상의 근간은 사회 진화론social darwinism이다. 이미 일본 시찰단(일명 신사유람단)의 일원으로 1881년 봄 일본에 건너가 6월 8일 일본의 볼테르로 알려진 후쿠자와 유키치(福澤諭吉)의 게이오 의숙(慶應義塾)에 입학한 유길준(兪吉濬)과 유정수(柳正秀)는 사회 진화론을 조선에 가장 먼저 소개한 이들이다. 특히 유길준(1856~1914)은 1882년 7월 임오군란(壬午軍亂)으로 인해 귀국할 때까지 반년 정도 후쿠자와의 집에서 기숙하면서 다윈의 진화론, 스펜서와 헉슬리의 사회 진화론을 직접 지도받았을 뿐만 아니라 도쿄 대학의 초빙교수인 모스Edward S. Morse의 집에서도 반년 가량 머물면서 그의 강의와 몽테스키외Montesquieu나 토크빌Tocqueville에 대한 강연에도 열심히 참석했다.

유길준은 전년도에 수교한 미국을 방문하는 대미 외교사절단 보빙사(報聘使)의 정사 민영익(閔泳翊)의 수행원으로 참여해 1883년 9월 2일 샌프란시스코에 도착했다. 그는 민영익의 지시에 따라 국비 유학생으로 미국에 남게 되자 피바디 박물

---

173 『박정양 전집』, 제5책, 아세아문화사, 1984, p. 25.
174 김옥균을 중심으로 1874년경부터 형성된 개화파들은 1882년 임오군란 이후에 조선의 개화 속도와 방법에 대한 견해 차이로 인해 급진 개화파와 온건 개화파로 양분되었다. 유기홍, 김옥균, 홍영식, 박영효, 서광범, 서재필, 윤치호 등이 급진적인 개화를 추구하는 청년 지식인들이었다면, 김홍집, 어윤중, 박정양, 김윤식, 김기수 등은 점진적인 개화를 주장하는 장년층의 이른바 동도서기론자들이었다. 신용하, 『한국 근대 사회 사상사 연구』, 일지사, 1987, p. 201 참조.

관장인 모스를 다시 찾아가 그의 주선으로 대학 입학 예비 고등학교인 덤머아카데미Governor Dummer Academy에 3학년생으로 입학했다. 그러나 그는 1884년 12월 4일 갑신정변이 일어나자 귀국 지시를 받고 미국 대학에 입학하지도 못한 채 1885년 9월 미국을 떠났다.

유길준은 일본과 미국에서 후쿠자와 유키치와 모스에게서 직접 지도받음으로써 당시 조선의 지식인들 가운데 누구보다도 다윈주의와 사회 진화론에 밝은 개화사상가였다. 그가 미국 유학 기간 중 기독교를 깊이 연구했음에도 서재필·윤치호·김윤식·이승만과는 달리 기독교로 개종하지 않고 유교를 고수한 것도 기독교의 창조론을 정면으로 비판하는 사회 진화론에 경도된 그의 개혁 성향 때문이었을 것이다.[175]

그의 계몽사상의 핵심이었던 천부 인권설과 사회 진화론은 토마스 제퍼슨이 초안한 미국 독립선언문에서도 〈모든 인간은 천부적으로 동등하게 태어난다all men are created equal〉고 명시했듯이 남북 전쟁 이후의 미국 지성계를 풍미한 사조였다. 더구나 이러한 미국 학계의 분위기가 동아시아에도 빠르게 유입된 것은 일본의 많은 미국 유학생들과 일본에 초청된 미국인 학자들에 의해서였고 그 대표적인 인물 가운데 한 사람이 바로 1877년에서 80년까지 도쿄 대학에 초빙되어 온 모스 교수였다. 본래 동물학자인 그는 1882년 9월부터 83년 3월까지 도쿄에 다시 초빙되어 후쿠자와 유키치와 함께 8회에 걸쳐 다윈주의와 진화론을 일본에 적극적으로 소개할 정도로 철저한 진화론의 신봉자였다.

유길준·유정수·윤치호 등이 도쿄에 유학하기 시작한 1881년만 해도 이미 1879년에 도쿄학사회원(東京學士會院)으로 설립된 도쿄대학을 중심으로 한 그곳의 학문적 분위기는 이른바 〈대학의 진화론〉이라는 새로운 철학의 기운이 지배하던 때였다. 특히 1879년 처음으로 도쿄대학의 철학과에서 강의한 에드워드 사일

---

175 유영익,「『서유견문』론」,『한국사 시민 강좌』, 제7집, 1990, p. 137.

E.W.Syle과 1872년부터 4년간 미시간 대학에서 자연 과학과 철학을 배우고 귀국한 토야마 마사카즈(外山正一), 코넬 대학에서 유학하고 돌아온 식물학자 야타베 료우키치(矢田部良吉) 등이 동물학자인 모스와 더불어 정력적으로 다윈주의와 사회 진화론을 일본의 대학에 보급한 인물들이다.[176]

그러면 남북 전쟁 이후의 미국과 메이지 유신 이후의 일본 사회는 무엇 때문에 이토록 사회 진화론이나 천부 인권설에 빠져들었나, 그리고 조선 후기 사회의 젊은 엘리트들은 왜 이러한 사조를 그들로부터 직·간접으로 수용하려 했나? 남북 전쟁 때까지만 해도 미국의 경제는 유럽의 주요 국가에 비해서 훨씬 뒤진 상태였다. 그러나 전쟁이 끝난 이후 미국의 대내외 정책은 세계 최강의 산업 선진국으로 탈바꿈하기 위해 적극적인 변화를 시도했다. 국내의 산업 열기는 크리스토퍼 숄즈의 타자기(1874), 벨의 전화기(1876), 에디슨의 축음기(1878)와 백열등(1879), 이스트먼의 사진기(1888) 발명 등 1865년에서 1900년까지의 등록된 발명 특허권만도 64만 종에 이를 정도로 미국의 산업 혁명기라고 부를 만큼 고조되었다.[177]

1850년대 이후 미국의 변신은 이것만이 아니다. 미국은 태평양으로의 진출을 우선하면서 대외적으로도 팽창주의 정책을 적극적으로 펼치기 시작했다. 이제는 더 이상 미개척의 서부가 존재하지 않으며 서부 개척이 사실상 끝나게 되자 미국은 태평양 쪽으로 계속 전진하면서 서부 개척에서 길들여진 미국적 정신을 국외로 확대시키기 시작한 것이다. 다시 말해 미국은 서부 개척의 공간적 연장이자 시간적 연속으로서 태평양으로의 진출을 선택한 것이다.

또한 이것은 서부 개척의 연장선상에서 아메리칸 오리엔탈리즘 *American Orientalism*이 실현되기 시작했음을 의미하기도 한다. 예를 들어, 1853년 미국 동인도 함대의 일본 우라가 항의 입항을 시작으로, 미일수호통상조약의 체결(1858년), 불과 7,200만 달러에 러시아로부터 알래스카 구입(1867년), 벌링감 조약

176 古田光,「明治のアカデミ-哲學」,『近代日本思想史 I』, 1956, 青木書店, pp. 232~233.
177 유종선,『미국사 100장면』, 가람기획, 1995, p. 237.

*Burlingame Treaty*로 중국에서의 자유로운 상업 활동의 보장(1868년) 등, 1897년 공식적인 문호 개방 정책의 채택에 이르기까지 일련의 대외 정책들이 바로 그것이다.

그러나 이러한 정책 결정도 따지고 보면 당시 미국의 지식인 사회를 세뇌시킨 사회 진화론을 국제 외교에 적용시킨 것에 지나지 않는다.[178] 1850년 이후 미국의 대외정책의 기저는 세계 시장에서 모든 국가가 똑같은 권한과 공정한 경쟁으로 무역해야 한다는 무역의 적자생존의 논리였으며, 모든 대외 관계에도 힘없는 자에 대한 힘있는 자의 지배를 합리화하는 자연의 약육강식의 논리, 즉 국제 사회에 대한 사회 진화론의 실험과 다르지 않았기 때문이다. 1853년 페리 제독의 우라가 입항도 미국의 이러한 약육강식 이데올로기의 실험 대상으로서 일본이 먼저 선택되었음을 의미하는 사건이었다.

그러나 그것은 서양과 동아시아 사이의 문명 충돌의 서막이었고 서양에 대한 동아시아의 문화 충격의 시작에 지나지 않았다. 서양에게 동아시아는 이미 발견이나 개발의 대상이 아니라 지배의 대상으로 간주되었기 때문이다. 그러므로 서양 문명과 문화에 의한 충돌과 충격이 동아시아인에게는 도전과 자극으로 받아들여질 수밖에 없었고, 진보된 서양의 발견도 자극적 충격으로만 끝나지 않고 동아시아의 자기 발견·자기 개발·자기 혁신의 계기로 이어질 수밖에 없었다. 이것이 곧 충돌과 충격에 대한 일본의 계몽운동기들의 대응이었고 조선의 개화사상가들의 반응이었다. 다시 말해 이것은 후쿠자와 유키치의 『서양사정(西洋事情)』과 유길준의 『서유견문(西遊見聞)』을 단순한 서양의 발견이 아닌 일본과 조선의 자기 발견과 변신을 위한 대안으로 간주해야 할 이유이기도 하다.

후쿠자와 유키치는 메이지 유신을 전후(1866~70)하여 미국과 유럽을 둘러본 뒤 진보된 서양의 학문과 문명을 적극 수용하여 일본의 개명과 진보를 계몽하기

178 최웅·김봉중, 『미국의 역사』, 소나무, 1999, pp. 223~225.

위해『서양사정』(1870),『학문의 장려』(1872),『문명론지개략(文明論之槪略)』(1875) 등을 저술했다. 이러한 그의 저술들이 당시에 20만 부 이상이나 팔릴 정도로 대단한 호응을 얻은 것은 봉건 제도를 비롯한 종전의 일본 문명을 비판하고 서구 문명을 받아들여 일본도 개인의 자유 존엄과 국가의 독립을 실현해야 한다는 이른 바 〈일신독립·일국독립〉의 그의 문명 개화 사상 때문이었다. 특히 거기에는 사회 진화론적 입장에서 역사도 야만·미개·문명의 법칙적 발전 단계를 거쳐 무한히 진보한다고 믿는 그의 낙관적인 진보주의 역사관이 토대를 이루고 있었기 때문이며, 미개한 일본 문명이 서양 문명의 단계에까지 발전하기 위해서는 〈중인(衆人)의 정신 발달〉이라는 국민 정신의 변혁이 전제되어야 한다는 천부 인권 사상이 기초하고 있었기 때문이기도 하다.

유길준이 1895년 후쿠자와 유키치의 도움으로『서유견문』[179]을 출판한 것도 후쿠자와의『서양사정』과 마찬가지로 당시의 진보된 서구 문명을 조선의 민중에게 소개하여 계몽하기 위한 것이었다. 이처럼『서유견문』은 그 저술 동기와 목적, 그리고 내용에서도 후쿠자와 유키치의『서양사정』의 영향을 받은 것이지만 〈견문(見聞)〉이라는 용어에서도 시사하듯이 한국인 최초로 서양의 근대적 정치·사회·학문·종교·교육 제도 등 다양한 문명과 문화를 직접 조사하여 소개한 일종의 문명론적 개화사상서라는 데 커다란 의미가 있다.

특히 이 책에서 유길준이 모스와 후쿠자와의 사회 진화론을 자신의 사상적 토대로 삼고 있음을 분명하게 드러내 주는 부분은 제14편「개화의 등급」이다. 유길준도 기본적으로 개화를 사회의 변혁과 진보의 과정으로 파악하고, 인간사회가 미개한 상태에서 개화의 상태에로 부단히 진보·발전하여 간다는 미개→반개→개화의

---

[179]『서유견문』은 1895년 4월 25일 후쿠자와 유키치의 추천으로 東京의 交詢社에서 556쪽의 國漢文混用體로 1000부가 출판되었다. 유영익 교수는 이 책의 출판이 시무가·경세가로서 유길준의 면모를 부양시키는 데는 크게 이바지했지만 민중 계몽이라는 소기의 목적에 얼마나 이바지했는지에 대해서는 의심스럽다고 주장한 바 있다. 유영익,「『서유견문』론」, p. 141 참조.

삼단계설을 주장했기 때문이다.

그러나 그가 어느 것보다 중요시한 것은 개화의 방법이었다. 그는 외국의 문명과 문화의 수용에 있어서 자주적·주체적인지의 여부에 따라 개화를 〈실상개화(實狀開化)〉와 〈허명개화(虛名開化)〉로 구별했다. 실상개화는 자국의 전통을 토대로 하여 자기의 현실과 실정에 맞게 받아들여 새로운 문화를 창조하는 것인 반면 허명개화는 맹목적으로 받아들이거나 모방하는 것이다. 그러므로 전자를 가리켜 그는 〈개화의 주인〉이라고 불렀고, 후자를 가리켜 〈개화의 죄인〉으로 규정했다.

이러한 경향은 1900년대에 접어들어서도 개화 운동이 활발해지면서 심해지는 피상적·형식적인 껍데기 개화, 즉 〈피개화(皮開化)〉의 폐단에 대해 실질적인 알맹이 개화, 즉 〈골개화(骨開化)〉를 강조하는 운동으로 나타나기도 했다. 1906년 7월 6일자 「황성신문(皇城新聞)」의 논설인 〈피개화지대폐(皮開化之大弊)〉에서도, 〈근자에 개화자로 자인하는 자를 보건대, 입에는 궐련을 물고 눈에는 양경(洋鏡)을 쓰고 가로위를 소요하면 염연히 고명의 인사로 자시(自視)하고, ……어찌하면 전국의 동포로 하여금 그 피(皮)를 없애고 그 골(骨)을 있게 할 수 있겠는가〉하여 외양보다 내실 있는 개화를 계몽하고 있다.

한편 짧은 기간(1895~98년)이긴 하지만 서구 사상으로 개화 운동을 주도한 인물 가운데 한 사람이 한국의 볼테르라고 불리는 서재필(徐載弼: 1864~1951)이다. 1884년 갑신정변의 실패로 미국에 망명하여 유학한 그는 1895년 말 귀국한 뒤 「독립신문」을 창간하고 〈독립협회〉를 조직하여 1898년 5월 그가 미국으로 돌아갈 때까지 국민 계몽 운동에 나섰다. 특히 서재필은 당시 서양 사상의 주류였던 로크 J. Locke와 루소 J. J. Rousseau의 계몽주의, 벤담 J. Bentham의 공리주의, 몽테스키외 C. Montesquieu의 자연법 사상, 그리고 당시에 풍미하던 진화론 및 진보주의 사상을 배워 고국에 소개하려 했다. 그가 「독립신문」에서 특별히 강조한 것은 진보주의·법치주의·천부 인권설 등이다. 예를 들어 1897년 3월 7일자 논설에서도 국민의 권리가 얼마나 보장되고 있는지를 진보의 척도로 제시하고, 인간의 권리는 천부적인 것이므로 누구도 침탈할 수 없다고 강조한 바 있다.

그 밖에 「독립신문」 영문판 1897년 10월 7일자 논설에 보면, 〈인간이 자유롭다는 것은 이성을 가지고 있기 때문이라고 생각한다고 스피노자Spinoza는 말하였으며, 자유로운 사람이란 그 자신을 가리키는 것이지 다른 사람을 가리키는 것은 아니다라고 아리스토텔레스Aristoteles가 말하였다〉고 하여 스피노자의 범신론이나 아리스토텔레스의 형이상학을 본격적으로 소개하지는 않았지만 그들과 같은 서양 철학자들도 폭넓게 다루려 했다. 이것은 이전까지 중국과 일본을 통해서만 서양 철학이 수용되었던 것과는 달리 처음으로 조선인이 직접 서양에서의 유학을 통해 서양 철학을 도입했다는 데 의미가 있다. 한마디로 말해 이때부터 조선에는 서양 철학이 직접 수용되는 〈제3의 길〉이 열리기 시작한 것이다.

그러나 고조되는 서양 철학에 대한 관심이 연구 성과로 처음 나타나기 시작한 것은 1868년부터 1년간 연행사(燕行使)를 수행하여 북경에서 서양의 신학문들을 섭렵하고 돌아온 석정(石亭) 이정직(李定稷: 1841~1910)의 칸트 철학에 관한 연구 논문에서였다. 그가 귀국 후 30책에 달하는 『연석산방고(燕石山房稿)』의 「미정문고 별집(未定文稿別集)」 속에다 128쪽 분량으로 「강씨철학설대략(康氏哲學說大略)」이라는 제목으로 발표한 칸트 철학에 대한 논문이 그것이었다. 신귀현은 「서양 철학의 전래와 수용」(2000, 영남대 민족문화연구소)에서 당시 북경에 체류한 이정직의 칸트 철학과의 만남을 중국인에게 칸트 철학이 소개되기 이전의 일로 여기고 있다. 그는 이정직이 귀국한 지 17년 뒤인 1886년 캉유웨이(康有爲)가 『제천강(諸天講)』에서, 그리고 1897년 옌푸(嚴復)가 헉슬리의 『진화론』을 『천연론(天然論)』으로 번역하면서 처음으로 칸트를 간단히 언급한 것을 중국에서의 최초의 칸트 소개로 간주하기 때문이다.[180]

박종홍은 이 논문이 1912년 서양 고대 철학사를 소개한 최초의 본격적인 철학

---

[180] 신귀현, 「서양 철학의 전래와 수용」, 『韓國文化思想大系』, 제2권, 영남대 민족문화연구소, 2000, pp. 460~461.

서인 이인재(李寅梓)의 『고대희랍철학고변(古代希臘哲學攷辨)』보다 먼저 〈철학〉이라는 용어를 사용하여 서양 철학을 연구한 최초의 것이므로 이정직을 우리나라에서 서양 철학 연구의 선구자로 간주해야 한다고 주장한다.[181] 박종홍에 의하면, 석정은 라이프니츠의 합리론과 흄의 경험론을 비판하면서 칸트의 『순수이성 비판』, 『실천이성 비판』, 『판단력 비판』을 소개한 바 있다. 또한 석정은 칸트의 자유 사상을 천리(天理)의 자연에 따르는 것이 진정한 자유, 즉 〈循天理之自然思想〉이라고 나름대로 해석했을 뿐만 아니라 그것을 본질의 세계로 간주하여 유학에서 말하는 본연지성(本然之性)에 비유하기도 했다.

한편 석정은 동·서양 철학의 차이를 가리켜 전자가 이론적인 면보다 도덕적·실천적인 면을 우선하는 데 비해 후자는 이론적인 면을 더욱 중시한다는 것이다. 그러면서도 이 논문의 결론은 동·서양 철학의 조화로운 발전에 대해 희망적이고 낙관적이었다. 서양 철학이 실리주의와 공리주의에만 치우쳐 동양 철학과는 어울릴 수 없는 것 같지만 칸트의 경우를 보면 그렇지만은 않으므로 장차 서로를 잘 연구한다면 상호 조화를 실현시킬 수 있다는 것이다. 이러한 가능성을 실험적으로 실증이라도 하듯이 그는 이 논문에서 량치차오(梁啓超)의 『음빙실문집(飮氷室文集)』(1903)을 참고하여 칸트의 철학을 주자학과 비교하기도 했다. 그는 주자학을 칸트 철학보다 비하한 량치차오와는 달리 칸트 철학의 우수함을 주자학에 비견하려 한 것이다. 특히 그가 칸트를 가리켜 서양에서 내어난 〈동양 유학자의 화신〉이라고까지 극찬한 것도 그런 이유에서였다.

---

[181] 朴鍾鴻, 『全集』, 제V권, 민음사, 1998, pp. 283~285.

2. 계몽과 기독교의 영향

1) 기독교가 사회 개혁에 끼친 영향

1832년(순조32년) 독일계 네덜란드 목사인 구츨라프Carl A. F. Gutzlaff[182]가 황해도 해안 일대를 거쳐 충남 홍성의 고대도(古代島)와 금강 입구에 상륙하여 전도를 시작한 이래 수차례의 구미 선교사들에 의한 끊임없는 전도로 기독교는 빠르게 교세를 확장하여 갔다. 1928년에 새문안교회에서 나온 차재명 편, 『조선예수교장로회사기(史記)』(上)에 의하면, 1885년 황해도 장연군(長淵郡) 송천(松川)에 처음으로 장로교회가 생긴 이래 1910년까지 설립된 교회 수도 683개 소에 이를 정도로 빠르게 증가했다. 이것은 특히 1895년 명성황후 시해 사건인 을미사변(乙未事變) 이후 1905년 일본에 의해 강제로 을사보호조약이 체결되기까지 한반도를 둘러싼 주변 강대국들의 쟁탈전과 극도에 달한 국내 정세의 혼란으로 인해 민중의 불안이 점증하면서 수많은 이들이 기독교에서 국가의 자주 독립과 개인의 안식을 갈구하려 했기 때문이다.

1897년부터 1905년 사이에 증가된 장로교회의 숫자가 전체의 과반수를 넘는다

---

[182] 구츨라프가 동아시아의 선교를 목적으로 가장 먼저 도착한 곳은 1831년 중국의 남부 해안 도시들이었다. 그는 그해에 마카오·해남도·타이완 등지를 거쳐 중국 내륙으로 상해와 천진에까지 선교 범위를 확장했다. 그는 1833년 중국의 광주(廣州)에서 『동서양고매월통기전(東西洋考每月統記傳)』을 편집하여 출판하기 시작하는가 하면 그 이듬해에는 한역 『성경』과 『구세주야소신유조서(救世主耶蘇新遺詔書)』 등 60권의 중문 선교서들을 출판하면서 중국으로 중심으로 왕성한 선교 활동을 펼쳤다. 『中國基督敎基礎知識』, 中國社會科學院 世界宗敎硏究所 編, 宗敎文化出版社, 1999, pp. 55~56.
그러나 그가 조선에 상륙하게 된 것은 선교 목적이 아니었다. 그는 1816년부터 영국이 중국과의 무역을 위해 파견한 전권대사 윌리암 암허스트W. P. Amherst를 수행하여 1832년 중국 북방 지역의 상업 시찰 중에 황해도 연안 지방에 정박하게 되었다. 그 뒤 그는 남하하여 충청도 서해안 지역에 상륙하여 일 개월 이상 머물면 가지고 온 사례물과 통상청구서를 비롯하여 중문 성경 2권을 지방 관리를 통해 국왕(순조)에게 바쳤다. 그러나 그는 이 기간 동안 민간인에게 성경과 각종 기독교 관련 물품들도 배포하였다. 王春來, 『基督敎在近代韓國』, 中國社會科學出版社, 2000, pp. 17~18.

는 사실이 이러한 시대 상황을 입증하고도 남는다. 1896년 8월 20일자 「독립신문」의 논설도 〈바라건대 조선의 백성들이 서로 생각하기를 형제와 같이 하며 구세주 예수 그리스도를 믿고 그 성주의 가르치심을 본받으려 함이니 이 본의를 생각하면 어찌 감격하지 않으리오. 세상에 종교가 많이 있지만 예수교와 같이 진정으로 선하고 참사랑하며 남을 참으로 불쌍히 여기는 종교는 세계에 다시없는지라〉고 하여 기독교를 억압받는 자의 편에서 안식처를 제공하는 종교로서 부각시키고 있었다.

　이것만이 아니다. 당시의 기독교는 낙후된 봉건 사회를 개명(開明)시키는 계몽적 역할을 더 큰 시대적 사명으로 여기고 있었다. 기독교도들은 서구 사회가 진보된 문명 세계로 발전할 수 있었던 것을 무엇보다도 기독교를 받아들인 때문으로 인식하려 했다. 1900년 3월 1일자 『대한 그리스도인 회보』도 〈각국이 기독교를 존숭한 후에 그 백성이 한번 변하여 자유로운 마음과 용진하는 기운을 발달하여 오늘날 저같이 문명 부강하니 이 나라에도 기독교회가 흥왕하여 백성의 마음이 먼저 개명하면 나라가 개명하지 못함을 어찌 근심하리오〉라고 단언함으로써 기독교에 의한 사회의 진보를 계몽하고 있다.

　첫째, 조선 사회에서 기독교회가 전개한 국민 계몽 운동 가운데 가장 큰 공헌은 교육 사업이었다. 1910년 8월 13일자 관보 제4556호에 나타난 전국 각급 학교의 숫자(1910년 7월 1일 기준)를 보더라도 관·공립학교가 80개 교인 데 비해 기독교 단체들이 세운 사립학교는 무려 755개 교에 달할 정도였다. 이러한 상황을 가리켜 박종홍은 〈한일합방 전후만 하더라도 교육 사업은 초등에서 전문에 이르기까지 개신교가 도맡고 있다고 할 정도였다〉(『박종홍전집』 V, 민음사, 1982)고 회고한 바 있다. 1899년 4월 12일자 『대한 그리스도인 회보』도 〈나라의 개명함은 인재를 교육하는 데 있은 즉, 어느 나라든지 만약 개명 진보하려면 각 학문으로 인민을 널리 가르치는 것이 가장 급선무이다〉라고 강조한다. 이것은 무엇보다도 교육이 사회의 개명과 진보에 필수 조건임을 명시하는 것임이 분명하다.

　둘째, 기독교가 조선 사회의 개혁에 끼친 공적으로서 간과할 수 없는 것은 성경의 한글 번역으로 인한 한글 보급과 국어의 발달일 것이다. 서양의 선교사들이 조선 사회의 선교 활동을 위해 우선 선택한 방법이 곧 성경의 한글 번역 사업이었다. 그렇기 때문에 그들에 의한 교세의 확장은 그만큼 한글의 보급이 확대됨을 의미했고, 그들의 선교 활동도 한글 보급에 앞장서는 결과를 가져왔다.

우리 나라에서 최초로 번역된 성경은 존 로스John Ross 등이 번역한 것이다. 중국의 만주 지방에서 선교 활동을 하던 로스와 매킨타이어John McIntyre목사는 이응찬, 백홍준, 김진기, 이성하, 서상륜 등의 도움을 받아「누가복음」,「요한복음」을 1882년 처음으로 심양(沈陽)의 문광서원에서 한글로 출판한 이래 1886년까지 신약성서 전권을『예수성교전서』[183]라는 이름으로 출판해 낸 것이다. 그 뒤 한문식 문장이나 사투리의 표현 등을 바로잡아 새로운『신약성서』가 출판된 것은 1904년 언더우드, 아펜젤러, 스크랜튼, 최병헌, 이창식 등이 조직한 성서위원회와 성서번역위원회의 공동 번역에 의해서였다. 이들은 1900년부터 구약성서의 번역에 착수하여 1911년에는 마침내『신·구약성서』를 완역 출판한 것이다.

유교식 한문 교육의 전통에만 매달려 온 조선 사회에 우리말로 된 이러한 성서의 보급은 단순히 종교적 의미를 넘어 일종의 문자 혁명이었다. 그것은 한글판 성서가 일반 대중에게 얼마나 빠른 속도로 보급되었는지를 살펴보면 쉽게 알 수 있다. 한글판 신·구약성서는 그것이 완역 출판되던 그해만도 26만 부의 판매 부수를 기록했고, 1924년에는 60만 부, 1936년에는 86만 부를 넘어서는 베스트셀러가 되었다.

---

[183] 존 로스가 중국의 동북 지방에서 무역 활동을 하던 한국인을 처음 만난 것은 1873년 동북 지방을 시찰하던 중 국경을 중심으로 소규모 무역상을 하고 있던 李應贊과의 접촉이었다. 그 뒤 그는 이응찬에게 한국어를 배웠고, 이응찬도 그에게 한국인 최초로 세례를 받기도 했다. 또한 1878년에는 로스와 더불어 매킨타이어가 이곳에서 경제적으로 파산하고 실의에 빠진 徐相崙과 徐相佑 형제를 만나 전도한 뒤, 이응찬과 이들 형제의 도움으로 성경의 한글 번역 작업을 착수했다. 1881년에는 중국 동북부에 거주하는 조선족 가운데 이들에 의해 세례받은 사람이 85명에 이를 만큼 기독교의 선교가 활발했다. 1886년에는 마침내 신약전서의 번역 출판이 완료되어 동북 지방의 조선족 집단 거주 지역에 집중적으로 배포되기에 이르렀다. 王春來,『基督教在近代韓國』, pp. 20~21.

또한 한글 성서의 보급이 이처럼 급속도로 증가한 것은 국어에 대한 새로운 관심과 반성의 계기를 만들기도 했다. 그것은 국어에 대한 체계적인 연구나 우리말 사전의 편찬 등 국어의 발달을 위한 여러 가지 사업들을 촉발시켰기 때문이다. 황용수도 『국어학사 논고』(집문당, 1986)에서 〈국어에 대한 본격적인 연구는 서양 선교사들에 의해서 먼저 시작되었다. ……선교를 목적으로 그들은 형극의 길을 극복하고 음운·문법·사전 편찬·국어의 계통·기원에 이르기까지 폭넓게 연구하여 뒷날 국내 학자들의 국어 연구에 크게 이바지하였다〉고 평가하고 있다.

셋째, 서구의 기독교가 조선 사회의 민중들에게 베푼 혜택이자 조선의 근대화를 위해 헌신적으로 앞장선 분야는 서양 의술의 도입과 의료 사업의 전개였다. 개신교가 들어오기 이전까지만 해도 조선 사회의 의료 기관이나 의술은 고작해야 한의원이나 무당의 굿과 같은 민간 요법에 불과했기 때문이다. 조선에 제일 먼저 들어온 선교의사는 1884년(고종21년) 9월 20일 미국 북장로교회에서 파견한 알렌[184]이었다. 그는 한성에 오게 되자 미국 공사관 소속 의사로 임명된 데 이어서 다른 외국 공사관의 의사로도 위촉되었다. 이보다 더욱 중요한 일은 그가 이듬해 고종에게 왕립 병원의 필요성을 설득하여 마침내 2월 29일 최초의 서양식 병원인 광혜원(廣惠院, House of Extended Grace)을 한성의 재동에 개원했다는 사실이다. 이것은 무엇보다도 조선에서 서구식 의료 기관의 탄생을 의미하기 때문이다. 4월 10일 제중원(濟衆院: House of Universal Helpfulness)으로 개칭한 광혜원은 진료를 개시하면서부터 환자가 쇄도하여 하루에 70명, 일년에 일만 명이 넘을 정도로 진

---

184 H. N. Allen(1858~1932). 선교의사로 조선에 왔지만 그 이전인 1883년 중국에서 외교관 생활을 했다. 그는 상해에서 조선에 의사가 필요하다는 헨더슨과 묄렌도르프의 권유로 1884년 6월 6일 미국 북장로회 해외선교부에 조선의 선교의사로 갈 것을 자천하여 그해 9월 22일 제물포에 도착하였다. 그는 초대 주한 미국 특명전권공사인 푸트Lucius H. Foote의 뜨거운 환영을 받았다. 그는 미국 공사관의 부속 의사, 즉 공의(公醫)로 임명되었지만 〈나는 조선이 기독교 국가로 될 그날을 보기 위해 살아가기를 희망한다〉고 포부를 밝히기도 했다. 朴澄雨, 『제중원』, 몸과 마음, 2002, pp. 42~43.

료해야 했다. 알렌은 혼자서 진료를 도저히 감당할 수 없자 미국 북장로교 본부에 선교의사의 증원을 요청하였고 파견된 사람이 스크랜튼W.B. Scranton이었다. 그 이듬해에는 여의사 애니 엘러스Anni J. Elless가 파견되어 왕녀와 왕실의 부인 진료를 담당했다.

　김두종의 『한국 의학사』(탐구당, 1993)에 의하면, 선교의사들에 의해 조선에 의학 교육을 처음으로 시작한 것은 1886년 3월 29일이었다. 알렌 부인과 헤론J.H. Heron부인, 그리고 언더우드H.G. Underwood부인은 예과생 16명을 선발하여 영어와 물리, 화학 등 기초 과목을 4개월간 가르친 뒤 그들 가운데 다시 12명만을 골라 본과 교육을 실시했다. 그러나 체계적인 의학 교육이 시작된 것은 이보다 훨씬 뒤인 1899년이었다. 미국의 북장로교 선교 본부는 토론토 의과대학 교수인 에비슨 O.R. Avison을 파견하여 제중원의학교를 설립하고 학생들을 선발하여 의학 교육을 시작한 것이다. 특히 1895년 콜레라가 유행하자 내부대신 유길준으로부터 방역 책임을 맡아 활동한 뒤 자신감을 얻은 그가 의학 교육에 박차를 가하면서 더욱 활기를 띠게 된 것이다. 훗날 그는 당시의 결심을 다음과 같이 회고한 적이 있다. 1932년 7월~9월까지 『기독신보』에 실린 「에비슨 박사 소전」에 의하면,

　〈처음에 의료 선교사로 조선에 나온 서양 사람은 몇이 못되었다. 그러나 이미 나와 있는 이들과 앞으로 계속하여 나올 사람이 열심히 일한다고 하더라도 조선의 보건을 증진하고 위생을 개량함에 큰 공헌을 하기가 어렵다. 그들로서 당시 조선에서 할 수 있는 일은 끊임없이 발생하는 무수한 환자의 지극히 적은 수를 치료하여 줄 뿐이었고, 서양 의사들이 조선의 질병을 방지하는 동시에 과학적 의술과 위생의 사상을 보급하려면 조선 사람을 교육시켜서 조선 사람으로 서양 의술에 통한 의사를 양성하는 것밖에 상책이 없음을 깨닫게 되었다. 물론 내가 의료 교육을 위하여 생각한 지는 벌써 오래되었다. 왜냐하면 내 자신이 일찍이 캐나다 토론토를 떠나기 전에 의학과 약학을 교수한 경험이 있기 때문이었다. 그러므로 나는 조선에 의학교 하나를 세워 보기로 결심하게 되었다.〉

이렇게 해서 시작된 의학 교육을 두고 박형우는 두 가지 측면에서 그 의미를 부여한다. 하나는 에비슨의 의학 교육이야말로 서양 의학의 토착화 과정 자체였다는 것이다. 예를 들어, 김필순·홍석후·홍종은 등에 의해 해부학을 시작으로 거의 전 과목에 걸쳐 편찬된 우리말 의학 교과서도 에비슨의 지도로 이루어졌기 때문이다. 다른 하나는 알렌 시대와는 달리 졸업생을 배출하고 이들에게 의술 개업 인허장을 주어 사회적 공인을 제도화했다는 점이다.[185]

이렇게 해서 1908년 6월 제1회 졸업생으로 배출된 우리나라 최초의 서양의가 김필순(金弼純)이었다. 그는 졸업 이전(1900년)부터 이미 에비슨의 조수로서 활동하면서 에비슨과 함께 최초의 인체 해부학을 번역(1904년)하는가 하면『약물학』을 번역하기도 했다. 그는 졸업 이후에도 1회 졸업생인 박서양(朴瑞陽)·홍석후 등과 계속 학교에 남아 교과서의 번역 출판뿐만 아니라 강의와 병원 경영에도 참여하면서 조선 의학 교육의 선두 주자로서의 역할도 전수받았다. 결국 이러한 과정을 통해 연세대학교 의과대학의 전신인 세브란스 의학교가 탄생했다. 즉 제중원이 1904년 9월부터는 남대문 밖의 복숭아골[挑洞]에 병원을 신축하고 진료를 개시했는데, 이때는 이미 제중원의 명칭이 세브란스 병원Severance Hospital으로 바뀐 뒤였다.

한편 1903년 미국감리교회의 외국부인전도회에서는 세브란스 병원에 처음으로 간호원 에드먼즈를 파견했고, 미국북장로교 선교 본부에서도 간호원 쉴즈를 보내 이 땅에서 간호원을 양성하기 시작했다. 이들은 처음으로 5명을 선발하여 제복과 제모를 갖추게 하고 교육한 결과 1910년에는 김배세(金背世)를 비롯한 최초의 간호원들을 배출해 냈다.

2) 개신교 사상

서재필을 비롯한 대부분의 기독교 신자들이 만든 독립협회의 기관지 역할을 했

---

185 박형우,『제중원』, 몸과 마음, 2002, pp. 261~262.

던 「매일신문」 1898년 5월 28일자 논설을 보면, 〈우리는 특별히 믿지 않는 동포들을 위해 예수교가 나라의 문명 부강과 독립 자주의 근본이 되는 줄을 깨닫게 하노라〉고 하여 그들의 결사 의지를 천명한 바 있다.

이처럼 조선에 뿌리내린 개신교의 특징은 무엇보다도 정치적이었다. 더구나 1905년 일제에 의해 강제로 체결된 을사보호조약 이후 대부분의 지식인들은 약육강식의 제국주의 열강 속에서 생존하기 위해서는 개명해야 했고, 그렇게 되기 위해서는 기독교를 믿지 않으면 안 된다고 생각했기 때문이다. 1907년 5월 도산 안창호(安昌浩)가 미국에서 귀국하여 양기탁(梁起鐸), 윤치호(尹致昊), 이승훈(李昇勳) 등 기독교 신자를 중심으로 비밀 정치단체인 신민회(新民會)를 결성한 것도 그런 취지에서였고, 일제가 한일합방과 더불어 기독교 탄압의 일환으로써 신민회를 해산시킨 것도 마찬가지 이유에서였다.

이러한 암울한 현실 속에서 당시의 개신교가 계몽하고 지향하려는 정신은 무엇이었을까? 한마디로 말해 그것은 기독교의 신앙을 통한 새로운 가치관의 확립과 자아의 발견이었다. 유교 윤리의 차별적 가치가 지배하는 일종의 닫힌 사회인 조선 사회에서 기독교가 내세우는 새로운 가치관이란 하나님 앞에서는 누구나 평등하다는 사민평등(四民平等)의 윤리였다. 1900년 한글판 「제국신문」을 창간한 정동(貞洞)교회 목사 최병헌(崔炳憲)도 이미 1903년 12월 22일자 「황성신문(皇城新聞)」에 실린 기고문 〈기서(寄書)〉에서 〈天下視同一衆四海可 弟兄〉이라고 하여 사해만민(四海萬民)을 형제(兄弟)로서 간주한 바 있다. 다시 말해 이것은 어느 나라 누구라도 차별적 존재일 수 없는 인격적 존재로서 다 같이 존경받아 마땅하다는 기독교적 천부 인권 사상에 기초한 그의 사민평등주의적 주장이었다.

더구나 이것이 프로테스탄티즘을 초월한 민족운동으로서 더욱 극명하게 나타난 것은 독립협회를 조직하고 주도해 간 서재필의 핵심적인 계몽사상에서였다. 예를 들어, 〈그 나라에 사는 사람은 모두 그 나라 백성이므로 백성마다 얼만큼 하나님이 주신 권리가 있는데 그 권리는 아무도 뺏지 못하는 권리요〉라는 1897년 3월 9일자

「독립신문」의 논설이 바로 그것이다. 실제로 이것은 〈모든 사람은 태어날 때부터 평등하며 조물주로부터 양도할 수 없는 몇 개의 권리를 부여받았다〉고 선언한 제퍼슨의 미국독립선언서를 반복한 것이나 다름없는 조선의 자주 독립 의지와 권리를 천명하는 것이기도 하다. 이것은 서구 오리엔탈리즘에 대해서뿐만 아니라 서구 클럽의 아시아 회원국Asian agent으로서 자처하고 나선 일본 제국주의의 아시아 부정 곧, 아시아 지배라는 일본식 오리엔탈리즘Japanese Orientalism에 대한 독립 의지의 표현이자 독립 선언의 프롤로그이기 때문이다.

서재필이 당시 구미에서 유행하던 천부 인권설을 비롯한 계몽사상으로부터 받은 영향은 이것만이 아니다. 〈조선의 백성들은 몇 백 년을 자기 나라 사람들에게 압제받아 백성의 권리라고 하는 것을 애당초 잊어버렸고 또한 무슨 뜻인지도 모르는지라〉와 같은 그 날짜의 논설 내용도 〈사람은 태어날 때부터 자유롭지만 도처에서 쇠사슬에 묶여 있다〉는 루소의 『사회계약론』 첫머리의 의미와 다를 바 없다. 심지어 서재필은 일본이 동방의 영국 노릇을 하려 하니 우리는 조선을 아시아의 프랑스로 만들어야 한다고까지 주장한 바 있다. 그는 조선이 제국주의 열강의 식민지 쟁탈에 희생되지 않으려면 조선을 프랑스와 같이 문명이 개화한 선진국으로 만들어야 하며, 그렇게 하는 것이 기독교 인사들의 시대적 사명이자 책무라고 확신했던 것이다.

「독립신문」의 편집 및 경영권을 인수한 윤치호의 기독교적 천부 인권 사상은 영국이나 프랑스를 모델로 하려는 유길준이나 서재필과는 달리 하나님으로부터 부여받은 천부 인권을 간직하기 위해서는 한국인 스스로의 노력과 투쟁이 필연적임을 강조한다. 그는 서재필로부터 신문사를 인계받고 쓴 첫번째 논설 〈정직한 고백〉에서 〈모든 사람은 날 때부터 평등하다는 것, 이 진리는 앵글로색슨 족이나 라틴 족에서 나온 것이 아니라 하나님께서 누구에게나 준 것이라는 것, 또 오늘날 국왕이나 양반들에게 소처럼 일하면서도 고통받고 있는 사람이 한국 안에는 너무나 많다는 것, 그리고 외국인들이 향유하고 있는 개인의 권리와 번영은 길가에서 우연히 얻어진 것이 아니라 다년간의 노력과 연구와 투쟁을 거쳐서 얻은 것, 만약 앞으로 한국인들이 이러한 권리와 번영을 누리기를 원한다면 노력하고 투쟁해야 한다〉고 주장하고 있다. 이렇듯 서재필을 비롯한 개신교 인사들이 그리는 모델 국가는 저마다 달랐고, 그렇게 되기 위해 그들이 제시하는 방법도 서로 달랐다. 그럼에도 불구하고 그들은 기회가 있을 때마다 하나님으로부터 부여받은 자유와 평등을 부르짖으면서 근대 시민 사회의 형성을 위한 국민 계몽에 혼신의 노력을 아끼지 않았다는 점에서 다를 바 없었다.

그러나 이들 개신교 인사들의 기독교적 천부 인권 사상에 기초한 조국의 자주 독립과 근대화의 열망과 노력은 사회 진화론에 입각한 그들의 친(親)선진 열강적 현실 인식과의 상충과 모순을 피할 수 없었을 뿐만 아니라 그로 인해 그들의 이상 실현을 위한 노고마저도 빛바래게 할 수밖에 없었다. 천부 인권을 전제하는 계몽주의와 우승열패(優勝劣敗)·적자생존(適者生存)을 전제하는 사회 진화론은 애초부터 논리적 충돌을 피할 수 없는 주장들이기 때문이다. 사회 진화론의 적자생존의 원리는 국내·외 문제를 막론하고 모든 관계를 생물학적 우승열패의 관계로 간주하여 현재의 승자의 지위를 긍정해야 하기 때문에 천부 인권설이 주장하는 사민평등론이나 자유 민권 사상과는 이론적 충돌을 피할 수 없는 것이다.

예를 들어, 〈하나님이 주신 권리는 누구도 뺏지 못하는 권리요〉라고 천명한 서재필의 「독립신문」 1897년 3월 9일자 논설과 〈동맹국이니 통상국이니 하나, 실상은 한 나라가 눈이 없은 즉 그 코를 베어먹을 판국이라. 그러나 이는 인간의 자연스런 형세라〉고 인식하는 1898년 1월 22일자 논설 간의 상충이 그것이다. 심지어 「독립신문」은 제국주의의 식민지 지배의 목적을 수탈에 있는 것이 아니라 보호에 있다고 그릇 판단하여 선진 열강의 식민지 지배를 정당화하기까지 했다. 그 밖에 일본의 보호 아래에서 한국의 개화와 독립을 모색해야 한다는 유길준의 「평화극복책」(1907)이나 윤치호의 선진국에 의한 보호 개화 불가피론, 또는 한·중·일의 상호 협력을 강조한 김옥균의 삼화주의(三和主義) 등도 모두 잘못된 현실 인식으로 인해 자유 민권 사상과의 혼재를 자초한 사회 진화론의 아류들이었다.

이것은 천부적으로 평등한 인권과 존중받아야 할 인격에 대한 초시간적인 신념과 신앙보다 문명 개화의 급변하는 시대 조류에 대한 강박 관념에 압도된 당시 지식인들의 정신적 경향성을 반영하는 것일 수 있다. 이것은 무엇보다도 20세기에 접어들면서 조선의 지식인 사회가 사회 진화론의 열풍 속에 갈수록 깊이 빠져들고 있었기 때문이다. 특히 기독교의 복음보다 현실에 더욱 호소하는 량치차오(梁啓超)의 민권 구국론인 신민설(新民說)에 대한 신봉이 그러하다. 량치차오는 1898년의 무술변법(戊戌變法)[186] 이전까지만 해도 청조(清朝) 타도의 혁명에 반대하여 청조의 개혁을 통해 민지미개(民智未開)의 중국을 바로 세워 제국주의 열강에 의한 중국의 분할 위기를 극복하자고 주장해 온 점진적 입헌군주론자였다. 그러나 변법유신의 실패로 인해 일본으로 망명한 뒤 그는 1899년『청의보(清議報)』제25책(冊)을 〈서유(西儒)인 J. S. Mill이 말하기를, 인군(人群)의 진화에서 사상의 자유, 언론의 자유, 출판의 자유보다 더 중요한 것은 없다〉는 글로부터 시작할 정도로 밀의『자유론On Liberty』(1859)에 빠르게 심취했다.

그러나 량치차오는 문명 시대의 자유란 야만 시대와 같이 무전제의 것이 아님을 애써 강조하려 했다. 특히 1903년 미국을 다녀온 뒤 그의 자유 사상은 밀이나 후쿠자와 유키치와 같은 문화주의에서 벗어나 국가주의로 돌변했기 때문이다. 그에 의하면, 문명 시대의 자유는 〈자유이더〉과 불가분의 관계에 있을 뿐만 아니라 〈제재〉와 〈복종〉과도 분리해서 생각할 수 없다. 다시 말해 최선의 자유권을 존중하는 민족이 제재력이 가장 풍부한 민족이라는 것이다. 그는 자유를 향유하는 국민이면 반드시 지켜야만 될 덕목으로서 다음과 같은 세 가지를 제시했다. 첫째는 공리에

---

186 양무파에 반대하여 변법을 통해 자강의 필요성을 강조해 온 량치차오의 스승 캉유웨이는 광서제의 허락을 받아 강학회를 조직하고 1898년 6월 11일 변법유신을 단행했지만 9월 21일 서태후를 중심으로 한 보수파의 쿠데타로 인해 100일 만에 실패로 끝나자 량치차오와 함께 일본으로 망명하고 말았다.

복종하는 것이며, 둘째는 국민이 정한 법률에 스스로 복종하는 것이고, 셋째는 다수의 결의에 복종하는 것이다.

심지어 그는 제재가 없는 자유를 가리켜 국민의 도적이라고 했고 제재가 있는 자유를 가리켜 국민의 보물이라고까지 단정했다. 이처럼 그는 개인의 자유를 제재나 복종과 같은 단체의 자유를 토대로 하여 이루어지는 자기규율적·합목적적인 것으로 규정함으로써 자신의 자유 사상을 진화론과 불가분의 관계 속에서 논파하려 했다. 결국 중국 민족도 〈야만에서 개화에로〉 스스로 변신해야 한다는 자강구국(自强救國)의 강박 관념과 현실 인식 속에서 형성된 그의 자유론은 밀의 것과는 달리 개인의 자유를 사회 진화론과 중층적·선택적으로 결합시킨 〈변형된 자유론〉, 즉 〈『자유론』의 변종déformation〉이 될 수밖에 없었다.

그럼에도 불구하고 일본으로 망명한 그가 요코하마에서 발간한 『신민총보(新民叢報)』는 발간되는 즉시 한성과 인천에 들어올 정도였다. 이것은 20세기 초 개화된 사회를 건설하려는 당시 지식인들의 자강 욕구가 얼마나 갈급한 것이었는지를, 그리고 그로 인해 그들이 량치차오의 신민설에 얼마나 공감하고 있었는지를 실증하는 것이었다(일본은 이미 1890년대 말까지 스펜서 류의 사회 진화론과 관련된 서적을 30권 이상 번역 출판한 상태였다). 신일철(申一澈)에 의하면, 〈안창호는 자강 사상에 공명하여 구국 운동에 뜻을 둔 이에게는 량치차오의 『음빙실문집(飮氷室文集)』을 100질 사서 배포하는 것이 가장 훌륭한 기여가 될 것이라고 역설했다고 한다. 안창호 자신도 대성학교 교장으로서 한문시간에는 五經보다 『음빙실문집』을 교재로 사용했다는 것이다. 이처럼 안창호·신채호 등 당시 한말의 지성인들에게 량치차오의 그 책은 바이블이었다〉.[187]

그 밖에 안창호가 량치차오의 문집을 자강의 지침서이자 구국의 교과서로서 얼마나 신뢰했는지는 다음과 같은 일화만으로도 간파하고 남을 듯하다. 하루는 삼남

---

187 신일철,「신채호의 근대 국가관」, 강만길 편, 『신채호』, 고려대학교 출판부, 1990, p. 7.

(三南) 지방의 어떤 유지가 안창호가 세운 평양의 대성학교로 그를 찾아와 나라를 위해 무엇인가를 하고 싶다고 말하자 그는 〈크게 용빼는 일만이 나라일이 아니요. 량치차오가 만든 『음빙실문집』을 몇 권 사서 삼남에 있는 유명한 학자에게 주어 그것을 읽게 하시오. 그것이 나라일이요〉라고 충고했다는 것이다.[188]

한편 이러한 량치차오 신드롬이 아니더라도 우리 사회가 사회 진화론에 얼마나 폭넓게 경도되어 있었는지는 당시 신문들의 논설 제목만으로도 쉽게 알 수 있다. 예를 들어,「대한매일신보」는 〈진화(進化)와 강쇠(降衰)〉(1908년 2월 8일자), 〈경쟁 진화론의 대개〉(1909년 8월 1일자), 〈20세기 신국민(新國民)〉(1910년 2월 22일자) 등 1910년까지만 해도 여러 차례 진화론을 강조하는 논설을 싣고 있었다. 1909년 8월 4일자 논설은 〈노성(奴性)을 거(去)한 연후에 학술이 진(進)함〉이라는 제목으로 아리스토텔레스의 철학을 소개하면서, 진정으로 진보를 원한다면 구학문을 철저히 파괴해야 하며 하루라도 늦추면 그만큼 더 해를 받게 된다고 촉구한다. 이것은 당시의 지식인 사회와 인텔리겐치아의 시대정신이 무엇이었는지를, 그리고 개화와 진보에 대한 그들의 스트레스가 얼마나 심했는지를 짐작할 수 있게 하는 것이었다.

3. 서양 철학의 본격적 연구

1) 최초의 서양 철학서 『고대희랍철학고변(古代希臘哲學攷辨)』

20세기 들어서 최초로 본격적인 서양 철학서를 저술한 사람은 아이러니칼하게도 평생 동안 퇴계의 주리론(主理論)으로 일관해 온 유학자 이인재(省窩, 李寅梓, 1870~1929)였다. 그는 궁벽한 향곡(鄕谷)의 사림(士林)임에도 불구하고 서양의

---

[188] 주요한 편저, 『개정판 안도산 전집』, p. 87, 이광린, 『개화파와 평화 사상 연구』, 일조각, 1989, p. 274 참고.

제도와 문물이 밀려오던 당시에 서양의 그것들이 그토록 흥성(興盛)하게 된 근본적인 이유가 무엇인지를 알아야 한다고 생각했기 때문이다. 다시 말해 그는 유림(儒林)의 구학문인 유학과 경사(經史)를 강론하면서도 무엇보다 서양의 예학(藝學)을 두루 섭렵해야만 당시의 세상 물정을 제대로 가늠할 수 있을 뿐만 아니라 그것의 시비(是非)도 올바르게 가를 수 있다고 생각했던 것이다. 이를 위해 그가 맨먼저 한 일은 남형우(南亨祐)에게 요청하여 보성전문(普成專門)에서 간행하는 정치·법률·행정에 관한 신학문의 교과서들을 구독하는 것이었다.

그러나 그러한 서양의 신학문들이 궁극적으로는 그들의 철학에서 비롯된 것임을 간파한 그는 곧 바로 철학 연구에 몰두하기 시작했다. 그는 스승인 면우(俛宇) 곽종석(郭鍾錫)에게 올린 편지에서도 그 이유를 다음과 같이 밝히고 있다.

〈이른바 학문 연구에는 새로운 책이 아니면 멀리하였기 때문에 자못 진정한 옛날의 학문이 웃음거리가 되었습니다. 태서(泰西, 서양)의 흥성함에는 반드시 그 연유한 것이 있음을 함부로 생각하였습니다. 그 근본을 연구하려면 그 정치를 이해하는 것이 제일이라고 생각하여 헌법·행정 등에 관한 책을 읽었더니 그 원류가 모두 철학에서 나왔음을 알게 되었습니다. 때문에 정치에 관해서는 잠시 덮어 두고 먼저 철학 연구에 몰두했습니다. 그러나 재질과 식견이 어리석고 둔하여 그 귀착점을 이해할 수 없습니다. 오직 철학만이 유학과 서로 가까운데, 그중에서도 아리스토텔레스의 학설은 서로 일치하는 곳이 더욱 많았습니다. ……부디 차록(箚錄)을 분별하시어 이에 잘못을 바로잡아 주시고, 말이 안 되는 곳은 지우시고, 착오가 있는 곳은 고치시고, 소견이 미치지 못하는 곳은 바르게 논해 주시어 우매한 저로 하여금 깨달음에 통달하는 단서가 있게끔 해주시기를 바랍니다.〉[189]

그런데 이처럼 그가 스승에게 내용의 잘못이 있으면 고쳐 달라고 간청한 것은 이 글을 쓰기 위해 그가 읽은 철학서들이 모두 한역된 것이었기 때문이다. 그는 수

---

[189] 『省窩集』, 卷二 上, 「俛宇先生」, 亞細亞文化社, 1980, pp. 161~162.

많은 인용문마다 빠짐없이 출전을 밝힘으로써 그의 이러한 염려와 철저함을 드러내고 있다. 그가 이 책의 저술을 위해 주로 참고한 책은 일본 다이쇼(大正)시대의 윤리학자인 나카지마 리키조(中島力造)의 『서양고대철학사론(西洋上古哲學史論)』에서 소크라테스·플라톤·아리스토텔레스만을 떼어 내 번역한 진붕(陳鵬)의 『희랍 삼대 철학가 학설(希臘三大哲學家學說)』과 메이지 시대의 불교 철학자인 이노우에 엔료(井上圓了)의 저서를 중국인 나백야(羅伯耶)가 한역한 『철학요령(哲學要領)』이다. 그는 전자에서는 48회나 인용했으며 후자에서도 14회를 인용했다. 그 밖에 그는 량치차오의 『음빙실문집(飮氷室文集)』과 프랑스인 이기약(李奇若)의 저서를 진붕(陳鵬)이 한역한 『철학논강(哲學論綱)』에서도 한차례씩 인용한 것으로 미루어 보아 이 책들을 참고했음이 분명하다.

『성와집(省窩集)』四卷의 「고대희랍철학고변」은 잡저(雜著)로서 편집되어 있지만 116쪽의 본문 이외에도 부록 격인 〈사론(史論)〉, 〈철학사론(哲學史論)〉, 〈철학정의(哲學定義)〉, 〈서철학고변후(書哲學攷辨後)〉를 합쳐 모두 124쪽의 분량으로 된 서양 철학 연구서이다. 이인재가 이 저술을 가리켜 「고대희랍철학고변」이라고 한 것은 이 책이 희랍 철학의 역사를 단지 객관적으로 소개하는 데 그친 것이 아니라 지문으로서 미리 제시한 64개의 인용문에 대해 자신의 유학의 입장에서 논변하는 형식으로 서술했기 때문이었을 것이다. 특히 간단한 정리일지라도 자신의 사론(史論)과 철학사론(哲學史論)은 물론이고 그 승의 서평까지 곁들인 데서도 그가 이것을 애써 고변(考辨)으로 꾸미려 했음을 짐작할 수 있다.

이 책의 본문이라고 할 수 있는 「고대희랍철학고변」은 이오니아(愛阿尼, Ionia) 학파의 탈레스(廷禮, Tales)에서부터 그의 제자 아낙시만드로스(亞那機曼的, Anaximandros), 아낙시메네스(亞那機蔑尼, Aniximenes), 이오니아 학파의 전승자인 아낙사고라스(亞那機沙哥拉, Anaxagoras), 이탈리아(意大利, Italy) 학파의 창시자인 피타고라스(畢達哥拉, Pythagoras), 엘레아(英利亞底, Eleatic) 학파 가운데 형이상학의 창시자인 크세노파네스(質諾非尼, Xenophanes), 형이상학파의 두 번째 조상인 파르메니데스(朳箴尼的, Parmenides), 세 번째 조상인 제논(質諾, Zenon), 형이상학파의 로이키포스(柳西朳斯, Leukipos), 집중학파의 헤라클레이토스(瀫拉里他, Herakleitos), 소크라테스(瑣格拉底, Sokrates)학파, 플라톤(栢來圖, Platon)학파, 아리스토텔레스(亞里斯多德, Aristoteles)학파, 그리고 스토아(士多亞, Stoa)학파의 제논(質諾, Zenon)에 이르기까지 먼저 주요 철학자들의 주장을 인용한 후, 이어서 그것에 대한 자신의 생각을 논술하는 식으로 전개하여 갔다.

이인재에 의하면 〈탈레스는 물계(物界) 가운데 물(水)이 유동할 수 있고 정형(定形)이 없으며, 그 성질도 비교적 정밀하므로 물을 물질의 으뜸으로 삼는 것이요, 심계(心界)는 동력·생력·지력(智力)의 세 가지 힘이 있어서 외계의 유형한데 비하면 더욱 정밀하므로 이것을 내계(內界)의 정신이라고 한다. 그리하여 유형과 무형이 같지 않으므로 드디어 원리를 두 가지 종류로 한 것이다. 또한 정신이란 기(氣)의 영묘한 작용을 가리키는 것인데, 탈레스는 그 까닭이 본연지리(本然之理)에 있음을 모르고 또 다시 유형과 무형으로 나누어 두 종류의 원리로 하고 있으나, 기(氣)가 모여서 형(形)을 이루는 것인 만큼 형(形)과 기(氣)를 두 종류로 나눈다면 이것은 기(氣)가 무엇인지 모르기 때문〉[190]이라고 주장하였다.

이인재가 「철학고변」의 내용 가운데 가장 심혈을 기울인 부분은 역시 소크라테스(13쪽)·플라톤(38쪽)·아리스토텔레스(50쪽) 등 세 사람의 철학을 본문 116쪽 중에서 101쪽에 걸쳐 소개하는 부분이다. 특히 그는 이 세 철학자들에 대하여 모두 『희랍 삼대 철학가 학설』을 인용하면서 자신의 논변을 전개하였다.

그가 소개하려는 소크라테스의 철학은 지덕일체와 지행합일을 강조하는 그의 윤리 사상과 문답의 대화 방법에 의해 진리와 학문에 이르게 하는 그의 교육 방법이다. 우선 소크라테스 철학에 대한 그의 논변에 의하면, 〈소크라테스는 서양에서

---

190 이인재, 『省窩集』, p. 266.

처음으로 윤리 도덕을 논하기 시작하였는데 이 점이 그를 독창적인 철학의 정종 (正宗)이라고 하는 까닭이요, 후세의 문로(門路)를 연 것이라고 하였다〈泰西之論 倫理道德, 自瑣氏始, 此所以獨創哲學之正宗, 而開後世門路也〉. 그의 논법은 가까이는 세정 인사(世情人事)로부터 멀리는 조화 현상(造化現象)에까지 이르렀고, 그의 추리는 심계에 근본하여 생각하고 물계에 참여하여 실험하기 때문에 옛날의 학설에 비하면 점차로 완전해져서 한쪽으로 치우침에 빠지지 않았다〉는 것이다.

이인재는 소크라테스가 학문의 본령을 지(智)의 계발에다 두면서도 지의 목적이 선(善)에 있으므로 지보다 선이 윗자리에 있다고 하였을 뿐만 아니라 그가 지덕 일체를 말하는 것도 인의의 덕이 인간의 본분과 도리임을 대강 알았기 때문이라고 주장한다. 소크라테스에 의하면〈알고도 행하지 않는다면 지(知)는 천박하여 참된 지가 아니다. 선함을 알아 즉시 행하고 불선함을 알아 다시 하지 않는다면 그 지는 더욱 밝아지고 행(行)은 더욱 돈독하여 비록 모르는 것이 있더라도 오래되므로 스스로 융해(融解)함을 보게 되니 이것이 지행합일이요, 같이 닦고 나아감〉이라는 것이다.

성리학자로서의 이인재가 희랍의 삼대 철학자들의 철학에 대하여 가장 비판적인 것은 플라톤의 이데아론이었다. 그의 비판은 이데아, 즉 형상(形相)이라는 실상(實相)이 제성(諸性)의 밖에 있다고 함으로써 진정한 본질도 각 개인에게 있지 않다는 플라톤의 주장으로부터 시작한다. 그에 의하면 이치란 본래 기(氣)에 의하여 가두어지는 것도 아니고 물(物)에 의해 국한되는 것도 아니므로 하늘에 있거나 사람에 있거나 다를 리가 없는데도 플라톤은 본체를 제성 위에 따로 세우는 오류를 범했다는 것이다. 다시 말해 이일분수설(理一分殊說)을 주장해 온 이인재의 입장에서 보면 이데아가 개체적인 것을 떠나 초재(超在)하여 있다는 플라톤의 견해는 전혀 받아들일 수 없는 것이다. 이 점에서 그가 플라톤보다 아리스토텔레스를 더 높이 평가하는 것은 당연한 일이다.

아리스토텔레스에 대한 그의 논평은 먼저 이노우에 엔료(井上圓了)가 쓴 『철학

요령(哲學要領)』(1887)의 인용으로부터 시작한다. 그것에 의하면 아리스토텔레스는 학문을 수리·물리·심리 등이 속하는 사변학(思辨學)과 윤리·정치·이재(理財) 등이 속하는 실천학(實踐學)의 두 가지로 구분한다. 그런데 〈사변학을 공부하면 이치를 밝히지 않는 것이 없어서 학술이 정미(精微)해지며 실천학을 공부하면 행실이 돈독하지 않음이 없어서 도의가 순숙(純熟)한 데 이른다〉. 그러나 철학은 중용을 지켜서 어느 한쪽으로 치우치지 않기 위하여 주의를 기울이는 학문이라는 것이다.

이인재에 의하면 〈아리스토텔레스는 인물(人物)의 성(性)을 모두 환상가명(幻想假名)으로 간주한 플라톤과는 달리 각자 기질이 다른 성을 참된 본질로 생각하여 그 성 밖에 따로 공허한 이름만의 본질을 상정하지 않으므로써 적확한 데가 있다〉고 평가한다. 그러나 그는 사람이 서로 다르듯이 참된 본질도 각자 서로 같은 곳에 있지 않다는 아리스토텔레스의 주장을 잘못된 것이라고 주장한다. 서로 다른 것은 기질의 성(氣質之性)이요, 성(性)의 본체가 아니라고 생각하기 때문이다.

또한 이인재는 아리스토텔레스의 형이상학 가운데 궁극적 원인(부동의 동자)으로서의 신의 관념에 대해서도 인정하려 하지 않았다. 그에 의하면, 스스로는 움직이지 않으면서 만물로 하여금 움직이게 하는 것이 신이라고 한다면 그것은 만물이 스스로 명할 뿐 신이 명하는 것이 아니며, 명령이 신에서 나오는 것이 아니라면 수령이 혼자서 허위(虛位)를 차지하는 것에 지나지 않는다. 최고의 이상으로서 스스로 위덕(威德)을 발해야 할 신이 스스로는 움직이거나 명령하지 않으면서 만물이 그를 동경하여, 즉 그를 향하여 움직인다는 설은 받아들일 수 없다는 것이다.

그러면서도 아리스토텔레스의 철학에 대한 이인재의 평가는 매우 호의적이었다. 특히 그가 아리스토텔레스를 플라톤과 비교할 경우에 더욱 그렇다. 〈아리스토텔레스의 사상의 대체를 종합하여 보면 플라톤 모양으로 이상에 치우치지 않고, 그렇다고 감각에 치우치는 것도 아니다. 지와 행을 같이 닦고 병진하며 도와 법이 서로 도와 용(用)이 되니 그 의견이 과연 탁월하고 학문이 정확하여 순정(純整)하다고 할 만하다. 그렇게 해서 학문을 집대성하니 실로 태서(泰西) 고대의 제일가는 위인〉이라는 것이다.

한편 이인재는 이 책의 보론이라고 할 수 있는 「사론(史論)」, 「철학사론(哲學史論)」, 「철학정의(哲學定義)」 등을 후반에 추가하고 있다. 특히 「사론」에 보면 그는 모든 서양 문물의 근원을 고대 그리스에서 찾고 있다. 그에 의하면, 〈희랍은 유럽의 어머니이다. 정치가 거기에서 나왔고, 학술도 거기에서 나왔으며, 문학과 기술도 거기에서 비롯되었다. 그러므로 희랍이 없다면 유럽이 없다고 하더라도 지나친 말이 아니다.

아리스토텔레스는 2천 년 이전에 태어났지만 지금의 철학을 말하는 사람·논리학을 말하는 사람·수학을 말하는 사람·천문학을 말하는 사람·심리학을 말하는 사람·윤리학을 말하는 사람·생계학을 말하는 사람·정치를 말하는 사람들로 하여금 하나같이 그를 숭배함으로써 시조로 삼고 스승으로 삼게끔 하였다. ……아테네의 학술은 아리스토텔레스 한 사람에서 집성되었으니 그는 실로 고대 문명의 대표자이다. ……아리스토텔레스가 죽은 후에 천하는 크게 어지러웠다. 회의파가 다시 일어났고 절충파가 그것을 계승하여 마침내 고대 신비주의로 돌아갔다. 당시는 마침 동방과 교통하였는데 유대 예수교의 사상이 수입되어 철학은 더욱 쇠락하여 자못 종교와 섞이면서 윤리상으로 고찰할 수 없게 되었다.

……근세의 초기에 데카르트는 철학을 더욱 제창하였는데 마치 솟아오른 태양이 다시 태어난 것과도 같았다. 과학의 힘이 날로 융성해지자 미신의 힘이 쇠약해졌고 자유의 세계가 날로 넓혀지자 신권(神權)의 세계는 수축하였다. 지금 예수교의 세력은 유럽에서 수백 년 전에 비하여 십분의 일과 이를 넘지 않을 뿐이다.

가까운 삼백 년 이래로 철학 사상은 점차 분발하여 희랍을 멀리 이어갔다. 고대 학문의 단서는 계속 이어지고 높아짐으로써 근대 철학의 조직을 구성하여 대지를 찬란하게 하였다.

……예수교가 비록 유럽에서 쇠락하여 지금은 동양에서 융성하다고 하더라도

동양 철학이 다시 흥성하는 기세는 마치 이 땅에서 생명을 기약할 수 없는 것과 같으니 마땅히 어떻게 감개하겠는가〉.[191]

이인재는 이 책의 보론을 간단한 사전식 설명에 불과한 〈철학〉에 대한 정의로서 끝맺는다. 예를 들어, 飛龍少飛阿 *philosophia*라는 용어는 원래 그리스 어이며 예지를 좋아하거나 좋아하는 사람을 의미한다거나 철학에는 논리학·형이상학·윤리학 등 세 분과가 있다는 설명이 그러하다.

191 『省窩集』, pp. 381~384.

6

역사의 질곡과 〈철학을 위한 변명〉

한국인은 1910년 8월 29일을 국치일이라고 부른다. 일본에 의한 식민지 점령이 공식적으로 시작된 날이기 때문이다. 이날부터 1945년 8월 15일까지 35년간 한국의 지식인 사회는 어느 때보다도 역사의 질곡 속에 깊이 빠져들어야 했다.

인류의 정신사를 보면 피지배 하의 지식인들은 대개 세 가지 양상으로 그들의 지적 태도를 나타내 왔다. 첫째는, 로마 지배 하의 그리스 철학자들처럼 현실 외면·현실 도피적인 소극적 철학을 지향하는 경우(에피큐로스학파, 스토아학파)이고, 둘째는 나치Nazi 지배 하의 프랑스 지식인들처럼 적극적인 저항 정신을 발휘하는 경우(마르크 블로크,[192] 시몬느 베이유[193])이며, 셋째는 지배 이데올로기에 동

---

[192] 마르크 블로크Marc Bloch(1886~1944)는 뤼시앙 페브르와 더불어 프랑스의 아날학파를 창시한 사회경제사가였다. 그는 제2차 세계대전 중인 1942년 비시 정권에 의해 파면당하자 레지스탕스의 지도자로 변신하여 활동하다 전쟁 말기에 나치 비밀경찰에 체포되어 옥중에서 처형당했다. 그의 저서 『역사를 위한 변명』은 이때 쓴 옥중 유고이기도 하다.

[193] 시몬느 베이유Simone Weil(1909~1943)는 제2차 세계대전 중 독일 군대가 파리로 침입하자 1942년 런던으로 건너가 망명 정부에 가담한 프랑스의 대표적인 여류철학자였다. 그녀는 영국 망명 시절 프랑스의 동포들이 나치 치하에서 궁핍한 생활을 하고 있다는 생각 때문에 자신도 단식의 길을 택해 34세의 나이에 스스로 숨을 거두었다.

화되는 경우(라틴 아메리카의 철학)[194]이다. 그러나 35년간 일제 지배 하에 있던 한국의 지식인 사회, 특히 서양 철학계는 첫째·셋째의 경우와는 일치하지 않았다. 무엇보다도 한국 철학계는 지배 이데올로기에 동화되지 않았다는 점에서 그렇고 현실에 대한 소극적 대응일지라도 외면하거나 도피적으로만 일관하지 않았다는 점에서도 그렇다.

1905년 을사보호조약이 강제적으로 체결된 이후 한반도에는 이미 일제의 암운이 짙게 드리워졌고 국운도 풍전등화와 같은 벼랑 끝 위기였음에도 시대 상황에 좌절하지 않는 젊은 엘리트와 계몽적인 지식인이 적지 않았다. 이들은 역사적 시련을 외면하거나 그 위협에 굴복하기보다는 오히려 인고와 극복의 지적 대안을 모색하기에 진력했다. 이미 유길준의 『서유견문』이나 서재필의 「독립신문」 등을 통해 세계 물정과 서양 사정에 대한 개안 수술을 받고 그것에의 지적 열정을 불태우고 있던 젊은 엘리트들에게 이러한 시대 상황은 좌절과 체념보다는 반성과 결단의 계기로 작용할 수 있었다. 이때부터 그들은 해외로의 유학을 결심했고, 무엇보다도 서양의 철학을 배우기 위해 고국을 떠나기 시작했다.

1. 최초의 해외 유학생

이때 서양 철학을 배우기 위해 해외 유학 길에 오른 이가 김중세(金重世)였다. 1908년 그가 첫발을 내린 곳은 일본이었지만 그는 당시의 일본 학자들이 〈독일의 어느 철학자는 이렇게 말했다〉는 식으로 독일 철학을 전달하거나 소개에만 그치는 데 만족하지 못하고 그 이듬해 일본을 떠나 독일의 베를린 대학으로 갔다. 그는 우

---

[194] 라틴 아메리카의 철학은 철학 박물관이라고 불릴 정도로 다양하지만, 특히 20세기에 들어서는 미겔 우나무노M. de Unamuno(1864~1936)의 인격주의와 종교적 실존주의, 오르테가 이 가세트Ortega y Gasset(1883~1955)의 법 철학과 역사 철학, 그리고 라파엘 알타미라R. Altamira(1866~1951)의 역사 기술 등 스페인과 포르투갈 사상가의 영향과 상속 관계를 이루었다고 해도 과언이 아니다.

리나라 최초의 독일 유학생이 된 것이다. 이로부터 14년 뒤인 1923년 2월 13일자 동아일보는 스위스의 취리히 대학에서 학위를 받고 귀국한 이관용(李灌鎔)의 귀국 인터뷰를 통해 김중세의 유학 생활에 관해 다음과 같이 간접적으로 전한 바 있다.

〈독일에 있는 조선 유학생 중에 개성 사람, 김중세는 지금으로부터 14년 전에 그곳에 가서 고대 철학을 전문으로 연구하였는데 아마 귀국하면 우리 나라 철학계에는 일대 권위가 되겠습니다. 김씨는 원래 조선에 있을 때 불교를 많이 공부하였으므로 현재 구미 사람들이 불교를 연구하는 데 참고가 되게 하기 위하여 범어자전(梵語字典)을 만들고 있고, 범어를 중국어로 쓰고 그 아래에 파사범어(波斯梵語)를 대조해 놓고, 그 아래에 독일 말로 번역하여 뜻을 달고 또 그 아래에 조선문으로 발언을 달았는데, 조선어를 이렇게 쓰기는 처음입니다.〉

조요한(趙要翰)에 의하면, 김중세는 1923년 라이프치히 대학에서 고전학으로 박사 학위를 받고 귀국하여 경성제대에서 고전어 강의를 시작했다. 박종홍은 1931년 김중세에게 그리스 어와 플라톤 철학을 배운 두 학생 가운데 한 사람이었다.[195]

1910년 일제의 본격적인 식민지 지배가 시작되기까지 조선은 제국주의라는 당대의 거대 조류 속에 더욱 깊이 빠져들어 비분강개할 뿐 어찌할 수가 없었다. 그럼에도 불구하고「황성신문」사장이었던 장지연의 역사 인식은 현실적인 정치 논리에 사로잡혀 있지 않았다. 그렇다고 하여 그가 모색하는 난국 해법이 젊은 날 경주해 온 유학 정신으로 돌아가려는 유교적 복고주의는 더욱 아니었다. 오히려 그는 실타래처럼 엉킨 조선의 상황을 풀어 줄 수 있는 여신 아리아드네Ariadne의 도움을 서양의 철학 정신에서 구하려 했다. 1909년 11월 24일자 〈철학가의 안력(眼力)〉이라는 제목의 논설에서, 〈무릇 철학이란 궁리의 학이니 각종 과학 공부의 소불급처(所不及處)를 연구하야 명천리숙인심(明天理淑人心)하는 고등 학문이니, ……우리도 세계의 서적을 박람하며 세계의 학리(學理)를 광구(廣求)하야 세계 철

---

195 조요한,「한국에 있어서의 서양 철학 연구의 어제와 오늘」,『사색』, 제3집, 1972, p. 17.

학가의 일부분을 점하면 또한 대(代)의 국광(國光)을 발표하는 가격(價格)이 유(有)한 줄로 사유하노라〉고 하여 그는 근대화된 세계의 선진 문화와 문명을 공유하기 위해서는 무엇보다도 서양 철학의 공부를 게을리하지 말 것을 권고한다. 그는 이를 몸소 실천이라도 하듯 1909년에 쓴「만국사물기원역사(萬國事物紀元歷史)」에서 데카르트(德卡兒), 칸트(堪德), 피히테(非德), 셸링(塞凌), 헤겔(希傑耳) 등의 서양 근대 철학을 소개할 정도였다.[196]

그러면 목전에 당도한 국권의 상실과 같은 비극적 상황 속에서도 모국에로의 귀국을 선택하기보다 서양 철학의 본고장인 독일로 떠나려는 김중세의 결단의 근저에는 무엇이 작용한 것일까? 그리고 이러한 긴박한 정치 상황에서도 〈우리도 세계의 서적을 박람하며 세계의 학리를 광구하여 세계 철학가의 일부를 점하면……〉과 같이 장지연이 정신적인 세계 조류에의 적극 참여를 역설하는 동기는 어디에서 비롯된 것일까?

아마도 그것은 아틀라스 컴플렉스Atlas complex의 발로일 것이다. 아틀라스가 하늘을 떠받들고 있으면서 느끼는 무게는 고통보다도 오히려 그렇게 함으로써 그 무게를 감당할 수 있다는 자부심, 즉 거대한 힘에 대한 집착과 그 무게 아래에 능동적으로 자신을 두겠다는 사디즘적 강박 관념이었다. 예를 들어 그것은 인간이 기필코 산의 정상에 오르려는 높이에 대한 도전 욕망과도 같은 것이다. 대개의 인간은 일종의 지배의 사니즘으로서 높이에 대한 침범 컴플렉스(아틀라스 컴플렉스)에서 자유롭지 못하다. 바슐라르G. Bachelard도『대지와 의지의 몽상La terre et les rêveries de la volonté』에서 발르마가 몽블랑의 정상에 섰을 때 〈나는 몽블랑의 왕이다. 나는 이 거대한 산을 발판으로 한 동상이다〉라고 외친 귀절을 인용하여 〈어떠한 등산도 그것은 발판, 우주적 발판을 만들려는 의지인 것이다. 인간은 거대한 것을 정복하면서 위대해진다〉고 주장한다. 아마도 이러한 의지와 강박 관념은

196『장지연 전집』, 제2권, 단국대학교 동양연구소, pp. 352~353. 진교훈,「서양 철학의 수용과 전개」,『한국 철학사』(下), 동명사, p. 397 참조.

일본에서 만족하지 못한 채 독일 유학을 결행할 수밖에 없었던 김중세의 것이었을 뿐만 아니라 다음 세대의 젊은 엘리트들이 〈세계 철학가의 일부를 점하길〉 바라는 장지연의 구국의 념(念)과도 다르지 않았을 것이다.

일제에 의해 독립 국가로서의 국위는 이미 상실되었음에도 젊은 엘리트들의 정신세계에서의 우주적 발판을 만들려는 강렬한 내면의 의지와 거대한 것을 정복하면서 위대해지려는 강박 관념은 위축되지 않았다. 다시 말해 제국주의 일본에 의한 식민 통치의 시작은 오히려 많은 젊은이들로 하여금 일본과 구미 각국으로의 해외 유학을 결행하게 하는 계기가 되었다. 그야말로 〈높이에 대한 침범〉이 본격적으로 시작된 것이다.

2. 제국의 그늘과 철학에의 의지

1) 최초의 철학과 졸업생 — 최두선

1912년 최두선(崔斗善, 1894~1974)은 일본의 와세다(早稻田)대학 고등예과에 입학하여 1917년 철학과를 졸업함으로써 정규 대학의 철학과를 졸업한 최초의 한국인이 되었다. 춘원(春園) 이광수(1892~ 1951)도 1922년 『개벽(開闢)』에 실은 〈소년(少年)에게〉에서 〈아마 조선인으로서 철학을 배운 자는 와세다대학의 철학과를 마친 최두선군 1인뿐인 듯합니다〉라고 쓴 바 있다. 최두선의 졸업 논문은 〈페스탈로찌의 사회 교육〉으로서 본격적인 철학 문제에서는 다소 거리가 있는 것이었다. 그러나 그는 같은 해 『청춘』 제11호에 〈철학이란 하(何)오〉라는 제목으로 최초의 철학 논문을 발표한 바 있다. 이 논문에서 그는 〈철학 사상은 인개유지(人皆有之), 철학은 궁리탐진(窮理探眞)의 학문, 형식적 방면의 특질로 1. 철학은 학(學)이다. 2. 철학은 근본적 원리의 학이다. 실질적 방면의 세 가지 요건으로서 1. 자연, 2. 인생, 3. 지식〉의 순서로 논하고 있다.

또한 그는 이러한 요건을 토대로 하여 철학을 다음과 같이 정의하기도 한다. 〈철학은 자연, 인생 및 지식(의 이상 및 현실)에 관한 근본적 원리의 학이다. 철학의 주안(主眼)은 일반 원리에 있으니 환언하면 근본적 원리에 있다. 그러므로 물리적 현상의 철학 등 특수한 현상에만 관한 철학은 없다. 철학은 근본적 원리의 학인 소이(所以)다. 그러므로 철학과 과학은 차이가 있다.〉[197]

그는 와세다대학을 졸업한 뒤 일단 귀국하여 중앙학교에서 교사로 재직하다 1922년 철학 공부를 계속하기 위하여 독일의 마르부르크 대학에서 또다시 유학 생활을 시작했다. 그해에 마르부르크 대학에는 마르부르크학파를 이끌어 온 파울 나토르프 P. Natorp 교수가 물러나고 그 후임으로 니콜라이 하르트만 N. Hartmann 교수가 취임하였기 때문에 최두선도 그의 존재론에 관한 강의를 직접 들을 수 있었다. 그러나 이때는 이미 하르트만이 『인식형 이상학 강요 Grundzüge einer Metaphysik der Erkenntnis』(1921)를 발표하면서 마르부르크학파와의 결별을 선언한 사상적 전환기였다. 이때부터 15년간은 하르트만에게도 〈존재란 무엇인가〉에 대한 존재론적 체계를 정리한 4부작 가운데 첫번째 저서인 『존재론 정초 Zur Grundlegung der Ontologie』(1935)를 출판하기까지의 준비기로서 매우 중요한 시기였다.

1923년 겨울 학기에는 프라이부르크 대학의 사강사(私講師)로 있던 마르틴 하이데거 M. Heidegger가 마르부르크 대학의 정교수로 취임함으로써 최두선도 그의 강의를 수강할 수 있었다. 1922년 나토르프는 아리스토텔레스의 해석에 관한 하이데거의 원고를 마르부르크 대학 철학부에 제출하게 함으로써 그가 마르부르크 대학으로 초빙되는 데 결정적인 역할을 하였다. 여러 가지 이유에서지만 하이데거는 자신의 교수 생활 전 기간에 걸쳐 마르부르크 대학 시절(1923~28)을 〈가장 크나큰 흥분의 도가니 속에서 모든 정신을 집중시켰던, 결실이 풍성한 시기였다〉고 회

---

[197] 최규선, 『청춘』, 제11호, 新文館, 1917, pp. 49~66 또는 학술원, 『학술 총람』, 제11집, 철학편, 1976, p. 85 참조.

상한 바 있다.[198] 이것은 아마도 그의 강의를 수강할 수 있었던 최두선에게도 마찬가지였을 것이다. 하이데거가 주저인 『존재와 시간 Sein und Zeit』(1927)의 저술을 착수한 것도 최두선이 수강하던 1923~24년 바로 그 겨울 학기였으며, 비은폐성 Unverborgenheit을 강의의 주제로 삼아 아리스토텔레스 해석에 관한 괄목할 만한 성과를 올렸던 것도 그 다음 학기의 강의에서였으므로 최두선에게도 수강의 기회가 있었으리라고 짐작할 수 있다. 그 밖에 하이데거가 『칸트와 형이상학의 문제 Kant und das Problem der Metaphysik』(1929), 『형이상학이란 무엇인가 Was ist Metaphysik』(1929), 『근거의 본질에 관하여 Vom Wesen des Grundes』(1929) 등과 같은 주요 저서들을 저술한 것도 모두 이 대학에서였다.

조요한에 의하면, 최두선은 그 뒤 베를린 대학으로 옮겨 철학 공부를 계속했지만 그가 재직 중인 중앙학교의 돌아오라는 명령 때문에 학업을 중단하고 귀국하고 말았다. 그가 귀국 길에 가져온 백여 권의 독일 철학서들은 보성전문학교에 기증되어 서양 철학을 공부하는 철학도들에게 원전을 직접 접할 수 있는 더없이 귀중한 자료가 되기도 했다.[199]

2) 이광수의 철학적 고뇌

최두선에 이어 두 번째로 일본 유학 길에 오른 이는 춘원 이광수였다. 그가 언제 일본 땅을 밟게 되었는지는 정확하게 알 수 없다. 춘원 이광수가 아닌 이보경(李寶鏡)이라는 이름이 메이지학원 중학교의 성적부에 처음으로 나타난 것은 1907년 3학년 B조 2학기부터였다. 그가 이 학교를 졸업한 것은 한일합방이 이뤄지기 몇 달

---

198 1923년 겨울 마르부르크대학에 온 하이데거는 1924년 나토르프가 사망할 때까지 거의 매주 수요일 오후에 만나 숲속을 거닐면서 산책과 대화를 즐기곤 했다. 또한 하이데거의 생존시에 『하이데거』의 평전을 쓴 발터 비멜Walter Biemel에 의하면, 하이데거는 마르부르크 대학시절 신학자인 루돌프 불트만과도 기회가 있을 때마다 서로 바꾸어가면서 자기들의 철학 연습 시간에 참석하였고, 제자들까지도 그들과 함께하여 우정을 나누었다
199 조요한, 앞의 책, p. 18

제6장 역사의 질곡과 〈철학을 위한 변명〉 **253**

전인 1910년 3월이었다. 그러므로 그의 중학 시절은 국운이 벼랑 끝에 걸려 있던 극도의 위기 상황이었다. 당시 그가 쓴 일기에서도 이러한 시대적 고뇌와 번민이 묻어 나온다.

1909년 11월 7일(일요일)

어젯밤에는 H형〔洪命憙〕에게 바이런의 전기를 읽어드리느라고 늦게야 자리에 들었으나 새벽 한 시경에 한기(寒氣)의 깨움이 되어 격렬하게 성욕으로 고생을 하였다. 아아, 나는 악마화하였는가. 아직 밝지도 않았는데 나는 〈노예〉를 쓰기를 계속하였다.

1909년 11월 9일(화요일)

오후에 C군〔崔南善〕이 왔다. 무엇을 생각하는 얼굴이다. 그의 검은 얼굴에는 일종의 번민의 빛이 부동(浮動)하거니와, 그 속에도 장차 나타나려는 어떤 힘이 잠긴 것 같다. 그는 우리 연배 중에 가장 고상한 청년이다. ……나는 그와 같이 하여 무엇을 할는지도 모른다.

1909년 11월 15일(월요일)

예배 시간은 참으로 싫다. 그 기도는 모두 하나님을 부끄러우시게 하는 것뿐이다. 〈대일본제국〉을 애호하시옵소서. 이토(伊藤)공 같은 인물을 보내어 주시옵소서. 골계(滑稽)! 골계. 그리고 그들은 기독교 신자라고 한다. 혓바닥은 아무렇게나 도는 것이다.[200]

이광수가 인촌(仁村) 김성수(金性洙)의 후원으로 와세다대학 고등예과의 제2학기에 편입한 것은 1915년 9월 30일이었다. 그는 1918년 7월 5일의 학기말 시험에서 우등의 성적으로 철학과 2학년에 진급하여 당시의 유학생 기관지인 『학지광(學

---

[200] 노양환, 「동경 유학 시대의 이광수」, 『문학사상』, 창간호, 1972, 10, pp. 365~366에서 재인용.

之光)』제12호에「이광수(李光洙) 조대(早大) 철학과(哲學科)에서 특대생으로 진급(進級)」이라는 기사가 실릴 정도로 주목받는 철학도였다.

그러나 그의 학업은 조국에서도 독립을 위한 민족 봉기의 기운이 고조되던 그 이듬해 도쿄 유학생들의 2·8 독립선언과 관련되어 갑자기 중단될 수밖에 없었다. 1918년 11월 11일 제1차 세계대전이 독일의 패전으로 끝나고 이듬해 1월 18일부터 파리에서 열린 만국 평화 회의에서 미국의 윌슨 대통령이 발표한 민족자결주의 원칙이 독일을 비롯한 패전국에게만 적용될 뿐 조선 민족에게는 해당되지 않는다는 사실을 알게 된 도쿄 유학생회는 도쿄의 조선기독청년회관에서 3·1 독립 운동의 직접적인 도화선이 된 2·8 독립선언서를 발표하였다. 〈만국 평화 회의에 민족자결주의를 오족(吾族)에게 적용하길 청구함〉 등의 내용이 담긴 그 초안 작성에 가담한 이광수는 중국 상하이로의 망명 길에 오르지 않을 수 없게 되었고, 그로 인해 그의 철학 수업도 거기에서 결국 중단되고 말았다.

주지하다시피 춘원 이광수는 와세다대학 철학과를 다녔지만 철학도라기보다 문학도였다. 불문학자인 김붕구(金鵬九)도「신문학 초기의 계몽사상과 근대적 자아」라는 글에서 〈춘원에게는 계몽주의자로서의 철학이 없었다. 결과 그의 계몽주의는 제 구실을 할 수 없는 게 되고 말았다〉고 하여 이 점을 초기의 춘원 문학이 극복·지양해야 할 과제라고 지적함으로써 춘원 문학이 지닌 철학의 빈곤을 비판한 바 있다. 그래도 조희영(趙熙榮)등이 쓴「한국과 일본에 있어서의 서양 철학의 수용 형태에 관한 비교 연구」에서는 〈이광수의『사랑』이 그토록 많은 독자를 갖는 것도 그가 원래 철학도였기 때문이리라〉고 하여 다소 막연한 이유지만 그의 철학 역정에 대해 호의적으로 평가한다. 그러나 춘원 자신은 당시 철학의 분위기에 대해서 몹시 냉소적이었다. 이것은 그가 철학도였음에도 철학보다는 문학에다 자신의 열정을 쏟은 이유일 수 있으며, 또한 그것이 그가 글로써 철학에 관해 거의 언급한 적이 없었던 이유일지도 모른다.

춘원이 철학에 대한 자신의 견해를 밝힌 글은 아마도 일생 동안 1935년 9월에서

12월까지 『사해공론(四海公論)』에 실은 「학창독어(學窓獨語)」가 유일할 것이다. 이 글은 〈1. 철학의 출생〉에서부터 〈12. 개인의 위력〉에 이르기까지 자신이 제기한 열두 가지 문제에 대한 철학적 입장을 냉소적으로 정리한 일종의 철학 에세이였다. 우선 〈1. 철학의 출생〉에서 보면 그는 〈오늘날 대학에 철학과라는 것이 있다. 싱거운 소리 같지마는 내 말이 싱거운 것보다도 이 철학과라는 것이 더 싱거운 것이다. 왜 그런고? 서양으로 말하면 탈레스나 소크라테스나 플라톤이나 또는 근대에 와서 데카르트나 칸트나 그들은 결코 오늘날 대학생들이 철학을 배우는 모양으로 철학을 배운 사람들은 아니다. ……철인 아닌 철학자, 실용 없는 철학의 지식, 이것이 대학의 철학 교수와 철학생들이 뽐내는 목적물이다.

데카르트는 말하였다. 자기는 구주의 최고학부에서 최고 권위에게 배울 것을 다 배웠지만 그래서 세상에서는 자기를 잘 아는 사람들 축에 끼어 주지만 자기로 보건대 배우기 전과 마찬가지로 《무지》하였노라고. 이것은 오늘날 철학과를 졸업한 학생은 말할 것도 없거니와 수십 년 철학을 연구하였다는 학자들도 거의 다 할 말이 아닐까? 만일 그들이 정직하게 자백만 한다면〉이라고 하여 당시의 강단 철학을 〈철학 구경〉에 지나지 않는다고 비판하고 있다.

이에 반해 그가 추구하는 철학 정신은 독서보다는 명상을 즐기는 철인이 되는 것이다. 〈3. 철인〉 절에서 〈철인이란 어떤 사람인가〉에 대해 다음과 같이 규정하고 있다. 〈플라톤은 현상은 이념의 그림자다. 그러므로 현상을 보는 오관에 의지하지 말고 이념을 보는 이상에 의지하여 살아라 하였다. 훨씬 내려와서 데카르트는 나는 곧 마음이요, 마음은 곧 영혼이요, 그리고 영혼은 가장 완전한 하나님에서 왔다. 나의 할 일은 불완전한 나를 완전한 하나님을 향하고 끌어올리는 것이라 하였고, 칸트는 우리는 우주의 본체는 알 수 없다. 오직 아는 것은 감성의 2형식과 오성의 12범주를 통해서 들어오는 현상(그것이 본체 그대로인지 그 일부분인지 그 그림자인지도 알 바 아니고)뿐이다. 환언하면 인생은 제게 품부(稟賦)된 능력만큼밖에 진리를 알 권리가 없고 무궁한 우주의 본체는 우리 인생에게는 영원히 쇠 잠겨진 비밀이라 하고, 우리의 이 인식 능력의 제한에 기가 막힌 칸트는 실천 이성의 무상명법(無上命法)이라는 것을 생각해 내어서 우리의 정의적(情意的) 요구를 만족케 하려 하였다.

사람이 다르더라도 그 동기에 있어서는 나 자신이 살아갈 길을 찾자 하는 것이 모든 철인이 철학적 사색을 하게 된 이유다. 이 점에서 부처나 공자나 예수나 기타 인생의 모든 선생들이나 마찬가지이다. 그러므로, 〈내가 무엇인가. 어떻게 살아야 하나?〉하는 의문이 없는 사람에게는 철학이나 종교는 무용(無用)이다. 〈아아 인생이란 무엇인고? 나는 무엇이고! 어디서 왔으며 어디로 가며 무엇을 하러 왔는가?〉 하고 철학과 종교의 어머니되는 근본 의문에 다닥뜨릴 때……만일 독특한 제 해결을 찾아서 그 해결에 의하여 일생을 살아간다 하면 그가 철인이다.〉[201]

이상에서 보았듯이 이광수는 일찍이 학문으로서의 철학, 특히 강단 철학을 기피한 비철학적 철학도였다. 그는 철학을 배워야 할 학문으로서가 아닌 사색으로서의 철학과 삶으로서의 철학으로 간주하려 한 철학적 사색인이었다. 그렇다고 하여 그가 문학적 사상가를 바랐던 것은 더욱 아니다. 김용직(金容稷)은 〈작가가 사상가가 아닌 이상 춘원에게서 독창적인 철학을 바란다는 것은 어느 의미로 보든 무리한 요구다. 다만 우리는 행동의 구심점이 될 수 있는 핵으로서의 철학을 기대할 뿐이다. 그것은 설사 차용된 경우라고 하더라도 한 작가에게 그의 활동의 일관성을 보장해 줄 중심 사상이 있는 한 우리가 그에게서 철학의 빈곤을 탓할 수는 없기 때문〉[202]이라고 하여 춘원에게 일단 철학적 면죄부를 주고자 하면서도 춘원의 계몽사상의 결여를 그의 역사 의식의 부재에서 비롯된 것이라는 비판에 주저하지 않았다.

---

201 이광수,「학창독어」,『사해공론』, 1935, 9~12,『이광수 전집 14』, 三中堂, 1963, pp. 366~369 참조.
202 김용직,「한국 현대 문학의 재정리(1) 춘원 이광수 편 ― 통념과 작품의 진실」,『문학사상』, 창간호.

3) 최초의 철학 강의

우리 나라 대학에서 서양 철학 과목을 처음으로 강의한 한국 사람은 백상규(白象圭)이다. 미국 브라운 대학에서 경제학을 전공하고 돌아온 그는 1915년 3월 조선총독부가 공포한 〈전문학교규칙(專門學校規則)〉에 의해 그해 4월에 개교한 경신학교 대학부(이 학교는 1917년 4월에 연희전문학교로 승격되었다)에서 논리학을 강의하기 시작한 것이다. 정석해(鄭錫海)는 1918년 이곳에서 백상규에게 논리학을 배운 세 명의 학생 가운데 한 사람이었다. 그 뒤 그는 보성전문학교로 옮겨 1934년부터 우리 나라 최초의 사립대학 학회지인 『보전학회논집(普專學會論集)』의 편집인으로 활동하기도 했다.

3. 러셀과 듀이의 영향

우리 나라에서 서양 철학에 대한 관심이 보편화되기 시작한 것은 1920년 전후의 무렵부터였다. 특히 당시의 젊은 엘리트들에게 서양 철학에 대한 관심을 크게 고취시켜 그들의 지적 호기심을 해외 유학의 결심으로 이어지게 한 계기 가운데 하나는 1919~20년 베이징과 도쿄에서 있었던 버트런드 러셀B. Russell과 존 듀이J. Dewey의 철학 강연이었다. 제1차 세계대전의 소용돌이 속에 휘말려 있던 유럽의 여러 나라에 비해 사회적 불안이 비교적 덜한 지역이었던 영국과 미국을 대표할 만한 두 철학자의 극동 나들이는 이 지역의 젊은 지성들에게 서양 철학의 소용돌이를 일으키기에 충분한 것이었다.

버트런드 러셀은 실제로 제1차 세계대전의 정치적 피해자 가운데 한 사람이다. 세계대전이 끝나면서 1919년 그가 중국 나들이에 나서게 된 동기도 개인적으로는 그것과 무관하지 않았을 것이다. 왜냐하면 세계대전 당시 러셀은 전투적 평화주의자들로 필진이 구성된 한 신문에 글을 기고한 것이 영국 정부와 미 육군에 대한 비방죄에 해당된다 하여 1918년 6개월간의 금고형을 선고받고 투옥되었기 때문이다. 그러나 그는 복역 중에 비전문가들을 위한 『수학 원리』의 개설서인 『수리철학 입문An Introduction to Mathematical Philosophy』를 썼을 뿐만 아니라 이듬해 중국의 베이징대학에서 강연한 『마음의 분석The Analysis of Mind』의 집필에도 착수했다.

존 듀이도 1919년 일본의 도쿄제국대학에서 『철학의 개조 Reconstruction in Philosophy』라는 제목으로 새로운 사회의 질서에서는 새로운 질서가 필요함을 강조하는 강연을 행한 바 있다. 그의 주장에 따르면 전통적인 철학은 침묵의 도덕을 이끌 뿐이지만 신철학은 재건의 도덕을 요청한다. 사회 진화론이 새로운 시대를 위한 메시지처럼 간주되던 동아시아 사회에 그의 이러한 주장은 그들을 위해 준비한 신철학적 잠언처럼 들렸을 것이다. 예를 들어, 현재의 이론을 시험하는 이론은 과거나 현재에 있는 것이 아니고 미래에 있다. 과거는 현재에 유용할 때에만 검토된다. 과거는 현재의 도구이고 현재는 미래의 도구이다. 그러므로 모든 것은 미래를 위한 참고물이라고 하는 그의 주장들이 그러하다.

또한 그는 〈철학적 개조의 진정한 충격은 특정한 문제 상황들을 개조하기 위한 방법에 있음〉을 강조하면서 유용성이라는 진리의 관념도 문제 상황을 공적이고 객관적인 상황으로의 전환 과정과 관련시켜 설명되어야 한다고 주장한다. 그에게 있어서 이론의 발생은 주관적이지만 그것의 입증은 공적이어야 한다. 그것은 어떠한 이론도 그것이 나오게 된 개인적 목적이나 문제 해결에 있어서의 실제적 사용을 떠나서 판단되어서는 안 된다는 것이다. 한마디로 말해 이론의 진리는 공적 진리라는 것이다. 항상 선의 본질의 발견보다는 선한 행동을, 그것도 사회 개혁적 선만을 주장해 온 그의 행동주의적 윤리학이 그의 이러한 진리관을 뒷받침해 주고 있었다.

이어서 그는 이듬해 베이징대학에서도 〈현대의 세 철학자〉라는 제목으로 강연함으로써 저마다 다른 이유에서지만 일본과 중국뿐만 아니라 한국의 젊은이들에게도 서양 철학에 대한 계몽과 더불어 그것에 대한 지적 욕구를 크게 자극하였다.

그러나 듀이와 같은 시기의 철학자인 타운센드H. G. Townsend는 듀이가 중국·소련·터키 등으로부터 초청받은 이유를 사회적·정치적 재건을 주장하는 정신적 지도자로서의 그의 명성 때문이기도 하지만 기본적으로는 그의 철학이 지닌 박애주의 때문이라고 평가한다.[203]

이들이 일본과 중국에서 일으킨 이러한 서양 철학 신드롬은 곧장 국내로도 옮겨왔다. 1920년 6월 25일 창간된『개벽(開闢)』은 이런 지적 분위기를 반영하듯이 창간호에서부터 매달 니체를 시작으로 하여 루소·칸트·헤겔·제임스·러셀 등과 같은 서양 철학자들을 소개할 정도였기 때문이다. 예를 들어 소춘(小春)이라는 필명하에 〈역만능주의(力萬能主義)의 급선봉(急先鋒): 푸리드리히 니체 선생을 소개함〉이라는 제목으로 창간호에서는 니체의 생애와 성격을, 그리고 그 다음 호에서는 그의 사상과 작품을 소개하는 식이었다.『인정적 너무 인정적』,『일(日)의 서(曙)』,『환희의 지예(智睿)』,『도덕의 계도학(系圖學)』,『우상의 미광(微光)』과 같이 오늘날과는 다소 다른 어감의 용어이지만 니체의 모든 저작을 빠뜨리지 않고 소개하려 한 점은 주목할 만하다. 또한 〈신이냐 진리이냐? 그는 단연히 후자를 취하였다. 22세 때 누이동생에게 준 글에서…… 그는 구래(舊來)의 신앙을 쇄연(灑然)히 버렸다. 신의 죽음을 선언하기 위하여 새로운 인도를 규창(叫唱)하기 위하여 역만능(力萬能)의 진교훈(眞敎訓)을 후인억억(後人億億)에 수(垂)키 위하였다.〉[204]히어 그의 철학적 입장을 교훈적으로 소개하기도 했다. 그러나 대중 잡지가 창간호부터 시도한 이러한 노력은 일반인들에게는 아직까지 서양 철학에 대한 관심과 정보가 부족했던 당시의 사정으로 미루어 보아 서양 철학에 대한 관심과 갈증을 그나마 해소시켜 주는 데 크게 기여했다고 하지 않을 수 없다.

당시에는 국내의 일간지들도 젊은 엘리트들에게 철학을 비롯한 해외의 대한 정

---

203 Harvey Gates Townsend, *Philosophical Ideas In The Unites States*, American Book Co, 1934, 박노태 역,『미국 철학 사상사』, 박문출판사, 1934, p. 162.

204『개벽』, 창간호, 1920, pp. 34~35.

보의 제공에 적극적이었을 뿐만 아니라 서구의 각국에로 유학하려는 사람들의 출·입국 상황을 기사화함으로써 더욱 많은 젊은이들이 유학의 꿈을 실현할 수 있도록 직·간접적인 자극을 주기도 했다. 예를 들어 동아일보는 독일 유학 지망생을 위해 1922년 10월 29일부터 3일간 독일에서 철학 공부를 시작한 최두선이 보내 온 〈독일 유학과 학비〉라는 기사를 연재했고 이어서 11월 21일과 23일 두 차례에 걸쳐서 미국 유학생인 최영욱(崔泳旭)의 〈미국 유학에 대하여〉라는 기사를 통해 미국 유학 지망생들에게 미국 사정을 알리기도 했다. 동아일보는 그 이전에 스위스 유학생인 이관용의 기고문 〈조선인의 구주 유학에 대하여〉라는 기사를 통해 영국 에딘버러 대학에서 유학 중인 장택상(張澤相), 케임브리지 대학생인 민규식(閔奎植), 독일 예나 대학생인 안호상(安浩相), 뷔르츠부르크대학에서 불교 철학을 공부하는 백성욱(白性郁), 그 밖에 괴팅겐, 프라이부르크, 뮌헨 등지에서 경제, 법률, 물리, 화학, 음악 등을 공부하는 20여 명 유학생들의 사정을 전하고 있다. 그 당시 조선 젊은이들의 해외 유학 사정은 유럽보다 일본의 경우가 더욱 활발한 편이었다. 일본에는 한일합방을 전후하여 이미 젊은이들의 유학이 시작되어 최두선과 이광수가 유학하던 1910년대 중반에 이르면 상당수의 젊은이들이 그곳에서 신학문을 공부하고 있었다. 예를 들어 그때의 와세다대학에는 철학도는 아니었지만 문일평(文一平), 이홍직(李弘稙), 이병도(李丙燾), 신석우(申錫雨) 등이 유학하고 있었으며, 메이지대학(明治大學)에서는 김병로(金炳魯)가, 그리고 전영택(田榮澤)도 그때에 아오야마학원대학(靑山學院大學)에서 유학 중이었다.

4. 최초의 철학 박사 — 이관용

우리 나라에서 최초로 철학 박사 학위를 받은 이는 이관용(李灌鎔)이다. 그는 1912년 유럽 유학 길에 올라 영국·프랑스·독일을 거쳐 1921년 스위스의 취리히 대학에서 「의식의 근본 사실로서의 의욕론」이라는 논문으로 박사 학위를 받았다. 이 논문은 김두헌이 1934년 『철학』 제2호에 「고 이관용 박사 의욕론(意慾論) ─ 의식의 근본 사실로서」라는 제목으로 일체의 논평 없이 본래의 내용 그대로 소개하여 국내에 알려지기도 했다. 이 논문의 목차를 소개하면 다음과 같다.

一, 서론 (연구의 대상)

  A. 대상적 의지설 1. Herbert 2. Muensterberg 3. Ebbinghaus,

  B. 주정적 의지설 4. Wundt,

  C. 노력의지설

  비판적 별견(瞥見)

二, 실험적 연구 (방법론 및 연구 규정)

  A. 실험자의 행위 B. 실험 결과 C. 실험자의 진술 D. 실험 결과의 설명

三, 이론적 고찰

  A. 직접 소여 B. 의식 내의 주체적 생의 활동의 출현 C. 자아의 생의 활동의 의식 생성으로서의 의욕 D. 발전 과정으로서의 의지 과정 (이상)

이관용은 1923년 2월 귀국한 뒤 연희전문학교의 교수가 되어 철학과 논리학 등을 가르쳤다. 당시 그에게 철학 강의를 수강한 학생들 가운데는 고려대학교 교수를 지낸 박희성(朴希聖)도 포함되어 있었다. 그러나 김준연(金俊淵)은 이미 이관용이 귀국하기 얼마 전인 1922년 7월 21일 동아일보의 장덕수(張德秀)에게 편지를 보내 학위 취득 소식과 함께 그를 민족의 자긍심을 높인 인물로 평가하여 그의 기고문을 게재하도록 다음과 같이 부탁한 바 있다.

〈장형! 이관용씨를 소개합니다. 이씨는 우리 조선에게 매우 보기 드문 양학자올시다. 동씨는 우리 조선 구주 유학생의 제2의 성과입니다. 제1위는 김중세가 점하겠습니다. 그러나 양씨가 각기 특색이 있습니다. 김씨의 정적임에 반해서 이씨는 동적이올시다. 김씨의 얼마쯤 상고적임에 반해 이씨는 너무도 급진적이라 하겠습니다. 김씨의 순학자적임에 반해서 이씨의 정치적 열혈을 도저히 간과하지 못하겠

습니다. 이관용씨는 9년 전에 구주에 와서 영·불·독·스위스에서 지금까지 풍요한 천자(天資)를 더욱 탁마하였습니다. ……동씨가 우리 동아일보를 위하여「사회의 병리 현상」이라는 논문을 기초하였습니다.…… 장형! 이관용씨의 논문을 보시고 될 수 있으면 속히 지상에 발표하여 다년간 외국에 계시던 동씨에게 우리 동포와 접촉할 기회를 제공해 드리길 바랍니다.〉

김준연의 제안을 받아들인 동아일보는 10월 4일부터 20일까지 16회에 걸쳐「사회의 병적 현상」이라는 제목의 글을 1면 상단에 연재했다. 이것은 본래 그가 유학 중인 취리히 시의 일간지에 일부를 발췌해서 게재했던 초안의 전부였기 때문에 〈조선인의 구주(歐洲) 유학에 대하여〉부터 시작하지만 그 내용은 특별히 조선 사회와 조선인만을 대상으로 하여 쓴 것은 아니다. 〈사회는 유기체이다〉, 〈사회는 정신체다〉, 〈인류는 사회 생활을 면치 못하겠다〉, 〈사회의 병은 객관적 표준이 무(無)하다〉, 〈전후 사회의 병적 현상〉, 〈톨스토이의 예언〉, 〈구주 사상계의 반동적 현상〉, 〈구주인과 동아 사상(東亞思想)〉, 〈동아의 구주화되는 이유〉, 〈민족의 고유 성질이 사회 생활을 형성〉, 〈인격 분립의 현상〉, 〈사회 생활상 분립적 충돌〉 등의 소제목에서 보듯이 이것은 당시 유럽의 일반적인 학문적 경향에 대한 소개와 더불어 슈펭글러O. Spengler의 서구 몰락론, 스펜서H. Spencer의 사회 진화론, 신칸트학파와 베르그송H. Bergson의 철학, 미술계에서의 표현주의 운동 등 서구의 전반적인 지적 사정, 그리고 동아시아에 대한 서구의 인식과 그것에 대한 자신의 염려와 대안 등에 관해 자신의 철학적 소견을 폭넓게 피력한 그의 철학 에세이였다.

24개의 소주제를 16회에 걸쳐 기고한 이 글은 그 깊이와 중량감, 그리고 영향력에서는 비할 바가 아니지만 피히테의 강연 〈독일 국민에게 고함〉을 연상하게 하는 것이었다. 피히테는 1806년 10월 26일 나폴레옹의 군대에 의해 베를린이 함락되자 실의와 비탄에 빠진 독일 국민의 자각과 애국심을 호소하고 국민의 사기를 고무시키기 위해 매주 일요일마다 독일학술원에서 14회에 걸쳐 강연하였다. 그는 이 강연을 통해 독일 국민의 애국심을 자극하여 일치 단결을 도모하는 한편 국민 정신을 진작시켜 사기를 북돋우고, 나아가 독일의 장래를 책임질 젊은이들을 위한 교육을 그 목적과 사명에 맞게 재건하려 했다.

특히 이관용의 9~11회, 그리고 마지막회의 기고문(1922년 10월 13~15일, 20일자)인 〈구주의 동아 정복〉, 〈동아의 구주화되는 이유〉, 〈동아 문화의 멸망〉, 〈사회 생활상 분립적 충돌〉은 〈자주 독립을 잃어버린 민족은 시대의 조류를 자유스럽게 결정하는 능력까지도 상실한 민족이다. 그 민족이 이와 같은 상태를 계속해 나간다면 시대뿐만 아니라 시대와 더불어 민족까지도 그 운명을 좌우하는 외세에 지배되고 말 것이다. ……이와 같은 상태에서 이 민족이 다시 일어설 수 있기 위해서는 오직 이 민족에게 새로운 세계가 열려야 한다. 새로운 세계의 창조로써 그 시대에 하나의 새로운 전기를 획책하고 새로운 세계의 발전에 따라 충실을 기하는 것밖에 다른 조건은 있을 수 없다〉와 같은 피히테의 첫번째 강의와 그 동기와 의도, 그리고 그 내용에서 일맥상통하고 있음을 알 수 있다.

〈철학〉에 대한 이관용의 이해는 평범하지 않았다. 그는 철학이라는 용어를 싫어한 나머지 그것 대신에 〈원학(原學)〉이라는 용어를 사용했다. 연희전문학교에서 강연한 초록을 1927년 『신생명(新生命)』 창간호에 기고한 〈원학인 철학〉에서 보면 철학이란 한정된 사실을 종합하여 우주의 원성(原性)과 원칙(原則)을 총괄적으로 연구함으로써 존재의 원유(原由)와 법칙과 목적을 발견하려는 것이므로 철학을 원학이라고 부르는 것이 타당하다는 것이다. 또한 그의 결론에 의하면, 〈인류란 천부의 지적 본능에 의하여 만족할수록 더욱 심구(深求)하며 종국적 만족의 불가능함을 자각하면서도 더욱 용감히 낙담없이 분투하고자 하며 이와 같은 원성(原性)에 인류가 무한히 발전될 대희망이 은재(隱在)한다〉. 그는 철학이 무엇보다도 과학적 성질을 가진 것에 주목하여 원학으로서 철학에 대한 그의 정의에서도 과학홍(科學虹), 과학 능경(科學稜鏡), 지식의 원형도(圓形圖)라는 세 개의 도표를 활용하는 특이함을 보였다.[205]

1920년대에 유럽에서 철학을 전공하고 돌아온 사람으로는 안호상(安浩相)을 빼놓을 수 없다. 그는 1929년 독일의 예나Jena대학에서「헤르만 로체의 관계 문제를 위한 의미」라는 논문으로 박사 학위를 받고 귀국하여 보성전문학교의 교수가 되었다. 또한 1920년대에 프랑스의 파리 대학 철학과에는 정석해(鄭錫海), 김법린(金法麟), 이정섭(李晶燮) 등이 유학했으며, 정석해는 1920년부터 40년까지 20년간이나 유럽의 여러 대학에서 공부한 뒤 귀국하여 연희전문학교의 교수가 되었다. 그는 정년 퇴직 후 미국 이민 길에 오를 때까지도 신촌 자택에서 베르그송의 원전 강독 등 후학들에게 프랑스 철학을 지도한 우리 나라의 프랑스 철학 선도자라고 할 수 있다.

  1910년대의 최두선, 이광수의 와세다대학 철학과에서의 유학에 이어 1920년대는 조선의 철학 지망생들이 본격적으로 일본 유학에 나서는 시기였다. 1925년 교토제대(京都帝大) 철학과에서「페스탈로치의 교육 사상」으로 졸업 논문을 쓴 최현배(崔鉉培)는 그 이듬해에 귀국하여 연희전문학교의 철학 교수가 되었다. 특히 그는 귀국하기 일 년 전부터 쓰기 시작한『조선 민족 갱생의 도』를 귀국하던 해 가을부터 66회에 걸쳐 동아일보에 연재하여 크게 주목받기도 했다. 그는 무엇보다도〈조선에 나서 조선을 사랑하며 조선을 위하여 일해 보겠다고 생각하는 청년 학생들이 먼저 조선 자체를 역사적으로, 또는 현실적으로 이해하는 데에 반드시 일조(一助)가 되기 위하여〉이 글을 썼다고 밝히고 있다. 이 글의 저술은 문자 그대로 그가 지향하는〈실천적 이상주의〉의 실천인 것이다. 1930년 책으로 출판된 이 글의 머리말에서도 그는 자신의 입장을 다음과 같이 밝히고 있다.

  〈나의 본의는 이론상의 유심론을 주창함에 있지 아니하고, 오로지 실천상의 이상주의를 고조할 뿐이다. 나는 이론상으로 최후의 본연적 실재에 관한 문제의 해

205 『학술 총람』, 제11집, 학술원, 1976, p. 85 참조.

결을 시(試)하지 아니하고, 다만 사람 및 그 생활은 물심 양자로 되었음을 인(認)하였다. ……그러나 의식적 존재자인 사람으로서는 인간 역사의 진행에 의식적, 목적적 활동으로써 역사의 기관차를 운전하는 것밖에는 다른 직능이 없으며, 또 있을 수 없다. 이에 실천적 이상주의는 도저히 부인할 수 없는 사람의 행동 규범이다. ……나의 생기 진작(生氣振作), 이상 수립(理想樹立)의 제창도, 그 본지(本旨)가 다만 민족 역사의 능동적 창조를 위한 실천적 이상주의, 분투주의를 고취함에 있는 것이다.〉 여기에서 최현배가 표방하는 실천적 이상주의로서의 민족 갱생의 길은 세계주의 속의 민족주의이고 민족주의를 통한 세계주의로의 지향이다. 그는 〈세계인이 되기 전에 먼저 조선인이 되라.〉〈세계를 구하려는 청년은 모름지기 먼저 조선을 구하라.〉〈조선을 구함으로 말미암아 세계에 진출하라.〉〈민족 운동은 그 이름과 같이 민족적으로 하여야 한다. 상초(上梢) 운동에서 하초 운동으로! 부분적 운동에서 전체적 운동으로! 이것이 우리의 민족적 운동의 한 경구이며 민족적 갱생의 정도〉[206]라는 것이다. 귀국 후 그는 이화여자전문학교의 교수도 겸직하면서 철학·논리학·심리학을 강의하는 철학 교수로서 활발히 활동했지만 그보다는 우리말본 연구에 더욱 심혈을 기울여 더 큰 업적을 남겼다.

또한 1926년에는 도쿄제대(東京帝大) 철학과를 졸업한 채필근(蔡弼近)이 평양 숭실전문학교의 철학 교수로 취임하였고, 같은 도쿄제대 출신의 윤태동(尹泰東)은 경성제대 예과의 교수가 되었으며, 릿교대학(立敎大學) 철학과 출신의 이재훈(李載薰)도 귀국하여 이화여전에서 윤리학 강의를 담당했다. 1929년에도 도쿄제대 철학과를 졸업한 김두헌(金斗憲)은「크로체의 실천의 철학」이라는 제목의 졸업 논문을 쓰고 귀국하여 이화여전의 심리학 강의를 담당했으나 그 이듬해에 혜화전문학교의 교수로 옮겨갔다.

1930년대는 서구와 일본에서 더 많은 해외 유학파들이 대거 귀국함으로써 국내

---

206 최현배,『조선 민족 갱생의 도』, 정음사, 1974, pp. 128~129.

의 철학 교육은 물론이고 이들의 활동으로 인해 국내에서의 서양 철학에 대한 관심과 열기가 더 한층 고조되었다. 우선 1931년에 미국의 남(南)캘리포니아 대학에서 철학 박사 학위를 받고 귀국한 한치진(韓稚振)은 1932년 이화여전의 교수로 취임하여 논리학과 철학 개론 강의를 담당했다. 그는 이미 1928년 정치 시사 월간지인『조선지광(朝鮮之光)』제77호에 발표한「철학과 인생」이라는 글을 통해 자신의 유심론적인 철학의 입장을 주장한 바 있다. 그는〈철학에 대한 냉대를 철학 자체의 이상이 고원하고 포괄적인 데도 있지만 종래의 철학자들의 난적(亂的) 궤변의 경향의 탓〉이라고 전제한 뒤〈철학이란 생활물태(生活物態)에 대한 의식적 비판인 이상 정신적 과학이 되어야 하며 소위 유물론까지도 정신 활동의 산물이므로 철학, 즉 생활 비판은 그 성질에 있어 유심론(唯心論), 즉 정신론〉[207]이라고 정의한다. 또한 그는 1931년 2월호『청춘』에도「철학적 직각론」이라는 논문을 통해〈실재(實在)는 직각(直覺)방법으로만 인식할 수 있다〉는 자신의 직각론적 인식론을 발표하여 주목을 끌기도 했다. 1934년에는 갈홍기(葛弘基)가 시카고 대학에서「비교 종교학적 입장에서 본 천도교」라는 논문으로 철학 박사 학위를 받고 귀국하여 연희전문학교의 교수가 되었다.

    1927년 연희전문을 졸업하고 미국 유학 길에 올랐던 박희성(朴希聖)은 1937년 2월 미시간 대학에서 철학 박사 학위를 받고 곧 바로 귀국했지만 일 년이 지난 1938년 4월에나 보성전문학교의 철학 교수로 취임할 수 있었다. 그가 쓴 자전(自傳)「외길 한평생」에 의하면,〈학위를 받은 다음 나는 곧 귀국했다. 일본 요코하마 부두에서 배에서 내리자 서울 종로 경찰서에서 왔다는 일본인 아마노 형사와 그곳 수상 경찰서 형사가《당신 오기를 기다렸다》며 즉시 연행해 가더니 이틀을 감방에 구치시키는 것이었다. 서울에 와서는 동대문 경찰서에서 모토야마 형사에게 조사를 받았다. 그 후 3년간 나는 어디를 갈 때마다 일일이 경찰서에 신고하고 다녀야

---

207 한치진,「철학과 인생」,『조선지광』, 제77호, 1928, pp. 40~50.

하는 신세가 되었다. ······귀국하여 일 년간은 소위 교원 면허장이 없어 학교에서 강의도 맡을 수 없었다. 그 교원 면허장을 얻는데 꼬박 일 년이 걸렸다. 요시찰인인 내 힘만으로는 어려웠고, 주위의 여러 사람이 무진 애를 쓴 결과였다〉.

그의 학위 논문의 주제는 「주관주의와 직관Subjectivism and Intuition: A Theory of The Given」이라는 제목이 시사하듯이 주관주의에 대한 직관의 문제였다. 그는 어느 날 시카고의 지하철 역에서 문득 이 문제에 대한 생각에 잠기게 된 뒤로부터 오로지 그것에 대한 공부에만 몰두하게 된 이유를 그의 자전(自傳)에서 다음과 같이 토로했다.〈철학에 있어 인식론에서 가장 문제가 되는 것은 흄의 회의주의다. 그것은 단순히 회의주의뿐만이 아니라 그가 말한 많은 여러 가지 문제가 현대 철학의 각 부문에 스며들어 와 있다. 그런데 흄의 그런 사상을 막아내려면 직관주의에 의하는 수밖에는 없는 것이라고 나는 판단하였다. 즉 주관주의를 막는 데는 직관뿐이라는 생각이었는데, 그래서 그 방면 공부에 몰두하였던 것이다. 그러나 그것이 결국 가치는 있으나 성립이 되기가 어렵다는 것을 깨닫게 되었다. 그때만 해도 혈기가 왕성하던 때라 교수의 지도도 젖히고 학문적으로 부딪쳐 본 것이었는데, 지금 생각하면 퍽 어려운 문제에 도전했던 것 같다. 그래서 대학원에서의 학위 신청 논문 역시 《주관주의와 직관》이었다.〉[208]

5. 일본 유학파들

1930년대에 일본에서 유학한 철학도들은 교육 제도의 차이 때문에 구미에서 유학한 사람들처럼 박사 학위를 받고 돌아오는 것은 아니었지만 대학을 졸업한 뒤 계속 귀국하는 실정이었다. 1931년 3월 이종우(李鍾雨)는 교토(京都)제대 철학과

---

208 박희성,『회의와 진리』, 박희성 박사 유고 간행회, 1989, p. 228.

를 졸업하고 귀국하여 숙명여자전문학교의 교수가 되었다가 몇 해 뒤 보성전문학교로 옮겼고, 훗날 고려대학교의 총장을 지낸 바 있다.

1933년에는 도쿄제대 철학과를 졸업한 이인기(李寅基)가 귀국하여 국내의 철학도들과 함께 활발한 연구 활동에 참여했다. 그는 철학도였지만 교육학 연구에 더욱 몰두하여 우리나라의 교육학 발전에 크게 기여하였다. 훗날 그는 숙명여자대학교의 총장을 지내기도 했다.

1933년에는 와세다대학 사학과 출신의 현상윤(玄相允)이 귀국하여 보성전문학교에서 윤리학을 담당하면서 철학의 안호상, 심리학의 오천석(吳天錫)과 더불어 〈보전학회(普專學會)〉를 조직하였다. 그러나 그는 고려대학교 총장으로 있던 6·25사변 중에 납북되는 불운을 겪기도 했다.

교토제대 철학과 출신의 전원배(田元培)는 1934년에 귀국하여 협성신학교의 교수로 취임하였다. 그는 1931년 교토제대 재학시 유럽 각국의 헤겔 100주기 기념 사업과 맞추어 일본이 벌이던 『국제 헤겔 연맹 총서』를 출판하는 데 참여하여 거기에다 「국제 헤겔 학회 보고서」를 일본인과 공동 번역으로 게재하였다. 그는 여러 해 동안 『동광』의 주간으로도 활동하는 한편 1946년 연희대학에 철학과가 생기면서 그곳의 교수로 자리를 옮기기도 했다.

1937년에는 와세다대학 철학과를 졸업한 손명현(孫明鉉)이 귀국하여 국내의 철학 활동에 참여하였다. 귀국 후 그는 줄곧 고대 그리스 철학에 관한 연구에 전념했으며 고려대학교 철학과에서도 주로 고전어와 고대 그리스 철학 강좌의 교수로서 활동했다. 하지만 그가 대학 시절 몰두한 것은 그리스 철학이 아닌 쇼펜하우어의 철학이었다. 와세다대학 철학과의 동료이자 현재는 일본의 프랑스 철학 권위자인 마츠나미 신자부로(松浪信三郎)는 1973년 10월 『쇼펜하우어 전집(全集)』의 발간과 함께 白水社의 「월보(月報)」 11호에 실은 글의 제목을 「쇼펜하우어와 만난 사나이와의 만남」이라고 쓸 정도였다. 물론 그가 가리키는 〈쇼펜하우어와 만난 사나이〉란 손명현이다. 마츠나미 교수의 이 글에서 보면, 〈……그런 즈음에 나는 쇼펜하우어 철학에 심취하고 쇼펜하우어에게 끌려 철학의 길에 들어선 사나이를 만났다. 만났을 뿐만 아니라 나 자신마저 그 사나이의 쇼펜하우어 열에 말려들어 일년 남짓 쇼펜하우어와 사귀지 않을 수 없게 된 것이다.……그는 독일어 공부를 위해 읽기 시작한 쇼펜하우어에 매료되어 목하 그 전집을 독파하기 위해 매일 쇼펜하우어만 붙들고 늘어져 있었다. 청년 시대에는 흔히 그런 허세가 있으므로 처음에는 반신반의하였으나 점차 깊이 사귀어 보고 사실 그대로인 데는 놀라지 않을 수 없었다. …… 손군과 처음 만났을 때 나의 지망은 프랑스 문학이었지만 철학으로 바꾸었다. 손군과 같은 공부꾼을 친구로 가질 수 있었던 것은 다행이었다〉.[209]

이상에서 보듯이 20세기 우리 나라의 서양 철학의 수용은 1900년대 초 이정직의 칸트 연구나 이인재의 고대 그리스 철학사로부터 시작되었다고 할 수 있지만 그들은 모두 유학의 관점을 견지한 채 자신들이 접한 서양 철학을 논평한 것이었으므로 그들로부터 서양 철학의 수용이 본 궤도에 진입했다고는 말할 수 없다. 그것보다는 오히려 1910년 한일합방을 전후로 하는 국가와 민족의 위기 상황이 아이러니칼하게도 이 땅의 젊은이들로 하여금 세계 물정과 신학문, 특히 서양 철학에 대한 관심을 불러일으켰고, 그때부터 자주 독립 의지와 내면에서 결속된 아틀라스 콤플렉스로 인해 신세대들의 해외 유학이라는 오디세이가 시작되었다.

더구나 1920~30년대에 해외 유학이 급증한 것은 첫째, 1917년 10월의 러시아 혁명, 제1차 세계대전, 1919년 1월 18일부터 시작된 파리 평화회의와 윌슨 대통령의 14개 조항에 달하는 민족자결주의 원칙의 발표, 그리고 이어서 일어난 3·1독립운동으로 인해 급변하는 국내외 정세가 젊은 엘리트들에게는 보다 넓은 세계로 나갈 수 있는, 또한 그렇게 함으로써 위기를 반전시킬 수 있는 철학적 엑소더스의 기회로 받아들여졌기 때문이다.

[209] 이 글은 손명현 교수의 타계를 애도하기 위하여 그의 제자인 신일철 교수가「고 손명현 교수의 대학시절」이라는 제목으로『고대신문』1977년 3월 15일자(772호)에 실은 글 속에 소개된 내용의 일부이다.

둘째, 3·1운동 당시 7,509명이나 살해당하고 46,948명이나 투옥당하는 전율적인 상황을 목격한 젊은 엘리트들이 그 길만이 국난 극복을 위해 선택할 수 있는 최선의 방법이라고 믿었을 것이기 때문이다. 실제로 1959년 정종(鄭瑽) 교수가 이미 50대가 된 그 당시의 철학도들을 대상으로 한 〈나는 왜 철학을 하게 되었는가?〉라는 설문 조사에 따르면, 〈한일합방으로 인한 조국 상실이라는 절망적인 조건이 크게 영향을 주어서〉가 아니면 〈3·1 운동의 직간접의 가담자로서 그러한 역사적 사건의 민족적 수난의 일방의 담재자(擔載者)이기도 하였던 것〉[210]이 철학 공부를 결심하게 된 동기였다고 밝히고 있다.

그런데 이러한 경향은 식민지 지배를 경험한 다른 나라의 경우에서도 찾아보기 어렵지 않다. 오랫동안 스페인과 포르투갈의 식민 통치를 받아 온 라틴 아메리카 국가들의 독립 운동의 정신적 기반이었던 계몽주의 운동도 브라질의 조세 보니파시우 안드라다 실바Jose B. de A. Silva, 베네수엘라의 시몬 볼리바르S. Bolivar, 칠레의 베르나르도 오이긴스B. Oiggins 등이 유럽 유학을 통해 고무된 것이다. 특히 1783년 베네수엘라의 카라카스에서 태어난 철학자이자 정치가인 볼리바르는 콜롬비아·베네수엘라·에콰도르·페루·볼리비아를 차례로 스페인으로부터 해방시킨 라틴 아메리카의 〈해방자〉로서 영웅시되기도 한다. 볼리비아는 그의 이름을 따서 국명을 정할 정도였다.

이러한 사정은 역시 오랫동안 러시아의 식민 통치에서 벗어나지 못하던 핀란드의 경우도 마찬가지였다. 1809년부터 전 국토를 러시아의 지배권에 넘겨야 했던 핀란드에서도 민족적 정체성을 강조하면서 정치적 독립 운동을 주도한 인물은 헤겔주의 철학자인 스넬만J. V. Snellman(1808~81)이었기 때문이다. 특히 〈핀란드의 교육 용어와 공용어는 핀란드 어이어야 한다〉는 그의 민족 운동으로서의 국어 회복 운동은 일제 하에서 전개한 조선 민립 대학 설립 운동이 현지의 관리 양성을

210 앞의 글.

목적으로 1924년 5월 설립한 경성제국대학으로 인해 유산되자 〈조선인의 교육은 조선인 본위로!〉, 〈보통학교 교수 용어를 조선어로 하라!〉, 〈대학은 조선인 중심으로!〉 등의 구호를 외치며 벌인 그 당시 지식인들의 애국 민족 운동과 다르지 않았음을 알 수 있게 한다.

6. 민립 대학의 탄압과 제국 대학의 설립

1919년의 3·1 독립 운동은 여러 가지 면에서 커다란 역사적 변화를 가져온 사건이었다. 무엇보다도 달라진 것은 일제의 한반도 통치 방식의 변화였다. 1910년부터 조선인에게 민족 의식과 독립 정신 대신에 식민 의식을 불어넣기 위해 혹독한 무단 통치를 자행해 온 육군 대장 출신의 조선총독부 초대 총독인 데라우치 마사타케(寺內正毅)가 물러나고 해군 대장 출신의 사이토 마코토(齋藤實)가 새 총독으로 부임하면서 다소 완화된 유화적 통치 방식을 보였기 때문이다. 가장 두드러진 변화가 식민지의 예속적 교육 제도의 완화였다.

본래 조선의 본격적인 고등 교육의 시작은 고종 황제가 1894년 12월 〈국내의 뛰어난 자제를 널리 파견하여 외국의 학술과 기예를 전습시킨다〉고 발표한 〈홍범(洪範) 14조〉 가운데 11조에 이어서 이듬해 2월에 〈우내(宇內)의 형세를 보건대 부하고 강하며 독립하여 웅시하는 모든 나라는 다 국민의 지식이 개명하였다. 교육의 선미(善美)로 되었으니 교육은 실로 국가를 보전하는 데 근본이다〉라는 내용의 〈교육입국〉의 조서를 발표하면서였다. 그로부터 10년 뒤인 1905년 5월 법학전문학과와 이재(理財)전문학과로써 보성전문학교가, 그리고 1910년 9월 이화학당에 대학부가 설립되었다.

그러나 1911년 10월에 데라우치는 사립 학교의 설립, 교원의 채용, 교과 과정, 교과서 선정, 수업 내용, 기타 전반에 대하여 조선총독부의 허가에 따를 것, 그렇지 않으면 총독부가 사립 학교를 폐쇄할 수 있다는 내용의 이른바 〈사립학교규칙〉을 제정하여 공포하면서 이것이 사립학교 탄압의 예고임을 암시했다. 그리고 1915년 3월에 공포한 그 본고가 바로 〈전문학교규칙〉이었다. 〈본회에 의하여 설치하는 전문학교가 아니면 전문학교라고 칭할 수 없다〉는 제7조가 그 핵심 내용이었고, 이 조항에 따라 보성전문학교는 개교 10년 만인 1915년 6월에 〈사립 보성법률상업학교〉라는 각종 학교 수준으로 격하될 수밖에 없었다. 이해의 4월에 시작한 연희전문학교도 이러한 〈규칙〉으로 인해 전문학교가 아닌 경신학교 대학부로 문을 열었다.

그러나 일제의 이러한 압제적인 식민 교육 정책도 3·1 독립 운동으로 인해 완화할 수밖에 없게 되자 이 기회를 놓치지 않고 이상재(李商在)·한규설(韓圭卨)·윤치소(尹致昭) 등이 주도하는 〈조선교육회〉, 〈조선여자교육협회〉 등 여러 교육 단체들이 생겨나 민족 교육 운동을 부르짖고 나섰다. 특히 주목할 만한 것은 1910년 데라우치 총독의 반대로 무산된 〈민립대학기성회〉를 부활시키기 위해 1921년 1월 23일 이상재·한용운·김성수·현상윤·송진우·장덕수 등 50여 명이 모여 〈조선민립대학 기성준비회〉를 결성한 사건이었다. 이들은 그 사업을 본격적으로 추진하기 위해 1923년 3월 29일 종로의 YMCA회관에 모여 〈조선민립대학 기성발기총회〉를 열고 중앙집행위원회를 구성했다. 그러나 당시 조선의 모든 지성인들의 숙원이던 민립대학의 설립은 하늘이 돕지를 않았다. 1923~4년 여름의 연속적인 대홍수가 그것이었다.

한편 이러한 대재난으로 민립대학 설립 기금의 확보가 어렵게 된 반면 조선총독부는 민립대학의 설립을 무산시키기 위해 재빨리 조선교육령을 개정하고 1924년 5월에 경성제국대학 예과(豫科)를 설립하였다. 그러나 일제에 의한 경성제국대학의 설립은 그 목적이 민립 대학 설립의 무산에만 있었던 것이 아니다. 신용하(愼鏞廈)에 의하면, 그것은 〈물론 한국인을 위한 고등 교육 기관이 아니라 일제의 한국 지배를 위한 식민지 관리 양성〉[211]에 있었던 것이다.

7. 최초의 철학과 설립과 『신흥』의 창간

조선총독부는 1925년 〈경성제국대학 통칙 및 학부 규정〉을 정하고 제3조 법문학부에 법률학과·정치학과·철학과·사학과·문학과 등 5개 학과를 설치한다고 발표하고 그 이듬해에 철학과를 설치했다. 이로써 우리 나라에서는 처음으로 철학과가 탄생한 것이다. 이를 두고 박영식(朴煐植)은 〈그 설립 의도와 목적은 차치하고, 한국 최초의 대학 교육 기관이란 점과, 철학과가 설치된 최초의 대학이란 점 및 철학 관계 과목이 그 양에 있어 풍부하게 그리고 체계적으로 강의되었다는 점에서 그 중요성을 인정치 않을 수 없다〉[212]고 평가한 바 있다. 당시 보성·이화·연희 등 전문학교의 철학 관련 과목들이 교양 과목으로서 3~4개 정도에 불과했던 데 비해 경성제대 철학과의 기본 교과목은 철학·철학사·윤리학·지나(支那)철학·미학·심리학·종교학·종교사·사회학 등이었으므로 오늘날보다는 다소 빈약하지만 국내에서는 체계적인 철학 교육을 할 수 있는 유일한 학과였다고 해도 과언이 아니다.

1929년은 경성제대 철학과의 첫번째 졸업생이 배출된 해이다. 권세원(權世元)·김계숙(金桂淑)·박동일(朴東一)·배상하(裵相河)·조용욱(趙容郁) 등이 그들이다. 이들 가운데 박동일은 『불교』 제61호(불교사, 1929)에 흄의 인과 문제와 그것이 칸트의 인과 문제에 미친 영향을 다룬 「칸트로부터 흄까지 인과 문제의 발진」이라는 논문을 발표하면서 가장 먼저 연구 활동을 개시했다. 철학과 졸업생들을 비롯한 경성제대의 각 학과 졸업생들도 이해 7월 15일에 처음으로 『신흥(新興)』이라는 종합 학술지를 창간하여 본격적인 학술 활동을 개시하였다.

창간호에 실린 서양 철학 논문들을 보면, 신칸트학파 가운데 마르부르크학파를

---

211 신용하, 「경성제국대학과 조선 민립 대학 설립의 유산」, 『한국 근대의 민족 운동과 사회 운동』, 문학과지성사, 2001, p. 232.
212 박영식, 「인문 과학으로서 철학의 수용 및 전개 과정」, 『인문 과학』, 제26집, 연세대학교 인문과학연구소, 1972, p. 117.

주도한 코헨의 주저 『순수 인식의 논리학』을 소개한 김계숙의 「코헨 철학에 관한 단편」을 비롯하여 권세원의 「진리와 정확의 구별」, 배상하의 「짜라투스트라」가 있고, 같은 해 12월에 나온 제2호에도 철학 전공자는 아니지만 권국석(權菊石)의 논문인 「현상학의 진리설에 대하여 ― 후설Husserl의 『논리학 연구』를 중심으로」가 실려 있다. 권국석은 이 논문에서 후설의 초개인적인 이상적 진리, 즉 이념적 진리가 명증적이지만 후설이 그것을 실재적 증명을 가지고 판단한 실재적 판단에 근거를 가진 가능성으로 본 데 대하여 그것이 허구인지의 의문을 제기하고 있다.

『신흥』 3, 4호(1930~31)에도 안용백(安龍伯), 신남철(申南澈), 고유섭(高裕燮), 김계숙이 참여하였다. 김계숙은 철학과 자연 과학과의 관계를 논하는 4호(1931)의 논문 「철학과 자연성과의 관계」에서 철학이란 〈개념시〉나 〈개념적 유희〉가 아니라 자연과 현실에 입각하고 있음을 강조한다. 그는 그리스 철학 이래의 모든 철학이 자연성과 밀접한 관계에 있으며, 철학과 자연성과의 관계를 알고 자연 법칙을 사용함으로써 보편적인 일반 법칙 이론에 도달할 수 있었음을 주장한다.

특히 1931년은 헤겔 사후 100주년을 맞이하여 유럽 철학계가 헤겔 철학에 대한 재평가나 〈헤겔 르네상스 운동〉을 활발히 전개했던 해이다. 신남철의 표현대로 헤겔 철학이 그야말로 세계적 토픽이 되었던 해이다. 이미 그 전 해인 1930년 4월 22일부터 25일까지 네덜란드의 헤이그에서 개최된 제1회 헤겔 회의Der erste Hegelkongress에서는 국제 헤겔 연맹Der internationale Hegelbund을 탄생시켰으며, 제2회 헤겔 회의도 1931년 10월에 국제 헤겔 연맹의 주최로 베를린에서 개최되었다.

일본에서는 당시 교토제대의 유학생인 전원배가 참여한 『국제 헤겔 연맹 총서』가 발간되는가 하면, 월간지 『이상』도 제22호 〈헤겔 사후 백년 기념 특집〉을 비롯하여 『헤겔 부흥』을 두 권으로 발간했다. 특히 특집호에는 「현대에 대한 헤겔 철학의 의의」, 「칸트주의와 헤겔주의」, 「헤겔 논리학의 중축」, 「헤겔의 미학」, 「헤겔 르네상스」 등 무려 18편의 논문이 실려 있다. 그 밖에 국제 헤겔 연맹의 일본판으로서 백년기기념서(百年忌記念書)인 『헤겔Hegel과 헤겔주의』가 출판되었고, 1931년 『중앙공론(中央公論)』 3월 호에는 미키 기요시(三木清)의 논문 「헤겔 부흥과 그 방향」이 실렸으며, 사이구사 히로토(三枝博音)도 「제국대학신문」 제384-5호에 「헤겔 사후 백년제의 의의」라는 논문을 실었다.

모든 면에서 일제의 지배와 절대적인 영향 하에 놓여 있던 조선의 상황으로 미루어 보아 국내에서도 일종의 헤겔 이벤트가 준비되는 것은 당연한 일이었을 것이다. 당시에 가장 예민하고 왕성한 지적 욕구를 지니고 있던 『신흥』의 멤버들이 그 주인공들이었고, 그해의 7월과 12월에 출간된 『신흥』 5, 6호가 바로 한국의 헤겔 100주년 기념호였다고 해도 과언이 아닐 것이다. 5호에는 김계숙의 「헤겔 사상의 전사(前史): 헤겔 백년제를 당하여」와 신남철의 「헤겔 백년제와 헤겔 부흥」이라는 논문이 실렸고, 제6호에는 소철인(蘇哲仁)의 「포이어바흐 철학: 헤겔을 기념하는 의미에서」와 신남철의 「신헤겔주의와 그 비판」이라는 논문이 실렸기 때문이다.

김계숙의 「헤겔 전사」는 제목이 시사하듯 17세기부터 산업 혁명 이후의 사상적 변화, 즉 이성적 혁명의 분위기 속에서 헤겔이 나름대로의 방법으로 전개한 세계사의 발전 과정에 대해 논의하고 있다. 〈헤겔 르네상스〉를 구가(謳歌)하는 신남철의 논문은 이미 1910년 빈델반트W. Windelband의 강연 「헤겔주의의 갱신 Die Erneuerung des Hegelianismus」에 의해 촉발된 〈헤겔 부흥 운동〉으로서 1930년에 탄생힌 〈국제 헤겔 연맹〉의 소개를 비롯하여 헤겔적 요소가 딜타이, 슈프랑거 등의 〈광의의 생(生)의 철학〉에 미친 영향과 헤겔 부흥에 있어서의 철학자들의 견해를 다루었다. 그러나 그는 헤겔적 요소가 생의 철학에 상당한 영향을 주었음에도 불구하고 그의 영향을 받은 철학적 형태는 정작 헤겔 정신에서 멀리 떠나 있다고 주장한다. 그는 이른바 《헤겔 부흥》과 관련된 여러 견해는 전혀 헤겔의 진정한 정신을 위한 헤겔 부흥이 아니라 사회적으로는 마르크스주의에 대항하기 위한 파시스트적 반동 이론을 꺼내기 위한 것이었고 소위 철학적이라는 견지에서 볼 때 부르주아적 인간이 멸망에 직면한 자기의 역사적 위상을 연장시키기 위하여 각자의 독선적 견지를 개척함으로써 최후의 꽃을 피워 본 헤겔에의 귀의였다고 하지 않을 수 없다〉고 하여 딜타이, 슈프랑거, 후설, 하이데거의 철학 등 넓은 의미의 생철학을 비판하고 있다.

그에 의하면, 《헤겔 부흥》은 현재에 있어서는 불가능하고 따라서 진정한 의미에서의 헤겔 부흥은 되지 못할 것이다. 헤겔 부흥은 우선 《혁명하는 심장과 개혁하는 두뇌》가 사회적, 정치적 문제에 대하여 주체적으로 적용됨으로써 생기는 그의 전 철학적 체계의 발전적 방향을 지시하는 것이어야만 하겠다〉는 것이다. 끝으로 그는 헤겔에 관한 모든 출판은 〈사상상에 있어서 당연히, 또 영원히 《제일류의 한 지위를 차지할 사람》을 위하여 그의 사후 백년인 1931년을 전후하여 속속 출판된 것은 반드시 이 위대한 《헤겔적 고탑의 놀랄 만한 저작》을 단지 다시 한 번 검색하려고 하는 것은 아니어야 한다〉고 결론짓는다.

마르크스주의자로서 신남철의 〈헤겔 부흥〉 운동에 대한 부정적 견해와 비판은 「신헤겔주의와 그 비판」(『신흥』 제6호)에서는 더욱 뚜렷하게 드러난다. 그에 의하면, 〈헤겔 부흥을 꾀하는 신헤겔주의를 대별하자면 하나는 생의 철학에서의 헤겔 정신의 부흥이고, 다른 하나는 신칸트학파에서의 헤겔 부흥이다. 그러나 이것들은 마르크스주의의 혁명적 방법을 이른바 헤겔 정신으로써 온건화시켜서 자본주의의 《불가피한 악》과 타협 조화시키자는 의도에서 비롯된 것이다. 그러므로 헤겔 부흥을 꾀하는 신헤겔주의는 그 목적과 목표가 의식적이든 무의식적이든 헤겔의 미명 하에 마르크스주의를 수정하고 배격하려는 저의와 행동으로 나타난 것이다. 그것은 거기에서 마르크스주의를 타도하고 절멸시키려는 파시즘이 도출되었다는 사실을 주의하지 않으면 안 될 중대 사건이다〉.

신남철이 〈헤겔 연맹〉의 탄생에 대해 부정적인 이유도 마찬가지이다. 헤겔 연맹은 〈헤겔의 정신에 의하여 철학적 연구의 기운을 촉구함〉이라는 슬로건을 내걸고 출현했지만 그것은 단지 표면적 장식에 지나지 않는다는 것이다. 그는 이들이 벌이는 헤겔 회의도 자본가 계급이 노동자 계급에 대하여 사회민주주의적인 타협과 양보를 전면적으로 철회하고 첨예한 투쟁을 전개하려는 자위 조직에 참가한 어용 사상가 집단의 당파적 회합이었다고 신랄하게 비난했다.

한편 소철인은「포이어바흐 철학」에서 〈포이어바흐도 원래는 헤겔주의자였지만 헤겔 철학에서는 자연과 사유, 자연 철학과 논리학의 관계에 대한 근거를 발견할 수 없음을 깨닫고 점차 헤겔의 사변 철학에서 멀어졌다〉고 하여 포이어바흐의 철학이 왜 헤겔 철학의 전도인지를 밝히려 했다. 그에 의하면, 포이어바흐는 헤겔이 사유와 존재의 동일성을 신학화한 것을 〈근세의 과제는 신의 현실화와 인간화, 즉 신학이 인간학으로 전화하며 해소함에 있다〉 하여 헤겔이 용인한 사유의 절대성을 부인하려 했다. 그는 포이어바흐의 입장에서 보면, 〈철학의 주관적 기원과 과정이란 그것의 객관적 과정과 기원이다. 인간은 성질(性質)을 사유하기 전에 더 많이 감수(感受)한다. 그러므로 진실한 사변이나 철학은 진실한, 더욱 보편적인 경험 이외의 아무 것도 아니다. 철학의 시단(始端)은 신이 아니고 절대자도 아니며《이데-》의 술어로서의 존재도 아니다. 즉 철학의 시초는 유한한 것, 규정된 것, 현실적인 것〉[213]이라고 논하고 있다.

1932년 12월에 나온『신흥』제7호에도 신남철은「민족 이론의 세 형태」라는 논문을, 그리고 소철인은 마르크스·엥겔스의 글「유물론적 견해와 관념론적 견해의 대립」을 번역하여 게재한 바 있다. 신남철은 19세기를 〈민족주의의 대세기〉라고 규정하고, 그럼에도 불구하고 19세기 이래 그것에 대한 과학적 연구를 등한시하여 사회학자·정치학자·역사가·경제학자 등 종래의 학자들이 이 문제에 대해 정당하게 파악한 적이 없었다고 주장한다. 그러나 그는 〈과연 우리는《민족의 본질이란 무엇인가》에 대해 정당한 이해를 할 수 없는 것인가?〉를 반문한 뒤 민족 이론의 세 가지 형태를 나름대로 제시한다. 그것이 바로 민족 또는 민족주의에 대한 부르주아 학자의 이론, 사회민주주의자의 이론, 마르크스주의자의 견해이다. 그러나 그는 마르크스주

---

213 소철인,「포이어바흐 철학: 헤겔을 기념하는 의미에서」,『신흥』, 제6호, 1931, p. 25.

의자들의 견해야말로 전자의 두 이론을 구체적으로 종합하고 있을 뿐만 아니라 그들이 말하지 못한 역사적 이해를 민족 이론에 적용하여 통일적으로 정합한 논술을 전개했다고 평가함으로써 마르크스주의자의 입장을 다시 한 번 대변하고 있다.[214]

8. 『신동아』와 『철학』

1930년대는 세계적인 경제 대공황과 파시스트의 독재가 전 세계인을 불안과 공포의 위기의식에 빠져들게 한 시기였다. 한반도에는 이미 1929년 9월 1일을 기하여 고등보통학교의 조선어 과목이 폐지되자 11월 3일에는 급기야 광주학생사건이 일어났고, 미국도 뉴욕 증권시장의 대폭락으로 인하여 경제 공황이 시작되었으며, 1931년 일본은 중국의 봉천을 점령하면서 만주 사변을 일으켰다. 1932년 유럽에서도 나치가 총선거에서 승리함으로써 히틀러 정권이 탄생하는 역사적 격변이 시작되었다. 이처럼 국내외의 정세가 매우 비정상적이었을 뿐만 아니라 광적이라고 할 정도로 비이성적인 상황이었음에도 불구하고 1932년 종합 교양 잡지인 『신동아』 11월호가 철학의 특집호를 기획한 것이나 1933년 국내의 철학자들이 결속하여 처음으로 한국에서 철학회를 결성한 것, 더구나 『철학』이라는 학회지까지 펴낸 사실은 위기의 시대를 매우 이성적으로 대처하고 극복하려는 의연한 일들이 아닐 수 없다.

특히 『신동아』가 〈스피노자 탄생 300주년 기념 특집호〉를 과감하게 발간함으로써 불안한 세간의 정서를 오히려 철학에 대한 관심에로 유도한 사실은 더욱 주목할 만하다. 여기에는 이종우의 「스피노자 철학의 특징」, 안호상의 「스피노자의 우주관」, 이관용의 「스피노자의 생활」 등이 발표되었다. 이종우는 스피노자 철학의 특징

214 신남철, 『신흥』, 제7호, 1932, pp. 2~14.

을 첫째, 범신론적인 점, 둘째, 개체의 불멸을 부정한 점, 셋째, 감정론, 윤리론 및 정치론 등에다 자연주의적 계기를 포함한 점이라고 열거한다. 그에 의하면,

〈스피노자가 평생 동안 받은 대우는 너무나 부당한 것이었지만, 사후 약 일 세기 만에 그의 철학은 국경을 넘어 독일의 시인 괴테나 횔덜린에 의해 새롭게 발견된 뒤 점차 그 세력이 퍼져 일종의 주관주의인 낭만 철학과 결합하게 되었다. ……스피노자의 철학에는 다기난해(多岐難解)한 것이 있어서 그만큼 심원한 진리를 포함하고 있으므로 골자만 추려서 간단히 설명하려 한다.

첫째, 스피노자는 규정이 부정을 수반한다는 이유로 신의 정의로부터 다음의 결론을 얻었다. 절대로 무한한 존재며 영원하고 무한한 본질을 표현하는 무한수의 속성으로 성립된 신은 절대로 부정을 포함하지 않으므로 신을 규정할 수는 없다. 그런 이유에서 스피노자는 신의 유목적(有目的) 활동을 부인했다.

둘째, 연장(延長)과 사유와의 인과 연쇄가 곧 세계[心界와 物界]인 동시에 유일신의 두 가지 존재 방식이 된다.

셋째, 실체는 절대 독립, 즉 자기 원인이므로 유일하다는 것이 인지된다. 참 실체는 신이다. 그리고 실체는 유일하므로 세계는 실체 즉 신을 떠나서는 있을 수 없다. 그러므로 신(神) 즉, 자연이다.

넷째, 연장은 신의 속성이다. 다시 말해 신은 연장이 있는 것 Ausgedehntes Ding 이다.

또한 이 논문은 이상에서 첫째와 둘째 것을 합치면 그의 결정론이 성립되고, 셋째와 넷째를 합치면 범신론적 자연론이 되며 넷째와 둘째를 합치면 실재론, 스피노자의 유물론적 측면이 드러난다고 설명하고 있다.

한편 이종우에 의하면, 인식에 대한 스피노자의 병행론적 해석에는 난점이 많을 수밖에 없으며, 정신, 물리적 문제의 병행론적 해석에도 병행이나 동일이라는 개념에 마찬가지의 난점을 피할 수 없다. 왜냐하면 신체란 내(內)와 외(外), 아와 비아의 변증법적 통일체임에도 스피노자는 변증법적 논리를 결여한 채 동일의 개념

을 사용했기 때문이었다. 그러나 그는 스피노자가 신체를 〈인식론적noetisch〉으로 생각한 점에서 심신 문제의 선구가 되는 불후의 공적을 남겼다고도 평가한다.[215]

안호상에 의하면, 스피노자의 우주관은 우주를 〈영원히 변하지 않는 정돈(整頓)〉으로 간주한다. 다시 말해 〈모든 물체들의 전체인 우주는 한낱의 물체가 있어진다고 하여 불어나거나 한낱의 물체가 없어진다고 해서 줄어드는 법이 없기 때문에 우주의 전체에서는 더도 없고 덜도 없는 오직 같음뿐〉이라는 것이다. 또한 그는 〈최초의 원인이며 만물의 공통자요 우주의 본체로서의 신은 영원한 원인적 원인으로서 우주의 품속에 안기어 있기 때문에 신을 떠난 우주는 우주가 아니오, 우주를 떠난 신은 신이 아니라고 봄으로써 현대의 유심론자뿐만 아니라 유물론자까지도 스피노자에 대해 많은 흥미를 가지고 연구하고 있다〉고 소개한다.

이관용의 논문은 스피노자의 생애에 초점을 맞추어 그의 인생 파노라마를 자세하게 소개하고 있다. 예를 들면, 〈그는 고대 유대 법전인 탈무드의 사상에 의해 조성되었고 서양 고대, 중세 철학, 특히 그리스, 페르시아, 인도 철학을 종합하여 집대성한 아라비아 철학의 영향을 받은 유대 인 철학서들로 엄격한 교육을 받았다. 그러므로 스피노자의 철학에 동양 사상적 요소가 얼마나 포함되어 있는지에 대해서는 언급할 필요조차 없다. ……그러나 정치적으로, 사회적으로 제한된 처지에 있는 유대 인 스피노자는 스콜라 철학의 관념 장난에 대한 불만을 대신하여 자연 과학에서 만족을 찾으려 했다. 자연 과학에 대한 연구는 그를 데카르트 철학에 대한 연구로 인도하여 결국 1663년에는 『데카르트 철학의 기하학적 서술』이라는 저서까지 발간하게 했다〉는 것이다.

이관용의 이 글은 무엇보다도 스피노자를 무신론적이고 유물론적인 일원론자로 간주한 점이 특징적이다. 그러나 이관용은 철학사의 일반적인 기록들과 크게 다를 바 없이 스피노자가 47세까지의 일생을 오로지 수정을 연마하는 일로만 보냈지만

---

215 이종우, 「스피노자 철학의 특징」, 『신동아』, 제13호, 1932. 11, pp. 90~93.

그가 연마한 수정 한 개가 남아서 인류에게 대대로 영구히 전습(傳襲)될 보석이 될 것이라고 기록하고 있다.[216]

1933년은 그동안 외국에서 철학을 공부하고 돌아온 사람들과 경성제대 철학과 출신들이 모여 처음으로 철학회를 만들고 학회지를 창간한 해라는 점에서 한국의 철학사에 또 하나의 신기원이 되는 해이다. 그것이 바로 〈철학연구회〉와 『철학』의 탄생이다. 이미 해외에서 돌아온 안호상·이종우·이재훈·김두헌 등과 경성제대 졸업생인 권세원(1회)·신남철(3회)을 비롯하여 그해 봄에 졸업한(5회) 고형곤(高亨坤)·박종홍·박치우(朴致祐) 등이 회합하여 철학연구회를 발족시킨 뒤 이들은 종로의 YMCA회관에서 철학 강연회를 열었다. 이것이 좋은 반응을 얻게되자 이들은 이재훈을 편집자로 하고 한성도서회사(漢城圖書會社)의 이창익(李昌翼) 사장의 후원으로 전문적인 철학 학술지를 만들기로 했다. 이렇게 해서 1933년 7월 17일에 창간된 정가 30전의 시판용 논문집이 바로 『철학』제1호이다. 여기에 실린 논문들의 제목은 다음과 같다.

박종홍, 「〈철학하는 것〉의 출발점에 대한 일 의문」
권세원, 「철학이란 무엇이냐, 철학의 영원성에 대하여」
이재훈, 「구체적 존재의 구조」
이종우, 「외계 실재의 근거」
안호상, 「객관적 논리학과 주관적 논리학」
김두헌, 「윤리적 평가의 이념」
신남철, 「헤라클레이토스의 단편어(斷片語)」

최초의 철학회인 〈철학연구회〉의 학술지 창간호에 맨 먼저 나오는 박종홍의 논문 「〈철학하는 것〉의 출발점에 대한 일 의문」은 그 제목에서부터 이 시대 철학자들

---

[216] 앞의 글, pp. 94~96.

의 철학하는 이유에 대한 대변이자 자신의 철학적 사색을 위한 고백임을 시사하고 있다. 실제로 그는 서두에서 《철학하는 것Das Philosophieren》의 출발점이 나의 문제다. ……우선 나의 의문은《철학하는 것》의 출발점을 문제로 제기할 수 있는가 없는가로부터 비롯된다〉고 고백하고 있다. 그에 의하면 〈철학하는 것은 사람의 본성에 속하는 것이요 단지 학과의 일부분도 아니며, 학자의 이지(理智)로서 짜낸 어떤 특정한 영역도 아닐 것이다. 철학하는 것은 사람에게 있어서 근본적 생기(生起)이다. 여기에서 나는 나의 문제에 관련되는 두 가지 점을 지적할 수 있다. 첫째는 철학하는 것의 출발점이 각인각양 불일치하다는 것, 둘째는 그 출발점이 어느 때, 무엇으로부터라고 명백하게 표현하기 거북하다는 것이다〉. 그러므로 철학하는 것은 그 출발점에 따라서 방향이 결정될 수밖에 없다는 것이다. 철학하는 것은 본질적으로 그 자체의 정의를 묻기 전에 출발점이 먼저 문제시되는 것이 아닐까 하고 그는 반문한다.

결론적으로 그는 모든 철학자들의 출발점이 그들의 시대·민족·계급이나 개성에 따라 서로 달랐듯이 〈우리의 철학하는 것의 출발점도 이 시대의, 이 사회의, 이 땅의, 이 현실적 존재 자체에 있지 않은가〉하고 동의를 요청한다. 현실적 지반을 떠나서 출발점을 택하는 철학은 결국 그 시대와 사회에 대하여 어떠한 현실적 의미도 가질 수 없을 뿐만 아니라 철학 자체에서도 새로운 경지를 개척하기 어려울 것이라고 그 역시 생각하기 때문이다.[217]

한편 이종우는 「외계 실재성의 근거」에서 〈상식에 대한 불만과 진리의 철저적 근원적 인식에 대한 열망을 가지고 출발하는 철학은 그것이 어떠한 개인성과 시대성에 제약된 것일지라도 적어도 한 번은 통과하게 되는 관문이 현상성의 명제이다〉라고 단정한다. 따라서 그는 외계가 과연 어떠한 것인지, 철학은 외계의 실재성을 승인하지 못할 운명을 가진 것인지에 대한 해답을 시도하는 것이 이 논문의 임

217 박종홍, 「〈철학하는 것〉의 출발점에 대한 일 의문」, 『철학』, 제1호, 철학연구회, 1934, pp. 1~16.

무임을 분명히 하고 있다. 그에 의하면,〈철학은 결국 체험의 철저적·근원적·정합적 반성이다. 우리가 체험을 정합하게, 철저하게 반성하려면 외계의 실재성을 승인하지 않을 수 없다는 이유로 용감하게 모험적으로 승인하며 믿는 것이다. 우리는 외계의 실재성을 확신할 수 있다. 그러나 외계의 실재성은 신념이요 논리적 증명이 아닌 만큼 이 실재성을 믿지 않는 사람으로 하여금 믿게 할 수는 없는 것이다. 이것은 신념, 체험의 절대성의 소이(所以)다〉.[218] 왜냐하면 외계의 실재성은 논리적 증명에 의해서가 아니라 전 생명의 체험과 관찰에 의해 확신되기 때문이라는 것이다. 결국 그는 生의 자각적 단계에서 외계의 실재성에 대한 확신이 생긴다고 보았다.

『철학』제2호(1934년 4월 1일 간행)에 실린 논문들은 다음과 같다.

박치우,「위기의 철학」

박종홍,「철학하는 것의 실천적 지반」

이재훈,「존재 — 인식」

신남철,「현대 철학의 존재Existenz에의 전향과 그것에서 생(生)하는 당면의 과제」

이종우,「생의 구조에 대하여」

이인기,「개성 유형과 그 교육적 의의」

안호상,「이론 철학은 무엇인가」

김두헌,「고 이관용 박사 의욕론」

『철학』제3호(1935년 6월 20일 간행) 에 실린 논문들은 다음과 같다.

이인기,「교육 원리로서의 개성과 사회와 문화」

전원배,「사회학의 논리적 구조」

---

218 이종우,『철학』, 제1호, pp. 48~62.

이재훈, 「철학의 문제 및 입장」
안호상, 「이론 철학과 실천 철학에 대하여」
갈홍기, 「회의주의의 논리적 방법」

1936년은 아마도 한국의 20세기 100년의 철학사에서 가장 절망적인 해였을 것이다. 일제는 12월에 이른바 〈조선 사상범 보호 관찰령〉을 공포하고 『철학』의 편집 및 발행인이었던 이재훈(李載薰)을 사상범으로 구속하였기 때문이다. 그로 인해 『철학』은 강제로 폐간되었고 철학연구회의 해산도 불가피하게 되었다. 더구나 일제는 1940년 8월 조선일보와 동아일보를 폐간 조치하는가 하면 10월에는 황국신민화 운동을 강행하기 위해 국민총력연맹을 조직하였다. 질곡을 넘어 암흑 시대가 도래한 것이다. 급기야 〈조선 사상범 예비 구금령〉까지 공포되었고 이때부터 이 땅의 철학은 침묵과 동면을 강요받아야 했다. 그것은 마치 529년 동로마제국의 유스티아누스 황제의 칙령으로 인해 아테네의 철학 학교가 폐쇄됨으로써 고대 그리스 철학이 긴 동면에 들어가야 했던 사실을 연상하게 하는 것이었다. 이재훈은 휘문고 교장으로 재직 중인 1958년 『사상계』 9월 호에 기고한 「잊혀지지 않는 것」이라는 글을 통해 당시의 역사적 상황을 다음과 같이 회상한다.

〈나의 전반생에 있어서 예기하지 못하였던 정신적 큰 충격을 받은 일로서 지금에 이르러서도 기억에 사라지지 않는 것이 있다. 때는 일독방공협정 당시다. 1936년 11월 어느 날 아침 기침하기 전 두 사람이 문을 두드리고 나타나 말하기를 종로경찰서에서 왔는데 서장이 잠깐 문의할 일이 있다고 하니 같이 가자는 것이었다. 나의 신변에 무슨 일이 생겼냐고 묻자 자기로서는 모르겠고 가보아야 할 일이라는 대답이다. ……경찰서에 들어갔다. 평생 처음 당한 일이다. 사건 담당 주임(고등 사상범 취조 주임)한테 소개를 하니까 당신이 이재훈인가 묻기에 그렇다고 한즉 딴 방에서 잠시 기다리라는 것이다. 약 한 시간이 지났을까 이때까지 내게 무슨 죄가 있는지 나 자신도 알 도리가 없었다.
심문이 시작. 첫 심문은 이 사회에 대한 불평 불만이 무엇인가로부터 시작됐다.

나는 어느 사회이고 완전한 것이 없는 한, 성질과 정도의 차이는 있을 망정 불평 불만이 없는 사람은 없을 것이라고 말하자 그는 이어서 자본주의 사회의 결함은 무엇인가 묻기에 책에서 본 대로 몇 가지 들어 솔직히 말하였다. 잠시 후 점차 개인의 행복과 사회 개조의 문제에 들어가자 공산주의에 대한 비평을 하였더니 그는 그물에 걸린 고기를 놓쳤다고 직감했음인지 성을 내어 어조를 높이면서 이런 취조는 할 수 없다고 연필을 내던지며 나가 버렸다. 이때에 옆에 서 있던 형사는 정직하게 말하지 않으면 징역을 보내겠다고 위협한다.

다음 날 취조는 내선 관계의 문제로부터 출발하여 민족주의 문제가 주제가 되었다. 어제와 마찬가지로 문답은 논쟁으로 시종하였다. 나는 한마디 논변하였다. 마르크스주의에서는 약소민족이 문제가 되어 있으나 여기서 논의된 민족주의는 공산주의에서는 배격하고 있는 것이다. 민족자결주의의 민족주의는 국가적 독립을 궁극의 목표로 하고 있는데 공산주의에 있어서 국가는 지배 계급이 착취 기관이므로 경제적 평등 사회가 도래하는 날에는 사멸된다는 것이다. 내가 마르크스주의에 다소 관심을 가지게 된 것은 마르크스주의의 유물론적 입장으로부터 정통 철학을 공격하는 것이 현재 철학계의 하나의 조류가 되어 있기에 정치적 관심을 떠나 순전히 학문적 입장에서 철학 그것이 무엇인지를 이해하고 싶다는 데 있다. 한갖 순수 학문적 입장에서 나는 학자적 양심을 굽히지 않으려는 진실한 윤리적 열정을 가지고 있을 뿐이다. 나는 이것을 제외한다면 나의 존재를 시인할 수 없고 철학 공부도 벌써 단념하였을 것이다.

이 말이 끝나자 그는 서슴지 않고 일본에 우수한 철학이 있지 않느냐. 일본 철학을 연구하면 어떠냐 하는 말에 나는 답하기를 철학의 진리는 보편성이 있는 것이라 누가 권유하지 않아도 만인이 스스로 연구하게 되는 것이다. 이에 대해 그는 당신네들의 철학 연구를 나는 모르겠다만 공산주 아니면 민족주의 사상이다. 앞으로 계엄령이 내리는 날에는 구속할 생각이라고 위협, 이에 대해 나는 구태여 변명하고 싶지 않다고 말한 뒤 무슨 이야기가 또 나오는가를 기다리고 있었다. 의외의 딴 말이다. 지금 아래 유치장에 누가 들어와 있는지 아느냐 하기에 실은 어젯밤 학생(제자)을 통하여 알기는 했지만 나의 사건에 연관된 것인지 분명하지 않아 모른다고 한즉 (제자의)일기장을 제시하면서 당신이 이런 내용의 강의를 하지 않았느냐, 라는 것이다. 내용인즉 5학년 수신(修身) 시간에 교과서에 없는 사회 경제에 있어서 자본주의 사회의 비평을 한 것이었다. 그리고 일기장 말미에 이재훈 선생님의 학설에 탄복하였다고 명기되어 있었다. ……이 사건을 계기로 철학회는 산회하였고 외우(畏友) 고 이창익 군의 호의로 발간하던 철학 잡지는 폐간의 운명에 이르렀다.

당시의 나의 심경은 무엇보다도 망국의 백성의 신세를 슬퍼하였으며 원망했다. 국가적 독립이 부러웠다. ……공허 안에 던져져 있는 나의 존재는 전력을 다하여 공허로부터 탈출하려고 하였지만 도로(徒勞)다. ……하여튼 자기 존재의 공허감을 무엇으로나 채워야 하겠다고 생각한 나머지 나의 《고뇌의 철학》을 적어 보고자 하는 것이었다. 소크라테스는 옥중에서 사형 선고를 받고서도 영혼 불멸의 철리를 제자들과 함께 논하지 않았던가. 로마 말기의 철학자 보에티우스도 같은 운명 아래서 『철학의 위안』을 쓰지 않았던가. ……세상은 과연 변하였다. 당시 나를 사상범으로 위협한 일본인 형사와 우리 나라 형사는 모두 건재한지. 문제의 학생은 지금 전라도 어느 시골 국민학교 교장으로 건재하다는 소식을 듣고 있지만.〉[219]

이것은 역사의 질곡을 견뎌내고 살아남은 자의 〈증언〉이다. 하지만 이것은 증언 뒤에서 죽음당한 〈『철학』을 위한 변명〉이기도 하다. 소크라테스는 재판이 끝난 뒤 죽음을 목격하면서 자신의 죽음을 위한 변명을 다음과 같이 비장하게 토로한 바 있다. 〈나는 위험에 처했다고 해서 어떤 천한 짓을 해도 좋다고 생각하지 않았고, 지금도 그렇게 변명한 것을 뉘우치지도 않으며 오히려 나는 달리 변명하고서 살기보다는 이렇게 변명하고서 차라리 죽는 편이 훨씬 낫다고 생각합니다.〉

219 이재훈, 「잊혀지지 않는 것」, 『사상계』, 제62호, 1958년 9월, pp. 296~298을 요약한 것임.

또한 레지스탕스 운동을 하다 체포되어 1944년 프랑스 리용의 감옥에서 나치에 의해 총살당한 프랑스의 역사가 마르크 블로크는 그의 옥중 유고인 『역사를 위한 변명』을 〈아빠, 역사란 도대체 무엇에 쓰는 것인지 이야기 좀 해주세요〉라고 시작한다. 이것은 역사가의 사명이 무엇인지, 그리고 질곡 속에 빠진 역사를 위해 역사가는 어떻게 변명해야 하는지에 대해 정직하게 반성하고 대답하기 위해 이 글을 쓰겠다는 고백의 암시이기도 하다. 지금 이재훈의 증언이자 변명이기도 한 「잊혀지지 않는 것」이 『소크라테스의 변명』과 『역사를 위한 변명』을 우리의 기억 속으로 불러들이는 것도 그것들이 모두 질곡 속의 역사를 위한 비장한 변명이었기 때문일 것이다.

9. 〈보전학회〉와 『보전학회론집』

1930년대 대학의 학회와 학회지가 보성전문학교에만 있었던 것은 아니다. 1930년부터 경성제대에는 법학회가 있었고 그곳에서 발행하는 『철학 논집』이 있었으며 문학회에서 발행하는 『철학 논총』도 있었다. 그러나 이것들은 한국인의 논문이 실릴 수 없는 일본인 학자들만의 학회였고 학회지였다. 그렇기 때문에 1934년 보성전문학교에서 조직된 〈보전학회〉와 『보전학회론집』의 창간은 철학 분야만의 공산은 아니었지만 단지 사립대학에 처음으로 학회가 설립되고 학회지가 창간되었다는 것 이상의 의미를 부여할 수 있다.

1932년도 이후 『철학 논집』을 이끌던 경성제대 법학회의 철학 교수들은 『서양 고중세 철학사』와 『서양 근세 철학사』를 쓴 동경제대 출신의 아베 요시시게(安倍能成)를 비롯하여 미야모토 와키치(宮本和吉, 철학사)·시라이 시게노부(白井成允, 윤리학)·우에노 나오테라(上野直昭, 미학)·카토 죠오켄(加藤常賢, 중국 철학)·타나베 쥬죠(田邊重三, 철학사)·하야미 히로시(速水滉, 심리학) 등 일본인들이었던 것과는 달리 『보전학회론집』에 참여한 철학·사상 분야의 교수들은 최두선·백상규·김병로·안호상·현상윤·오천석·박승빈(朴勝彬)·최정우·유진오(兪鎭午) 등 대부분이 한국인이었다. 철학·사상과 관련된 논문으로는 제1집(1934, 3.)에 안호상의 「헤겔의 철학의 시초와 논리학의 시초」, 유진오의 「중세에 있어서 정의 사상」이 있으며, 제2집(1935, 11.)에 안호상의 「물심(物心)에 대한 인식론적 고찰」이 있고, 제3집(1937, 2.)에 최정우의 「어빙 배빗의 휴머니즘론On Humanism of Irving Babbitt」이 실려 있다.

안호상의 논문 「헤겔의 철학의 시초와 논리학의 시초」는 그 전 해의 철학연구회에서 강연한 「헤겔의 논리학의 시초」를 보완하여 게재한 것이다. 이 논문에서 안호상의 화두는 〈시초와 시초함Der Anfang und das Anfangen〉의 구별이다. 그는 머리말에서 이미 〈적어도 헤겔의 철학의 본질과 또 헤겔의 사상의 근본을 바로 본 정견으로서 보편타당성이 있기를 바라 나는 《철학의 시초와 철학하는 것의 시초》, 곧 시초와 시초함을 엄밀히 구별하였다〉고 밝히고 있다. 그에 의하면, 철학적 의미에서 〈시초〉와 〈시초함〉은 같은 것이 아니다. 〈시초〉는 어떤 무엇의 논리적 〈천연적〉 가능 원리를 말하는 데 비해, 〈시초함〉은 어떤 그 무엇의 사실적 기원을 말한다. 그는 이러한 구별을 다시 철학에 적용하여 〈철학의 시초와 철학하는 것의 시초〉의 의미를 구별하고 있다. 왜냐하면 그가 문제 삼고자 하는 것이 시초가 아니라 시초함이기 때문이다. 그에 의하면 〈우리는 헤겔의 철학 시초를 물을 것이 아니라 철학하는 것의 시초, 곧 철학 체계의 서술의 시초를 물을 것이다〉. 다시 말해 그가 생각하는 헤겔의 본의는 〈철학의 시초는 무엇인가?〉 하는 것이 아니라 〈철학하는 것은 어느 것으로부터 시초하는가?〉이다. 그는 이것을 다시 〈헤겔의 철학은 어느 것으로부터 시초했는가? 앎(知)인가? 있음〔存在〕인가?〉에로 연장한다. 이것에 대한 그의 대답은 다름 아닌 앎이었다. 다시 말해 헤겔에게서 철학하는 것은 자아의 인식함이고, 철학도 자아의 인식이라는 것이다.

그가 이 논문에서 두 번째로 문제삼는 것은 〈논리학의 시초로서의 존재〉이다. 그는 헤겔의 논리학이 존재로부터 시초함은 결코 이 존재가 논리학의 절대적 가능 원리이기 때문이 아니라 오히려 존재가 논리학의 사실적 서술의 시초점이 되기 때문이라고 주장한다. 끝으로 그는 누구나 학적(學的) 통찰에서 시초함이란 필연적으로 가장 직접적인 것을 선택해야 하듯이 헤겔의 경우도 마찬가지였다고 생각한다. 헤겔의 이른바 〈순존재das reine Sein〉이다. 그의 결론에 의하면, 〈헤겔이 순존재를 발전 안 된 것, 매개 안 된 것, 곧 직접적인 것으로서 취함은 결코 존재 그 자체가 그런 것이 아니라 한갓 변증법적 방법상에서 면치 못할 필연성이며, 또한 순 존재를 논리학의 시초라 함은 절대적 시초라는 것이 아니라 한갓 방법적으로 결정된 시초로서 해석하지 않으면 안될 것이다〉.[220]

안호상의 두 번째 논문인 「물심에 대한 인식론적 고찰」은 1, 유물론적으로 본 물론 2, 유심론적으로 본 심론 3, 인식론적으로 본 물심론의 목차로 쓰여진 그의 물심관이다. 이를 위해 그는 먼저 유물론과 유심론의 역사를 간단히 일별한 뒤 물심에 대한 자신의 입장을 인식론적으로 밝히고 있다. 제1장인 유물론적으로 본 물론을 그는 랑게A. Lange의 『유물론사Geschichte des Materialismus』의 서문인 〈유물론은 철학과 같이 오래되었다. 그러나 철학보다 더 오래되지는 않았다〉는 문장으로부터 시작한다. 이것은 안호상도 유물론의 역사가 그만큼 오래되었음을 강조하기 위해 인용한 것임에 틀림없다. 그 실례로써 그는 기원전 3천 년경에 쓰여진 인도 철학의 고전 베디Vcda기 만물의 유일한 주재자이자 전지의 정립사로서 금태(金胎)를 제시하는 경우나 그리스 철학의 탈레스가 만물의 근원을 물이라고 하는 경우, 특히 18~9세기의 라메트리La Mettrie · 돌바흐Dolbach · 포그트K. Vogt · 몰레쇼트J. Moleschott · 헤켈E. Haeckel과 같이 의식을 일종의 대뇌 작용의 현상에 불과하다고 보는 자연 과학적 유물론과 행위로서의 역사를 물질적 활동에서 비롯되었다고 주장하는 마르크스 · 엥겔스의 사회학적, 역사학적 유물론의 경우를 열거

---

220 안호상, 「헤겔의 철학의 시초와 논리학의 시초」, 『普專學會論集』, 제1집, 1934, 3. pp. 1~30.

한다.

제2장인 유심론적으로 본 심론에서도 그는 인간 사회의 흥망성쇠를 그 사회 대중의 정신 활동 여하에 달려 있다는 점을 강조하기 위해 인도의 리그베다Rigveda의 유일신으로부터 대승 불교의 유심론, 플라톤과 아리스토텔레스의 형이상학, 라이프니츠의 모나드Monad 등을 열거한다. 수많은 유심론자들에 의하면 개체적 물체는 인간 정신의 산물이요, 물질 전체는 세계 정신의 산물이므로 정신계와 세계 정신이 물질 세계와 세계 물질을 창조한다는 것이다.

제3장 인식론적으로 본 물심론은 물심에 대한 그 자신의 철학적 견해이다. 그는 〈정신은 물질이다〉와 〈물질은 정신이다〉 같이 모든 대상 인식과 인식 대상을 가능하게 하는 두 개의 판단을 다른 주장들과 구별하기 위해 〈무궁 판단(無窮判斷, *unendliche Urteil*)〉이라고 규정하고, 무궁한 우주는 오직 이러한 무궁 판단으로서 제약되어 있으며 우주의 무궁한 진리 인식도 이러한 무궁 판단으로서 가능하다고 역설한다. 그에 의하면, 〈우주의 진리 판단은《정신은 물질이다》라고 하는 무궁 판단이며《물질은 정신이다》라고 하는 진리는 인생을 제약하는 무궁 판단이다. 이 두 가지 판단이 우주와 인생의 고유한 진리이므로 양자의 진리 인식은 이 두 가지 무궁 판단밖에 될 수 없는 것이다〉.[221]

제3집에 실린 최정우의 영문 논문인 「On Humanism of Irving Babbitt」은 근대를 풍미하던 낭만주의와 자연주의에 반대하여 전통과 고전의 가치와 중요성을 강조해 온 미국의 신인문주의*New-Humanism* 운동가이자 비평가인 어빙 배빗(1865~1933)의 휴머니즘론을 소개한 것이다. 그에 의하면, 배빗은 플라톤과 아리스토텔레스주의자이다. 그는 고대 그리스의 고전적 가치나 전통의 중요성보다 근대의 자연 과학적 가치와 세계관을 더욱 강조하는 루소와 베이컨에 반대하여 고대 그리스의 정신적 가치인 통일과 조화를 중요시한다. 배빗에 의하면, 인간은 자

221 앞의 논문.

연물이 아니다. 그러므로 인간은 자연법칙이나 사물을 위한 법칙에 근거해서 다루어질 수 없다. 인간은 오직 〈인간을 위한 법칙*law for man*〉에 의해서만 다루어져야 한다. 그는 아리스토텔레스와 마찬가지로 인간의 정의를 두 가지로 구분한다. 하나는 충동과 욕망을 지닌 일상적, 자연적 자아*an ordinary, natural self*이고 다른 하나는 그것들에 대한 자제력을 지닌 인간적 자아*a human self*이다. 그러므로 사람이 진정한 인간이려면 자연적 자아에의 탐닉을 견제해야만 한다는 것이다. 이런 점에서 배빗은 근대인들의 삶의 조건이 개선됨에 따라 휴머니즘의 가치가 상대적으로 무의미해지거나 상실되는 데 대하여 그것의 가치를 더욱 강조하려 한다. 휴머니즘이 다소 부정적이고 보수적인 경향을 지니고 있다고 하더라도 그것은 병든 시대를 치유할 수 있는 적절한 치유책 가운데 하나임에 틀림없다는 것이다.[222]

10. 일제 말기의 철학 연구 활동

일제는 1936년 5월 29일 일본 전국에 사상범 보호관찰법을 공포하면서 조선에도 마찬가지로 조선 사상범 보호관찰령을 공포한다. 이해의 8월 조선에는 34년까지 만주의 관동군 사령관을 지낸 육군 대장 미나미 지로(南次郎)가 총독으로 파견된다. 42년까지 총독을 지낸 그는 제2차 세계대전의 패전 후 A급 전범으로서 종신형의 처분을 받을 정도의 확전론자였다. 실제로 일본 제국주의의 광기는 이때부터 중증의 단계로 접어들기 시작했다고 해도 과언이 아니다. 왜냐하면 일제는 그해 11월 25일에 일독방공협정에 조인하고 그 이듬해 7월 7일 중일전쟁을 시작한다. 1937년 11월 10일에는 조선인에게도 이른바 「황국신민의 서사」를 배포하는가 하면 12월에 중국의 난징을 점령하여 대학살을 자행한다. 1939년 11월 조선총독부

---

[222] J. W. Choi, "On Humanism of Irving Babbitt", 『보전학회론집』, 제3집, 1937. 2. pp. 781~827.

는 창씨개명을 공포하였고, 마침내 41년 3월에 조선어 학습의 금지를 단행하기에 이른다. 이해 12월 8일 일제는 진주만 공습을 감행하여 미국과 영국에 대해 선전 포고함으로써 광기가 절정임을 드러냈기 때문이다.

이처럼 1930년대 후반부터 패전에 이르기까지 일제 말기는 야만적 이데올로기의 광기와 공포가 끝 갈 데 모르는 비이성적 시대였으므로 우리 사회도 고조되는 위기의식 속에 빠져들지 않을 수 없었다. 정상적인 학교 교육이 위축되고 왜곡되는 상황이었으므로 철학자들의 공공연한 학술 활동을 기대하기는 더욱 어려웠을 것이다. 『철학』이나 『보전학회론집』이 세 번밖에 나오지 못하고 36년과 37년에 중단된 사실이 이러한 시대 상황의 단적인 증거라고 하지 않을 수 없다.

1936년 조선의 대표적인 사상범으로 지목된 이재훈의 구속으로 인해 〈철학연구회〉가 해산된 이후 당시의 철학자들은 한국인만의 철학 공간을 상실하게 되었을 뿐만 아니라 신변에 대한 위기의식마저 갖게 되었다. 37년에는 이재훈에 이어서 한치진도 구속되었기 때문이다. 이제 남은 안전한 활동 공간은 경성제대 철학연구실 뿐이었고, 그곳에서 그들은 아베 요시시게, 미야모토 와키치, 타나베 쥬죠, 시라이 시게노부 등과 같은 경성제대의 일본인 철학 교수들과 함께 활동을 이어갔다. 그것이 이른바 〈철학담화회〉의 활동이었다. 본래 여기에서 활동하던 조선인은 김계숙·권세원·박종홍·고형곤·김용배·박의현·최재희·김규영 등 대부분이 경성제대 철학과 졸업생들이었지만 나중에 안호상·이종우·손명현 등이 가담하였다. 결국 이 모임은 이미 해산된 철학연구회를 대신할 정도로 발전한 것이다. 이 담화회에서 발표된 논문들 가운데 전해지는 것으로는 1941년에 발표된 김계숙의 「헤겔 청년 시대의 종교관」, 이종우의 「운명」, 박종홍의 「*Das Man*의 자기 부정적 발전」, 고형곤의 「하이데거의 〈휠덜린과 시의 본질〉과 그의 철학」 등이다.[223]

특히 이 시기의 철학 연구 활동으로 주목할 것은 박종홍의 논문인 「하이데거에

---

223 조요한, 『사색』, 제3집, 숭실대학교 철학회, 1972, p. 23.

있어서의 지평의 문제」가 1935년 일본의 철학 잡지인 『이상』에 일본어로 실린 것을 비롯하여 1938년 김두헌이 『윤리학 개론』을 일본어로 출판한 것, 그리고 안호상이 1941년 일본의 교토제대에서 발간하는 『철학 연구』에 「헤겔에 있어서 판단의 문제Über das Problem des Urteils bei Hegel」를 독일어로 게재한 점 등이다. 그러나 이것들은 질곡의 역사적 유산으로서 20세기 우리의 철학사에 국제화의 기록으로 남을 수밖에 없는 것들이다. 그것들 가운데 박종홍의 논문 내용을 요약하면 다음과 같다.

박종홍이 「하이데거에 있어서 지평의 문제」에서 다루려는 것은 존재 이유를 가진 인간 존재의 이해를 가능하게 하는 지평이 무엇인가에 대한 것이다. 그는 존재 이해라고 하는 이상 인간 존재만이 추상적으로 파악되어야 할 이유가 없다고 생각하여 하이데거와 같이 존재 이해의 가능한 지평도 구체적이고 전체적인 이해를 가능하게 하는 지평이어야 한다고 주장한다. 그러나 그는 하이데거가 선 존재론적 이해를 가능하게 하는 시간성의 탈자적 지평을 구체적, 전체적으로 파악하려고 노력한 점은 배울 만하지만, 그가 칸트의 도식론에서 감성과 오성을 이 탈자적 지평에 의해 종합함으로써 오히려 탈자적 지평을 인간 존재가 아닌 오직 대상 성립의 장소와 혼동하였다고 지적한다. 결국 하이데거에게서 시간성의 탈자적 지평은 가장 구체적, 전체적이라고 하면서도 아직 충분하게 이를 수행하지 못하고, 따라서 그의 기초적 존재론 자체도 본래의 의도를 달성하지 못했다는 것이 이 논문의 결론이다.

그 밖에 제2차 세계대전이라는 비상 시기에 발표된 논문들로는 1941년 『춘추』 3월 호에 발표된 고형곤의 「베르그송의 생애와 사상」과 9월호에 실린 박상현(朴相鉉)의 「전체주의의 철학 — 20세기의 신화에 대하여」가 있다. 고형곤의 논문은 그해 1월 5일 사망한 앙리 베르그송의 철학을 소개하는 것이었다. 다시 말해 이 글은 베르그송의 창조적 진화론을 통해 그의 생철학을 소개하고 있다. 이 글은 인간 의식을 우주의 생의 약동élan vital의 개체화 과정의 상승적 극점으로 간주한 데 반해 물질을 그 하향적 극점으로 여긴 사실, 그리고 창조적 활동도 환원적으로 완결되는 것이 아니라 무한한 새로운 창조, 즉 개방적 운동으로 파악하는 등, 베르그송의 철학을 간단하게 설명하고 있다.

박상현의 논문은 슈판·젠틸레·로젠베르크 등 20세기의 대표적인 전체주의 철학자들의 이론적 근거와 그것들이 공유하고 있는 논리적 특징들에 대한 논의이다. 그에 의하면 이들의 철학은 자유주의와 개인주의 등을 비판하고 극복하기 위하여 공통의 보조를 취하고 있지만 저마다의 특정한 역사적, 사회적 현실에서 모색된 현실적 이론이므로 주장도 각자 다를 수밖에 없다는 것이다.[224]

11. 일제 시대의 철학 저작물

일제 시대 35년간 단행본으로 출판된 철학 저작물은 한치진의 『철학 개론』(朝鮮文化硏究社, 1936), 『인생과 우주』와 일본어로 출판된 김두헌의 『윤리학 개론』(東光堂書店, 1938), 그리고 안호상의 『철학 강론』(동광당서점, 1942)이 고작이다. 한치진의 『철학 개론』은 우리나라에서 철학에 관해 출판된 최초의 단행본이다. 그는 사상범에 대한 일제의 단속이 본격화되기 시작하던 해에 이 책을 조선어로 출판함으로써 그 이듬해 이화여자전문학교에서 강제로 출교당했고 결국 투옥되기까지 했다.

해방 후인 1950년 이 책의 5판이 출판될 때 한치진은 서문에서 저간의 사정을 이렇게 회상한 바 있다. 〈왜정 시대에 조선문 압박을 당할 때 그래도 조선글이 쓰일 때가 있으리라는 희망으로 조선말로 이 『철학 개론』을 써서 인쇄하였던 것이다. 그때에도 조선글을 사랑하는 독자가 있어서 저자의 저서를 읽어 주는 이 있어서 초판

---

224 『학술 총람』, 제11집, pp. 90~91 참조.

은 다 나가고 재판을 하려고 했으나 태평양전쟁과 함께 조선의 문화가 영생사(永生死)의 간두에 있었을 뿐 아니라 필자가 투옥되는 등 여가가 없었다. 그러다가 연합군의 덕택으로 8·15 해방이 생겨지자 조선 문화의 해방도 보게 되었다. 그 후 본서는 4판을 거듭하고 이제 5판을 내게 되었으니, 진리 파악에 철저하려는 이 방면 연구의 발전을 축하하는 동시에 본서에 대한 환영을 감사히 생각하는 바이다.〉[225]

이 책은 1946년부터 1950년 사이에 재판에서 5판까지 나올 정도로 큰 호응을 얻었다. 그것은 아마도 우리말로 된 최초의 서양 철학의 입문서였다는 것이 가장 큰 이유였을 것이다. 이 책의 목차를 소개하면 다음과 같다.

제1부 총론
제1장 철학의 정의와 범위, 제2장 철학의 방법, 제3장 형이상학의 서론
제2부 본체론
제4장 유물사관, 제5장 유물론의 논증과 비판, 제6장 유심사관, 제7장 유심론의 기초, 제8장 물심의 관계론, 제9장 개체와 전체
제3부 우주론
제10장 우주 만물의 기원과 목적, 제11장 생명의 기원과 진화
제4부 인식론
제12장 인식의 문제, 제13장 지식의 기원, 제14장 지식의 성질
제5부 가치론
제15장 도덕 철학, 제16장 예술 철학, 제17장 종교 철학

이상의 목차만 보더라도 교과서용으로 쓰여진 이 책은 서양 철학만을 소개하는 철학 개론서임을 쉽게 알 수 있다. 더구나 F. Paulsen의 *Introduction to Philosophy*

[225] 한치진, 『철학 개론』, 조선 문화 연구사, 1950, p. 3.

에서 H. Bergson의 *Creative Evolution*에 이르기까지 저자가 열거한 17권의 참고 문헌들이 이것을 잘 반영하고 있다.

철학 개론서로서 한치진의 『철학 개론』보다 더 큰 영향을 미친 책은 안호상의 『철학 강론』이다. 조희영도 〈안호상의 한국 철학계의 공헌은 그의 논문들보다 태평양전쟁이 발발한 지 반년 후인 1942년 6월에 이 책을 출간한 일이다〉[226]라고 평가한다. 그것은 당시가 한치진의 철학 개론서의 조선어 출판으로 인한 구속 사건이 있은 지 얼마지나지 않은 공포 분위기의 상황이었을 뿐만 아니라 일제가 이미 한국 문화에 대한 말살 정책을 강화하면서 전쟁에 광분하던 시기였기 때문이다. 안호상은 1948년 3월 논리학 저서인 『논리학』(文化堂)을 출판하면서 이 책의 머리말에 『철학 강론』이 출판될 때의 사정을 다음과 같이 증언하고 있다.

〈나는 저서에 머리말 쓰기를 좋아하지 아니 하였다. 그러나 이 『논리학』에서는 예외로 머리말을 쓰게 된 동기는 지나간 앞날의 생각이 지금 다시 새로워지는 까닭이다. 곧 1942년에 중·일전쟁은 극도로 격렬한 데다가, 또 태평양 물결조차 험해질 우려가 많아, 조선의 사정은 실로 복잡하고 비참하였던 것이다. 그때 나는 큰 모험으로 『철학 강론』을 우리말로써 출판하였다. 그때에 나의 선배들과 친구들은 나를 아끼고 사랑하는 순정에서 다음과 같은 충고와 비난을 하였다. 첫째로, 조선말로써 출판함은 일제의 경찰이 나를 위험한 배일자로 볼 것이며 둘째로, 아무리 조선말로써 저서해 보았자 일본의 학자들에게 인정을 못 받을 것이며 셋째로, 조선말로 지은 책은 팔리지 아니한다는 등, 여러 가지 이유들이다.〉

이 책은 전체적으로 제1부 철학 개념의 일반 규정, 제2부 이론 철학, 제1장 형이상학, 제2장 인식론으로 구성됨으로써 한치진의 『철학 개론』에 비해 비교적 간단한 체제라고 할 수 있다. 교과서적 개론서임을 감안한다면 실천 철학 분야, 즉 예술 철학, 종교 철학, 윤리학에 대한 설명이 빠져 아쉬움을 남긴다. 물론 그는 이론 철학과

---

226 조희영, 「현대 한국의 전기 철학 사상 연구」, 『용봉논총』, 제4집, 1975, 1, p. 9.

실천 철학의 시공적 분리에 대한 반대를 분명히 하고 있다.

그에 의하면, 〈철학적 의미에 있어서는 이론이 곧 실천이요, 실천이 곧 이론인 것을 잊어서는 안 된다는 것이다. 이론은 어원적 의미에 있어서 理를 논하는 것, 즉 진리와 원리를 생각하며 인식한다는 것이며, 생각한다와 인식한다의《한다》는 것은《해 안다》는 것을 의미하고 있다. 뿐만 아니라 이론은 생각으로 된 것이며, 생각은 다시 활동으로서 행(行)이며 실천이 되는 고로 이론은 벌써 실천을 내포하고 있다. 이론은 이(理)의 론(論)으로서 인식과 실천의 성과인 까닭에 아무리 우리의 주관적 임의가 이론으로부터 실천을 분리시켜 배제하려 하지마는 그것은 절대로 불가능한 것이다. 만일 그것이 가능하다면 이론은 벌써 이론으로서 존립할 권리와 가치를 상실한 것이다. ……유교에 있어서 최고의 실천 생활인 치국평천하 등이《격물치지》, 다시 말해 물(物)의 궁극의 이(理)를 추극하여 알아야만 비로소 가능할 수 있음을 알 수 있다.……우리가 실천 철학을 이론 철학으로부터 분리하고자 하지만 이론 철학이 한 개의 실천의 표현이며, 또 실천 철학이 한 개의 이론인데 어찌하여 양자의 사이에 간격과 우열이 성립하리오!〉[227]

한치진의 『철학 개론』이 폴젠F. Paulsen의 *Introduction to Philosophy*, 커닝햄G. W. Cunningham의 *Problem of Philosophy*, 왓슨J. Watson의 *An Outline of Philosophy* 등 영미 철학자들의 자료만을 참고함으로써 영미의 철학 개론서와 같은 인상을 주는 반면, 이 책은 주로 W. Windelband의 *Einleitung in die Philosophie*와 W. Wundt의 *Geschichte der Metaphysik* 등을 주로 참고함으로써 독일 철학의 분위기를 나타내고 있다. 조희영도 이 책을 가리켜 〈빈델반트의 철학 개론을 모범으로 한 꼭 짜인 체계에 빈틈 없는 논리와 엄밀한 용어를 구사하여 학문적인 신뢰를 갖게 하는 책이면서도 그 문장이 음악적인 리듬과 대비법을 갖춰 예술적인 창작품과도 같은 향기 높은 작품〉[228]이라고까지 극찬한다.

227 안호상, 『철학 강론』, 동광당서점, 1942, pp. 59~67.
228 조희영, 앞의 책, p. 10.

12. 일제 시대의 철학 연구 경향

1920년 이후 일제 하에서 서양 철학의 수용과 연구 경향의 특징들을 보면 첫째, 칸트나 헤겔과 같은 서양 철학의 주요 인물에 대한 연구에 편중하기보다는 각자의 철학적 관심과 문제의식에 따른 연구에 더 많은 노력을 기울였다는 점을 무엇보다도 먼저 꼽을 수 있을 것이다. 예를 들어, 우리나라 최초의 철학 박사인 이관용의 학위 논문이 「의식의 근본 실재로서의 의욕론」이었고, 최초의 철학회인 철학연구회의 학회지 『철학』의 제1, 2, 3집에 실린 20편의 논문들 가운데 인물 연구는 오직 신남철의 「헤라클레이토스의 단편어」 한 편뿐이었다. 또한 1936년 1월에 제출된 경성제대 철학과의 졸업 논문 제목을 보더라도 16명 가운데 인물 연구는 6명인데 비해 9명이 문제 중심의 논문을 썼음을 알 수 있다. 이것은 일제 시대 철학도들의 철학적 관심이 인물 중심보다는 문제 중심에, 내용 중심보다는 방법 중심에 더욱 많았음을 의미하는 것이기도 하다. 한마디로 말해 〈철학〉에 보다는 〈철학하기 Das Philosophieren〉에, 그것도 통시적으로 보다는 공시적으로 철학하기에 더 많이 있었다고 말할 수 있다.

둘째, 모든 철학이 자기 시대의 반영임을 부인할 수 없다면, 일제의 식민 지배 아래라는 피압박의 굴레가 그 시대를 살아간 사람들의 철학적 조건이었음을 부인할 수 없다. 다시 말해 그 시대의 철학은 이러한 현실적 조건의 반영이자 그것의 산물일 수밖에 없다. 『철학』 창간호에 실린 박종홍의 논문 「철학하는 것의 출발점에 대한 일 의문」이 이것을 잘 대변하고 있다. 그에 의하면 〈나의 결론은 이러하다. 우리의 《철학하는 것》의 출발점은 《이 시대의, 이 사회의, 이 땅의, 이 현실적 존재 자체에 있지 않은가》 하는 그것이다. 이 현실적 지반을 떠나 그의 출발점을 취하는 철학은 결국 그 시대, 그 사회에 대하여 하등의 현실적 의미를 가질 수 없을 뿐만 아니라 철학 자체에 있어서도 새로운 경지를 개척하기가 곤란하지 않을까 하는 것이다〉. 그에게는 현실 자체의 자각 과정이 곧 철학이다. 더구나 그가 철학하는 것의 출발점으로 간주한 현실이란 바로 그의 현실, 즉 식민 지배의 억압 속에 처한 그의 현실이었다. 그러므로 그는 아리스토텔레스가 철학은 경악으로부터 시작한다는 말에 동의하지 않았다. 데카르트 철학의 출발점인 코기토*cogito*에 대해서도 회의적이다. 그는 〈우리의 철학하는 동기는 그러한 얌전한 경악이나 회의가 아니오, 너무나 억울한 현실적 고뇌로부터 비롯하지 않은가〉[229] 하고 반문한다.

박치우가 철학하는 동기로 삼은 현실 인식은 이보다 더욱 절박하다. 자신의 시대를 위기로 규정한 그의 철학은 이른바 〈위기의 철학〉이다. 그는 〈위기에 있다는 것, 위기에 산다는 것, 위기와 싸워야 한다는 것 — 이것들이 현대에 살고 있는 우리에게 부과된 불가피한 운명〉이라고 인식한다. 왜냐하면 현대와 같이 격화된 모순으로 포화된 시대를 우리는 찾을 수 없기 때문이라는 것이다. 억울하게 억압받는 고달픈 현실 인식 때문에 철학하게 되었다는 민족주의적 동기는 이들만의 것이 아니었다. 그것은 당시의 철학 연구자 누구도 외면할 수 없는 시대정신이었을 것이다. 해방 이후에 비하여 일제 시대의 철학 연구자들이 〈무엇 때문에 철학하는가 *Wozu philosophieren?*〉, 즉 철학하는 동기에 대한 질문에 훨씬 더 집착하였던 것도 우리 민족이 겪고 있는 가혹한 현실 때문이었을 것이다.

셋째, 이처럼 억압받는 자의 철학적 토대가 고통스런 현실에 대한 인식, 즉 위기가 지닌 모순에 대한 인식이었음은 두말할 필요조차 없다. 일제 시대의 여러 철학 연구자들이 모순의 문제를 철학직으로 주세화했던 이유가 거기에 있다. 더구나 그들의 연구 경향이 변증법적이고 유물론적이었던 것도 마찬가지 이유에서였다. 박종홍은 1933년 3월 동아일보에 기고한 〈모순과 실천〉에서 위기라 함은 우리가 생존하여 있는 이 현대의 모순이 절정에 도달한 시기라고 규정한다. 또한 그는 그러한 모순을 파악하고, 지양하며, 극복하는 길은 오직 실천으로써만 가능하다고 주장한다.

---

[229] 박종홍, 「철학하는 것의 출발점에 대한 일 의문」, 『철학』, 창간호, 1933, pp. 14~16.

박치우도「위기의 철학」(『철학』 제2호)에서 〈실천은 대상과의 모순의 극복, 즉 레닌이 말하는《대립의 통일》이요, 이런 의미에서 이론과 행동의 변증법적 통일〉이라고 하여 마찬가지로 실천을 강조한다. 그는 한마디로 〈위기를 객체적인 모순이 주체적으로 파악되는 특정한 시기〉라고 정의한다. 이때 그가 말하는 주체적 파악이란 〈사물을 생명을 던져서 정열적으로 파악하는 양식〉을 말한다. 또한 그는 이러한 양식을 교섭적 파악, 모순적 파악, 행동적 및 실천적 파악으로 구별한다.

우선 교섭적 파악이란 사물에 대한 파토스 pathos적 파악이다. 예를 들어 쓰러져 가는 오막살이에 대한 태도적(객체적) 파악은 그것을 단지 볼품없는 건물로만 인식하지만 교섭적 파악은 그나마 굶주리는 식구들이 찾지 않으면 안될 안식처로 체험한다. 그러나 신명을 다하는 정열적 파악이라면 여기에서 멈추지 않는다. 사물을 모순적으로 파악하려는 정열, 즉 사회적 모순 관계의 체험이 요구되는 것이다. 이것을 가리켜 그는 모순적 파악이라고 부른다. 그러나 여기에서도 아직 반목과 투쟁의 열정은 보이질 않는다. 사물과의 모순을 적극적으로 깨뜨리고 극복하는 길은 적극적인 행동과 실천(투쟁)을 통해서만 가능하다. 이것이 바로 행동적·실천적 파악이다.

결국 그가 주장하는 주체적 파악이란 교섭적→모순적→행동적·실천적 파악에로의 과정이다. 그것은 다름 아닌 유물 사관적 혁명에로의 길인 것이다. 그것은 그의 철학이 마르크스주의로 통하는 길목이자 접점인 셈이다. 또한 그것은 〈부질긴 지성의 비판의 승리를 위한 세계적인 새 탄생의 이 진통기를 당하여 이른바 철학하는 자의 할 일은 단순한 《테오레인〔靜觀〕》이나 《필레인〔愛顧〕》이나 또는 《드레네인〔고민〕》만을 할 것이 아니라 《크리네인〔비판〕》하고 《마케인〔항쟁〕》하는 《호·프로드모로스〔선구자〕》가 되는 것이다〉[230]라고 주장하는 일제 시대의 대표적인 마르크스주의자 신남철과의 주장과 궤를 같이 하는 것이기도 하다.

230 신남철,『역사 철학』, 서울출판사, 1948, p. 3.

7 혼돈의 자화상

  1945년 8월 14일 일제가 연합국에게 항복을 선언함으로써 한국은 일본 제국주의의 통치에서 해방되었지만 해방이 곧 독립된 통일 국가의 건국으로 이어지는 것은 아니었다. 그것은 〈식민에서 분단으로〉의 변화일 뿐 강제된 운명의 처지에는 크게 달라진 것이 없었다. 분단이란 진정한 독립의 연기에 지나지 않기 때문이다. 분단된 독립은 〈연기된 독립〉일 뿐이다.

  1943년 12월 1일 루즈벨트와 처칠, 그리고 장개석이 모여 카이로 선언을 발표한 뒤 루즈벨트와 처칠은 테헤란으로 자리를 옮겨 스탈린과 함께 한반도 문제를 협의했다. 1956년 해리 트루먼은 『시련과 희망의 세월』에서 당시 스탈린의 말을 다음과 같이 증언한다. 〈스탈린은 카이로 선언을 읽었으며 또한 한국이 독립되어야 한다는 것도 옳다고 말했다. 또한 그는 완전한 독립이 달성되기까지 한국인들에게는 일정한 기간, 아마도 40년 정도의 견습 기간이 필요할 것이라는 의견에 동의했다.〉[231] 이처럼 미처 해방도 되기 전에 그들은 40년씩이나 한반도의 운명을 예

---

231 Harry S. Truman, *Years of Trial and Hope*, Doubleday and Co, Inc, 1956, p. 316.

정 조화(豫定造化)해 놓았다. 하지만 이미 오차의 세월이 20년에 이르고 있다. 한국인에게는 그들이 합의한 역사의 견습 기간이 아직도 끝나지 않은 것일까?

1. 사회 체제와 이념의 분열

해방 이듬해의 어느 봄날, 한 역사가의 넋두리를 들어보자. 〈지금부터 40년 전 조선은 분할될 운명에서 식민지로 전형(轉形)되고 이제 우리는 또다시 남과 북으로 양분되어짐에 소회가 구구도 하다. 하지만 국제 도시 아닌 국경의 도시에서 길을 걸어가다 이편과 건너편에 두 나라의 캠프가 마주 보고 있음을 볼 때는, 또 색다른 종족이 귀에 익지 않은 말을 할 때는 동화 세계의 실현처럼도 느껴지지만, 이것은 꿈이 아닌 현실에서 자못 민족의 비극이므로 순간에 눈물을 금할 이 있으랴!〉[232]

1) 예정 조화 속의 남북 분단

미국의 국무성·전쟁성·해군성 조정위원회(SWNCC)가 작성한 1945년 8월 11일자 비망록은 일본군의 무장 해제를 명령하는 〈일반 명령 제1호〉를 다음과 같이 준비하고 있었다.

〈만주 및 북위 38도선 이북의 조선 영토와 사할린 안에 있는 일본군 고위 지휘관과 지상군·해군·공군 기타 지원 부대는 극동의 소련군 사령관에게 항복하여야 한다. 북위 38도선 이남의 조선 영토 내에 있는 일본군 고위 지휘관 및 육·해·공군 기타 지원 부대는 조선에 있는 미 점령군 사령관에게 항복하여야 한다.〉

그러나 한국인에게 이것은 또 다른 질곡의 운명을 선고하는 비극의 대본이었다.

---

232 홍이섭, 『조선 과학사』, 序言, 정음사, 1946, pp. 1~2.

한반도의 분단은 이렇게 예정된 조화나 다름없었기 때문이다. 8월12일부터 북한에 진주하기 시작한 소련군 제25군은 8월 16일에는 이미 38도선 이북을 점령하는 신속한 조치를 취하는 한편, 하지John R. Hodge 중장이 이끄는 미 제24군단도 9월 8일에 오키나와를 출발하여 그날 오후 1시 월미도에 상륙한 뒤 다음 날 서울 입성을 끝마쳤다. 이렇게 해서 완료된 남북의 분단은 그들의 소원대로 되었고, 그것도 그들의 시나리오 그대로 되었다.

그러나 한반도의 상황을 불과 두 주일밖에 체험하지 않은 하지 중장은 미소의 분단 게임이 역사적 과오임을 예언하는 다음과 같은 충고를 도쿄에 있는 맥아더에게 전문으로 보낸 바 있다. 〈나는 전혀 다른 정치 체제 아래 두 점령 지역으로 나뉘어진 현재의 한반도 상황은 한반도를 통일시키는 데 있어 극복될 수 없는 장애물이 될 것이라고 생각합니다. 나의 생각으로 연합군은 이 분단으로 말미암아 미국의 보증 하에서의 평화적 해결이란 불가능한 상황을 만들어 놓았습니다. 당장에 필요한 조처는 국제적 수준에서 긴급 조치가 이루어져 점령군에 의해 전적으로 지원 받는 거국적 임시 정부가 공동 정책 아래 수립되는 것입니다. 소련을 제외하고 연합국 중 어느 나라가 이 문제에 대해 진지하게 고려해 보았는지 의심스럽습니다. ……적대적 이데올로기 아래에 한 국가를 두 지역으로 계속 분리해 놓는다는 것은 파멸을 초래하는 일이 될 뿐입니다.〉 그러나 수호의 여신 헤라Hera는 하지의 편이 아니었고, 한국인의 편은 더욱 아니었다. 점령군 지휘관의 이처럼 정확한 역사적 통찰력도 오만한 행정부의 〈이성의 간계〉 앞에서는 무력할 수밖에 없었다.

더구나 이러한 사실을 입증이라도 하듯이 미리 한국의 공산주의자들과의 긴밀한 접촉을 통해 한반도의 정치 상황을 잘 알고 있던 소련은 북한에 소련군을 진주시키면서 동시에 북한 주민들에게 공산주의 사상을 주입시키는가 하면 북한 전역에 인민위원회를 조직하여 북한을 실제로 장악해 버렸다. 이에 반해 남쪽은 그야말로 우왕좌왕이었다. 소련만큼 충분한 사전 정보나 인맥이 없이 뒤늦게 남쪽에 진입한 미군은 남한의 복잡한 정치 세력을 일사분란하게 장악할 수 없었을 뿐만 아니라 남한의 민족주의나 국제주의의 정치 세력들이 내세우는 청사진도 각양각색이었다.

이런 와중에서도 남쪽의 공산주의자들의 움직임만은 그렇지 않았다. 일제가 패망하기까지 반일 저항 세력으로서 활동해 오던 공산주의 세력들 가운데 서울계의 이영(李英)·정백(鄭栢) 등과 경성제대 그룹의 최용달 등을 주축으로 화요계의 이승엽(李承燁)·조일명(趙一明), 그리고 1919년 이동휘(李東輝)가 중심이 되어 상해에서 만든 고려공산당의 서중석(徐重錫) 등은 해방되던 그날 밤 종로의 장안 빌딩에 모여 이른바 (장안파) 조선공산당을 결성하였다. 그러나 반제반식민주의 운동을 전개해 온 박헌영의 경성콤그룹은 장안파 조선공산당의 파벌주의를 비난하면서 여기에 가담하지 않는 대신 1928년 해체된 조선공산당의 재건을 시도했다. 그로 인해 재건파 조선공산당이라고 불리는 이 조직은 9월 11일에 마침내 장안파까지 흡수 통합하여 남한에 하나의 조선공산당을 결성함으로써 공산주의 이데올로기의 결속력을 과시하기에 이르렀다.[233]

그러나 아직까지 이것은 정치 이념에 따른 정치 세력들의 이합집산 과정이었을 뿐 남북한 체제의 분열은 아니었다. 오히려 해방의 기쁨과 독립 국가 건설의 의욕은 해방과 동시에 사회 전반으로 확산되기 시작했다. 1945년 8월 16일 오후 1시 휘문중학교에 모인 군중 앞에서 건국준비위원장이 〈우리가 지난날의 아프고 쓰렸던 것은 이 자리에서 모두 잊고 이 땅을 이상적인 낙원으로 건설하자. 개인의 영웅주의는 없애고 일사불란한 단결로 나아가자. 그리하여 머지 않아 입성할 외국 군대에게 우리들의 부끄러운 태도를 보이지 말며, 우리들의 아량을 보여 주자〉[234]고 외친 열변이 그 시작이었다.

더구나 이날 시내 곳곳에는 출처 불명이긴 하지만 〈국호-동진(東震) 공화국, 대

---

233 김광식, 「해방 직후 여운형의 정치 활동과 〈건준〉, 〈인공〉의 형성 과정」, 『한국 현대사 I: 1945~1950』, 열음사, 1985, p. 213 참조.
234 최영희, 『격동의 해방 3년』, 한림대학교 아시아문화연구소, 1996, p. 6.

통령-이승만, 총리대신-김구, 육군대신-김일성, 외무대신-여운형 등을 내용으로 한 조각 명단의 벽보가 나붙었을 정도로 해방의 무드는 분열이 아닌 통일 조국의 독립 국가 건설이었다. 이날 서울에서는 백남운을 위원장으로 하는 조선학술원도 창설되어 학계도 발빠르게 독립 국가의 면모를 갖추기에 나섰다. 예술계도 동면에서 깨어나 해방을 구가하기 시작했다. 10월 5일에는 현제명이 조직한 고려교향관현악단이 서울의 약초극장(스카라 극장)에서 계정식의 지휘로 베토벤 교향곡 제5번을 연주함으로써 해방 후 최초의 교향악 연주회를 개최했다.

그 이듬해인 1946년 8월 14일에는 국립서울대학안이 발표되어 안스테드H. B. Ansted가 총장에 내정되었다. 8월 25일에는 대학원장-윤일선, 문리대학장-이태규, 의대학장-심호섭, 법대학장-고병국, 공대학장-김동일, 농대학장-조백현, 상대학장-이인기, 사대학장-장이욱, 치대학장-박명진, 예대 미술부장-장발, 음악부장-현제명 등도 내정되어 국립 대학의 면모를 갖추게 되었다. 9월 1일에는 고려·연세·이화전문학교도 종합 사립 대학교로 면모를 일신하고 개교하였다. 북쪽에서도 그해 9월 15일에 예비과 3년제, 문학계통 4년제, 공학계통 5년제로 한 김일성종합대학(총장 김두봉)이 개교했지만 그것이 남북 분단을 상징하는 사건은 아니었다.

분단 체제의 고착화는 그보다 훨씬 뒤의 일이었다. 1948년 5월 10일 남한만의 총선거가 실시되었고 5월 31일 대한민국 국회가 개원되자 북한은 이미 월북해 있던 남로당·근로인민당·사회민주당의 인사들을 남한 대표로 간주하여 한달 뒤인 6월 29일부터 7월 5일까지 평양에서 제2차 남북 제(諸) 정당 사회 단체 지도자 협의회를 개최하였다. 이날의 평양방송은 〈남한의 국회를 비법적 조직체로 규정하고 남북 통일을 위해 투쟁하는 북조선 정당 단체 지도자 협의회 결정서를 만장일치로 채택했다〉고 보도했다. 서울에 주재하고 있던 UPI특파원은 이 방송 내용을 분석하여 〈북한 측은 8월 25일 북한에서 총선거를 실시할 것이며 투표인은 당에서 선출한 단일 후보자에 대해 찬·반만을 결정할 것이다. 이 선거의 감시는 소련만이 하고 소련군 점령 지대에서 입법 의원을 선출하는데도 이 입법 의원들은 북한은 물론 미군 점령 지역인 남한의 지배권까지 요구할 것이 확실하다〉고 논평한 바 있다.[235] 그의 예측대로 이날의 결의에 의해 8월 25일 최고 인민 회의 대의원이 선출되었고 9월 9일에는 드디어 조선 인민 공화국의 수립이 선포되었다. 평양은 봄 기운의 기미도 없이 동토의 계절로 접어든 것이다.

2) 서울의 봄과 출판의 자유

그래도 서울에는 봄이 왔다. 적어도 우리말과 우리글이 소생하는 봄이 왔고 누구나 마음대로 말하고 쓸 수 있는 봄이 온 것이다. 1936년 조선 사상범 보호 관찰령이 공포된 지 10년, 그리고 1941년 조선어 학습 금지령이 발표된 지 5년 만에 정치의 해방은 절반도 이뤄지지 않았지만 그래도 서울에서는 문화 해방을 만끽할 수 있었다. 서울에는 문화의 봄이 온 것이다. 1950년의 한국 동란 이후 어느 때보다도 서울에서는 사상과 출판, 그리고 언론의 자유를 이때만큼 누릴 수 있던 시기가 없었을 정도였기 때문이다.

출판의 자유는 봇물 터지듯 했다. 해방과 더불어 새로 창간된 일간지가 서울에만도 30여 개가 넘을 정도였고 1940년 강제로 폐간당한 조선일보와 동아일보도 5년 만에 복간되어(11월 23일과 12월1일에) 마치 신문의 경연장을 방불케 했다. 도서 출판의 경우는 그 이상이었다. 대한출판문화협회의 통계에 따르면, 해방 첫해만 해도 출판사의 수가 불과 열 개 안팎이던 것이 한국 동란 직전까지 5년 사이에 847개로 급증하였으며, 출판된 도서의 종류도 정음사에서 발행한 『한글말본』, 『조선사』등 수십 종에 불과했던 것이 동란 전에는 1,754종으로 늘어났다. 더구나 1946년에는 도서 1종당 발행 부수가 5천~1만 권에 이르렀으므로 겨우 천 권 정도 발행하는 요즘과도 비교할 수 없을 정도였다. 출판물의 폭발 현상이었다고 해

---

235 앞의 책, p. 504 참조.

도 과언이 아니다.

철학·사상과 관련된 도서의 출판도 예외가 아니었다. 해방 이전까지만 해도 철학의 단행본은 한치진의 『철학 개론』과 안호상의 『철학 강론』이 고작이던 것이 1946년 김두헌의 『윤리학 개론』(38년에 출판된 일어판의 번역본)을 필두로 하여 활성화된 대학 강단의 강의용 개론서나 입문서들의 출판이 쏟아져 나왔다. 그것들을 대충 살펴보면 다음과 같다.

김준섭, 『철학 요론』, 웅변구락부출판부, 1946.
홍이섭, 『조선 과학사』, 정음사, 1946.
김준섭, 『철학 개론』, 세계서림, 1946.
김용배, 『철학 신강』, 금용도서주식회사, 1947.
이재훈, 『논리학』, 대성출판사, 1947.
김준섭, 『논리학』, 태백서적공사, 1947.
안호상, 『논리학』, 문화당, 1948.
박종홍, 『일반학 이론』, 백영사, 1948.
한치진, 『미국 실용 주의』, 조선문화연구사, 1948.
이종우, 『철학 개론』, 을유문화사, 1948.
예르잘렘, 김종흡 역, 『철학 개론』, 수선사, 1948.
웹브, 이재훈 역, 『철학사 입문』, 1948.
김준섭, 『서양 철학사』, 정음사, 1949.
바우흐, 방승환 역, 『철학 입문』, 문화당, 1949.
러셀, 이희재 역, 『철학의 제문제』, 경위사, 1949.

이러한 철학 입문서들 가운데 특이한 것은 1947년에서 48년 사이에 『논리학』이 네 권이나 출판되었다는 사실이다. 특히 우리나라 최초의 논리학 저서라고 할 수 있는 이재훈의 『논리학』은 서양의 고전적인 형식 논리학 입문서이면서도 사고 방법을 다루는 논리학이 동·서양을 불문하고 발생하지 않을 수 없다 하여 논리학의 역사 속에서 〈동양의 논리〉도 소개하고 있는 점이 주목된다. 그에 의하면, 〈고대 인도와 지나의 종교, 철학 사상의 발달이 그 사고 방법으로서의 논리학을 작성하였다는 것은 우연한 일이 아닐 것이다. 즉 인명(因明)과 명학(名學)이라는 것이다. 인도의 인명이란 인도의 오명(五明)이라는 학문 중에 하나였으며 시초부터 조직 있는 이론의 형식을 가지고 있었다. 인명의 개조(開祖)는 족목존자(足目尊者: 세계의 창시와 더불어 출생했다는 성자)라고 칭하나 그 후 불교의 융성에 따라 이 인명의 연구는 불교에 없을 수 없는 학문이 되었다. 서기 오백 년경 불교논사(佛敎論師)인 진나(陳那)라는 사람이 이것을 개량하였다. 진나 이전의 것을 고인명(古因明)이라고 하고 진나가 개량한 것을 신인명(新因明)이라고 한다.

다음 중국의 명학(名學)의 《명》이란 오늘날 논리학에서 말하는 《명사》의 의미이다. 이 명과 명의 실(實)의 관계, 즉 개념과 실체의 관계를 논함으로써 천지 만물의 도리를 밝히려는 의도를 가지고 있었으나 결국 유명론에 빠지게 되어 《실》을 떠나게 됨으로써 일종의 궤변을 농한 것같이 보인다〉.[236]

김준섭(金俊燮)의 『서양 철학사』(1949)의 출간은 우리나라 최초의 서양 철학통사의 등장이라는 점에서 의미있는 일이라고 할 수 있다. 300쪽 정도의 교과서용으로 쓰여진 이 책은 고대 철학에서 현대 철학에 이르기까지 서양 철학의 전 역사를 간단하게 서술하고 있다. 당시의 충분하지 않은 정보와 자료의 사정에도 불구하고 현대 편에서는 독일의 신실재론, 현상학파, 생철학, 실존 철학, 심지어는 소련 연방의 철학까지 망라하고 있는 점이 이채롭다.

3) 이념의 분열과 동거의 시대

한국인에게 8·15 해방은 식민지로부터의 독립의 대가를 분열로 치른 끝나지 않은 해방, 미완의 독립이다. 이미 서로 다른 길을 가고 있던 국제적인 이념의 대립

---

[236] 이재훈, 『논리학』, 대성출판사, 1947, pp. 12~18.

은 이 땅을 실험 공간으로 선택했고, 이 땅 안에서도 실험의 클라이막스인 6·25 동란이 끝나기까지 8년간의 대리 실험이 그칠 줄 몰랐다. 그로 인해 이때는 한국의 20세기 백년사에서 다시 찾아볼 수 없는 이념적 분열의 시대였고, 또한 그것들의 동거 시대였다. 1946년 8월에 해방 1주년을 기념하기 위해 조선학술원이 발간한 논문집인 『학술』 제1집이 바로 그 동거의 서막이자 가장 분명한 동거 공간이었다. 거기에는 손명현의 「Aristoteles에 있어서의 귀납법의 문제」라는 논문뿐만 아니라 당시의 대표적인 마르크스주의자인 박치우의 논문 「민주주의의 철학적 해명」과 신남철의 논문 「역사의 발전과 개인의 실천」이 함께 실려 있었기 때문이다. 손명현의 논문은 해방 후 서양 철학에 관한 첫번째 논문이라는데 의미가 있다. 뿐만 아니라 조요한에 의하면, 이 논문은 내용에서도 아리스토텔레스의 귀납법이 후세에 발전된 확률론에 의해 비로소 해결된다고 주장하는 브렌타노의 입장을 밝힌 것으로서 해방 당시의 우리 학계의 수준을 보여 주는 귀중한 자료이기도 하다.

한편 박치우는 『학술(學術)』에 실린 논문 이외에도 1946년 11월에 출판한 『사상과 현실』이라는 저서에서 「시민적 자유주의」, 「전체주의와 민주주의 — 신생 조선의 민주주의를 위하여」, 「일(一) 대 일(一)과 형식 논리」, 「국수주의의 파시즘화와 문학자의 임무」, 「민주주의의 진짜와 가짜」 등의 글을 통해 마르크스주의자로서 민주주의에 대한 자신의 철학적 견해를 과감하게 밝히고 있다. 그가 표방하는 민주주의는 한마디로 말해 반(反)전체주의적 인민 민주주의이다. 그는 독일의 국가사회주의Nazism를 포함한 모든 전체주의를 가리켜 신비주의를 토대로 한 일종의 유기체설이라고 비판하고 그 대신 개인주의·자유주의·인격주의가 보장되는 마르크스주의를 포함한 민주주의를 주장한다.

신남철의 논문 「역사의 발전과 개인의 실천」은 헤겔의 역사 철학에 대한 마르크스주의자의 비판이지만 거기에는 당시와 같이 이념적 동거 시대를 살고 있는 마르크스주의자의 철학적 고뇌와 실험 정신의 비장함이 배어 있다. 그에 의하면, 〈변증법은 객관적 모순, 존재하는 모순이 실질적, 매개적으로 지양되는 곳에 그 본질적 규정이 있다. 그런 한에서 변증법은 특히 《시간의 논리》라고 할 수 있다. 그러나 그 시간의 논리는 구체적, 주체적 시간(이것을 나는 《노동적 시간의 논리》라고 한다)의 발전을 떠나서는 생각할 수 없다. 시간성이 구체적 실체를 획득하자면 《노동의 시간》이 아니면 안 된다. 헤겔의 정신현상학은 의식적 시간의 논리를 체계화하였지만 이러한 노동적 시간의 논리는 아니었다. 즉 역사적 시간의 실천적 변증법의 시간은 아니었다. 따라서 그의 의식 내의 발전의 개념은 우리에게 하등의 공헌을 하지 못하였다. ……엥겔스가 말한 것과 같이 손에 의한 노동의 전개 생산만이 진정한 인간의 역사를 형성하는 것이니 역사 발전의 시간적 위상을 운위할 때에 생산적 노동을 배제하고는 무의미한 추상적, 언어적 유희에 지나지 않는 것이 된다. 오직 《노동의 시간》만이 역사를 성립시키는 기체(基體)이다〉.[237]

특히 그가 이 논문의 말미에서 강조하는 것은 유물론적 변증법으로 무장한 프롤레타리아 사회의 건설이다. 그에 의하면, 〈헤겔에 있어서의 개인의 실천이 세계에 있어서 자유의 이념을 실현하는 수단이었던 것과는 정반대로 그의 관념 변증법을 초극한 유물 변증법적 세계관에 있어서 그것은 무계급의 사회 질서 건설을 위한 정치적 자유를 실현하는 수단인 것이다. 그 정치적 자유의 실현 수단으로서의 개인의 주체적 실천의 전위 조직인 집단에 있어서는 개개인의 영예와 이익은 처음부터 논의될 성질의 것이 아니다〉.

해방 직후부터 시작된 이러한 마르크스주의 이념에 대한 활발한 논의는 1948년 10월 20일 여수·순천 반란 사건으로 인해 국회에서 국가보안법이 통과되기 이전까지가 그 절정기였으며, 그것을 고비로 하여 그 이듬해 10월 19일 남로당 등 133개의 공산주의 정당과 단체들이 불법화되면서 끝나기 시작했다. 대립적인 이념들의 공개적인 동거 시대도 막을 내리기 시작한 것이다. 그러나 짧은 기간이지만 이 시기에 출판된 좌익의 이념 서적들, 즉 동거의 유산은 적지 않았다. 대충 살펴보아

---

[237] 신남철, 『역사 철학』, p. 39.

도 다음과 같다.

레닌, 인정식 역, 『제국주의론』, 同心社, 1946.

조선학술원, 『학술』 제1집, 1946.

박치우, 『사상과 현실』, 백양당, 1946.

신남철, 『역사 철학』, 서울출판사, 1948.

신남철, 『전환기의 이론』, 백양당, 1948.

엥겔스, 전원배 역, 『반(反)듀링 론: 철학편』, 대성출판사, 1948.

레닌, 전원배 역, 『유물론과 경험 비판론』(상,하), 대성출판사, 1948.

인정식(印貞植)이 번역 출판한 레닌의 『제국주의론』은 본래 레닌이 1915년 9월 스위스의 산악 지대인 침머발트에서 열린 국제 사회주의 운동가 회의에 참석한 뒤 1916년 4월 봄 취리히에서 쓴 것이다. 침머발트 회의의 참석자들은 세계대전이 제국주의 경쟁자들에 의해 일어났고 그들에 의해 연장되고 있다고 선언했다. 그리고 국가 간의 군사적 적대는 오직 타협하지 않는 프롤레타리아 계급 투쟁의 착수로써만 종식시킬 수 있다는 데에도 그들은 의견의 일치를 보았다. 특히 마르크스 이론에 대립되는 〈경제적 제국주의론〉의 창안자인 영국의 홉슨 John A. Hobson의 이론을 이미 공부한 레닌은 일본 제국주의를 비롯한 자본주의적 제국주의 국가들에 대한 생각을 정리하기 위해 쓴 이 책의 서문에서 일제의 한일합방을 비롯한 제국주의의 침략을 다음과 같이 비난하고 있다.

〈나의 이 저술은 전제 정치의 검열제도 밑에서 썼다. 그러므로 나는 나의 저술을 엄밀하게 이론적, 특히 경제적 분석에 제한하지 않을 수 없는 몇가지 정치적 의견 같은 것도 최대의 주의를 가지고, 말하자면 암시적인 용어로 표현하지 않을 수 없었다. ……지금 자유의 날을 맞이하여 이 소저(小著) 중에 《차리즘》의 검열 때문에 왜곡되고 기형화되고, 또한 애매하게 된 부분을 읽는 것은 고통이다. 제국주의가 사회 혁명의 전야를 의미한다는 것, 또한 사회주의적 배외주의적 애국주의라는 것은 사회주의에 대한 배신이며, 부르주아 진영에로의 완전한 항복이라는 것, 다시 노동 계급 운동의 내부에서의 이 분열은 제국주의의 객관적 정세와 관련된다는 것, 이러한 모든 것을 나는 《노예의 용어》로 말하는 수밖에 없었다.

그러나 나는 이 소저의 제9장 말미에서 자본가들과 또한 그 진영에 투항한 침략주의적 애국자들이 영토 합병 문제에 있어서 얼마나 후안무치한 기만을 하며 또 침략주의적 애국주의자들이 그들의 자본가들의 영토 병합을 얼마나 후안무치하게 합리화하려는가를 검열이 허락하는 한 명시하기 위하여 일본을 한 예로서 들지 않을 수 없었다. 주의 깊은 독자는 용이하게 일본의 대신으로 러시아를, 그리고 조선의 대신으로 에스토니아 등 러시아 인이 아닌 민족이 거주하는 여러 나라를 대치해 놓고 볼 줄 알 것이다. …… 제국주의의 경제적 본질의 문제를 이해하지 않고는 현대의 전쟁과 정치를 이해할 수가 없다.〉[238]

이상에서 보았듯이 그는 오랫동안 마르크스의 직접적인 후계자로서 간주되어 온 카우츠키가 혁명의 길을 저버린 데 대해 분노하고 환멸을 느낀 나머지 그를 마르크스주의로부터 이탈한 수정주의적 배신자라고 비난하면서 제국주의를 자본주의의 독점 단계와 동일시할 뿐만 아니라 그것이 단순한 대외 정책이라는 견해를 냉소적으로 거부한다. 윈슬로우E. M. Winslow에 의하면, 그의 제국주의론은 일본 제국주의를 포함한 모든 제국주의를 일반적으로 폭력과 반동의 경향을 지닌 것으로 간주하며, 그렇지 않은 다른 견해들은 모두 〈제국주의의 가장 깊은 내부적 모순〉을 교묘하게 얼버무리는 부르주아 개량주의자나 사회주의자의 누나일 뿐이라고 낙인찍어 버린다[239]는 것이다.

또한 인정식도 〈역자의 말〉에서 제국주의가 무엇인지의 문제에 관해서 정확한 개념을 얻고 제국주의에 관한 혁명적 투쟁의 역사적 의의를 파악하려면 반드시 이 문헌을 숙독할 필요가 있다고 강조함으로써 일제의 패전에 의한 타율적 해방이 모

---

238 레닌, 인정식 역, 『제국주의론』, 동심사, 1946, p. 8.
239 E. M. Winslow, "Marxian, Liberal, and Sociological Theories of Imperialism", *The Journal of Political Economy*, vol. 39, 1931.

든 제국주의로부터의 완전한 해방이 아님을 암시하고 있다.

4) 전문학교의 변신과 강단 철학 시대의 도래

1944년, 패전으로 치닫고 있던 일본 제국주의의 정책은 모든 면에서 그야말로 말기적이었다. 4월에는 전문학교의 교육 방침의 변경에 따른 학교명도 바꾸도록 강요하였다. 예를 들어 보성전문학교는 이른바 해외 개척을 위한 실과 교육 전문을 위한 학교로 개편을 요구하면서 〈경성척식경제전문학교〉로, 그리고 연희전문학교는 공업교육전문을 위한 학교로 개편하면서 〈경성공업전문학교〉로의 변경이 그것이었다. 그러나 해방과 더불어 전문학교들은 저마다 건학 정신의 회복뿐만 아니라 종합대학교로의 변신을 서둘렀다. 1946년 8월 15일을 기하여 보성전문학교는 정법대학·경상대학·문과대학 등 3개의 단과 대학으로 편성된 종합대학 고려대학교로서 새로 창립하고 초대 총장에 현상윤이 취임했다. 연희전문학교도 문학원·신학원·상학원·이학원 등 네 개 단과대학을 갖춘 종합대학 연희대학교로 거듭났다. 이화여자전문학교도 마찬가지로 이때 종합 대학 이화여자대학교로서 변신한 것이다.

이때부터 고려대학교 문과대학과 연희대학교 문학원에는 각각 철학과가 개설되어 경성제국대학에서 교명을 바꾼 서울대학교의 철학과와 함께 국내에는 강단철학의 시대를 맞이하게 되었다. 특히 일본인 교수로만 구성되어 있던 경성제국대학 철학과의 일본인 교수들이 돌아가게 되자 그들의 자리를 메꾸기 위해, 그리고 신설 학과의 충원을 위해 당시 국내 철학 교수들의 자리바꿈이라는 대이동 현상이 빚어졌다. 인적 자원의 부족으로 인해 두 대학 이상을 겸직하는 교수들도 적지 않았다. 예를 들어 보성전문학교의 안호상과 혜화전문학교의 김두헌, 그리고 이화여자전문학교에 있던 박종홍은 서울대학교 철학과로 자리를 옮겼고, 41년 일본의 와세다대학 철학과에 입학했던 박홍규(朴洪圭)도 46년 귀국하여 이곳에 자리를 잡았다. 고려대학교 철학과에는 보성전문학교 시절부터 있었던 박희성·이희재를 중심으로 숙명여자전문학교의 이종우, 북경대학 출신의 이상은(李相殷)·경성여의전의 최재희(崔載喜)가 모였다. 연희대학교 철학과에도 이전부터 있던 고형곤·최현배·박상현을 중심으로 유럽에서 돌아온 정석해와 『동광』의 주간이었던 전원배가 가담했다.

국토의 분단과 철학의 편식 구조

　세계의 근·현대사에서 100년도 채 안 되는 짧은 기간에 쇄국→식민→전쟁과 분단에로 이어지는 불행한 역사를 한국만큼 다양하게 경험한 민족과 국가는 흔하지 않다. 19세기의 제국주의 이데올로기의 희생양이 된 나라는 한둘이 아니지만 대부분 제2차 세계대전이 끝나면서 제국의 굴레도 제거되었다. 그러나 그 땅의 시련은 끝나지 않았다. 여러 제국의 영토 사냥의 시대였던 19세기와는 달리 20세기는 미·소의 패권주의 이데올로기로 인한 두 공룡들의 힘 겨루기 시대였다. 지나간 반세기 동안 세계는 적어도 그렇게 양분되어 있었고 이 땅의 운명도 그렇게 결정되어 있었다. 세계는 한반도의 분단으로 양극을 표상화했다. 미국의 뒤에는 16개의 나라가 줄섰으며 소련의 뒤에도 중국이 뒤따랐다. 그들은 이 땅의 38도를 경계선으로 줄다리기 게임을 벌였던 것이다.
　그러나 민족의 분단은 지상에서만의 일이 아니었다. 서로의 이념은 공유가 금지되었고 적대적 이데올로기로서 금기가 됨으로써 차단된 지상의 통로보다 더욱 가혹한 시련을 감내해야 했다. 사상의 편식은 물론 편견으로 인한 이념적 불균형을 당연시해야 하는 편견의 이중고도 참고 견뎌야 한다. 남쪽에서 마르크스-레닌주의

제8장 국토의 분단과 철학의 편식 구조　**317**

에 대한 금기는 풀렸지만 퇴계와 율곡의 사상을 철학의 파산이자 타락으로 간주하는 북쪽의 편견은 여전하기 때문이다.

1. 한국 동란 속의 철학 지도

〈적대적 이데올로기 아래에 한 국가를 두 지역으로 계속 분리해 놓는다는 것은 파멸을 초래하는 일이 될 뿐입니다〉라고 맥아더 사령관에게 보낸 1945년 9월 24일자 하지 중장의 심각한 충고대로 분단된 남북의 대립은 결국 5년도 지나지 않아 1950년 6월 25일 파멸의 전쟁으로 비화되고 말았다.

남북은 밀고 밀리는 전투를 반복하다 1951년 2월 중순부터는 38선을 중심으로 대치 상태에 들어갔다. 이렇게 전쟁이 장기화될 조짐을 보이자 문교부는 즉시 전시하 교육 특별 조처 요강에 따라 부산, 광주, 전주, 대전 등 4개 도시에 〈전시 연합 대학〉을 설치하고 전시임에도 대학생들에게 가까운 지역에서 4월부터 학업을 계속하도록 발표하였다. 그러나 시간이 지날수록 전선은 고정화되고 휴전회담이 쉽게 성사될 것 같지 않자 1951년 9월 각 대학들은 연합 대학 대신 단독으로 임시 대학을 개설하고 개강을 서둘렀다.

고려대학교는 대구에, 그리고 서울대학교와 연희대학교는 부산에다 임시 학교를 설치하고 재학생은 물론 신입생까지 모집하여 학교의 기능을 정상화하려고 노력했다. 고려대학교는 1952년 12월 문과대학을 문리과대학으로 증편하고 농림대학을 신설할 정도였으며, 철학과에서는 이종우·이상은·김경탁·최재희·왕학수 교수가 강의를 맡고 있었다. 최재희 교수는 당시에도 칸트의 『순수이성 비판』 원서 강독에 몰두했다. 칸트·헤겔의 원전 이해에 대한 그의 각별한 관심과 이해는 전시에도 여전했던 것 같다. 훗날 그의 제자 백종현(서울대 철학과)도 「독일 철학의 유입과 그 평가」(철학사상6, 1996)에서 〈칸트와 헤겔의 원전에 대한 번역과 해설 그리고 교육에서 가장 큰 성과를 거둔 사람은 최재희이다〉라고 회고할 정도였다. 연희대학교도 1953년 6월에는 모든 면에서 학교의 기능이 정상화되어 철학과의 정석해·조우현·최석규 등이 12개 강좌나 개설하여 가르칠 정도였다.

한편 서울 소재의 대학들은 피난길에 올라 임시 대학을 운영해야 하는 처지였지만 남쪽에 위치한 지방의 국립 대학들은 비교적 사정이 나았다. 부산대학교는 이미 1948년에 문리학부 내에 철학과를 개설한 상태였고 경북대학교는 휴전 회담이 진행 중인 1951년 10월 6일 문교부로부터 문리과대학 설립 인가를 받아 철학과를 설립하였으며 하기락·김종호·김위석 교수 등이 연달아 취임하였다. 전남대학교는 이듬해인 1952년 1월 문리과대학의 신설과 더불어 철학과가 설립되었으며 휴전 이후이지만 1954년 2월 충남대학교 문리과대학에 철학과가 생김으로써 주요 국립대학교들도 철학과를 보유하게 되었다.

그러나 전시의 전반적인 실제 상황은 그렇게 평온한 것이 아니었다. 차라리 혼돈과 혼란, 그리고 처참한 비극의 현장이었다고 해도 과언이 아닐 것이다. 이념의 갈등은 대립의 과정을 거쳐 충돌 속에 있었고, 그로 인해 수많은 지식인들의 납북과 자진 월북이 적지 않았다. 예를 들어 고려대학교 총장이던 현상윤은 1950년 10월 강제 납북되었고 마르크스주의 철학자인 박치우·신남철·정진석 등은 자진해서 월북하였다. 그 밖에 경제학자 백남훈, 문학자 이태준·김남천·김기림 등 다수의 좌파 지식인들이 월북하였다.

2. 휴전과 철학의 르네상스

1953년 7월 27일 판문점에서 휴전 협정이 조인되고 8월 15일 광복절을 맞아 정부도 서울로 돌아왔다. 그 다음달에는 대구, 부산 등지에 흩어져 있던 각 대학들도 서울의 본교로 옮겨와 전화의 복구에 나섰다. 1954년 11월 문교부가 졸업 학점을

180학점에서 160학점으로 낮추고 교양 교육을 강화하려는 방침에 따라 각 대학은 교과 과정을 개편하는 한편 대학원 교육도 강화하기 시작했다.

전국이 모든 면에서 전후 복구와 재건에 진력하는 가운데 철학계의 움직임도 마찬가지였다. 전후 철학계의 재건은 우선 1953년 휴전 후 〈한국철학회〉가 정식으로 발족하면서부터일 것이다. 국시가 반공이었기 때문에 절반의 사상과 이념만이 용인된 채 철학의 르네상스가 시작된 것이다. 한국철학회는 10월 1일 서울대학교 문리대 철학연구실에서 창립 총회를 열어 회장 고형곤, 부회장 박종홍·이종우, 평의원 이재훈·권세원·김두헌·김계숙·김용배·김기석(상임 간사)·이상은·김경탁·민태식·정석해·최재희, 편집위원 손명현 등으로 임원진을 구성했다. 그리고 10월 24일 제1회 연구 발표회를 시작으로 하여 학회지가 발간될 때까지 한국철학회는 그간의 굶주림을 만회라도 하듯 일년 반 정도의 기간에 발표회를 일곱 번씩이나 가지는 왕성한 활동을 보였다.

그러나 한국철학회의 명실상부한 출범은 1955년 5월 10일 학회지가 처음 발간되면서부터라고 할 수 있다. 학회지의 명칭은 1936년 일제의 탄압에 의해 불가피하게 폐간할 수 밖에 없었던 『철학』을 그대로 사용하기로 하고 제1집을 사상계사에 위촉하여 발간했다. 제1집의 목차를 살펴보면, 김계숙, 「헤겔의 청년 시대」/ 이상은, 「인심도심(人心道心)의 원시 해석」/ 손명현, 「자유의 근거」/ 김기석, 「칸트와 바움 — 칸트 철학의 일 통로」/ 김식목, 「〈휴낸〉의 쇠악성」/ 김용배, 「정치 역사관의 제창」/ 김준섭, 「고전 논리학과 현대 논리학」/ 전목, 김경탁 역, 「역전(易傳)과 중용」 등이다. 한국철학회는 이후에도 일년에 두 번씩 연구 발표회를 가졌고 1957년에는 『철학』 2집도 발간했지만 그 뒤 여러 가지 사정으로 인하여 1969년까지 제3집을 발간하지 못했다.

1950년대 후반 한국철학회의 활동이 이렇게 부진했음에도 불구하고 철학의 르네상스를 가능하게 했던 요인들로는 첫째, 몇몇 연구자들이 개인적인 노력으로 철학·사상 관련 잡지와 단행본, 그리고 전집의 출판을 통해 철학이 대중화되는 데 크게 기여했기 때문이고, 둘째는 해방과 동란의 혼란기에 해외 유학 길에 올랐던 이들이 귀국하면서 철학의 새바람을 불러일으켰기 때문일 것이다.

휴전 이후 철학·사상을 비롯한 여러 분야의 지식인들에게 학문적 열정을 다시 불러일으킬 수 있는 계기를 마련해 준 것을 꼽는다면 먼저 『사상계』의 창간을 들 수 있다. 휴전 직전인 1953년 4월 장준하(張俊河)에 의해 창간된 『사상계』는 정신적으로나 물질적으로나 전쟁의 폐허 속에서 재기의 욕구와 여유를 기대할 수 없는 상황에서 이루어진 것이기 때문에 평화와 풍요의 어떤 산물과도 비교할 수 없는 값진 것이다. 『사상계』는 이처럼 20세기의 후반을 전쟁으로 시작한 한국의 지성인들에게 정신적·지적 갈증을 다소라도 해갈해 줄 수 있는 문화 광장이었고 철학에 관심 있는 많은 철학도들이 모여드는 철학 살롱이었다.

또한 김기석 교수가 1954~57년 사이에 철학 잡지인 『이성』을 개인적으로 발행한 것도 특기할 만한 사실이었다. 그는 무려 18집까지 발행하면서 주로 민족과 도덕의 문제를 다루었는데 이 글들을 모아 훗날(1965년) 『현대 정신사』라는 단행본으로 출간하였다. 한편 1950년대말 『사상계』에 못지 않게 철학의 대중화에 기여한 것은 김기석·김형석(金亨錫)교수의 책임 편집 하에 59~61년 사이에 출판된 『현대사상강좌』(東洋出版社) 전집 10권을 들지 않을 수 없다. 이 전집에는 매권마다 30명 정도의 필자가 참여하였으므로 당시의 서양 철학·사상 관련 연구자들이 총동원되었다고 해도 과언이 아닐 것이다.

한편 휴전 이후 해외에서 전쟁의 고난을 면하고 유학할 수 있었던 철학 연구자들은 휴전 이후부터 계속 귀국함으로써 1950년대 후반 한국의 철학계가 다시 태어나는 데 활력소의 역할을 했다고 하지 않을 수 없다. 예를 들어 미국 컬럼비아 대학에서 「변증법적 방법」이라는 논문으로 박사 학위를 받고 1953년 귀국한 김준섭을 비롯하여 1956년 독일의 하이델베르크 대학에서 「중국 고대의 사상계에 있어서 자연의 의미 — 정신과 자연의 일체」로 학위를 받고 1956년 귀국한 조가경(曺街京), 미국 캘리포니아 대학에서 「칸트 이후의 독일 철학이 로이스의 의지설에 미친 영향」으로 학위를 받고 귀국한 김하태(金夏泰) 등이 그들이다. 1958년 서동익(徐同益)은 하이델베르크 대학에서「칸트 후계자에 있어서의 형이상학적 연역의 문제」로, 같은 해 김종호(金淙鎬)는 뮌헨 대학에서「실존적 변증법과 정치적 행위」로, 그리고 김태길(金泰吉)도 미국의 존스홉킨스 대학에서「자연주의와 동기주의 — 도덕 판단의 여러 국면」이라는 논문으로 학위를 받고 1960년 귀국했다.

그러나 휴전 이후 1950년대를 한국에서의 철학의 르네상스 기라고 부를 수 있는 가장 결정적인 요인은 무엇보다도 국내 철학 연구자들의 왕성한 연구 활동의 재개였다고 볼 수 있다. 1953년에는 최재희의『윤리학 원론』(日新社)의 출간을 비롯하여 박종홍의『인식 논리학』(백영사)과『철학 개설』(백영사, 1954), 1955년에는 김계숙의『근세 철학사』(한성도서주식회사)와 헤겔의『논리학』(민중서관) 번역본이 서울대학교 번역 총서 가운데 하나로서 출간되었고 박희성의 논문「생명의 문제」가『고려대학교 개교 50주년 기념 논문집』을 통해 발표되었다. 평소에도 지나칠 정도로 철학적 글쓰기를 자제할 뿐만 아니라 철학적 글쓰기에 대해 호의적으로 생각하지 않았던 박희성의 소신으로 보아 아마도 이것은 그가 국내에서 발표한 첫번째의 논문이었을 것이다.

본래 이 논문은「생명의 문제와 민족의 문제」라는 초고 가운데 전반에 해당하는 부분이었다. 그는 애당초부터 생명의 문제와 민족의 문제를 독립해서 다루려고 하지 않았다. 왜냐하면 생명의 문제는 생물학자들이 다루고 민족의 문제는 사회 과학자들이 각각 취급하는 것이 상례지만, 여기서는 그가 이 두 문제를 동일한 원리로써 설명하려 했기 때문이다. 그에 의하면, 〈우선 생명의 문제를 취급하고 그것을 디딤돌로 하여 민족의 문제에 옮기려 한다. 즉 민족의 문제는 생명의 문제의 더 복잡한 연장이라고 할 수 있다〉. 그러나 이 논문은 초고의 전반 부분이므로 주로 생명의 문제에 대해 논의하는 그의 〈과학적 생명 철학〉이라고 볼 수 있다.

또한 같은 해에 출판된 박익수(朴益洙)의『과학의 철학 — 문제의 두 방향』(백영사)은 과학 철학의 역사를 통시적으로 정리한 과학 철학 입문서이지만 우리나라에서 과학 철학을 최초로 소개한 저서라는 점에서 의미 있는 책이다. 이 책은 우선 과학적 인식의 역사적 변천 과정을 고대 그리스의 자연 개념과 자연 인식으로부터 시작하여 스콜라 철학 시대, 갈릴레오·뉴턴 등의 근대, 그리고 현대의 상대성 이론과 양자 이론에 이르기까지의 자연 개념과 자연 인식의 변화를 다루었다. 이 책의 후반에서는 현대 과학의 철학적 제 문제, 즉 (一) 자연 기술(自然記述)의 근본 범주로서 실증성·시공성·불확정성, (二) 과학적 인식의 신 배경, (三) 과학의 조작주의, (四) 장(場)의 개념과 그 인식, (五) 과학의 실재 인식, (六) 물질과 생명, (七) 물질과 정신, (八) 과학과 휴머니티의 문제 등을 폭넓고 체계적으로 다루었다.

1956년에는 박종홍의 『지성의 방향』(백영사)과 김태길의 『윤리학 개설』(민중서관), 그리고 타운센드H. G. Townsend의 『미국 철학 사상사』(박문출판사)가 박노태(朴魯胎)에 의해 번역 출판되었으며 신일철의 「화이트헤드Whitehead의 유기체의 철학」(고려대 석사논문), 최재희의 「자유 의지론의 한 타잎 — 할트만의 존재론적 방법에 입각한」(서울대논문집4), 등의 논문들도 발표되었다. 1958년에는 김준섭의 『실존 철학』(정음사)과 『현대 철학』(정음사)이 출판되었으며, 김형석의 「시간의 실천적 구조」(연세대 인문과학 제2집), 김영철(金永喆)의 「감동주의적 윤리설은 주관주의인가?」(고려대 철학연구 제2집), 손명현의 「논리실증주의」(고려대 철학연구 제2집), 신일철의 「Whitehead의 자연관」(고려대 철학연구 제2집) 등이 발표되었다. 1959년에는 김계숙의 『현대 철학 사조』(일조각)와 『헤겔 연구』(풍국학원출판부)가 출판되었고 박종홍의 「부정에 관한 연구」(서울대논문집 제8집)와 김형석의 「절망의 변증법」(연세대 인문과학 제4집), 김건(金建)의 「직증주의 철학 방법론 서설」(건국대학술지 제1집), 김두헌의 「존재의 질서 — 하르트만의 존재론에 근거하여」(학술원논문집 제1집) 등의 논문이 발표됨으로써 50년대 말에 이르기까지 철학 연구 활동이 전후 복구의 어려운 여건 속에서도 비교적 활발하게 계속되었음을 알 수 있게 한다.

3. 복수 학회 시대와 철학 연구의 활성화

1960년대의 한국의 철학계와 대학의 철학과들은 몇 가지 점에서 그 이전과는 다른 특징을 나타낸 바 있다. 첫째는 세대교체이다. 해방 이후 국내의 각 대학 철학과들이 젊은 철학도들을 계속 배출한 결과 1950년에 들어서는 이들이 대학 강단에 서기 시작했다. 한마디로 말해 이미 세대 교체가 시작된 것이다. 그러므로 1960년대에 들어서면 이들 가운데 서양에서 유학하고 돌아온 이들이 상당한 비율을 차지하면서 각 대학마다 본격적인 세대교체기를 맞이했다. 한국의 철학계는 그만큼 젊어지고 활력적으로 변모한 것이다.

두 번째 특징은 〈한국철학회〉 하나뿐이었던 철학회가 복수화하기 시작한 점이다. 경성제대와 서울대 철학과 출신의 연구자들은 『박종홍 박사 환력 기념 논문집』 간행 위원회를 중심으로 하여 1963년 독자적인 철학회로서 〈철학연구회〉를 발족시킴으로써 처음으로 복수 학회 시대를 열었다. 같은 해 11월에는 이미 경북대학교에 철학과를 신설한 하기락(河岐洛)이 〈철학연구회〉와는 구성 인원을 달리하는 새로운 철학회를 탄생시켰다. 그는 서울을 제외한 전국의 철학 연구자들의 참여를 위한 철학회로서 〈한국칸트학회〉의 창립 총회를 대구에서 개최하고 회장으로 취임했다. 이른바 철학회의 지방화 또는 전국화 시대가 시작된 것이다. 이것은 한국의 철학계가 복수화함으로써 구심점을 잃게 될 뿐만 아니라 학회 간에 내재 갈등을 야기할 소지가 있는 부정적인 사건일 수 있다. 그러나 이것은 그만큼 철학 연구의 활성화와 전국화, 그리고 학회의 특성화라는 긍정적 효과를 기대할 수 있는 계기가 되기도 했다.

세 번째 특징은 철학 교과 과정의 획일화이다. 1972년에 조사하여 발표한 박영식의 논문 「인문 과학으로서 철학의 수용과 그 전개 과정」(연세대 인문과학 제26집)에서 그는 〈1965년을 전후하여 각 대학교 철학과에서 내놓은 교과 과정을 검토해 보면, 재미있는 사실을 발견하게 된다. 그 교과 과정들 사이에서 거의 아무런 차이도 발견할 수 없다는 것과, 이것들이 어쩌면 그렇게도, 특히 미국 어느 대학 철학과의 교과 과정과 비슷하냐〉고 하여 당시 우리나라의 철학 교육의 획일적인 경향을 꼬집고 있다. 예를 들어 그 이전까지의 고려대학교와 연세대학교의 교과 과정을 비교해 보면, 고려대학교의 경우는 동양 철학의 과목이 연세대의 7과목에 비해 12과목으로서 현저하게 많은 것을 알 수 있다. 심지어 제자 강독(諸子講讀)과 경서 강독이 주당 3과목에 12시간이나 개설되어 있었다. 그러나 그 이후의 교과 과정에서는 이것들이 모두 빠지고 양 대학의 차이를 발견하기 어렵다. 더구나 우리나라의 교육 제도가 전반적으로 미국화하면서 철학과의 교과 과정마저도 미국식이 되어 버린 것이다.

4. 독일 철학의 편중 현상

그래도 20세기 초부터 60년대 말까지만 돌아보아도 우리나라의 서양 철학의 경향은 지나칠 정도로 독일 철학 일변도였다. 그것도 칸트·헤겔의 독일 관념론이 압도적이었고 실존 철학과 현상학, 그리고 마르크스주의 철학이 그 뒤를 이을 정도였다. 조희영의 연구 보고서인 「한국의 현대 사상에 미친 서양 철학의 영향」에 의하면 1931년부터 68년까지 우리나라에서 발표된 철학자별 연구 논문 394편 가운데 칸트 연구가 51편, 헤겔 연구가 45편, 하이데거 연구가 39편으로써 단연 독일 철학이 압도적이었다. 1915~59년까지 독일 철학에 관한 논저는 48권이었던 데 비해 프랑스 철학에 관한 것은 겨우 2권밖에 없었다.[240] 이처럼 독일 철학이 60년대까지 한국의 철학계를 풍미한 데는 각각의 이유를 조금씩 달리하지만 근본적으로는 모두가 일제 식민지 지배의 영향에서, 즉 일제 식민의 유산을 물려받고도 쉽

---

240 『철학사상 7』, 서울대학교 철학사상연구소, p. 17. 〈표 II〉 참조.

게 청산하지 못하는 빗나간 철학적 혈통 의식이나 이데올로기의 고수에서 그 이유를 찾을 수 있다.

첫째, 독일 관념론은 한편으로는 일제 식민지 시대에 독일과 일본 유학생들을 통하여 자연스럽게 수용되었고, 다른 한편으로는 경성제대의 일본인 교수들을 통해 국내에서 전수되었다. 예를 들어 박종홍의 철학 형성에 당시의 일본 철학계를 대표하던 니시다 기타로(西田幾多郞, 1870~1945)와 미키 기요시(三木 淸, 1897~1945)의 철학이 커다란 영향을 미쳤다는 사실만으로도 쉽게 알수 있다. 그의 대표적인 저서와 논문인『철학 개설』(1954)과「부정에 관한 연구」(1959)는 1922년~25년 사이에 독일의 하이델베르크 대학과 마르부르크 대학에서 리케르트와 하이데거에게 독일 철학을 배운 미키 기요시의『철학 입문』(1940)과 내용과 표현이 유사하기 때문이다. 박종홍은『철학 개설』에서 야스퍼스 K. Jaspers의『실존 철학 Existenz Philosophie』(S. 85)에 나오는 〈어중간한 철학은 현실을 떠나 버리지만 완전한 철학은 현실로 인도한다〉는 구절을 인용하면서 〈철학하는 것〉의 출발점과 귀착점이 현실일 수밖에 없다고 주장하지만 그 내용에서는 미키 기요시의 것과 다를 바 없다. 그에 의하면 〈현실로부터 출발하였다가 다시 현실로 돌아오는 것이 올바른 철학의 코오스인 것이오, 철학적 태도가 가져야 할 모습이다. ……그런데 현실은 우리 앞에 그저 놓여 있는 것이 아니라, 우리는 현실 속에서 태어났고 그 속에서 살다가 그 속에서 죽는 역시 하나의 현실적 존재다. ……도대체 철학과 현실이 따로 있는 것이 아니다. 현실 자체 속에서 철학이 요구되고《철학하는 것》이 곧 현실의 자기 비판, 현실 건설의 일익을 담당하는 것이다. 이와 같이 하여 철학적 태도는 현실로부터, 즉 현실의 자기 부정을 통하여 다시 현실로, 즉《현실 아닌 것》의 자기 부정으로 돌아오는 것이다. 간단히 말해《부정의 부정》의 태도가 곧 철학적 태도요, 이것이 다름 아닌 산 현실을 건설 파악하는 태도인 것이다〉.[241]

241 박종홍,『철학 개설』, 白映社, 1954, pp. 23~25.

그러나 〈철학하는 것의 출발점〉에 관한 그의 이러한 주장은 미키 기요시의 『철학 입문』의 서론인 출발점의 내용을 반복하는 것이나 다름없었다. 미키 기요시에 의하면, 〈철학은 현실 속에서 생겨난다. 거기가 철학의 원래 출발점이며, 철학은 현실로부터 출발한다. 철학이 현실에서 출발한다는 말은 철학이라는 것을 저쪽 한편에 둔 채 그것에 대해 연구한다고 하는 말이 아니다. 현실은 우리 앞에 놓여 있다기보다는 그 속에 우리가 있다. 우리는 현실에서 태어나며, 현실 속에서 일하며, 현실 속에서 생각하며, 현실에서 죽어 간다. 그것이 바로 현실이다. 우리 앞에 놓여 있는 것은 철학적 언어로 대상이라고 불리운다. 현실은 대상이라기보다는 우리가 그 속에 발을 딛고 서 있는 장소이자 기저(基底)이다. 또는 좀더 정확히 말하자면, 현실이 대상으로서가 아니라 기저로서 문제가 된다고 하는 점이 철학의 고유한 점이다. ……철학은 현실에 대해서 생각하는 것이 아니라 현실 속에서 생각하는 것이다. 현실은 우리가 처해 있는 장소이며, 우리 자신이 현실 속의 하나의 현실에 지나지 않는다. 대상으로서 생각할 경우 현실은 철학의 유일한 출발점일 수는 없다고 해도 장소로서 생각할 경우에, 현실 이외의 철학의 출발점은 없다. ……철학은 현실에서 출발하여 어디인가 다른 곳으로 가는 것이 아니라 항상 현실로 되돌아온다. 그때 필연성은 가능성의 부정적 매개를 통해 진정한 현실성에 도달하는 것이며, 철학적으로 자각된 현실성은 필연성과 가능성의 통일이다〉.[242]

이상의 양자의 인용문에서도 보듯이 박종홍의 〈철학하는 것의 출발점과 귀착점〉은 미키 기요시의 『철학 입문』이었음을 간파하기 어렵지 않다. 그것은 박종홍의 철학도 이미 독일 철학의 유전자형 *génotype*을 미키 기요시를 통해 공급받아 공유하고 있었거나, 적어도 그것에 크게 공감하고 있었음을 의미한다.

그러나 독일 철학에의 편중 현상은 당시 우리 철학계만이 직면한 문제는 아니었다. 미키 기요시보다 먼저 1884년부터 6년간 독일에서 유학하고 돌아와 도쿄대학

---

242 三木 清, 「哲學入門」, 『三木淸全集』, 第七卷, 岩波書店, 1967, pp. 5~7.

의 교수가 된 뒤 일본 철학계를 주도한 이노우에 데츠지로(井上哲次郎, 1855~1944)도 『메이지 철학계의 회고(明治哲學系の回顧)』(岩波書店, 1932)에서 〈단지 오늘날은 아무튼 독일 철학에 의해서만 좌지우지되어 그 범위로부터 도저히 벗어날 수 없을 듯한 상황이 되었다. 다시 말해 독일 철학에 구속되어 그것에만 심취하는 상황이 되었다. 이는 심히 유감스러운 일이다〉라고 하여 훗날 일본 철학계의 독일 철학 편집증을 크게 우려한 바 있다.

한편 우리의 독일 철학 편집증은 이상에서 보았듯이 당시 일본의 서양 철학이 독일 철학과 밀착되어 있었기 때문이기도 하지만 그 원인을 찾자면 조선조 성리학이 지닌 관념론적 성격이나 조선 사회를 지배하던 유교적 정서가 독일 철학, 특히 독일 관념론을 수용하는 데 부정적으로 작용하지 않았기 때문일 것이다. 조선 사회의 이러한 유교적 정서를 가장 잘 보존하고 대표하는 영남 지방의 경북대학교 철학과를 중심으로 하여 1963년 〈한국 칸트 학회〉가 탄생된 것도 이러한 이유와 내면적으로 무관하지 않았을 것 같다. 이런 점에서 한국에서의 서양 철학의 수용 과정이 독일 철학(독일 관념론)으로부터 시작되었다는 것은 어쩌면 조선 시대의 유학 정신이 서양 옷으로 갈아입었을 뿐 같은 몸속에서 연장되고 있었다고도 볼 수 있다.

둘째, 일제 시대부터 6·25동란까지 우리에게 독일 철학을 전수한 일본과는 달리 한국에서 마르크스주의 철학이 유달리 주목받았던 것도 그 식섭석인 원인을 일제 식민지의 억압적인 역사적 상황에서 찾을 수 있다. 비교적 정치적 상황과 무관한 신비주의적인 이론 철학을 선호해 온 일본의 철학 연구자들이 천박해 보이는 유물론보다는 고상해 보이는 유심론에 더 큰 관심을 보였던 것과는 달리 일제의 억압 하에 놓여 있던 우리의 철학 연구자들은 그러한 정치적 억압 기제 자체가 무엇보다도 중요한 철학적 과제일 수밖에 없었기 때문이다. 조희영은 「현대 한국의 전기 철학 사상 연구」(1975)에서 〈한국에서 마르크스주의 철학이 수용된 원인〉에 대하여 〈우선, 한국민의 민족적 수난, 즉 일본의 강점으로 인한 식민지 사정을 고려하지 않고는 혁명을 고무하는 마르크스주의가 한국에 토착하게 된 까닭을 이해할 수 없다. 다음으로, 침략자를 증오한 나머지 그들이 좋아하는 관념론에 반대되는 주의와 사상을 좇게 되는 것은 심리 필연적 현상이다. 마르크스주의는 피압박민의 대변자라는 점과 반관념론적이라는 성격 때문에 한국에 뿌리내릴 수 있게 되었다〉[243]고 하여 일제 시대의 역사적 상황을 가장 큰 이유로 지적한 바 있다.

셋째, 1960년대 말까지 한국에서 실존 철학에 관한 연구가 그토록 활발했던 이유도 마찬가지이다. 서구의 실존 철학이 수많은 사람들을 죽음의 공포와 불안, 삶의 허무와 좌절감 속에 몰아넣었던 제1·2차 세계대전의 역사적 체험 속에서 생겨난 인간과 인생에 대한 철학적 반성이었기 때문에 날로 심해지는 일제의 탄압 속에서 우리의 지식인들이 느끼는 생존의 위기의식도 실존 철학의 메시지에 공감하는 것은 당연한 이치였을 것이다. 6·25전쟁으로 인한 죽음과 폐허의 체험은 실존적 반성의 직접적인 계기로서 더욱 크게 작용할 수밖에 없었다. 일제의 식민 정책이 당시의 조선인을 본격적으로 옥죄이기 시작하던 시기에 대학을 졸업한 박종홍의 졸업 논문이 「하이데거의 불안에 대하여 Heidegger의 Sorge에 다いて」(1932)였으며, 휴전 직후에 귀국한 조가경의 저술이 『실존 철학』이었다는 사실은 조금도 이상한 일이 아닐 것이다. 조가경도 『실존 철학』 서문에서 〈철학은 시대의 특수한 정세의 산물이라고 한다. 그러나 실존 철학만큼 그 용어를 시대의 역사적 상황에서 건져 내고 다시금 이 언어로써 인간의 상황 의식을 새겨 준 사상은 드물다. 따라서 실존 철학에 대한 이해는 정세의 분석과 서로 뗄 수 없다. 대개 정세란 그 속에 인간이 들어서서 있는 상태요 기분적인 피규정성의 성격을 띤 것이다. 우리가 느끼면서 발견하는 세계요 감수성으로써 엮은 분위기이다〉[244]라고 피력하고 있다.

이상에서 보면 이유가 어떠하든 독일 철학에 대한 연구가 반세기 이상 이 땅의 철학 연구의 주류를 이루어 왔다는 것은 서양의 다른 철학에 비해 양적으로나 질

243 조희영, 「현대 한국의 전기 철학 사상 연구」, 『용봉논총』, 제4집, pp. 12~13.
244 조가경, 『실존 철학』, 박영사, 1961, p. 3.

적으로 그만큼 큰 수확을 거둘 수 있게 했다는 사실을 부인하기 어렵다. 그럼에도 그것이 아무리 우리가 처했던 역사적 조건이 만들어 낸 피하기 어려운 결과였다 하더라도 일제가 남긴 유산과 잔재의 목록에서 제외될 수는 없다.

5. 소수자의 철학이 된 메이저 철학들

본래 철학에서 마이너*minor*와 메이저*major*의 구분이 있는 것은 아니지만 한국에서의 서양 철학에 관한 연구 경향은 그러한 구분이 가능했다고 해도 지나친 표현이 아닐 것이다. 앞에서 이미 언급했듯이 독일 철학에 대한 지나친 편중 현상 때문일 것이다. 그러나 독일 이외의 철학에 관한 연구도 1960년대부터는 그 이전보다는 훨씬 많아진 것을 알 수 있다.

1962년에는 김수철(金秀澈)의 서울대 석사 논문「가브리엘 마르셀Gabriel Marcel의〈존재론적 신비〉에 관한 연구」가 나왔고, 박영식의「플라톤의 이데아론」(연세대 인문과학 제7집), 김영철의「형이상학은 배제되었는가 — 논리적 실증주의를 중심으로」(건국대 학술지 제4집), 이인옥의「역사적 현재」(부산대 문리대학보 제6집)가 발표되었고, 1963년에는 최명관의「심볼·심볼리즘 — 의미의 세계」(박종홍 환력기념논문집), 김규영「네오 토미즘에 있어서의 존재 개념」(같은 책), 김병규의「러셀B. Russell의 신사실주의*Neo-Realism*」(같은 책), 조요한의「희랍 자연 철학자들의 신관」(같은 책), 정진의「논리의 관용성을 위한 소고」(같은 책)가 발표되었다. 1964년에는 박종현의「플라톤 사상의 출발점과 귀착점」(서울대 석사 논문), 최일운의「무와 창조」(전북대 논문집 제6집), 김규영의「베르쟈예프의 시간론」(김두헌박사 화갑 기념 논문집), 김은우의「현대 인간의 운명과 자유」(같은 책)가 발표되었고, 1965년에는 공종원의「유기체로서의 세계」(서울대 석사 논문), 신일철의「화이트헤드의 미학」(고려대 철학연구 제4집)이 발표되었다. 신일철의 이 논문은 유기체적 자연론을 형성하는 데 화이트헤드의 시인적 직관과 미적 경험이 얼마나 중요한 요인이었는지, 또는 화이트헤드가 왜 유기적 자연을 그토록 아름다운 통일을 이룬 미적 조화의 세계로 간주했는지를 논하는 화이트헤드의 미학에 관한 논문이다. 1966년에 발표된 송상용의 「다윈주의*Darwinism*와 목적론」(서울대 석사 논문)은 1955년에 출판된 박익수의 『과학의 철학』 이후 10년이 넘어 발표된 과학 철학에 관한 글이었다는 사실만으로도 의미 있는 것이었다. 또한 이초식의 「귀납 추리의 정당화에 관한 고찰」(철학연구 제1집), 이명현의 「트락타투스 *Tractatus*의 중심 사상」(같은 책), 정석해의 「인식으로서의 역사」(연세대 인문과학 제16집)도 이해에 발표되었다. 1967년에는 박태흔의 「도덕적 당위에 관한 연구」(부산대 논문집 8)가 발표되었고 최재희의 『서양 윤리 사상사』(서울대출판부)와 이규호의 『사람됨의 뜻』(제일출판사)이 출판되었다. 1968년에는 김계숙의 「듀이의 철학」(심리교육논총), 박영식의 「검증 원리의 문제」(연세대 인문과학 제19집), 이문호의 「아우구스티누스Augustinus의 고백록*Confessions*과 파스칼Pascal의 팡세*Pensée*에 관한 소고」(철학연구 제7집)가 발표되었다.

특히 이해에 발표된 논문으로서 높이 평가할 만한 것은 정종(鄭瑽)의 「한국 철학에 있어서의 미국 철학의 수용과 영향」(『아시아문제』, p. 39~60)이다. 이 논문은 독일 관념론에 지나치게 편중된 우리의 철학계의 현실을 고발하고 이의 시정을 촉구하기 위해서 쓰여진 것이므로 무엇보다도 그의 용기와 열정을 과소평가하지 말아야 할 것 같다. 왜냐하면 1890년 이후 이노우에 데츠지로(井上哲次郞)로 대표되는 일본의 어용 철학자들이 천황제를 비판하는 반체제적인 자유 민권 운동과 프로테스탄트 운동에 맞서 천황의 신권화와 신민 도덕을 강요하는 천황제 이데올로기를 강화하기 위해 독일 관념론을 적극적으로 받아들여 강단 철학의 주류로 만든 것인데도 일제 시대 우리의 철학도들이 이를 무비판적으로 배워서 우리 철학계의 주류를 형성했기 때문이다. 국수주의 철학자인 이노우에는 메이지 천황의 사진과 그의 〈교육칙어〉에 대해 경례를 거부하는 프로테스탄트 사상가인 우치무라 간조(內村鑑三)에 대한 박해에 앞장서는 글을 1895년 11월 『교육 시론(敎育時論)』에 게재하여 교육과 종교의 충돌에 관한 논쟁을 불러일으킨 인물이었다. 그러나 일본은 패전으로 인해 천황제 이데올로기를 포기해야 했고, 1960년대에는 이미 독일 철학이 주류에서 벗어났음에도 불구하고 해방 20년이 지난 우리의 실정은 여전하였기에 그의 논문의 의미는 각별하다고 볼 수 있다. 이를 실증적으로 입증하기 위해 그는 60여 명의 철학 담당 교수들에게 던진 16가지의 질문에 대한 응답을 분석하여 우리나라 철학계에 미국 철학의 영향이 상대적으로 얼마나 빈약한지를 제시하고 있다.

1969년에는 소흥렬의 「논리적 사고와 합리적 사고」(연세대 인문과학 제21집), 「설득의 논리」(같은 책 제22집), 「하나님과 존재」(계명대 용산(龍山) 기념 논문집), 박영식의 「기호 논리학의 특수성」(연세대 인문과학 제21집), 김용정의 「라이프니츠의 보편 기호법 사상과 역(易)의 논리」(철학 3), 김형효의 「인간의 유한성과 오류 가능성에 대한 해석」(같은 책), 민경석의 「화이트헤드의 삼성론적(三性論的) 유한신 관과 그 문제점」(같은 책), 손명현 「진리의 문제」(철학연구4), 조요한의 「아리스토텔레스와 형이상학의 문제」(같은 책), 전원배 「가치론의 연구」(원광대 논문집 제4집), 신일철의 「역사적 이해의 기준 문제」(고려대 논문집 제15집) 등이 발표되었다. 신일철의 논문은 〈역사적 이해의 기준을 해명 내지 명료화한 것이다. 헴펠Hempel의 포괄 법칙에의 포섭과 오크쇼Oakeshott, 콜링우드Collingwood 등의 이유에 의한 설명의 두 입장을 대비시키는 논증 방식을 통해서 논구했다. 그리고 카E. H. Carr와 드레이W. Dray의 관점에서 제3의 종합에 도달하는 과정을 밝아 역사적 탐구의 고유의 논리를 추구하는 데 힘썼다. 역사적 행위나 사건들에 대해서 그것이 실제로《무엇이었나》에 대한 끊임없는 탐구, 그것이 역사적 이해의 보다 근본적인 기준이라고 보고 있다〉(학술원, 『학술』제11집 참조).

1970년에는 서광선의 「종교적 발언의 이성 문제」(이헌구 선생 영수(永壽) 기념 논총), 이초식의 「도덕 판단의 발달에 관한 고찰」(서울교대 논문집 제3집), 김형효의 「루이 라벨의 철학에 있어서 존재의 긍정이 지니는 의미」(철학 4), 김여수의 「비트겐슈타인Wittgenstein과 본질 철학의 종언」(철학5), 김완수의 「아리스토텔레스의 데 아니마DE ANIMA에 전개된 인식 문제」(같은 책), 장재덕의 「가치 판단의 객관성에 관한 루이스C. I. Lewis의 이론」(고려대 석사 논문)이 발표되었고, 1971년에는 최준성의 「미국 철학의 이해를 위한 기초론」(미국연구 IV), 송상용의 「*L'Homme machine*의 분석」(서울대 교양과정부 논문집 제3집), 이규호의 「비트겐슈타인Wittgenstein의 언어 철학」(연세대 인문과학 제24집).이 발표되었다. 1972년에는 최명관의 박사 학위 논문 「데카르트Descartes의 중심 사상과 현대적 정신의 형성」을 비롯하여 조요한의 「아리스토텔레스의 시간관」(숭전대 논문집 제3집), 이한구의 「딜타이W. Dilthey의 삶의 해석」(서울대철학회 철학논구 제1집), 그리고 김기태의 파스칼의 수리 철학 논문인 「근대 자연 과학 형성에 있어서의 과학적 이성과 철학적 이성」(한국철학연구회 제15집)이 발표되었다. 이 논문에서 김기태(金基台)는 파스칼의 철학적 모태를 중심으로 하여 무한 사상과 무한 수학의 계보, 파스칼의 태도와 방법을 중심으로 한 자연 인식, 무한 개념의 직관적 통찰, 자연의 이중 무한 등을 논의함으로써 무한 수학에 대한 파스칼의 형이상학을 다루고 있다.

    1973년에는 김남두의 「플라톤의 파이드로스 편 연구」(서울대 석사 논문)와 남경희의 「플라톤의 파이돈Phaedon 편에 나타난 영혼의 문제」(서울대 석사 논문), 김병우의 「데카르트에 있어서 형이상학적 사유의 근거」(한국철학연구회 제16집), 그리고 조병일의 「로크의 인간 오성론에 관한 연구」(고려대 인문논집 제18집), 권창은의 「귀납 추리의 정당화 문제」(고려대 석사 논문)가 발표되었다.

다원화 사회와 사상의 다원화

 자본주의가 본격적으로 발전하기 시작한 제2차 세계대전 이후 국제 사회의 두드러진 특징 가운데 하나는 자본주의 경제 체제의 세계적 전개에 따른 세계화와 지구화 현상이다. 세계는 종교·사상·이데올로기와 같은 정신 문화뿐만 아니라 과학·기술과 같은 물질 문명도 국경을 넘어 활발하게 이동하고 교류하면서 상호 의존 관계의 새로운 질서를 구축해 왔다. 이처럼 세계는 각 분야에서 하나의 장을 형성하면서 그 만큼 문화와 문명에서의 자기 폐쇄성이나 완결성의 고집을 더 이상 주장할 수 없게 되었다. 세계는 여러 분야에 걸친 거대한 이동의 물결로 인해 이른바 글로벌 섹션 global section이 빠르게 진행되고 있는 것이다.
 오늘날의 글로벌 섹션 현상에는 경제의 글로벌 섹션과 더불어 진행되는 공업화·산업화의 글로벌 섹션과 인구 이동의 글로벌 섹션의 진행이 불가피하게 수반되고 있다. 그뿐만이 아니다. 이러한 새로운 질서의 형성을 더욱 가속화시키는 것은 미디어·커뮤니케이션의 글로벌 섹션이다. 그것은 결국 이데올로기나 사상의 글로벌 섹션으로 이어져 세계 각국을 문화적 다양성이 허용될 수밖에 없는 문화적 다원화 사회, 즉 다문화 사회로 변모시키고 있다. 그러면 한국 사회의 다원화 현상은 언제부터, 어떤 계기에서, 그리고 어떻게 시작되었을까? 또한 그것과 한국에서의 사상과 철학의 다양화나 문화의 다원화와는 어떤 상관 관계에 있는 것일까?

1. 〈보이는 손〉에 의한 근대화와 국민 정신 교육

한국의 근대화는 산업화로서의 근대화이다. 5·16 군사 정권의 등장 이후 불과 10여 년간에 걸쳐 일어난 한국 사회의 근대화, 즉 산업화의 양상을 보면 그것은 적어도 두 세기 이상의 기간이 소요된 서구의 근대화나 산업화와 맞먹는 것이었다. 서구는 산업 혁명 이후 수세기 동안 서서히 이룩한 산업 사회로의 진입을 우리는 불과 10여 년 만에 달성한 것이다. 1983년 경제기획원이 발표한 주요 경제지표를 보면, 산업별 인구 구성비가 1963년에는 제1차 산업이 63.1%, 제2차 산업이 8.7%, 제3차 산업이 28.2%이던 것이 1981년에는 제1차 산업이 34.2%, 제2차 산업이 21.3%, 제3차 산업이 44.5%로서 산업 구조가 1차 산업 중심에서 제2·3차 산업 중심으로 바뀐 것을 알 수 있다. 이처럼 우리의 산업화는 믿기 어려울 만큼 초고속이었고 우리의 근대화도 상상할 수 없을 정도로 기간 단축화를 실현했다. 한완상은 『현대 사회와 청년 문화』(범문사, 1973)에서 우리 사회의 이러한 변화 현상을 가리켜 〈보이지 않는 손에 의해 자연스럽게 생성된 것이 아니라 《보이는 손 the visible hand》에 의해 강력하게 추진되었다〉고 설명한다. 한마디로 말해 이것은 제3공화국의 비민주적 권위주의에 의해 급조된 사회 현상이라는 것이다.

오도넬G. A. O'Donnell은 이러한 권위주의를 가리켜 관료적 권위주의 Bureaucratic-Authoritarianism라고 부른다. 그의 주장에 따르면 이것은 관료 체제와 비민주적 권위주의가 합성된 개념으로서 농업 경제의 단계를 넘어 산업화의 초기 단계로부터 고도의 산업화 단계로 이행하는 과정에서 등장한다. 그러므로 오도넬의 관료적 권위주의 체제는 우리의 제3공화국의 체제, 그것도 유신 체제가 바로 거기에 가장 가까운 형태였다고 말할 수 있다. 쿠데타에 의해 정권을 획득한 군사 정권은 권력의 정당성을 정치에서 확보하는 것이 불가능하기 때문에 그것을 불가피하게 경제 발전에서 찾아야 했다. 우리 사회의 산업화로서의 근대화는 제3공화국 정권의 정당성 확보를 위한 운명적 명분일 수밖에 없었다. 다시 말해 군사 정권은 정당성 확보를 위해 우선 경제 개발이 급선무였고, 그것의 추진을 위해서는 강력한 관료적 권위주의 체제가 필요했다.

제3공화국 정권이 제일 먼저 선택한 결정은 경제 개발에 필요한 자금 조달을 위한 대일(對日) 정책의 전환, 즉 한일 국교 정상화였다. 그러나 이것은 한국의 경제 발전의 계기였지만 외세 의존적 구조의 단서가 되기도 했다. 한편 경제 개발에는 자금 못지않게 중요한 것이 그것을 계획하고 추진해 나갈 엘리트임을 깨달은 군사 정권은 여러 엘리트 집단들과의 결합을 시도하였다. 진덕규에 의하면, 군사 정권과 결합한 주요 엘리트는 군부 엘리트·국가 고시 출신의 관료 엘리트·재벌 중심의 기업 엘리트·지식 엘리트 등 크게 나눠 네 그룹의 엘리트들이었다. 군부 엘리트가 권력 구조의 체제 유지적인 측면에서 기능하였다면, 관료 엘리트는 그러한 체제의 존립 목표나 정당성의 논리를 확보하기 위한 개발 계획과 집행에 관여하였으며, 기업 엘리트는 바로 이 집행의 실질적인 담당자로서의 능력을 발휘하였다. 그러나 지식 엘리트들은 좀더 다른 측면에서 주로 지식과 지적 판단력을 통하여 권력 구조의 안정과 정치 체제의 지속화에 기여함으로써 다른 엘리트들에 비하여 실제적으로 담당했던 영역 자체가 일정한 분야로 국한되었다. 즉 미래적 계획의 입안과 정치 체제의 정당성을 위한 이론화에의 기여, 그리고 국민적 통합감의 조성을 위한 여론의 담당을 중요한 기능으로 하였다.[245]

제3공화국 군사 정권이 지식 엘리트들의 도움으로 국민 정서의 통합을 위해 시행한 첫번째 정책은 박종홍·이인기 등이 초안을 작성하여 1968년 12월 5일에 공

---

245 진덕규, 「한국 현대 정치 구조 연구 서설」, 『한국 사회 변동 연구 II』, pp. 67~68 참조.

포한 〈국민교육헌장〉의 제정이다. 이것을 가리켜 백종현은 〈일본의 명치유신의 상황을 연상시키는 발상들이 현실화하는 양상을 보였다〉고 평가한 적이 있다. 그러나 국민교육헌장에 대한 그의 이러한 혹평은 시작에 불과하다. 그에 의하면, 〈소위 이 헌장을 바탕 정신으로 한 전후의 사회 운영 실상은 이 헌장이 국가주의·전체주의·경제(물질) 제일주의를 선언하고 있음을 간파케 한다. ……이 헌장에는 자유민주주의 국가에서 개인이 마땅히 보장받아야 할 개성의 발양과, 다양한 개성의 발양으로써만 사회 전체가 풍부해진다는 이념을 끼워 넣어 볼 만한 구절을 찾을 수가 없다. 우리의 창의를 말하면서도 그《창의》가 독창성 나아가 독자성으로 해석될까 봐 바로 이어서《협력》을 강조하며, 개인의 자유와 권리의 신장과 개개인의 존엄성에 대해서는 한마디 언급도 하지 않은 채 혹시라도 자유와 권리가 정도를 벗어날까 봐《자유와 권리》라는 말을 쓰자마자 그에 따르는《책임과 의무》만을 부각시킨다. 그것은《자유 세계의 이상》의 내용은 아무것도 제시하지 않은 채, 그 이상을 실현하는 기반으로서《반공》을 내세우는 것으로 이어간다. ……이른바《국민교육헌장》은 개개 국민이 국가의 구성 요소이기 이전에, 국가 건설의 요원이나 도구이기 이전에 한 시민으로서, 한 인간으로서의 체신과 존엄성을 유지하기 위해 마땅히 지켜야 할 도덕적 법도에 대해서는 한마디 언급도 없다.……능률에《실질》숭상이 추가되면, 그 사회는 속물화하기가 십상이다.《능률과 실질의 숭상》은 부국강병의 길이기도 하지만, 독재와 천민 자본주의의 길이기도 하다. 그리고 우리는 그 길이 하나임을 1960~79년 시기 한국에서 확인하였다〉.[246]

더구나 당시의 군사 정권은 지식 엘리트들의 도움으로 정권의 정당성을 위한 이론화 작업과 국민적 통합감 조성을 위한 여론화 작업의 박차를 더욱 가한다. 지식과 권력이 야합하여 실시한 두 번째 정책은 1970년 2학기부터 전문대학을 포함한 모든 대학에서 〈국민윤리〉를 필수 과목으로 가르쳐야 하는 것이었다. 그뿐만 아니

---

246 백종현, 「독일 철학의 유입과 그 평가」, 『철학사상 6』, 서울대 철학사상연구소, 1996, pp. 3~7 참조.

라 정부가 시행하는 모든 국가 시험에도 국민윤리가 필수 과목으로 지정되기 시작했다. 이를 위한 연구와 교육을 전담하는 지식 엘리트들이 모여 〈국민정신교육추진위원회〉·〈국민윤리교육위원회〉(1972)·〈국민윤리학회〉(1973)를 결성하기도 했다.

1972년 10월 27일에는 마침내 〈유신 헌법〉의 헌법 개정안이 공고되고, 12월 22일 통일주체국민회의 대의원회의에서 제8대 대통령으로 박정희를 선출하여 〈10월 유신〉의 군사 정권은 장기 집권을 위한 제도화를 단행했다. 1974년 6월 18일에는 국민윤리를 인문계 고교의 독립 교과로 지정하여 유신 이념 교육을 더욱 확대·강화하기 시작했다. 1977년 서울대학교 대학원에는 국민윤리 교육학과까지 등장하게 되었다. 이것은 마치 메이지 천황이 왕정복고 이후 왕권의 정통성 회복과 정권 강화를 위한 국가 이데올로기 교육을 실시하려고 1890년 10월 30일 〈교육에 관한 칙어〉를 제정하여 교부성(敎部省)을 통해 전국의 각급 학교에 배포한 것이나 중일 전쟁을 개시한 1937년 쇼와(昭和) 천황이 제국주의 이데올로기를 강화하기 위해 〈국체의 본의(本義)〉를 모든 교육 기관과 국가 기관에서 학습하게 한 사실을 연상하게 한다. 일본에서도 그때마다 지식 엘리트들이 동원되어 〈국민도덕협회〉나 〈국민정신총동원위원회〉가 결성되기도 했다. 1960년대부터 1980년대 후반기까지 우리나라의 국민윤리 교육을 주도한 지식 엘리트들을 보면 다음과 같다.[247]

60년대 중반부터 70년대 초반까지: 안호상, 유달영

70년대 초반 이후 80년대까지: 이규호, 김태길, 김형효, 민동근, 양흥모, 황성모, 한승조

80년대 전반기까지: 박순영, 심재룡, 신오현, 이한구, 박용헌, 정세구, 윤원구, 진덕규

80년대 후반기: 강재륜, 진교훈, 이서행, 이용필

---

247 황경식, 「한국 윤리학계의 연구 현황 II (80~현재)」, 『철학사상 7』, 서울대 철학사상연구소, 1998, pp. 57~58 참조.

또한 1990년 필수 과목에서 선택 과목으로 바뀔 때까지의 교과 내용을 알아보기 위해 1985년 김태길·심재룡·이용필·이한구 등이 공저한 한국방송통신대학의 『국민윤리』교재의 목차를 살펴보면 다음과 같다.

제1부 인간과 윤리 (김태길)

제1장, 윤리적 존재로서의 인간, 제2장 윤리란 무엇인가, 제3장 윤리학의 근본 문제, 제4장 현대 한국과 윤리 문제,

제2부 한국의 사상적 뿌리 (심재룡)

제1장 한국 사상 서설, 제2장 한국의 민속과 종교, 제3장 한국 불교의 전개, 제4장 한국 성리학의 발전, 제5장 한국 근대화의 뿌리, 제6장 전통과 현대 사회

제3부 민주주의론 (이용필)

제1장 민주주의의 이념과 원칙, 제2장 민주주의의 전제 조건, 제3장 민주주의에 있어서 국가와 개인, 제4장 민주 정치의 구조와 과정, 제5장 민주주의의 전개 과정, 제6장 민주주의의 유형, 제7장 민주적 생활 양식과 질서

제4부 공산주의와 북한 체제 비판 (이용필)

제1장 공산주의의 이론적 기초, 제2장 공산주의의 제 유형, 제3장 급진주의 사상, 제4장 공산주의의 실제, 제5장 북한 체제의 특징, 제6장 북한 사회의 전망

제5부 역사 인식과 실천 (이한구)

제1장 역사를 보는 두 태도, 제2장 역사주의와 닫힌 사회, 제3장 상소석 역사관과 열린 사회, 제4장 사회공학론

황경식은 이상과 같은 내용의 국민윤리가 종합적인 협동 과학이면서도 〈윤리학과 전통 사상의 연결, 정치 이데올로기 비판과 민주주의 철학의 연결, 나아가서 유교적 정치 문화와 서구 정치 문화를 종합하여《한국적인 윤리학의 모델》을 제시하는 일은 실패하고 말았다〉[248]고 평가한다. 그러면서도 그는 〈만약 국민윤리가 국가

248 앞의 책, p. 59.

이데올로기가 아니라, 《정권 이데올로기의 앞잡이》라는 부정적인 이미지를 뒤집어 쓰지 않았다면 논의는 좀더 진지하게, 그리고 지속적으로 이루어질 수 있었을 것〉이라는 아쉬움도 함께 표현한다. 그러나 김태길은 〈군부에 기반을 둔 5.16정권의 막강한 통치력은 국민의 방종을 억제하는 타율의 힘으로서 작용했던 까닭에 제3공화국 18년 동안 국민 대중의 치안만은 비교적 잘 유지된 편이다〉. 〈국민교육헌장의 선포, 각급 학교에서의 국민윤리 교육의 강화, 새마을운동 등은 모두 이러한 맥락에서 이해되어야 할 일련의 움직임이었다〉[249]고 평가한다.

2. 다원화 사회와 서양 철학의 지평 확대

1960~70년대 유신 이데올로기의 최대 수혜자는 한국 경제였다. 그것은 〈하면 된다〉는 순진한 경제 철학의 성과이기도 하다. 어쨌든 한국 경제는 그렇게 해서 경제의 지구 규모화에 참여할 수 있게 되었고 글로벌 섹션을 계몽하기 시작했다. 이(異)문화 집단에 대한 문화 학습의 기회도 경제 성장의 속도만큼 빠르게 증가했다. 다원화에 눈뜨기 시작한 것이다.

1) 다원화 사회와 심리적 지평의 확대

다원화란 칸막이section화이다. 칸막이를 통해 독립 공간이 다양해지고 많아진 현상을 가리킨다. 이전에는 필요 없던 여러 가지 경계선을 만들어 공간적 한계들을 설정하는 것이 곧 다원화 작업이다. 그러므로 다원화는 많은 울타리clôture가 생겨난 일종의 폐역화 현상일 수 있다. 예를 들어 산업 혁명 이후 서구의 각국들이 산업화를 진행하자 도시에로의 인구 집중과 더불어 통상이 증대되면서 각국은 조

---

[249] 김태길, 「현대 한국의 윤리 문제, 무엇이 문제인가」, 『현대 한국의 사회 윤리』, 아산사회복지사업재단, 1990, p. 22.

세 및 관세 범위의 필요성 등 여러 가지 이유에서 국가간의 공간적 경계 구분의 필요성을 느끼기 시작한다. 각국은 저마다 국경선 긋기에 나선다. 국가적 칸막이 의식이 생기기 시작한 것이다.

그런데 칸막이 의식은 자기 공간 확보와 지키기에만 머물지 않고 남의 울타리를 넘보게 마련이다. 이러한 속령화 욕구의 실현이 곧 식민 지배이고 그것에 대한 극단적 자기 방어가 쇄국일 것이다. 그러나 어쨌든 남의 떡이 크고 좋아 보이는 그러한 심리, 즉〈심리적 지평의 확대〉도 기본적으로는 칸막이 관념에서 비롯된 것이다. 흄Hume이 말하는 관념의 연합 가운데〈시간-공간적인 인접성contiguity〉의 작용일 수 있다. 다원화 사회인 후기 산업 사회를 출현시킨 심리적 동기도 거기에서 찾을 수 있다.

앨빈 토플러는 다원화 현상을 가리켜〈제2물결〉이라고 부른다. 산업화 이전의 사회에서는 농부가 다니는 길, 소가 다니는 길이 모두 오솔길로서 구불구불 이어져 있었지만 산업화되면서 시간적 정확성과 시간표가 시간에 더 많은 한계와 경계를 설정한 것처럼 공간상에도 여러 가지 경계선이 나타났고 그것들간의 효율적 교섭을 위해 시간의 직선화가 적용되기 시작했다. 이것이 바로 다원화 사회를 신작로 사회, 이른바 일직선 도로의 사회로 만든 계기였다. 산업화 사회는 그 다원적 칸막이의 연결망을 수로건 육로건, 또는 항로건 철로건 전 세계를 일직선으로 만들었다. 각국은 저마다 심리적 지평이 일직선으로 확대된 다원화 사회, 글로벌 섹션global section의 구조로 재편되고 있는 것이다.

2) 철학의 칸막이와 지평의 확대

토플러에 의하면,《제2물결》이 유럽을 뒤흔들자 갑자기 수천 명의 목소리가 똑같은 할렐루야 합창을 부르기 시작했다. 라이프니츠·튀르고·콩도르세·칸트·레싱·밀·헤겔·마르크스·다윈 등 수많은 사상가들이 모두 우주론적 낙관론의 논거를 찾아냈다. 이들은 무엇이 생활 향상을 가져왔나, 진보는 무한히 계속될 수 있을 것인지 등에 관해 여러 가지로 논쟁했다. 그러나 진보라는 개념 자체에 대해서는 그들 모두의 의견이 일치했다〉.[250]

이처럼 산업화의 거대한 새로운 물결, 즉 제2물결은 철학자나 과학자, 정치가나 사업가 등 모든 사람에게 새로운 메타meta 사회에 대한 기대, 그것도 무한한 진보에 대한 낙관적 기대를 갖게 했다. 특히 17세기 이래 서양 철학의 저변에는 예외 없이 이와 같은 제2물결이 흐르고 있음을 부인할 수 없다. 이성의 시대인 근대 이후의 서양 철학 사조는 오히려 철학의 제2물결이라고 불러야 적절할 수 있다.

산업화를 통해 비약적인 경제 발전을 이룩한 우리 사회도 예외일 수 없다. 1977년 사상 처음으로 수출 100억 달러를 달성하면서 무한 진보의 자신감을 얻은 우리 사회가 새로운 제품, 새로운 공장, 새로운 시장 등 항상 새로운 칸막이들에 대한 도전과 추구, 즉 지평의 확대를 멈추려 하지 않듯이 70년대 후반 이후 새로운 칸막이를 찾아 새로운 것을 향유하려는 서양 사상 연구자들의 지평 확대의 노력도 이전과는 사뭇 달랐다. 이때부터는 17~9세기와 같이 서학과 서교의 수용 통로이던 중국이라는 우회로나 20세기 전반의 일본이라는 제국의 통로도 더 이상 서양의 사상과 철학에로의 접근 경로일 필요가 없었다. 경제의 신작로만큼이나 사상과 철학의 교통로도 이제는 일직선의 신작로가 되었기 때문이다.

서양 사상의 분야별 연구자의 양적 증가는 물론이고 그들의 철학적 관심도 다원화·다양화해졌다. 한국철학회라는 하나의 지붕 아래에 수많은 칸막이 학회가 생겨났을 뿐만 아니라 각 지역 중심의 독립 학회들이 속출했다. 예를 들어 〈한국동서철학회〉(1983, 3)·〈새한철학회〉(1983, 8)·〈범한철학회〉(1986, 10)와 같은 학회들이 충남과 호남 지방을 중심으로 하여 새롭게 결성된 것이나 〈한국현상학회〉·〈한국분석철학회〉·〈한국칸트학회〉·〈한국헤겔학회〉·〈한국니체학회〉·〈한국키르케고르학회〉·〈한국화이트헤드학회〉·〈한국해석학회〉·〈한국환경철학회〉 등 철학

---

[250] 앨빈 토플러, 『제3물결』, 이규행, 한국경제신문사, 1995, p. 132.

의 각 분야별로 전문화된 독립 학회의 지속적인 탄생이 그러하다.

이것은 1980년대 이후 그만큼 한국 철학계의 칸막이 현상이 심화되었음을 의미하지만 이제는 한국의 철학계도 분야별 전문가 집단이 형성될 만큼 성장했음을 의미하는 것이기도 하다. 또한 그것은 한국의 철학계에 있어서 〈제2의 물결〉로 인한 서양 사상 연구의 지평 확대라고도 말할 수 있다. 그러면 80~90년대의 이처럼 확대된 지평 위에서 지속되고 있는 서양 사상 연구자들의 칸막이 작업들의 내부를 들여다보자.

① 통계로 본 독일 철학 연구[251]

1980년대 이후 한국의 각종 경제 지표들은 6~70년대의 그것과는 비교할 수 없을 만큼 급증한 수치들을 나타낸다. 이러한 현상은 한국의 모든 분야에서 나타나는 것이므로 철학 분야의 양적 증가 현상도 예외일 수 없다. 연구자와 그들이 발표한 논문의 증가 수만 보아도 기하급수적이라는 사실을 쉽게 알 수 있다. 1981~95년까지 15년간 전국 대학 철학과 박사 학위 논문 통계에 보면 독일 철학 분야는 7명(81~83년)→7명(84~86년)→27명(87~89년)→30명(90~92년)→49명(93~95년), 합계 120명이었다. 이 숫자는 1955부터 1970년대 말까지 〈한국철학회〉, 〈철학연구회〉, 〈한국철학연구회〉를 통해 발표된 독일 철학 분야 논문의 전체 숫자가 고작해야 71편이었던 것에 비하면 그 숫자가 얼마나 빠르게 승가했는지를 잘 보여 준다. 더구나 1981년~95년 사이에 발표된 독일 철학에 관한 일반 논문은 무려 976편으로서 그 이전의 숫자와는 비교할 수 없는 정도이었다. 이것은 논문뿐만이 아니라 논저의 증가 속도에서도 마찬가지의 현상이었다. 1915년부터 1995년까지 년도별 논저 통계를 보면 독일 철학 분야는 53건(15~45년)→63건(46~59년)→568건(60~79년)→1,875건(80~95년), 합계 2,559건으로서 무려 35배로

[251] 통계 내용은 서울대학교 철학사상연구소 편 『철학사상 7』, 「독일 철학의 수용과 한국 철학」(11~20쪽)의 통계표를 주로 활용한 것임.

증가된 숫자였다.

또한 이것은 같은 기간(1915년~95년)의 분야별 논저의 합계를 보면 영미 철학 1,019건, 서양 고대 철학 545건, 프랑스 철학 311건을 합친 총 4,434건 가운데 58%에 해당하는 숫자이므로 독일 철학의 논저가 여전히 전체의 과반수 이상을 차지하고 있다고 볼 수 있다. 일제 시기에 출판된 독일 철학의 논저는 전체 61건 가운데 53건으로서 당시의 서양 철학 연구는 곧 독일 철학이었다고 해도 과언이 아니지만 해방 이후에도 논저의 절대 수가 독일 철학에 관한 것임을 보면 한국의 서양 철학계는 여전히 독일 철학이 주도하고 있음을 알 수 있다.

서양 철학 분야별 논저 통계(1915~1995년)

분야 연도	1915~1945	1946~1959	1960~1979	1980~1995	계	%	증가배수
독일 철학	53	63	568	1,875	2,559	56	48
영미 철학	2	34	244	882	1,162	25	581
서양 고대 철학	4	9	130	402	545	12	136
프랑스 철학	2	8	76	257	343	7	171
계	61	114	1,018	3,416	4,609	100	74

▶ 독일 관념론

1955년부터 1995년까지 40년간 칸트·헤겔을 중심으로 한 독일 관념론에 관한 논문의 통계를 보면, 약 60편(55~80년)→242편(81~89년)→134편(91~95년), 합계 약 436편으로서 독일관 념론에 관한 연구는 1980년대 이후에 오히려 크게 증가하는 추세였다. 특히 80년대 이후에 발표된 칸트 연구의 논문이 234편으로서 131편이 발표된 헤겔 연구의 논문을 크게 앞지르고 있을 뿐만 아니라 아직까지도 독일 관념론에 관한 전체 논문의 절반 이상을, 그리고 독일 철학 전반의 논문 수

976편의 24%를 차지하고 있다.

▶ 실존 철학

한국의 서양 철학 수용사는 칸트·헤겔 철학뿐만 아니라 독일의 실존 철학, 특히 하이데거에 대한 연구와 더불어 시작되었다고 해도 과언이 아니다. 해방을 거쳐 한국 동란 이후에 하이데거에 관한 논문은 칸트·헤겔 다음으로 많이 발표되어 왔다. 그러나 80년대 이후부터 하이데거를 비롯한 실존 철학에 관한 논문의 증가 속도를 보면, 약40여 편(55~80년)→99편(81~89년)→45편(91~95년)으로서 별로 두드러진 편이 아니다. 여기에서 보듯이 실존주의에 대한 관심은 특히 90년대 이후 다소 줄어들고 있음을 알 수 있다. 하지만 이것은 우리나라만의 실정은 아닐 것이다. 우리나라의 실존주의에 관한 연구는 그래도 박종홍·이종우·이규호·김형석·안병욱·최동희·박준택을 거쳐 조가경·안상진·이상철·황문수·표재명·이기상 등 여러 연구자들의 노력에 의해 이 정도로 활성화되어 왔다고 볼 수 있다.

▶ 현상학

실존 철학에 대한 연구가 다소 줄어드는 현상을 보이는 반면에 현상학에 관한 관심은 그 공백을 메울 뿐만 아니라 그 이상임을 통계가 말해 주고 있다. 70년대 말까지 40년간 발표된 논문이 고작해야 20편 정도에 불과했던 것이 80년대의 10년 동안에는 63편, 그리고 90~95년까지 5년 사이에 41편이나 발표되었다. 이렇게 15년간 발표된 일반 논문이 114편이나 됨으로써 그 이전보다 훨씬 빠르게 증가했음을 알 수 있다. 이것은 1974년 한국현상학회가 결성되면서『현상학의 전개』(1988)를 비롯하여 지금까지 일련의 공저들을 계속 발행하여 온 성과가 가장 큰 원인이었다고 볼 수 있다.

▶ 해석학

슐라이어마허·딜타이·하이데거·가다머 등의 해석과 해석학에 관한 연구가 개별적으로 있기는 했지만 해석학에 관한 체계적인 연구와 관심이 고조되기 시작한 것은 그렇게 오래전의 일이 아니다. 1980년대 이전의 통계를 찾으려 해도 발견하기 어려운 이유도 거기에 있을 것 같다. 어쨌든 80년대 이전에 발표된 논문으로서 눈에 띄는 것은 이한구(李漢龜)의 「딜타이W. Dilthey의 삶의 해석」(서울대철학회, 『철학논구』 제1집, 1972)과 이상철(李相喆)의 「딜타이Dilthey에 있어서의 이해의 문제」(『최재희 박사 환력 기념 논문집』, 1975) 정도이다. 그러나 1981~89년 사이에는 36편, 90~95년 사이에는 27편의 일반 논문이 발표되었으며, 그보다 놀라운 사실은 그 15년 사이에 출판된 논저가 무려 116건에 이른다는 점이다.

▶ 사회 철학(비판 이론)

제2차 세계대전의 지워지지 않는 상처이자 흔적과도 같은 것이 실존 철학이었다면, 1960년대부터 고조되기 시작한 프랑크푸르트학파의 비판 이론은 그것에 대한 극복의 대안이었다. 그것은 전화를 불러온 20세기 문명에 대한 실존 철학의 역사 인식의 부족을 비판할 뿐만 아니라 빠르게 진행되는 전후의 기술 문명사회의 새로운 인간 소외 현상을 비판한다. 그것이 마르크스주의 철학을 비판적으로 재해석하는 이유도 거기에 있다. 이처럼 새로운 처방전과도 같이 등장한 새로운 사회 철학이 우리에게 수입되는 데도 오랜 시간이 걸리지 않았다. 한국 동란 이후 우리의 경제가 빠르게 성장하면서 우리의 사회는 비판 이론의 메시지에 별다른 이질감을 느끼지 않을 수 있는 사회적 조건들을 형성해 가고 있었기 때문이다. 더구나 이 것은 독일 철학이 실존 철학에 대한 전반적인 권태로움에 빠져들기 시작할 무렵에 등장한 것이어서 수용 속도가 그만큼 빠를 수밖에 없었다. 통계에서도 보면, 1981~95년 사이에 발표된 논문이 48편 정도였으며 같은 기간에 출판된 논저도 무려 101건이나 된다. 특히 하버마스에 관한 논저가 49건으로서 전체의 절반 가량이나 되었다. 이것은 비판 이론의 수용이 논문을 통해서보다는 하버마스를 중심으로 한 논저에 의해 이루어졌음을 알 수 있다.

▶ 마르크스주의 철학

6·25전쟁 이후 1970년대까지 연구 활동이 가장 침체된 분야는 당연히 마르크스주의 철학이다. 반공이 국시였기 때문이다. 마르크스의 원전은 물론이고 마르크

스주의에 관한 서적만 가지고 있어도 법률에 저촉되는 상황이었으므로 그것을 연구한다는 일은 불가능했다. 통계상으로도 80년대 이전의 것은 무의미하다. 왜냐하면 설사 연구물이 있었다고 하더라도 그것은 여러 가지 제약으로 인해 온전치 못했을 것이기 때문이다. 그러나 80년대에 들어서면서 상황은 달라졌다. 70년대에 수입된 프랑크푸르트학파의 비판 이론을 통해 간접적으로 맛보면서 논의해 오던 마르크스주의가 80년대에 이르러서는 높은 경제 수준으로 인한 개인의 자유의 신장, 올림픽을 준비하기 위한 이데올로기의 완화 정책, 군사 정권에 저항하는 젊은 지성들의 민중 해방 이데올로기 운동 등 여러 가지 요인으로 인해 마르크스-레닌에 대한 논의와 연구가 표면화되기 시작했다. 그러므로 일반 논문의 숫자에서도 25편(81~83)→22편(84~86)→36편(87~89)→72편(90~92)→28편(93~95), 합계 183편에 이른다. 그러나 같은 기간에 출판된 논저는 무려 370건으로서 일반 논문의 곱절에 해당하는 숫자였다. 마치 1970년을 전후하여 프랑스에 니체 르네상스가 실현되었듯이 이 땅에도 1990년을 전후하여 마르크스-레닌의 르네상스 시대가 도래하는 것이 아닌가 싶을 정도였다.

② 단행본을 통해 본 독일 철학의 연구[252]

1980~90년대는 우리나라 출판 문화의 전성시대라고 말할 수 있다. 대한출판문화협회의 〈해방 이후 50년간의 출판 통계〉를 보면 우리나라이 다른 경제 지표에 못지 않게 가파른 상승 곡선을 확인할 수 있다. 해방되던 해에는 불과 수백 종에 불과하던 발행 종 수가 1980년부터는 연간 2만 종을 넘어섰고 그 정점인 1990년에는 41,712종에다 2억4천2백만 권의 서적이 쏟아져 나왔다.[252] 책의 홍수였다고 해도 과언이 아니다. 철학 책의 출판도 예외가 아니었다. 이 기간에 출판된 철학 관련 도서가 통계상 매년 1천 권 전후의 숫자였으므로 앞에서도 보았듯이 여러 분

---

252 「광복 이후 50년간의 출판 통계」, 『출판저널』, 제174호, 1995 참조.

야마다 발표된 논문의 숫자보다 출판된 논저와 단행본의 숫자가 더 많은 것은 당연한 이치일 것이다.

　독일 철학 분야에서 최초로 출판된 단행본은 헤겔의 『엔치클로페디』의 논리학 부분만을 번역하여 출판한 최재희의 『논리학』(민중서관, 1955)이다. 그 후 오늘날까지 출간된 독일 철학 분야의 저서와 역서는 아마도 헤아리기 어려울 정도일 것이다. 특히 8~90년대의 경우에는 더욱 그렇다. 우선 한국칸트학회·한국현상학회·한국해석학회 등에서 공저로 출판한 일련의 단행본들을 들지 않을 수 없다. 예를 들면, 『칸트와 형이상학』(민음사, 1995), 『칸트와 윤리학』(민음사, 1996), 『칸트와 미학』(민음사, 1997)을 비롯하여 『현상학의 전개』(양서원, 1988), 『생활 세계의 현상학과 해석학』(서광사, 1992), 『현상학의 근원과 유역』(철학과 현실, 1996), 『자연의 현상학』(철학과 현실, 1998), 『역사와 현상학』(철학과 현실, 1999)에 이르기까지, 그리고 『현대 철학과 해석』(해석학연구회, 지평문화사, 1994), 『해석학은 무엇인가』(지평문화사, 1995), 『해석과 이해』(지평문화사, 1996), 『문화와 해석학』(철학과 현실, 2000) 등이 그것이다.

　또한 단독 저서들로는 그리스도교철학연구소 편 『하이데거의 철학 사상』(서광사, 1978), 최재희의 『칸트의 생애와 철학』(태양사, 1981), 한단석의 『칸트의 생애와 사상』(형설출판사, 1980), 하기락의 『칸트-비판 철학의 형성을 위하여』(형설출판사, 1996), 김진의 『칸트와 불교』(철학과 현실, 2000), 이길우의 『현상학적 정신 이론』(강원대출판부, 1986), 윤명로의 『현상학과 현대 철학』(문학과지성사, 1987), 이영호의 『후설』(고려대출판부, 1990), 한전숙의 『현상학』(민음사, 1996), 김홍우의 『현상학과 정치 철학』(문학과지성사, 1999), 이기상의 『하이데거의 실존과 언어』(문예출판사, 1991)와 『하이데거의 존재와 현상』(문예출판사, 1992), 그리고 『하이데거 철학에의 안내』(서광사, 1993), 안상진의 『하이데거 철학의 근본문제』(철학과 현실, 1996), 김형효의 『하이데거와 마음의 철학』(청계, 2000), 최동희의 『자아와 실존』(민음사, 1987)과 『이성과 반(反)이성』(지성의 샘, 1995), 황문수의 『실존과 역사』(문원, 1994) 등과 같은 칸트 철학·현상학·실존 철학의 저서들이 있다.

해석학에 관한 저서들로는 김영한의 『하이데거에서 리쾨르까지』(박영사, 1987)를 비롯하여 고위공의 『해석학과 문예학』(나남, 1989), 이구슬의 『해석학과 비판적 사회 과학』(서광사, 1996) 등이 있으며 사회 철학과 비판 이론의 저서로는 신일철의 『프랑크푸르트학파』(청람, 1980), 백승균의 『변증법적 비판 이론 — 프랑크푸르트학파를 중심으로』(경문사, 1982), 차인석의 『사회 인식론』(민음사, 1987)과 『사회의 철학』(민음사, 1992), 신일철의 『현대 사회 철학과 한국 사상』(문예출판사, 1996), 김유동의 『아도르노 사상』(문예출판사, 1993), 장춘익 (외)의 『하버마스의 사상』(나남, 1996), 정호근 (외)의 『하버마스』(나남, 1997) 등이 있다.

그 밖에 정동호의 『니체 철학의 현대적 조명』(청람, 1985), 강대석의 『니체와 현대 철학』(한길사, 1986), 박준택의 『니체 사상과 그 주변』(대왕사, 1990)과 『니체와 현대 철학의 이해』(철학과 현실, 1991), 김진석의 『니체에서 세르까지』(솔, 2000), 김정현의 『니체의 몸철학』(지성의 샘, 1995), 성진기(외)의 『니체 이해의 새로운 지평』(철학과 현실, 2000), 김혜숙의 『셸링의 예술 철학』(자유출판사, 1992), 표재명의 『키르케고르 연구』(지성의 샘, 1995)와 『헤겔에서 리오타르까지』(지성의 샘, 1994) 등이 있다.

그러나 8~90년대의 특징은 저서보다 역서가 더 많았던 기간이라는 데 있다. 세대 교체는 젊은 세대의 왕성한 번역 작업에서부터 시작되었다고 말할 수 있을 정도였다. 70년대까지의 번역서들은 출판사들의 기획과 주문에 따라 이뤄진 기성학자들의 중역이 많았지만 80년대 이후에는 출판 시장의 급성장으로 인해 개인에 의한 원전의 초역본이 많았다. 우선 하이데거의 『형이상학이란 무엇인가』(최동희 역, 서문문고, 1974), 칸트의 『판단력 비판』(이석윤 역, 박영사, 1974)과 하이네만의 『실존 철학』(황문수 역, 문예출판사, 1976), 피브체비치의 『후설에서 사르트르에로』(이영호 역, 지학사, 1977), 야스퍼스의 『철학적 신앙』(신옥희 역, 이대출판부, 1979), 오토 볼노의 『삶의 철학』(백승균 역, 경문사, 1979), 마틴 제이의 『변증법적 상상력』(황재우 역, 돌베개, 1979)을 비롯해서 80년대에는 하버마스의 『이성적 사회를 위하여』(장일조 역, 종로서적, 1980), 벨머의 『비판 사회 이론』(이종수 역, 종로서적, 1980), 헤겔의 『대논리학 I~III』(임석진 역, 지학사, 1982), 『역사 철학 강의』(김종호 역, 삼성출판사, 1982), 디이머의 『철학적 해석학』(백승균 역, 경문사, 1982), 하버마스의 『이론과 실천』(홍윤기 역, 종로서적, 1982), 호르크하이머의 『철학의 사회적 기능』(조창섭, 전예원, 1983), 하르트만의 『존재학 원론』과 『존재학 양상론』(하기락 역, 형설출판사, 1983, 84), 쾨르너의 『칸트의 비판 철학』(강영계 역, 서광사, 1983), 코레트의 『해석학』(신귀현 역, 종로서적, 1983), 블라이허의 『현대 해석학』(권순홍 역, 한마당, 1983), 『니체 전집』(청하, 1984), 슈페크의 『근대 독일 철학』(원승룡 역, 서광사, 1986), 이뽈리뜨의 『헤겔의 정신현상학 I, II』(이종철, 김상환 역, 문예출판사, 1986, 88), 블레이처의 『해석학적 상상력』(이한우 역, 문예출판사, 1987), 헤겔의 『법철학』(임석진 역, 지식산업사, 1989), 애브너 지스의 『마르크스주의의 미학 강좌』(연희원 역, 녹진, 1989) 등이 출판되었다.

1990년대에 출판된 번역서들로는 하르트만의 『정신 철학 원론』(하기락 역, 이문, 1990), 『헤겔』(한동원 편역, 고려대출판부, 1990), 로스의 『후설의 윤리 연구』(이길우 역, 세화, 1990), 하이데거의 『니체 철학 강의 I』(김정현 역, 이성과 현실, 1991), 카울바흐의 『칸트 비판 철학의 형성 과정과 체계』(박종현 역, 서광사, 1992), 볼노오의 『인식의 해석학』(백승균 역, 서광사, 1993), 페겔러의 『하이데거 사유의 길』(이기상 역, 문예출판사, 1993), J. P. 스턴의 『니체』(임규정 역, 지성의 샘, 1993), 코이트너의 『해석학과 과학』(이유선 역, 민음사, 1993), 원키의 『가다머의 철학적 해석』(이한우 역, 사상사, 1993), 매킨타이어의 『마르쿠제』(연희원 역, 지성의 샘, 94), 하이데거의 『현상학의 근본 문제들』(이기상 역, 문예출판사, 1994), 하버마스의 『현대성의 철학적 담론』(이진우 역, 문예출판사, 1994), 로크모어의 『하버마스 다시 읽기』(임헌규, 인간사랑, 1995), 아도르노의 『계몽의 변증법』(김유동, 문예출판사, 1995), 마틴 제이의 『아도르노』(최승일 역, 지성의 샘, 1995), 피히테의 『전체 지식론의 기초』(한자경 역, 서광사, 96), 하이데거의 『니체와 니힐리즘』(박찬국 역, 지성의 샘, 1996), 스타이너의 『하이데거』(임규정 역, 지성의 샘, 1996), 하르트만의 『존재론의 새로운 길』(손동현 역, 서광사, 1997), 후설의 『경험과 판단』(이종훈 역, 민음사, 1997), 후설의 『순수 현상학과 현상학적 철학의 이념들』(최경호 역, 문학과지성사, 1997), 하이데거의 『셸링』(최상욱 역, 동문선, 1997), 슈리프트의 『니체와 해석의 문제』(박규헌 역, 푸른숲, 1997), 프렌첼의 『니체』(강대석 역, 한길사, 1997), 페이튼의 『칸트의 도덕 철학』(김성호 역, 서광사, 1998), 한스 자너의 『야스퍼스』(신상희 역, 한길사, 1998), 샤이블레의 『아도르노』(김유동 역, 한길사, 1997), 아도르노의 『부정의 변증법』(홍승용, 한길사, 1999) 등이 있다. 특히 하이데거의 『존재와 시간』은 전양범(시공사, 1992), 소광희(경문사, 1995), 이기상(까치, 1998) 등 90년대에만 세 차례의 번역본이 나왔고 그 이전의 것을 합하면 5명에 의해 5종의 번역본이 출판된 셈이다.

③ 통계로 본 영미 철학의 연구[253]

이미 앞에서의 통계표에서 보았듯이 1960년대 이후 한국의 서양 철학 수용사에서 영미 철학만큼 빠르게 신장한 분야도 없다. 1995년까지 발표된 논저의 현황을 일제 시기와 비교해 보면 무려 581배나 증가했음을 알 수 있다. 이것은 철학 분야만이 아니라 한국의 문화 습합 acculturation이 일제 때와는 달리 미국 문화와 빠르게, 그리고 전 방위적으로 이루어졌기 때문이다. 철학 분야만 국한해서 보더라도 해방 이전에는 주로 일본을 통해 간접적으로 수용된 독일 철학이 주류를 이루었으므로 비교적 우회적인 중층화의 양상이었다. 그러나 60년대 이후의 영미 철학의 수용은 새로운 문화 신작로를 통해 직접적으로 이뤄지기 때문에 그만큼 빠르게 직

253 통계는 서울대 철학사상연구소의 『철학사상 6』 p. 83과 『철학사상 7』 p. 94의 〈표 1-1〉, 〈표 1-2〉를 참조.

선적인 중층화의 양상을 나타내 왔다고 볼 수 있다.

　1960년부터 1995년까지 일반 논문·석,박사 학위 논문·저서·역서를 포함한 통계에 따르면, 57편(60년대)→187편(70년대)→493편(80년대)→389편(90~95년), 합계 1,126편으로서 주로 80년대 이후 15년간 발표된 논저가 전체의 78%에 해당하는 것을 알 수 있다. 또한 영미 철학자에 대한 시기별·개인별 연구 통계에 따르면 6~70년대에는 주로 비트겐슈타인·듀이·화이트헤드·러셀에 대한 연구가 주류를 이루었음을 알 수 있다. 그러나 70년대를 넘어가면 듀이와 제임스의 실용주의에 대한 연구는 현저히 줄어들고 그 대신 칼 포퍼·토마스 쿤·콰인·오스틴에 대한 관심이 그 자리를 차지하기 시작한다. 80년대에 들어서면서 특기할 만한 사실은 흄에 대한 연구를 중심으로 하여 로크·버클리로 확대되면서 영국 경험론에 관한 연구가 활기를 띠기 시작한 점이다. 60년대 이래 가장 많은 관심의 대상이었던 비트겐슈타인에 관한 연구가 여전히 줄어들지 않는 점도 불가사의한 일이다. 그래도 영미 철학자 가운데 80년대에 우리에게 가장 주목받은 인물이 포퍼였다면, 90년대의 인물은 로티였다. 90년대 이전까지만 해도 로티에 관해 발표된 논문이 눈에 띄지 않더니 90~95년 사이에 10편이나 발표되었기 때문이다. 우리에게 로티가 갑자기 주목받는 가장 큰 이유는 아마도 사상의 〈제3물결〉이라고 할 수 있는 포스트모더니즘 논쟁의 한가운데에 로티가 있기 때문일 것이다. 참고로 8~90년대의 영미 철학자들에 대한 관심도를 독일 철학자들에 대한 그것과 비교해 보면 아래의 표와 같다.

80~90년대 독일/영미 철학자의 순위별 연구 통계

분야/순위	1위	2위	3위	4위	5위	계
독일 철학	칸트(234)	헤겔(131)	마르크스(98)	하이데거(73)	후설(67)	603편
영미 철학	비트겐슈타인(76)	포퍼(30)	듀이(26)	화이트헤드(25)	흄(21)	178편

( )는 논문 편 수.

▶ 과학 철학

한국에서의 영미 철학 분야에서 8~90년대의 주류는 포퍼에 대한 연구를 중심으로 한 과학 철학이라고 해도 과언이 아니다. 발표된 논문의 숫자에서도 33편(80~84년)→50편(85~89년)→68편(90~95년)으로서 계속 증가하고 있다. 영미 철학의 전체 논문 882편 가운데 과학 철학의 논문 151편은 전체의 17%를 차지한다. 이러한 현상은 특히 90년대에 들어 와서 더욱 두드러진다고 볼 수 있다.

▶ 언어 철학·언어 분석 철학

과학 철학에 대한 관심에 비하면 언어·언어 분석 철학에 대한 관심은 90년대 이후 다소 줄어드는 현상이지만 영미 철학 전체에서 차지하는 비중은 여전히 높은 편이다. 더구나 분석 철학 일반에 관한 논문을 포함하면 이 분야의 논문은 41편(80~84년)→66편(85~89년)→55편(90~95년) 합계 162편으로서 영미 철학 분야에서 여전히 가장 많은 논문이 발표되었음을 알 수 있다. 무엇보다도 비트겐슈타인에 관한 논문이 계속 증가하기 때문일 것이다.

▶ 논리 철학

8~90년대에 발표된 논리 철학에 관한 논문 114편 가운데 양상 논리에 관한 것이 26편, 논리적 원자론에 관한 것이 25편으로서 이것들이 전체의 절반에 가까운 숫자였다. 특히 양상 논리에 관한 논문이 90년대 이후 급증한 것이 주목할 만하다. 90년대 이전에는 거의 찾아보기 힘든 프레게와 루이스에 관한 논문이 다수 발표된 점이 더욱 그러하다.

④ 단행본을 통해 본 영미 철학의 연구

영미 철학에 관한 논문이 가장 먼저 발표된 것은 1929년 7월 『불교』 제61호에 실린 박동일의 「칸트로부터 흄까지 인과 문제의 발전」이라는 논문일 것이다. 이 논문은 흄의 인과 문제가 칸트에게 미친 영향에 대한 것이다. 단행본으로서는 1948년 조선문화연구사에서 출판한 한치진의 『미국 실용주의』일 것이다. 이 책은 제임스와 듀이의 프래그마티즘을 소개한 본격적인 영미 철학 분야의 저서였다. 그러나 영미 철학 분야의 연구가 활성화되고, 그에 따라 저서와 역서의 출판이 활발하게 이뤄지기 시작한 것은 80년대 이후의 일이었다. 통계를 보더라도 1980~95년 사이에 출판된 저서는 52권이었고 역서도 67권이나 되었다.

우선 1980년에 출판된 저·역서들을 보면, 김준섭의 『철학과 논리의 연구』(서울대출판부, 1975), 소홍렬의 『논리와 사고』(이대출판부, 1979), 토마스 쿤의 『과학혁명의 구조』(조형 역, 이대출판부, 1980); 브라이언 매기의 『칼 포퍼』(이명현 역, 문학과지성사, 1982), 에어의 『러셀』(신일철 역, 이대출판부, 1982), 제프리의 『형식 논리학』(이좌용 역, 서광사, 1983), 소홍렬의 『과학과 사고』(경문사, 1983), 쉐퍼의 『심리 철학』(조승옥 역, 종로서적, 1983), 바커의 『수리 철학』(이종권 역, 종로서적, 1983), 『비트겐슈타인의 이해』(분석철학연구회, 서광사, 1984), 차머스의 『현대의 과학 철학』(신일철·신중섭 역, 서광사, 1985), 하레의 『과학 철학』(민찬홍 역, 서광사, 1985), 비트겐슈타인의 『논리 철학 논고』(박영식 역, 정음사, 1985), 바커의 『논리학의 기초』(최세만 역, 서광사, 1986), 크립키의 『이름과 필연』(정대현, 김영주 역, 서광사, 1986), 라이헨바하의 『시간과 공간의 철학』(이정우 역, 서광사, 1986), 엄슨의 『분석철학』(이한구 역, 종로서적, 1986), 코라도의 『분석 철학』(곽강제 역, 서광사, 1986), 피처의 『비트겐슈타인의 철학』(박영식 역, 서광사, 1987), 퍼트남의 『이성·진리·역사』(김효명 역, 민음사, 1987), 에이어의 『흄의 철학』(서정선 역, 서광사, 1987), 라카토스, 무스그레이브의 『현대 과학 철학 논쟁』(조승옥, 김동식 역, 민음사, 1987), 이정민의 『언어 이론과 현대 과학 사상』(서울대출판부, 1986), 브라운의 『새로운 과학 철학』(신중섭 역, 서광사, 1987), 정대현의 『지칭』(문학과지성사, 1987), 장석진의 『오스틴: 화행론』(서울대출판부, 1987), 안형관의 『화이트헤드 철학의 이해』(이문출판사, 1988), 코피의 『논리학』(민찬홍 역, 이론과 실천, 1988), 프리고진의 『있음에서 됨으로』(이철수 역, 민음사, 1988), 화이트헤드의 『상징 작용』(정연홍 역, 서광사, 1989) 등이 있다.

다음으로 1990년대에는 김광수의 『논리와 비판적 사고』(철학과 현실사, 1990), 신일철의 『포퍼』(고려대출판부, 1990), 스킹스의 『귀납 논리학』(김선호 역, 서광사, 1990), 화이트헤드의 『과학과 근대 세계』(오영환·김용준 역, 삼성출판사, 1990), 코플스톤의 『영국 경험론』(이재영 역, 서광사, 1991), 화이트헤드의 『과정과 실재』(오영환 역, 민음사, 1991), 다이슨의 『무한한 다양성을 위하여』(신중섭 역, 범양사, 1991), 레셔의 『귀납: 과학 방법론에 대한 정당화』(우정규 역, 서광사, 92), 신중섭의 『포퍼와 현대의 과학 철학』(서광사, 92), 소홍렬의 『자연주의적 유신론』(서광사, 1992), 강성도의 『화이트헤드의 과정 철학 입문』(조명문화사, 1992), 오스틴의 『말과 행위』(김영진 역, 서광사, 1992), 콰인의 『논리적 관점에서』(허라금 역, 서광사, 1993), 카르납의 『과학 철학 입문』(윤용택 역, 서광사, 1993), 새먼의 『라이헨바하』(우정규 역, 지성의 샘, 1993), 박이문의 『과학 철학이란 무엇인가』(민음사, 1993), 라우든의 『과학과 가치』(이유선 역, 민음사, 1994), 새먼의 『과학적 추론의 기초』(양승렬 역, 서광사, 1994), 흄의 『오성에 관하여』(이준호 역, 서광사, 1994), 엘스의 『합리적 결단과 인과성』(우정규 역, 서광사, 1994), 코플스톤의 『합리론』(김성호 역, 서광사, 1994), 포퍼의 『과학적 발견의 논리』(박우석 역, 고려원, 1994), 정대현의 『필연성의 문맥적 이해』(이대출판부, 1994), 『철학적 자연주의』(한국분석철학회, 철학과 현실사, 1995), 라이헨바하의 『코페르니쿠스에서 아인슈타인까지』(우정규 역, 지성의 샘, 1995), 흄의 『정념에 관하여』(이준호 역, 서광사, 1996), 화이트헤드의 『관념의 모험』(오영환 역, 한길사, 1996), 로티의 『실용주의의 결과』(김동식 역, 민음사, 1996)와 『우연성·아이러니·연대성』(김동식·이유선 역, 민음사, 1996), 최희봉의 『흄의 철학』(자작아카데미, 1996), 흄의 『인간 오성의 탐구』(김혜숙 역, 고려원, 1996), 김동식의 『로티와 철학과 과학』(철학과 현실, 1997), 토머스의 『존 스튜어트 밀』(허남결 역, 서광사, 1997), 김동식의 『로티와 사회 문화』(철학과 현실, 1997), 김영정의 『언어·논리·존재』(철학과 현실, 1997), 조인래(편)의 『쿤의 주제들: 비판과 대응』(이대출판부, 1997), 프리고진의 『확실성의 종말』(이덕환 역, 사이언스북스, 1997), 바렐라·톰슨·로슈의 『인지 과학의 철학적 이해』(석봉래 역, 옥토, 1997), 신중섭의 『포퍼와 열린 사회와 그 적들』(자유기업센터, 1998), 탁석산의 『흄의 인과론』(서광사, 1998), 우도 틸의 『로크』(이남석 역, 한길사, 1998), 박영식의 『비트겐슈타인 연구』(현암사, 1998), 골드먼의 『철학과 인지 과학』(석봉래 역, 서광사, 1998), 『합리성의 철학적 이해』(한국분석철학회, 철학과현실, 1998), 조인래 (외)의 『현대 과학 철학의 문제들』(아르케, 1999), 이재영의 『영국 경험론 연구』(서광사, 1999), 임레 라카토슈의 『과학적 연구 프로그램의 방법론』(신중섭 역, 아카넷, 2002) 등의 저·역서들이 출판되었다.

⑤ 통계로 본 윤리학의 연구[254]

황경식은 「서양 윤리학의 수용과 그 영향」(『철학사상 6』, 144쪽)에서 해방 이후 오늘에 이르기까지 한국 윤리학사를 크게 세 시기로 구분한다. 첫째, 윤리학이 철학의 한 분과로서 정립된 시기·둘째, 메타 윤리학적 토대를 다진 시기·셋째, 사회 윤리학적 탐색을 시도한 시기가 그것이다. 그러나 다른 분야에 비해서 그 시기의 시작은 그렇게 오래지 않다. 그의 주장대로 우리의 철학계에서 윤리학은 다른 분야로부터 분과화되지 않은 채 60년대까지 연구되어 왔기 때문이다. 특히 한국의 서양 철학계에 끼친 칸트 철학의 압도적인 영향 속에서 전통적인 윤리학의 주류를 이뤄 온 칸트 윤리학을 비롯한 독일의 윤리학이 영미의 메타 윤리학이 수용되기 이전까지는 윤리학만을 별도로 분과화하려는 의식이나 의도를 거의 가지고 있지 않았기 때문이다. 그러므로 우리의 분과화된 윤리학회의 탄생은 그만큼 늦어질 수밖에 없었고, 그것도 영미 윤리학을 중심으로 하여 출발할 수밖에 없었다.

그럼에도 불구하고 윤리학의 논문들이 급증하던 80년대 이후에도 독일 윤리학

---

[254] 통계는 한국철학연구회의 『철학 연구』, 제19집, 137쪽과 서울대 철학사상연구소의 『철학사상 7』, 17쪽 〈표Ⅱ〉를 참조.

에 관한 논문들은 영미 윤리학에 관한 것들보다 여전히 많은 숫자가 발표되었다. 황경식의 「한국 윤리학계의 연구 현황 II」(『철학사상 7』, 77쪽)에 따르면 80년대 이후 600여 편이나 되는 윤리학 관련 논문 가운데 칸트와 직접 관계된 논문이 무려 90여 편이나 되며 이 밖에도 간접적으로 관련된 논문까지 합하면 100여 편을 능가한다. 이는 다음가는 롤즈 관련 논문 60여 편과는 비교가 안될 정도이다. 그는 〈칸트가 이같이 한국 윤리학도들의 영원한 출발이 되는 까닭은 지극히 흥미롭고 궁금한 물음이 아닐 수 없다〉고 끝날 줄 모르는 한국 철학계의 칸트 증후군에 대해 의문을 제기한다. 조희영의 「한국의 현대 사상에 미친 서양 철학의 영향」(『철학연구』제19집, 한국철학연구회, p. 137)에 나타난 〈철학자별 순위(1931~1968)〉를 보면 칸트에 관한 논저는 61건인 데 반해 현대 윤리학에 가장 큰 영향을 끼쳤다는 무어Moore나 에이어Ayer에 관한 논저는 각 3건씩밖에 없다. 공리주의에 관한 것도 37년간 9건이 전부였다.

칸트나 실러, 또는 하르트만의 윤리학과 같은 독일 윤리학에 관한 별도의 통계가 없기 때문에 영미 윤리학과의 직접적인 대비는 어렵지만, 1915년~95년 사이에 발표된 칸트(591건)·하르트만(47건)·실러(16건)에 비해 롤즈(39건)·밀(10건)·무어(9건)의 논문 수를 봐도 그 정도의 차이를 가늠할 수 있다. 논저의 증가 수에서도 독일 윤리학과 영미 윤리학을 비교할 수 없을 정도이다. 일반 논문을 포함한 것이지만 칸트의 경우는 8건(1915~45년)→14건(1946~59년)→158건(1960~79년)→411건(1980~95년)인데 비해 영미의 메타 윤리학은 0건(1915~45년)→2건(1946~59년)→17건(1960~79년)→20건(1980~95년), 그리고 롤즈와 노직을 포함한 사회 윤리학의 경우는 0건(1915~45년)→0건(1946~59년)→2건(1960~79년)→60건(1980~95년)에 지나지 않기 때문이다.

⑥ 단행본을 통해 본 윤리학의 연구

우리나라에서 윤리학의 논문이 처음 등장한 것은 막스 셸러의 윤리적 평가에 관한 김두헌의「윤리적 평가의 이념」(『철학』 창간호, 1933)일 것이다. 또한 처음 출판된 단행본으로서는 최재희의『윤리학 원론』(日新社, 1953)을 꼽을 수 있다. 이처럼 70년대까지 출판된 윤리학의 단행본들은 칸트·하르트만·아리스토텔레스·스피노자·베르그송·홉스·밀·루소 등에 관한 윤리학적 저서나 역서가 거의 전부였다. 메타 윤리학에 관한 소개는 김태길의『윤리학』(박영사, 1964)이 등장한 뒤부터의 일이라고 해도 과언이 아니다. 더구나 1977년 롤스J. Rawls의 *A Theory of Justice*(1975)의 번역본인『사회 정의론』이 1977년 국내에서도 황경식에 의해 출판되면서 정의의 철학을 비롯한 사회 윤리학에 대한 논의가 고조되기 시작했다. 이것은 독일 윤리학의 주변부에 불과했던 영미 윤리학을 윤리학적 관심의 중심부로 이동시키는 중요한 계기를 만들어 주기도 했다.

1980년대에 출판된 저서와 역서들을 보면, 김영철의『도덕 철학의 제 문제』(고려대출판부, 1982)와『윤리학』(학연사, 1982), 칼 포퍼의『열린 사회와 그 적들』(이명현 역, 민음사, 1982) 하르트만의『윤리학』(하기락 역, 형설출판사, 1983), 포션의『의료 윤리』(김일순 역, 연세대출판부, 1982), 테일러의『윤리학의 기본 원리』(김영진 역, 서광사, 1985), 메리 워녹의『현대의 윤리학』(김상배 역, 서광사, 1985), 엄정식의『지혜의 윤리학』(지학사, 1986), 맥글린·토너의『현대 윤리 사상』(안명옥·임기석 역, 서광사, 1986), 샤하키안의『윤리학의 이론과 역사』(송휘칠·황경식 역, 박영사, 1986), 라파엘의『현대 도덕 철학』(김영철·김우영 역, 서광사, 1987), 롤즈의『공정으로서의 정의』(황경식 역, 서광사, 1988), 샤논·디지아코모의『생의 윤리학이란?』(황경식·김상득 역, 서광사, 1988), 브로디의『응용 윤리학』(황경식 역, 종로서적, 1988), 페이튼의『칸트의 도덕 철학』(김성호 역, 서광사, 1988), 키케로의『키케로의 의무론』(허승일 역, 서광사, 1989), 김영철 (외)의『현대 사회와 윤리』(서광사, 1989) 등이 있다.

1990년대에는 스피노자의『에티카』(강영계 역, 서광사, 1990)를 비롯해서 고범서의『가치관 연구』(나남, 1992)와『사회 윤리학』(나남, 1993), 밀의『자유론』(김형철 역, 서광사, 1992), 윌슨의 『도덕적으로 생각하기』(박장호 역, 하나미디어, 1993), 이마미치의 『에코에티카』(정명환 역, 솔, 1993), 피이퍼의 『정의에 관하여』(강성위 역, 서광사, 1994), 요나스의 『책임의 원칙: 기술 시대의 생태학적 윤리』(이진우 역, 서광사, 1994), 호스퍼스의 『도덕 행위론』(최용철 역, 지성의 샘, 1994), 카울바하의 『윤리학과 메타 윤리학』(하영석·이남원 역, 서광사, 1995), 서병훈의 『자유의 본질과 유토피아』(사회비평사, 1995), 박병기 (외)의 『윤리학과 도덕 교육』(인간사랑, 1996), 엄슨의 『아리스토텔레스의 윤리학』(장영란 역, 서광사, 1996), 『칸트와 윤리학』(한국칸트학회, 민음사, 1996), 양명수의 『녹색 윤리』(서광사, 1997), 허영식의 『사회 윤리·이데올로기·의사 소통』(평민사, 1997), 황경식의 『이론과 실천』(철학과 현실사, 1998), 실러의 『윤리학에 있어서 형식주의와 실질적 가치 윤리학』(이을상·금교영 역, 서광사, 1998), 흄의 『도덕에 관하여』(이준호 역, 서광사, 1998), 데자르뎅의 『환경 윤리의 이론과 전망』(김명식 역, 자작아카데미, 1999) 등의 저서와 역서들이 출판되었다.

⑦ 통계로 본 서양 고대 철학의 연구[255]

이 통계 자료에 따르면 1915년부터 1995년 사이에 발표된 논저의 총계인 7,246건 가운데 서양 고대 철학에 관한 것은 545건으로서 전체의 8%이므로 그렇게 많은 것은 아니었다. 이것은 1960년 이전까지의 논저가 불과 13건에 불과한 데에 가장 큰 원인이 있을 것이다. 그러나 이것은 60년대 이후부터 서양 고대 철학에 관한 연구가 본격화되었음을 의미하는 것이기도 하다. 더구나 발표된 전체의 논저 545건 가운데 1980~95년 사이의 것이 무려 402건, 74%에 해당하므로 서양 고대 철학의 연구는 주로 80년대 이후에 활발하게 이루어졌다고 해도 과언이 아니다. 예를 들어, 4건(15~45년)→9건(46~59년)→130건(60~79년)→402건(80~95년)

[255] 통계는 서울대학교 철학 사상 연구소의 『철학사상 7』 17쪽 〈표 II〉를 참조.

과 같은 논저의 증가 수를 보면 더욱 그러하다. 특히 80~95년 사이의 15년간 발표된 플라톤에 관한 논저는 178건으로서 전체의 44%를 차지할 정도로 많았다.

⑧ 단행본을 통해 본 서양 고대 철학의 연구

우리나라에서 가장 먼저 출판된 서양 고대 철학의 단행본은 이미 앞에서 언급했듯이 1912년 이전에 이인재가 쓴 『고대희랍철학고변』이다. 최초의 논문으로는 1933년 『철학』 창간호에 실린 신남철의 「헤라클레이토스의 단편어」이다. 그러나 통계에서도 보았듯이 서양 고대 철학에 관한 연구가 활성화되기 시작한 것은 60년대 이후부터이다. 그 이전의 연구 성과가 부진했던 이유는 무엇보다도 연구 인력이 다른 분야에 비해 상대적으로 적었기 때문일 것이다. 70년대까지만 해도 서양 고대 철학은 손명현·박홍규·조요한·조우현 등 불과 서너 명의 연구자에 의해 명맥이 이어져 왔다고 해도 과언이 아닐 정도였다. 그러므로 80년대에 이르러서야 서양 고대 철학에 관한 연구자들이 많아졌고, 그에 따른 연구 성과도 급증하였지만 다른 분야에는 여전히 비할 바가 되지 못했던 것이 사실이다. 1980년 이후 20년간 출판된 서양 고대 철학의 단행본들을 살펴보면 다음과 같다.

우선 1980년대에 출판된 저서와 역서로는 거드리의 『희랍 철학 입문』(박종현 역, 종로서적, 1981), 『플라톤의 대화』(최명관 역, 종로서적, 1981), 『플라톤의 국가론』(이을봉 역, 큰손, 1982), 박종현의 『희랍 사상의 이해』(종로서적, 1983), 『니코마코스 윤리학』(최명관 역, 서광사, 1984), 박전규의 『아리스토텔레스의 실천적 지혜』(서광사, 1985), 필드의 『플라톤의 철학』(양문흠 역, 서광사, 1986), 강대석의 『그리스 철학의 이해』(한길사, 1987), 플라톤의 『메논·파이돈·국가』(박종현 역, 서울대출판부, 1987), 조요한의 『아리스토텔레스의 철학』(경문사, 1988), 디킨스의 『그리스 인의 이상과 현실』(박만준·이준호 역, 서광사, 1989), 야마모토 미쓰오의 『최초의 철학자들』(지영환 역, 대원사, 1989), 조나단 반즈의 『아리스토텔레스의 철학』(문계석 역, 서광사, 1989), 나정원의 『플라톤의 정치 사상』(법문사, 1989) 등이 있다.

다음으로 1990년대에는 젤러의 『희랍 철학사』(이창대 역, 이론과 실천, 1991)을 비롯해서 아크릴의 『철학자 아리스토텔레스』(한석환 역, 서광사, 1992), 조지 톰슨의 『고대 사회와 최초의 철학자들』(조대호 역, 고려원, 1992), 조우현(편)의 『희랍 철학의 문제들』(현암사, 1993), 오인탁의 『고대 그리스의 교육 사상』(종로서적, 1994), 로이드의 『그리스 과학 사상사』(이광래 역, 지성의 샘, 1996), 플라톤의 『국가』(박종현 역, 서광사, 1997), 크레셴초의 『이야기 그리스 철학사』(현준만 역, 문학동네, 1997), 조정옥(편)의 『에피쿠로스의 쾌락의 철학』(동천사, 1997), 임태평의 『플라톤 철학과 교육』(교육과학사, 1997), 크레셴초의 『그리스 철학사』(이홍래 역, 리브로, 1998), 뒤몽의 『그리스 철학』(이광래 역, 한길사, 1999), 프리도 릭켄의 『고대 그리스 철학』(김성진 역, 서광사, 2000), 송영진의 『플라톤의 변증법』(철학과 현실사, 2000) 등의 저서와 역서들이 출판되었다.

⑨ 통계로 본 프랑스 철학의 연구[256]

한국 철학계에서 〈프랑스 철학〉이라는 단어는 아직도 낯설다. 1980년대 이전까지만 해도 프랑스 철학의 연구 인력이 거의 없었던 것이 가장 큰 원인일 것이다. 그러나 그것 역시 일제의 식민지 지배가 낳은 기형적 문화 현상 가운데 대표적인 예일 것이다. 정치적 억압 속에서는 언제·어디서라도 자율적인 문화 융합 *cultural metamorphosis*이 제대로 이뤄질 수 없을 것이기 때문이다. 정치적 식민은 문화의 식민 없이 뿌리내릴 수 없으므로 정치 식민은 곧 문화 식민·문화 종속과 동의어에 지나지 않는다. 우리의 서양 철학의 수용 시기가 일제의 식민지 지배 기간이었고 수용 경로도 제국주의 일본이었으므로 독일 철학 위주로 수용된 일제의 서양 철학이 그대로 우리에게 전달되는 것은 불가피한 일이었을 것이다.

---

[256] 통계는 서울대 철학사상연구소의 『철학사상 7』, 17쪽 〈표 II〉를 참조.

그러나 해방 이후에도 사정은 달라지지 않았다. 우리는 문화의 텃밭갈이를 자율적으로 해볼 겨를도 없이 이번에는 미국 문화에 의해 또다시 문화 변형을 겪어야 하는 타율 구조 속에 놓여 버렸기 때문이다. 일제의 식민 청산을 미처 시작도 해보지 못한 채 또 다시 미국 문화의 감염 구조 속에 강제로 편입되어야 했고 그것과 상리공생 관계를 맺으며 또 다른 문화적 속령화를 경험해야 했다. 그것은 무엇보다도 교육 제도와 내용에서 두드러진 현상이었다. 특히 외국어의 교육은 그것의 리트머스 시험지와도 같은 것이었고, 제도적으로 프랑스 어의 교육은 그 시험지에 거의 반응을 나타낼 수 없었다.

그러나 우리를 문화적 타율 구조에서 벗어날 수 있게 한 것은 60년대 이후 급성장한 우리의 경제 발전이었고, 그러한 구조의 긴 터널의 끝이 보이기 시작한 것은 80년대 이후의 일이었다. 한국에서의 프랑스 철학이 작은 공간이지만 더부살이가 아닌 독자적인 공간을 마련하기 시작한 것도 80년대를 전후한 그 시점이었다. 1915~95년까지 발표된 〈논저의 철학별·사조별 통계〉(『철학사상 7』 17쪽, 〈표 II〉)를 보면 2건(1915~45년)→8건(1946~59년)→76건(1960~79년)→257건 (1980~95년), 합계 343건으로서 60~70년대에 발표된 것이 전체의 22%이고 80년 이후 15년간의 것이 전체의 75%였으므로 프랑스 철학의 경우는 80년대 이후에야 비로소 기지개를 펴기 시작했다고 볼 수 있다. 발표된 논저의 내용을 보면 더욱 그러하다. 80년대 이전의 것들은 대개가 파스칼(19건)·데카르트(18건)·사르트르(17건)·샤르뎅(9건) 등에 관한 것이었다는 점에서도 알 수 있듯이 대륙 이성론·실존 철학·기독교 사상의 분야나 관점에서 다뤄지던 더부살이 시대의 유산이었기 때문이다.

1980년 이후 프랑스 철학의 논저들은 그 이전의 경우와는 사뭇 다른 경향을 나타낸다. 베르그송의 생철학이나 사르트르·마르셀의 실존 철학이 주도하던 경향이 현저하게 후퇴하는 대신 푸코를 비롯한 포스트 구조주의 진영의 철학자들에 관한 논저들이 그 자리를 차지하기 시작했다. 한국전쟁이 끝난 뒤 한 세대가 지나면서

전 분야에 걸쳐 진행된 세대 교체로 인해 우리의 철학 지도도 바뀌기 시작한 것이다. 1980~95년까지의 통계를 보면 메를로 퐁티(16건), 사르트르(31건), 베르그송(46건)에 비해 구조주의·푸코·포스트 구조주의(74건)에 관한 논저는 전체 154건 가운데 48%를 차지하고 있다.

⑩ 논저를 통해 본 프랑스 철학의 연구

우리나라에서 프랑스 철학을 가장 먼저 소개한 글은 각천(覺泉)이라는 필명으로 『청춘』 제13호(新文館 刊, 1918. 4. 16)에 실린 「근대 철학의 선도자 데카르트」였다. 그 다음으로는 1941년 3월 『춘추』 3월호에 실린 고형곤의 논문 「베르그송의 생애와 사상」이다. 이것은 1941년 1월 5일에 사망한 베르그송을 소개하는 글이었다.

한국전쟁이라는 비극은 해방의 환희와는 또 다른 극단의 체험을 요구하면서 한국인에게 제2차 세계대전을 치른 유럽 인들보다 못하지 않은 실존적 반성의 기회를 가져다 주었다. 유럽 인들과 마찬가지로 전후 우리의 철학적 관심이 실존으로 쏠린 이유도 거기에 있다. 실존 철학의 유행을 타고 가장 먼저 등장한 논문은 1957년 7월 한국철학회의 『철학』 제2집에 실린 박상현의 「실존의 자유」였다. 이 논문은 사르트르의 실존적 자유에 관한 것으로서 실존의 자유를 역사 형성의 자유로서 파악하려는 내용이었다. 1958년에는 김태관(金泰寬)의 「가브리엘 마르셀」도 『사상계』 10월 호에 발표되었다. 프랑스 철학에 관한 최초의 석사 학위 논문도 역시 실존 철학에 관한 것이었다. 마르셀의 유신론적 실존 철학을 소개하는 김수철(金秀澈)의 「가브리엘 마르셀Gabriel Marcel의 존재론적 신비에 관한 연구」(1962, 서울대 대학원)가 바로 그것이다.

1960년대에는 김수철 이외에도 이문호(李文浩), 김형효(金炯孝)의 논문이 발표되었다. 파스칼 연구자인 이문호는 1968년 한국철학연구회의 『철학 연구』를 통해 「아우구스티누스Augustinus의 고백록 Confessions와 파스칼Pascal의 팡세 Pensée에 관한 소고」(제7집, 1968)와 「파스칼Pascal의 철학과 방법론」(제11집,

1970)을 발표하였다. 김형효도 한국철학회의 『철학』 제3집(1969)에 「인간의 유한성과 오류 가능성에 대한 해석」을 발표하였다. 이 논문은 폴 리쾨르의 상징주의 철학에 관한 것이었다. 또한 그는 이듬해에도 『철학』 제4집(1970)에 「루이 라벨의 철학에 있어서 존재의 긍정이 지니는 의미」를 발표한 바 있다. 이 논문은 라벨의 본질주의적 실존주의, 즉 〈실존에 가치를 부여하는 것이 바로 본질〉이라는 라벨의 형이상학에 관한 것이다. 과학 철학 연구자인 송상용의 논문 「*L'homme machine*의 분석」(서울대 교양과정부 논문집 제3집, 1971)도 한국의 프랑스 철학 수용사에서 매우 의미 있는 수확 가운데 하나이다. 더구나 지금까지 영미의 과학 철학만을 중심으로 하여 진행되어 온 과학 철학 수용사에서도 라 메트리La Mettrie의 『인간기계론』을 주제로 다룬 이 논문은 마찬가지의 의미를 지닐 것이다.

국내에서 프랑스 철학에 관한 주제로 최초의 박사 학위를 받은 사람은 최명관(崔明官)이다. 그의 학위 논문인 「데카르트Descartes의 중심 사상과 현대적 정신의 형성」(서울대 대학원, 1972)은 제1편에서 *cogito ergo sum*을 둘러싼 데카르트의 중심 사상을, 그리고 제2편에서는 데카르트의 철학이 현대적 사고방식과 세계관에 미친 영향을 검토하고 있다. 그는 데카르트의 철학을 일반적인 근대 철학의 범위나 그 연장선상에서 분석하기 보다 코이레Alexandre Koyré · 구이에Henri Gouhier · 르로이Maxime Leroy의 주장과 비교 분석함으로써 프랑스 철학적인 특징을 잘 담아내고 있다. 데카르트의 코기토*cogito*에 관한 논문은 그 이듬해에 김병우(金炳宇)에 의해서도 발표되었다. 『철학 연구』 제16집(형설출판사, 1972)에 실린 「데카르트Descartes에 있어서 형이상학적 사유의 근거」라는 논문이 그것이다.

우리나라에 프랑스 철학이 수용되는 초기 과정(60~70년대)에는 철학 전공자가 없었기 때문에 철학 분야라고 하더라도 자연히 프랑스 문학 전공자들에 의해 도입되는 경우가 많았다. 예를 들어, 양원달(梁元達) · 김붕구(金鵬九) · 정명환(鄭明煥) 등에 의한 실존 철학의 소개가 그러하다. 양원달은 1968년 사르트르의 『존재와 무』(을유문화사)를 번역 · 출판하였다. 기호학 분야의 책이지만 김현의 번역에 의해 파쥬의 『구조주의란 무엇인가』(문예출판사, 1972)가 그토록 일찍이 출판된 것도 마찬가지의 경우이다. 그 밖에도 레비-스트로스의 『구조 인류학』(김진욱 역, 종로서적, 1975)과 『슬픈 열대』(박옥출 역, 삼성출판사, 1977), 앙리 레비의 『인간의 얼굴을 한 야만』(박정자 역, 홍성신서, 1978)과 미셸 푸코의 『성은 억압되었는가』(박정자 역, 인간, 1979) 등이 모두 프랑스 어문학자들에 의한 번역서들이다.

1972년에는 처음으로 베르그송의 『창조적 진화』(서정철 역, 을유문화사)가 번역·출판되었다. 이것은 당시에 베르그송에 대한 관심이 고조되고 있음을 나타내는 증표이기도 하다. 이어서 1974년에는 베르그송에 관한 두 편의 석사 논문이 발표되었다. 하나는 베르그송의 물질과 기억을 주제로 한 송영진(宋榮鎭)의 「베르그송H. Bergson에 있어서 정신과 물질의 문제」(서울대 대학원)였고, 다른 하나는 주의의 반대 개념으로서 무관심을 본래적 생(生)에 대한 또 다른 몰두로 다루려는 김진성(金振聲)의 「베르그송Bergson에 있어서 무관심의 개념에 관한 고찰」(서울대 대학원)이었다. 1976년에는 강영계(康英啓)에 의해 베르그송의 「도덕과 종교의 두 원천」(삼중당)이 번역되어 나왔고 1978년에는 베르그송의 시간 문제를 후설의 시간 의식과 비교한 이광래(李光來)의 「의식 시간으로서의 시간 의식」(『철학 연구』 제5집, 고려대 철학연구소)이 발표되었다. 이렇듯 70년대는 한국에서의 프랑스 철학이 주로 베르그송에 대한 관심과 논의로 집중되면서 프랑스 철학만의 독자적인 공간을 찾으려는 칸막이 의식이 일부 소수자에 의해 형성되기 시작하던 시기였다. 프랑스 철학은 더부살이를 청산하고 이른바 홀로서기를 준비하던 시기였다고 해도 과언이 아니다.

1970년대가 전후 세대들에 의한 프랑스 철학 연구의 준비기였다면 1980년대는 한국에서의 프랑스 철학에 대한 연구가 도약을 시작하는 시기였다. 우선 베르그송의 『사유와 운동』(이광래 역, 종로서적, 1981)과 조셉 치아리의 『20세기 프랑스 사상사: 베르그송에서 레비-스트로스까지』(이광래 역, 종로서적, 1981)를 비롯하여 강영계의 『베르그송의 삶과 철학』(제일출판사, 1982), 샬류모의 『현대 프랑스 철학』(방곤 역, 문예출판사, 1982), 혹스의 『구조주의와 기호학』(오원교 역, 신아사, 1982), 베르그송의 『웃음』(김진성 역, 종로서적, 1983), 데카르트의 『방법서설·성찰』(최명관 역, 서광사, 1983), 사르트르의 『실존주의는 휴머니즘이다』(왕사영 역, 청솔, 1983), 소두영의 『구조주의』(민음사, 1984), 메를로퐁티의 『의미와 무의미』(권혁민 역, 서광사, 1985), 김진성의 유고집인 『베르그송 연구』(문학과지성사, 1985), 단토의 『사르트르의 철학』(신오현 역, 민음사, 1985) 등의 저서와 역서가 출판되었다.

▶미셸 푸코(1926~84)의 등장과 제3의 물결

1980년대에 들어와 한국에서도 프랑스 철학에로 세인의 관심을 끌어 모았을 뿐만 아니라 그로 인해 프랑스 철학의 지평을 확대시키는 역할을 한 철학자는 미셸 푸코였다. 1984년 6월 25일 그가 죽자 그의 동료인 폴 베인느는 「르 몽드」의 추도사에서 푸코의 업적을 가리켜 〈금세기 사상에 있어서 가장 중요한 사건〉이라고 평한 바 있다. 철학에서 이른바 〈제3의 물결〉이 도래한 것이다. 그것은 우리에게도 마찬가지였다. 푸코는 프랑스 철학의 불모지에서 도화선과도 같은 역할을 했을 뿐만 아니라 그렇게 해서 확대된 지평의 한 복판을 차지한 인물이었기 때문이다.

1983년 봄에 발표된 필자의 논문 〈미셸 푸코의 구조주의 연구〉(『철학』 제19집, 한국철학회)를 필두로 하여 푸코에 관한 논저들이 국내에서도 등장함으로써 푸코의 물결이 이 땅에도 밀려오기 시작했다. 1987년 푸코의 주저인 『말과 사물』(이광래 역, 민음사)이 번역·출판된 이후 이광래의 『미셸 푸코: 광기의 역사에서 성의 역사까지』(민음사, 1989), 드레퓌스·라비노우의 『미셸 푸코: 구조주의와 해석학을 넘어서』(서우석 역, 나남, 1989)가 출판되자 계간지인 『세계의 문학』(민음사)은 1989년 여름호를 〈미셸 푸코 특집〉으로 꾸미기도 했다. 푸코에 대한 관심은 90년대로 넘어오면 다른 나라에서도 마찬가지이지만 프랑스 철학이라는 울타리를 넘어 한 시대의 유행어로 바뀌는 모습이었다. 그것은 인문·사회 과학 분야에서 폭넓게 나타나는 푸코 증후군 같은 것이었다. 프랑스 파리에서는 그가 죽은 지 4년 뒤인 1988년 1월 9일 그의 스승 가운데 한사람이었던 캉귀렘G. Canguilhem이「철학자 푸코」라는 제목의 대규모 심포지움을 열어 그에 대한 재평가를 시작했다.

일본의 도쿄대학에서도 1991년 11월 2~4일「미셸 푸코의 세기」라는 제목의 국제 심포지움을 열어 그에 대한 재평가뿐만 아니라 일본에서의 폭넓은 푸코 수용과 영향을 평가했다. 여기에서 스탠퍼드 대학의 굼브레히트 교수는 〈푸코에 대한 매혹과 흥분은 그가 죽은 지 7년이 지난 지금도 사라질 기미가 보이지 않는다. 오히려 그의 작업 방법과 연구 조사의 주요성과는 오늘날 여러 방면에 흡수되어 전반적으로 승인되고 있다〉고 주장한 바 있다. 특히 그들은 푸코의 철학적 주제인 지(진리)·권력(정치)·도덕(윤리)을 칸트의『순수이성 비판』·『실천이성 비판』·『판단력 비판』에 비유하면서 일본에서의 푸코 열풍을 〈푸코 태풍〉이라고까지 표현했다. 1992년 4월 13일자 타임TIME지는 이러한 전 세계적인 푸코 신드롬을 가리켜 〈문화적 체르노빌 사건〉이라고도 평가했다.

한국에서의 푸코에 대한 관심은 태풍이나 핵반응에 비유할 정도는 아니었지만 짧은 기간에 일어난 반응으로서는 이전에 경험해 보지 못한 지적 신드롬이었다. 1990년대에 접어들면서 더욱 그러했다. 푸코의『성의 역사』I권(이규현 역)·II권(문경자·신은영 역)·III권(이혜숙·이영목 역, 나남, 1990)을 시작으로 하여 한상진·오생근의『미셸 푸코론』(한울, 1990), 존 라이크만외『미셸 푸코: 철학의 사유』(심세광 역, 인간사랑, 1990), 마크 포스터의『푸코, 마르크스주의, 역사』(이정우 역, 인간사랑, 1990) 등의 저서와 역서가 출판되었다. 이어서『광기의 역사』(김부용 역, 인간사랑, 1991)를 비롯하여『지식의 고고학』(이정우 역, 민음사, 1992),『담론의 질서』(이정우 역, 샛길, 1993),『감시와 처벌』(박홍규 역, 강원대출판부, 1993),『임상 의학의 탄생』(홍성민 역, 인간사랑, 1993) 등이 출판됨으로써 국내에도 푸코의 주요 저서들은 거의 다 번역되어 나온 셈이다.

그 밖에도 윤평중의『푸코와 하버마스를 넘어서』(교보문고, 1990)를 비롯해서

콜린 고든의 『권력과 지식: 푸코와의 대담』(홍성민 역, 나남, 1991), 베리 스마트의 『마르크스주의와 푸코와의 대화』(이유동·윤비 역, 민글, 1993), 정일준 편역의 『미셸 푸코의 권력 이론』(새물결, 1994), 미셸 푸코의 『이것은 파이프가 아니다』(김현 역, 민음사, 1995), 제임스 밀러의 『미셸 푸코의 수난 1, 2』(김부용 역, 인간사랑, 1995), 에리봉의 『미셸 푸코 상, 하』(박정자 역, 시각과 언어, 1995), 들뢰즈의 『푸코』(권영숙·조형근 역, 샛길, 1995), 미셸 푸코의 『자기의 테크놀로지』(이희원 역, 동문선, 1997)와 『사회를 보호해야 한다』(박정자 역, 동문선, 1997), 라마자노글루의 『푸코와 페미니즘』(최영 외 역, 동문선, 1997), 콜롱벨의 『미셸 푸코: 죽음의 빛』(김현수 역, 인간사랑, 1998), 메르키오르의 『푸코』(이종인 역, 시공사, 1998) 등 푸코와 관련된 저서와 역서들이 쏟아져 나왔다. 1997년에는 계간지 『세계 사상』(동문선) 창간호가 〈미셸 푸코와 그 효과〉를 기획 특집으로 마련했다.

▶데리다와 해체주의 시대

푸코와 더불어 20세기 후반의 프랑스 철학을 주도하는 인물이 바로 자크 데리다 J. Derrida이다. 그의 철학적 출발점은 모든 시스템의 해체이다. 이때 해체의 대상이 되는 시스템이란 플라톤으로부터 리쾨르에 이르는 서구 형이상학의 현전(現前, *présence*)중심주의·로고스 중심주의·음성 중심주의를 의미한다. 더구나 그는 자신의 철학의 키워드인 해체 또는 탈구축 *déconstruction*의 개념을 통해 이처럼 〈중심에로의 욕망 중독증〉에 걸려 있는 서구 사상에 대한 철학적 구토와 해체를 주장함으로써 일찍이 푸코에 못지않은 철학적 파문을 일으켜 왔을 뿐만 아니라 미국의 포스트모더니즘 운동을 촉발시키는 기폭제 역할을 했다.

그의 이러한 영향은 80년대 이후 우리에게도 마찬가지이었다. 80년대 말에 출판된 레웰린의 『데리다의 해체주의』(서우석·김세중 역, 문학과지성사, 1988)와 이광래의 『해체주의란 무엇인가』(교보문고, 1989)를 시작으로 90년대에는 마단 사럽 등의 『데리다와 푸코, 그리고 포스트모더니즘』(임헌규 역, 인간사랑, 1991), 박성창 편역의 『자크 데리다, 입장들』(솔, 1992), 김형효의 『데리다의 해체 철학』

(민음사, 1993), 라이언의 『해체론과 변증법』(나병철·이경훈 역, 평민사, 1994), 김상환의 『해체론 시대의 철학』(문학과지성사, 1996), 데리다의 『마르크스의 유령들』(양운덕 역, 한뜻, 1996), 데리다의 『그라마톨로지』(김성도 역, 민음사, 1996), 앨런 메길의 『극단의 예언자들: 니체·하이데거·푸코·데리다』(정일준, 조형준 역, 새물결, 1996), 키멜라의 『데리다』(박상선 역, 서광사, 1996), 실버만의 『데리다와 해체주의』(윤호병 역, 현대미학사, 1998), 로이 보인의 『데리다와 푸코』(홍원표 역, 인간사랑, 1998), 뉴턴 가버, 이승종 공저의 『데리다와 비트겐슈타인』(이승종·조성우 역, 민음사, 1998), 노리스의 『데리다』(이종인 역, 시공사, 1999), 김보현의 『데리다의 정신 분석학 해체』(부산대출판부, 2000) 등의 저서와 역서들이 출판되었다.

▶들뢰즈와 가타리의 노마드적 nomade 사고

푸코는 언젠가는 들뢰즈G. Deleuze의 세기가 올 것이라고 예언한 바 있다. 1995년 들뢰즈의 갑작스런 자살은 푸코의 그 말을 실감나게 할 정도였다. 국내에서도 이미 들뢰즈의 철학에 대해서는 『세계의 문학』(민음사) 1989년 가을호(제53호)의 〈후기 구조주의 특집〉에서 이광래의 「들뢰즈의 노마드적 사고」를 통해 소개되었지만 그에 대한 관심이 고조된 것은 90년대에 들어와서의 일이다. 예를 들어, 들뢰즈의 『대담(1972~90)』(김종호 역, 솔, 1993)을 비롯하여 『니체: 철학의 주사위』(신범순 역, 인간사랑, 1993), 들뢰즈·가타리의 『앙띠 오이디푸스』(최명관 역, 민음사, 1994)가 번역·출판되더니 그의 죽음 이래 『감각의 논리』(하태환 역, 민음사, 1995), 『칸트의 비판 철학』(서동욱 역, 민음사, 1995), 로널드 보그의 『들뢰즈와 가타리』(이정우 역, 샛길, 1995), 가타리·네그리의 『자유의 새로운 공간』(이원영 역, 갈무리, 1995), 마이클 하트의 『들뢰즈의 철학 사상』(이성민·서창현 역, 갈무리, 1996), 들뢰즈의 『니체와 철학』(이경신 역, 민음사, 1998), 가타리의 『분자혁명』(윤수종 역, 푸른숲, 1998), 박성수의 『들뢰즈와 영화』(문화과학사, 1998) 등의 저서와 역서가 출판되었다. 『세계의 문학』 1996년 봄호는 〈들뢰즈를 어떻게 읽을 것인가〉를 기획 특집으로 다루기도 했다.

▶**구조주의와 포스트 구조주의의 물결**

1960년대 이후 프랑스의 철학계는 구조주의와 포스트 구조주의라는 새로운 격랑 속으로 빨려 들어갔다. 레비스트로스와 롤랑 바르트를 비롯하여 알튀세르·리오타르·라캉도 그 격랑의 바깥에 있지 못했으며 보드리야르·크리스테바·부르디외도 그 파도를 타고 제 갈 길을 간 사람들이다. 실버만H. Silverman은 대서양을 단숨에 건너온 그 물결을 가리켜 〈새로운 물결new wave〉이라고 부른다. 그 파도는 태평양을 넘어 일본과 우리에게도 밀려들었다. 80년대 이후 우리에게 프랑스 철학이라는 단어는 구조주의라는 용어와 더불어 익숙해지기 시작했다고 말해도 무방할 정도였다.

1980년대에는 글룩스만의 『구조주의와 현대 마르크시즘』(정수복 역, 한울, 1983), 쿠르츠바일의 『구조주의의 시대』(이광래 역, 종로서적, 1984), 김형효의 『구조주의의 사유 체계와 사상』(인간사랑, 1989) 정도의 예후(豫後)를 거치더니 90년대에는 우리도 그 본류와 접하게 된다. 피아제의 『구조주의의 이론』(김태수 역, 인간사랑, 1990), 프랑스와 발르의 『구조주의란 무엇인가』(민희식 역, 고려원, 1985), 이정우 편역의 『구조주의를 넘어서』(인간사, 1990), 벵상 데꽁브의 『동일자와 타자: 현대 프랑스 철학』(박성창 역, 인간사랑, 1990), 크리스티앙 데캉의 『오늘의 프랑스 철학 사상』(김화영 역, 책세상, 1991), 리차드 커니의 『현대 유럽 철학의 흐름』(임헌규외, 한울, 1992), 잘라드 (외)의 『오늘을 위한 프랑스 사상가들』(이상률·양운덕 역, 청아, 1993), 김욱동 (외)의 『포스트모더니즘과 포스트 구조주의』(현암사, 1992), 배리 스마트의 『현대의 조건, 탈현대의 쟁점』(설광석 〔외〕 역, 현대미학사, 1995), 페리, 알렝르노의 『68사상과 현대 프랑스 철학』(구교찬 외, 인간사랑, 1995), 조나단 컬러의 『롤랑 바르트』(최미숙 역, 지성의 샘, 1995), 캘리니코스의 『현대 프랑스 철학의 성격 논쟁』(이원영 역, 갈무리, 1995), 아사다 아키라의 『구조주의와 포스트 구조주의』(이정우 역, 새길, 1995), 크리스 위든의

『포스트 구조주의와 페미니즘 비평』(이화영미문학회, 한신문화사, 1994), 할랜드의 『초구조주의란 무엇인가』(윤호병 역, 현대미학사, 1996), 만프레드 프랑크의 『신구조주의란 무엇인가』(김윤상 역, 인간사랑, 1998) 등이 있으며, 알튀세르의 저서들로는 『마르크스를 위하여』(고길환·이화숙 역, 백의, 1990)와 『자본론을 읽는다』(김진엽 역, 두레, 1991), 『레닌과 철학』(이진수 역, 백의, 1991), 『아미앙에서의 주장』(김동수 역, 솔, 1991), 그리고 그의 자서전 『미래는 지속되고 있다』(권은미 역, 돌베개, 1993) 등이 있다. 알튀세르에 관한 책들도 캘리니코스의 『바로 읽는 알튀세르』(이진수 역, 백의, 1992)와 『루이 알튀세르, 1918~90』(윤소영 역, 민맥, 1993)이 출판되었다.

라캉에 관한 책들로는 르메르의 『자크 라캉』(이미선 역, 문예출판사, 1994)을 비롯하여 권택영 편의 『자크 라캉의 욕망 이론』(문예출판사, 1994), 마단 사럽의 『알기 쉬운 자끄 라깡』(김해수 역, 백의, 1994), 터클의 『라캉과 정신 분석 혁명』(여인석 역, 민음사, 1995), 슈나이더맨의 『쟈크 라캉, 지적 영웅의 죽음』(허경 역, 인간사랑, 1997), 비트머의 『욕망의 전복』(홍준기·이승미 역, 한울, 1998), 홍준기의 『라캉과 현대 철학』(문학과지성사, 1999), 나지오 (외)의 『위대한 7인의 정신 분석가』(이유섭 역, 백의, 1999), 맬컴 보위의 『라캉』(이종인 역, 시공사, 1999), 루디네스코의 『자크 라캉 1,2』(양녕자 역, 새물결, 2000) 등이 번역되어 나왔다.

보드리야르의 저서로는 『소비의 사회』(이상률 역, 문예출판사, 1991)를 비롯하여 『기호의 정치경제학 비판』(이규헌 역, 문학과지성사, 1992), 『시뮬라시옹』(하태환 역, 민음사, 1992), 『생산의 거울』(배영달 역, 백의, 1994), 『아메리카』(주은우 역, 문예마당, 1994), 『유혹에 대하여』(배영달 역, 백의, 1996), 『보드리야르의 문화 읽기』(배영달 역, 백의, 1998) 등이 출판되었다. 부르디외의 저서 『혼돈을 일으키는 과학』(문경자 역, 솔, 1994)과 『구별짓기』(최종철 역, 새물결, 1995)가 출판되었으며 현택수(외)의 『문화와 권력: 부르디외 사회학의 이해』(나남, 1998)도 나왔다. 크리스테바의 저서 『사랑의 역사』(김영 역, 민음사, 1995)와 『언어, 그 미지의 것』(김인환·이수미 역, 민음사, 1997), 『반항의 의미와 무의미』(유복렬 역, 푸른숲, 1998)와 켈리 올리버의 『크리스테바 읽기』(박재열 역, 시와 반시, 1997)도 번역·출판되었다.

현대 프랑스의 과학 철학의 계보를 형성해 온 베르나르·바슐라르·캉귀렘·푸코·세르 등에 관한 저서들로는 우선, 1957년 클로드 베르나르의 『실험 의학의 원리』(이영택 역, 문교부)가 번역·출판된 이래 바슐라르의 『물과 꿈』(이가림 역, 문예출판사, 1980)을 비롯하여 『새로운 과학 정신』(김용선 역, 인간사랑, 1990)과 『부정의 철학』(김용선 역, 인간사랑, 1991), 『공기와 꿈』(정영란 역, 이학사, 2000) 등이, 다음으로 캉귀렘의 『정상과 병리』(이광래 역, 한길사, 1996)와 개리 거팅의 『미셸 푸코의 과학적 이성의 고고학』(홍은영·박상우 역, 백의, 1995)이, 그리고 이것들을 종합한 도미니크 르쿠르의 『프랑스 인식론의 계보』(박기순 역, 샛길, 1996)가 출판되었고 미셸 세르의 『해명』(박동찬 역, 솔, 1994)과 『헤르메스』(이규현 역, 민음사, 1999)도 번역·출판되었다.

프랑스 철학의 역사에 관한 책으로는 로비네의 『프랑스 철학사』(류종렬 역, 서광사, 1987)를 비롯하여 이광래의 『프랑스 철학사』(문예출판사, 1991), 쟝 라크루아의 『현대 프랑스 사상의 파노라마』(정성진, 탐구당, 1989), 휴즈의 『현대 프랑스 지성사』(김병익 역, 문학과지성사, 1981), 에릭 매튜스의 『20세기 프랑스 철학』(김종갑 역, 동문선, 1996), 베르텐스의 『포스트모던 사상사』(장성희·조현순 역, 현대미학사, 2000) 등이 출판되었다.

그 밖에도 앙리 렌느의 『시몬느 베이유의 철학 교실』(임해림 역, 중원문화, 1990)를 비롯하여 김형효의 『베르그송의 철학』(민음사, 1991)과 『구체 철학과 여정의 형이상학』(인간사랑, 1990), 베르그송의 『물질과 기억』(홍경실 역, 교보문고, 1991), 안소니 케니의 『데카르트의 철학』(김성호 역, 서광사, 91), 베르나르-앙리 레비의 『자유의 모험』(한지희·김희숙 역, 동아출판사, 1992) 르네 지라르의 『폭력과 성스러움』(김진식·박무호 역, 서광사, 1993), 코엔-솔랄의 『사르트르 상,중,하』

(우종길 역, 창, 1993), 커리의 『데카르트와 회의주의』(문성학 역, 고려원, 1993), 전경갑의 『현대와 탈현대의 사회 사상』(한길사, 1993), 리쾨르의 『해석 이론』(김윤성 역, 서광사, 1994), 콜라코프스키의 『베르그송』(고승규 역, 지성의 샘, 1994), 레비나스의 『시간과 타자』(강영안 역, 문예출판사, 1996), 레비-스트로스의 『야생의 사고』(안정남 역, 한길사, 1996), 김형효의 『메를로 퐁티와 애매성의 철학』(철학과현실사, 1996), 테이야르 드 샤르뎅의 『인간 현상』(양명수 역, 한길사, 1997), 발터 비멜의 『사르트르』(구연상 역, 한길사, 1999) 한국사르트르연구회의 『사르트르와 20세기』(문학과지성사, 1999) 등의 저서와 역서가 출판되었다.

⑪ 한국에서의 러시아 철학 연구

〈관념은 무기이다〉라는 막스 러너Max Lerner의 말이 가장 잘 어울리는 역사가 20세기 한국의 역사일 것이다. 관념을 사회적 힘으로 전환시키면 그것은 더없이 무서운 무기인 이데올로기가 되기 때문이다. 이 땅에서는 해방 이후 19세기 서구 지식인들의 묵시론적인 천년 왕국의 비전을 사회적 힘으로 전환시키려던 이데올로기가 미처 막을 올리지도 못한 채 정치 지도자들에 의한 새로운 이데올로기의 실험이 치열하게 시작되었다. 우리는 서구와 같이 낡은 이데올로기의 종언을 구가해 볼 겨를도 없이 새로운 이데올로기에 휩말려 버렸기 때문이다.

그러나 새로운 정치 이데올로기는 관념을 행동으로 유도하는 전혀 다른 두 가시 방법, 즉 〈나〉 중심과 〈우리〉 중심의 방법으로써 우리 민족을 반분하여 각자 상반된 길로 등을 돌리게 강제하였다. 한국 동란 이후 반공 이데올로기의 제물이 된 러시아 철학에의 접근 금지령은 그것에 대한 무지의 강요와 다르지 않았다. 그래도 이런 지경에서 금지된 장난도 모험하듯 출판된 논저들은 프랑스 대혁명을 고대하던 백과전서들처럼 계몽주의적 사명감의 산물들이었을까?

굳이 따지자면 한국 동란 이후 러시아 철학자에 관한 글이 처음 선을 보인 것은 1958년 『사상계』 12월호(65호)에 실린 김천배의 「베르쟈예프」였다. 그는 이 글에서 제정 러시아와 혁명 러시아에 저항하여 네 번이나 투옥되었던 베르쟈예프의 철학을 소개하는 이유를 〈베르쟈예프의 사상이야말로 오늘날의 지식층이 가진 가장 긴박한 제 문제를 다루는데 있어서 중대한 발언권을 가지는 것이다. 특히 그가 통과한 마르크스주의로부터 실존주의에 이르기까지의 허다한 장면, 그가 최후에 도달한 정신적 신앙의 계기의 내실은 우리에게 귀중한 교훈을 주는 것이다〉라고 밝히고 있다.

그 다음으로 등장한 논문은 『김두헌 박사 화갑 기념 논문집』(1964, 9)에 실린 김규영(金奎榮)의 「베르쟈예프의 시간론」과 김은우(金恩雨)의 「현대 인간의 운명과 자유」이었다. 이 논문집에 함께 실린 김은우의 논문이 공교롭게 베르쟈예프의 철학을 다룬 것도 우연한 일만은 아니었을 것이다. 왜냐하면 그 뒤에도 국내의 지식인들은 베르쟈예프의 철학적 삶, 그리고 그의 〈철학을 위한 변명〉에 대한 김천배의 관심과 크게 다르지 않은 심경 속에 처해 있었기 때문이다. 김규영이 1975년 베르쟈예프의 「주체와 공동체의 철학」을 번역하여 『세계 기독교 사상 전집』 제5권에 게재한 것이나 급기야 베르쟈예프의 『러시아 사상사』(이철 역, 범조사, 1980)가 번역·출판되기에 이른 것도 그러한 분위기의 연장으로서 이해할 수 있을 것이다.

그러나 80년대 이후 러시아와 소비에트 연방에 대한 관심은 베르쟈예프와 같은 내성적 자기 성찰의 철학자들에게 더 이상 머물러 있으려 하지 않았다. 젊은이들로의 세대교체로 인해 관심의 대상도 자연히 교체되게 마련이었다. 이인호(李仁浩)의 『러시아 지성사』(지식산업사, 1980)와 어얼리치의 『러시아 형식주의』(박거용 역, 문학과지성사, 1983)와 같이 역사나 문예 사조와 관련된 것을 제외하면 모두가 레닌과 레닌주의 이데올로기에 관한 것들이었다.

예를 들어 E. H. 카의 『러시아 혁명』(신계륜 역, 나남, 1983)을 비롯하여 리브만의 『레닌주의 연구』(안택원 역, 미래사, 1985), 페처의 『마르크스에서 소비에트 이데올로기에로』(황태연 역, 중원문화, 1985), 데이비드 레인의 『레닌이즘』(현대평론 역, 청사, 1985), 에른스트 피셔의 『레닌주의의 이론 구조』(노승우 역, 전예원,

1986), 크루프스카야의『레닌의 추억』(백태웅 역, 녹두, 1986), 와다 하루키(和田春樹)의『러시아 혁명과 레닌의 사상』(이동한 역, 지양사, 1986), 레닌의『유물론과 경험 비판론』(정광희 역, 아침, 1988), 소비에트 아카데미 철학연구소 (편)의『러시아 철학사 I,II,III』(최준혁 역, 녹두, 1989), 헤르만 베버의『레닌』(정초일, 한길사, 1999) 등의 출판이 그러하다.

  이러한 이데올로기를 반영하는 러시아 철학이 아닌 책들로는 90년대에 와서 나온 제임스 이디의『러시아 철학 I,II,III』(정해창 역, 고려원, 1992)으로 이 책은 러시아의 문학·종교·철학을 망라한 러시아 철학의 통사라고 할 수 있다. 경제학자인 안드레이 아니킨이 쓴『러시아 사상가들』(김익희 역, 나남, 1994)도 표트르 대제 이후 18~9세기 러시아의 정치·경제를 비롯하여 문학·종교·사상을 서구의 그것들과 대비한 일종의 인물 중심의 러시아 사상사라고 할 수 있다.

  그러나 표트르 대제의 개혁이 모든 영역에서 18세기를 러시아의 세기로 만들만큼 러시아의 계몽주의를 일으킨 것은 사실이지만 그것은 15세기 중반까지 소급되는 독창적인 러시아 지성사의 흐름과 연결되어야 한다. 비잔틴의 영향으로부터 독창적인 러시아 문화의 구축 운동에서 16세기의 교파 분리 운동이었던 Raskol(분파, schism)과 세속화의 시작을 알리는 모스크바 신학아카데미를 중심으로 한 스코보로다G. S. Skovoroda의 철학이 러시아 사상의 전주곡들이었기 때문이다. 그 이후에도 우리에게 러시아 사상에로의 올바른 안내를 가로막았던 레닌에 대한 편애는 크게 개선되지 않았고 실존주의의 유행과 더불어 잠시 우회적으로 소개된 베르쟈예프에 대한 평가도 개선되기 이전에 소멸된 지 오래다. 러시아 사상사의 주인공들인 라디쉐프Radishchev·스페란스키Speranski·오도예프스키Odoyevski·호먀코프Khomyakov·키레예프스키Kireyevski·헤르첸Herzen·골루빈스키Golubinski·카벨린Kavelin·로자노프Rozanov 등은 거명조차 되지 않은 채 서구 사상의 또 하나의 주류가 이 땅에서는 방치되어 온 것이다.

  이렇게 보면 한국에서의 러시아 사상은 직접적으로는 분단의 제물이었고 간접적으로는 미·소 냉전 체제의 희생물이었다. 분단과 더불어 남쪽에서는 러시아나 소비에트란 단어만 존재할 뿐 그 이상의 것은 부재할 수밖에 없었기 때문이다. 그러면 분단의 대가로 무지를 지불해 온 이 땅의 지성은 이제라도 보상을 요구할 수 있을까? 유스티니아누스 황제의 철학 학교 폐쇄령보다 더 철저했던 냉전의 독단으로 인해 반세기 동안 동면을 강요받아 온 러시아 사상은 이제 잠에서 깨어날 수 있을까?

⑫ 한국에서의 이탈리아 철학 연구

한국의 역사에서 오늘날만큼 국가의 융성한 발전을 구가했던 적이 있었을까 하는 생각을 하지 않는 사람은 드물 것이다. 그럼에도 불구하고 〈인문학의 위기〉를 느끼지 않는 인문학자도 찾아보기 쉽지 않다. 독일 철학이나 영미 철학의 연구자는 많지만 서구 정신의 토대인 인문주의의 연구자, 특히 르네상스의 인문주의를 연구하거나 관심 가진 이가 드물기 때문인지도 모른다. 인문주의의 부활은 529년 동로마제국의 유스티니아누스 황제의 칙령으로 아테네의 철학 학교가 폐쇄된 지 천 년 만에 전인 중심의 새로운 문화를 탄생시킨 천재적인 인문주의자들의 노력 덕분이었다. 단테·페트라르카·보카치오·아리오스토와 같은 문인들과 마키아벨리·피코 델라 미란돌라와 같은 철학자들이 그 시대의 진로를 결정하고 그 시대의 사상과 문화를 주도해 나갔기 때문인지도 모른다. 이런 점에서 오늘날 이러한 르네상스 정신을 토대로 한 이탈리아의 정신적 유산에 대한 관심이 싹트기 시작하는 것은 비록 인문 정신의 부활을 위해서는 아닐지라도 다행한 일이 아닐 수 없다.

한국인으로서 이탈리아 철학에 관해 최초의 논문을 쓴 사람은 1929년 도쿄제대 철학과의 졸업 논문으로서 「베네데토 크로체Benedetto Croce의 실천의 철학」을 쓴 김두헌이다. 그러나 이탈리아 철학에 대한 관심이 고조되기 시작한 것은 그로부터 반세기 이상의 세월이 지난 80년대 이후의 일이었다. 첫째로 그것은 80년대 젊은 세대의 가장 큰 관심사인 마르크스-레닌 이데올로기의 연장선에서 이탈리아의 실천적 혁명가였던 안토니오 그람시A. Gramsci를 주목하기 시작하면서부터였고, 둘째로는 움베르토 에코Umberto Eco의 기호학과 예술 철학을 통해 이탈리아의 사상과 문화를 다시 발견하기 시작함으로써 생긴 일이었다. 전자가 군부 정권 시기의 캠퍼스 이데올로기의 산물이었다면 후자는 문민 정부 이후, 그 자리를 메꾸면서 등장한 영상 문화의 대두에서 비롯된 것이다.

1980년대의 출판물들을 살펴보면, 제임스 졸의『그람시』(이종은 역, 까치, 1984)를 시작으로 권유철 편의『그람시의 마르크스주의와 헤게모니론』(한울, 1984), 에코의『기호학 이론』(서우석 역, 문학과지성사, 1985) 등으로 에코와 그람시처럼 서로 어울리지 않는 인물들에 대한 관심이 다른 부류의 사람들에 의해 생겨나서 시공을 공유하고 있는 진기한 모습을 보이고 있었다. 그러나 자세히 보면 그것은 그람시와 에코의 공존이 아닌 자리 인계의 과정에 지나지 않았다. 젊은 이들의 대중적 관심은 이미 투쟁적 이데올로기의 문제에서 사이버 문화나 영상 문화로 빠르게 옮겨가기 시작했기 때문이다.

1990년대에는 그람시의 헤게모니론이 그 자취를 감추면서 그 대신 이탈리아 정신 세계의 본래적인 지평이 폭넓게 열리기 시작했음을 알 수 있다. 예를 들어 크로체의『크로체의 미학』(이해완 역, 예전사, 1994)을 시작으로 하여 움베르토 에코의『해석의 한계』(김광현 역, 열린책들, 1995), 이광래의『이탈리아 철학』(지성의 샘, 1996), 비코의『새로운 학문』(이원두 역, 동문선, 1997), 이사야 벌린의『비코와 헤르더』(이종흡·강성호 역, 민음사, 1997), 움베르토 에코의『해석이란 무엇인가』(손유택 역, 열린책들, 1997), 페리 앤더슨의『안토니오 그람시의 단층들』(김현우외 역, 갈무리, 1995), 세르지오 볼로냐와 안토니오 네그리의『이탈리아의 자율주의 정치철학』(이원영 역, 갈무리, 1997)과 부르크하르트의『이탈리아 르네상스의 문화』(안인희 역, 푸른숲, 2000) 등의 출판이 그러하다.

그래도 이것들은 시작에 지나지 않을 뿐, 페트라르카·브루노·비코·파레토·라브리올라·젠틸레·델라 볼페·콜레티 등 수많은 이탈리아 철학자나 사상가들에 대한 미지의 궁금증은 여전하다. 적어도 능산적 자연*natura naturans*과 소산적 자연 *natura naturata*의 지적 소유권이 스피노자에게 있지 않고 브루노에게 있다는 사실을, 단자론*monadologie*의 원조도 라이프니츠가 아닌 브루노라는 사실만이라도 밝혀야 한다. 또한 물체의 속성에 대한 경험론적 발명이 로크에 의해서가 아닌 갈릴레오에 의해 이뤄졌다는 사실도 영국 경험론이 고백하게 해야 할 것이다. 특히 14세기 초부터 16세기 말에 이르는 시기의 이탈리아 사상가들이 유럽 문화에 끼친 영향과 공헌은 다른 나라의 어느 사상가들과도 견줄 수 없을 만큼 중요한 것임을 주장해야 할 것이다. 부르크하르트J. Burkhardt의 『이탈리아 르네상스의 문화』와 같은 유명한 증언이 우리에게도 필요한 것이다. 하지만 그것도 앞으로의 누군가에게 남겨진 숙제일 수밖에 없다.

10 20세기 서양 사상의 한국적 이해

    17세기 초 조선에 유입된 서교와 서학을 통해 이 땅에 수용된 서양 사상의 역사는 서구 문화의 접촉→수용→습합이라는 문화 변형의 역사와 분리해서 생각할 수 없다. 철학과 사상은 어느 시대이든 그 시대정신의 운반체이면서도 그 시대의 정신적 증언이기 때문이다. 17세기의 서양 사상의 운반체가 서학이었다면 그것이 증언하려는 것은 서교였다. 18세기에는 실학 속에 담긴 서학의 증언이 그 시대의 사상적 에피스테메였다면 19세기는 동도서기론이 서양의 사상을 운반하면서 증언했다. 그러면 20세기의 그것들은 무엇일까? 개화와 식민·해방과 분단이라는 극단적 체험으로 일그러진 운반체 속에서 혼돈의 자화상만을 실어나른 세기가 아니었을까? 남북이 나뉘어진 이후, 야누스가 된 이 땅의 사상적 증언은 각자 주문(呪文)으로만 메아리칠 뿐이다.

1. 마르크스-레닌주의에서 주체 사상에로

20세기 100년간의 한국 사상은 그동안 이 땅 위에서 우리가 논의한 모든 〈사상적〉 언설들의 집합을 의미한다. 그러므로 남북을 막론하고 이 땅에서 20세기 100년의 궤적 속에서 갈파된 칸트·헤겔에 관한 다양한 언설들이 독일의 독일 철학이 아니라 우리의 독일 철학이고 우리 사상의 편린임을 부인할 수 없듯이 마르크스-레닌주의의 경우도 마찬가지이다. 더구나 소비에트 이데올로기에 대한 반문화 습합anti-acculturation으로서 배태된 주체 사상의 경우에는 더욱 그러하다. 그것은 이미 한국에서의 20세기 사상 100년을 이해하기 위한 불가결의 인식소episteme이고 그것을 구성하고 있는 중요한 〈현상으로서의 텍스트phénotexte〉이기 때문이다.

1) 소련 콤플렉스의 중층화

이성의 간계(奸計)는 20세기 우리의 역사와 국토를 마치 계산된 프로그램에 따라 실천하듯 1950년 남북으로 시공을 반분하여 두 개의 사상적 텍스트를 만들어 갔다. 그 50년 세월의 저편에서 만들어진 우리 사상의 또 하나의 텍스트가 바로 주체 사상이다. 하지만 그것은 따지고 보면 중층화된 소련 콤플렉스의 산물이 아닐 수 없다. 우선 그 콤플렉스의 표층은 미국의 것이었다. 해방 후 한반도에서의 소련의 영향력 억제를 위한 미군의 진주가 바로 그것이다. 다시 말해 38선 이남을 기필코 확보하려는 미국의 의도가 바로 그 강박 관념의 표층이었고 최전선이었다.

당시 미국의 전쟁성 참모 본부의 최후 결정 과정에 참여한 딘 러스크Dean Rusk 대령의 사건 기록에 의하면, 〈1945년 8월 10일 밤의 철야 회의에서 군부는 시간적, 공간적 요인 때문에 소련 군대가 진출하기 이전에 북쪽 멀리까지 아군이 도달하기 어렵다고 보았다. ……우리는 38선을 권고했다. 우리는 미군의 책임 지역 내에 한국의 수도를 포함시키는 것이 중요하다고 생각했기 때문에 그렇게 했다. 38선은 육군이 제안한 것이며, 그 선은 결국 국제적으로 동의되었다〉. 38선의 분단은 이처럼 미국의 소련 콤플렉스로 인해 미리 계획된 시나리오였던 것이다.

다음으로, 소련 콤플렉스의 심층은 1970년 이후에 심화된 김일성의 것이었다. 무엇보다도 마르크스-레닌주의의 소련 모델 확장에 대한 김일성의 경계심은 그 강박 관념의 심층이었고, 나아가 탈소련화의 대안으로 제조된 주체 철학의 토대가 바로 그것이었다. 1973년부터 2년간 계속된 김일성 방송대학 강의록인 『철학 강좌』의 첫머리에 이미 그 경계심은 이러한 강박 관념의 산물임을 다음과 같이 명시하고 있다. 〈김일성의 주체 철학은 우리 혁명 시대의 요구를 정확히 반영한 혁명 철학이며 마르크스·레닌주의를 새로운 높은 단계로 발전시킨 우리 시대의 노동 계급의 불멸의 철학이며 인류의 철학 발전에 일대 혁명적 전환을 일으킨 철학이다.〉

그러나 심화된 강박 관념이 과대망상으로 나타나듯이 주체화의 강박 관념은 유아독존의 과대망상, 즉 주체의 유아 망상에 이를 수밖에 없다. 더구나 그 강박 관념은 일본의 천황 신화처럼 그것이 세습 신화로 둔갑할 때 극치를 보여 준다. 1985년판 『철학 사전』은 다름 아닌 이런 증후의 기록이다. 수령에 대한 충성은 〈수령의 혁명 사상을 신념화하고 무조건 철저히 관철하며 수령에 대한 충성심도 수령의 위업을 대를 이어 완성해 나가는 후계자를 받들어 나가는 데서 표시된다〉는 것이다. 1995년 평양의 외문출판사에서 발간한 『김정일: 주체 사상의 계승과 발전』에서도 주체 신앙의 고백에 이어 김일성의 주체적 사회주의의 계승과 완성을 위해 단결과 투쟁을 호소하고 있다. 더구나 1999년 평양출판사에서 발간한 조성박의 《주체 사상》은 김정일에 의한 주체 사상의 혈통 상속을 더욱 극명하게 함으로써 사회주의의 어떤 강령보다도 신조화하고 있다. 〈혁명의 지도 사상은 어느 한 시점에서 단번에 완성되어 나올 수 없다. 혁명의 지도 사상을 시대적, 역사적 조건에 기초하고 혁명 투쟁 경험을 일반화하는 과정을 거쳐서 나오게 된다〉고 전제한 뒤 〈경애하는 수령 김일성 동지에 의해 창시된 주체 사상은 위대한 령도자 김정일 동지에 의해 끊임없이 심화 발전되고 완성되어 인류 철학 사상에 최고 정화로, 시대와 인류를 양도하는 지도 사상이 되게 되었다〉.[257]

신일철은 이처럼 과대망상이 중증화된 주체 철학을 마르크스 · 레닌주의의 북한적 변종이라고 혹평한다. 더구나 그것을 가리켜 〈독재자 일인의 정치 구호를 부연한《무철학의 슬로건 해설집》이며 그《교시》에 철학의 옷을 입혀 내놓은 통속화된 교시 철학에 불과하다. 이런 내용의 언설에 대해 철학이라는 이름을 붙인다는 것 자체가 어불성설〉이라고 하여 그는 주체 철학의 사이비 철학성을 비판한다. 또한 그는 이러한 개인 우상화의 이데올로기만이 강요되는 북한 사회를 〈세계에 통용되는 마르크스주의나 마르크스 · 레닌주의 사상도 그 자취를 감춘《사상 없는 강제 수용소》로 화했고 철학 독서의 자유도 철학적 논문 발표의 자유도 없는《철학 없는 사상적 백치화》가 강요된 무서운 강제 사회〉[258]로 규정한다. 한마디로 말해 더 이상 철학일 수 없는 주체 철학만으로 세뇌된 그 유폐 사회는 이미 철학적 삶의 화장터이자 철학의 공동묘지와 다름없다는 것이다.

2) 중층적 결정체로서의 주체 철학

정치적 의미에서 보면 주체 철학은 국제 질서의 개방 공간에 대한 일종의 광장공포증 *agoraphobia*의 결과물이다. 1950년대 중반 이후 흐루시초프 정권이 선택한 평화 공존 정책에 편승할 것인지 아니면 스탈린주의를 고수할 것인지 국운의 기로에서 김일성이 선택한 반소(反蘇)와 쇄국의 자위적 구호가 곧 〈주체〉이기 때문이다. 일본의 철학자 와츠지 데츠로(和辻哲郞)도『쇄국』이 서설에서부터 일본을 제2차 세계대전의 패망의 길로 이끈 광기의 원인을 쇼와 천황의 제국주의 과대망상에서보다는 17세기 초부터 2백50년이나 강행한 도쿠가와 가문의 반(反)서구와 쇄국 정책에서 찾고 있다.[259]

아라비아 인들의 뛰어난 과학에 자극받은 근세 초의 서구인들은 아라비아에 대

---

257 조성박,『주체 사상』, 평양출판사, 1999, p. 11.
258 신일철,『북한 주체 철학의 비판적 분석』, 사회발전연구소, 1987, p. 127.
259 和辻哲郞,『全集』, 第15卷,『鎖國』, 岩波書店, 1963, pp. 15~46.

한 적대심에도 불구하고 그들의 과학과 기술을 적극적으로 받아들여 동방과 서방의 신세계로 시계를 무한히 확대해 나간 반면 이러한 세계 정세 속에서 도쿠가와 막부의 선택은 소극적·퇴행적인 쇄국이었다는 것이다. 그는 특히 무단통치의 강화를 위해 도쿠가와가 선택한 유교의 가부장적 이데올로기가 국민들로 하여금 쇄국의 자폐성을 배양시켰고, 게다가 메이지 이후 쇼와 천황에 이르면서 천황의 메시아적 권위와 신권 통치의 이데올로기가 그것을 〈국체의 본의〉로서 절대시하는 과대망상과 최면에 빠져들게 했다는 것이다. 한마디로 말해 뒤늦게 결과된 패전의 텍스트는 쇄국에서 파생된 여러 가지 중층적 요인들에 의해 결정되고 있었다는 것이다.

그러나 어찌 보면 〈쇄국〉·〈일본의 비극〉·〈인류의 세계사적 반성〉·〈세계적 시권(視圈)의 성립 과정〉이라는 와츠지 데츠로의 『쇄국』은 미리 보는 김일성 주체 사업의 결산 보고서일 수 있고 주체 철학의 미래 운세를 점칠 수 있는 훌륭한 참고서일 수도 있다. 그 텍스트를 구성하는 중층적 결정 과정과 요인들의 유사성에서 더욱 그러하다. 중층적 결정 la surdétermination이란 본래 프로이트가 꿈의 해석을 위해 처음 사용한 정신분석의 개념이다. 그는 어떤 결과(꿈)를 일으킨 여러 무의식(원인)들이 응축·대체하여 하나의 통일 속에서 융합된 채로 동시에 존재하는 사태를 가리켜 중층 결정 또는 다원 결정이라고 했다. 그러나 알튀세르는 이 개념을 꿈의 해석이 아닌 복합적인 사회 구조나 역사 해석에 적용함으로써 구조주의적 해석의 도구로 삼았다. 그에 의하면 모든 모순은 복합적이고 비(非)동등적이다. 복합적 전체의 구조 속에서 모순적 상황은 일의적(一意的)일 수 없다. 모든 모순(원인)은 〈복합적으로-구조적으로-비(非)동등하게-결정된 com-plexement-structural-ment-inégalitairement-déterminé〉 성질을 지닌다는 것이다.

그러나 그는 복수의 모순들 간에도 결정력의 위계가 있다고 보아 구조를 과정보다 우선했다. 다시 말해 그는 어떤 사건을 일으키는 폭이나 범위를 결정하는 공시적 구조를 〈최종적 결정인[近因]〉이라고 부르고, 그 사건의 역사적 특성을 결정하는 특수한 통시적 과정을 〈지배적 원인[遠因]〉이라고 부른다. 새로운 종교관이나 세계관의 수용이 지배적 원인이라면 최종적 결정인은 당시의 복잡한 정치적 상황인 것이다. 예를 들어 김일성의 반소·쇄국의 요란한 포장지이기도 한 주체 철학의 탄생에도 멀리는 조선조의 가부장적 유교 이념과 일제의 식민 통치(천황의 신권 통치) 이데올로기, 그리고 천년 왕국의 실현을 고대하는 메시아 사상의 영향이 지배적 원인으로서 작용했다면 마르크스-레닌주의로부터의 이탈을 불가피하게 선택할 수밖에 없었던 당시 국내·외의 정치 현실은 최종적 결정인으로서 작용한 셈이다.

조성박도 김일성의 유폐적 교시화의 불가피성을 역사적 조건으로서 논증하기 위해 『주체 사상』의 제1장 「주체 사상의 창시」에서 김일성의 이데올로적 결단을 그의 나이 18세인 1930년까지로 소급하는 역사 조작적 충성을 감행하고 있다. 그에 의하면 〈당시 민족주의자들과 행세식 마르크스주의자들은 자체의 힘으로 혁명을 할 생각은 하지 않고 외세에 의거하여 독립을 이루어 보려고 망상하였고 공산주의 운동을 한다고 하던 사람들은 제가끔 당파를 만들어 가지고 국제당에 승인을 받으러 다녔고 식민지 반봉건 사회였던 우리 나라의 역사적 조건과 구체적 현실을 떠나서 기성 이론과 남의 경험을 기계적으로 모방하려고 하였다. 위대한 수령 김일성 동지께서는 당시 국제적 범위에서 전개되고 있는 혁명 투쟁 발전의 필연적 요구와 조선 혁명 실천에서 제기되는 근본 문제들에 대한 과학적 분석과 교훈에 기초하여 간고한 항일 혁명 투쟁의 불길 속에서 주체 사상의 진리를 발견하시고 마침내 1930년 6월 카륜에서 진행된 공청 및 반제청년동맹 지도간부회의에서 주체 사상의 원리를 천명하시고 조선 혁명의 주체적 로선을 밝히시었다. 이것은 주체 사상의 창시를 선포한 역사적 사변이었다〉는 것이다.[260]

3) 변종 문화로서의 주체 사상

왈라스A. F. C. Wallace에 의하면 이데올로기도 하나의 문화 시스템이다. 그는

---

260 조성박, 『주체 사상』, 평양출판사, 1999, p. 10.

이데올로기를 목표 문화goal culture와 전이 문화transfer culture로 구분하고 전자를 유토피아의 이미지와 같은 순수 이데올로기로서, 후자를 유토피아를 지향하는 과정에서 설계된 청사진과도 같은 실천적 이데올로기로서 간주한다. 그러므로 전이 문화에서는 필연적으로 문화 변용과 습합, 또는 문화 변형이 발생하게 마련이다.

그러나 이 경우에도 전이의 양상은 변용이나 변형이 위로부터 발생하는지 아니면 아래로부터 일어나는지에 따라서 다르고 자율적인지 타율적인지에 따라서, 그리고 지배적인 문화(모델 문화, cultural dominant)가 어떤 것이냐에 따라서 달라질 수밖에 없다. 만일 변형이나 융합이 위(통치자)로부터 일어난다면 자율보다는 타율적으로 진행될 수밖에 없고 그가 선택한 모델 문화도 독존적 통치자를 위한 것일 수 있으므로 통치 이데올로기인 경우가 허다하다. 이것을 가리켜 문화 변용이나 문화 습합acculturation이라고는 말할 수 없다. 문화 습합은 이(異)문화 사이에 아래로부터의 지속적·자율적인 접촉에 의해 본래의 문화 유형에서 일어나는 변화 현상을 의미하기 때문이다.

그러므로 여기에서는 단순한 모방보다는 창의가 기대되며 변종의 탄생보다는 창조와 발명을 예견할 수 있다. 이와는 반대로 위로부터 일회적(또는 간헐적)으로 일어나는 문화 변형은 자율을 기대할 수 없는 타율적·강제적인 변이이다. 그러므로 그것은 모방(아류)에 그치거나 변종을 낳기 쉽다. 주체 사상(문화)의 등장이 바로 그것이다. 김일성에 의해서만 가능한 주체 사상의 제조와 주체 문화의 생산을 문화 변용이 아닌 문화 변형이라고 말할 수밖에 없는 이유가 거기에 있다. 그것을 가리켜 변종 문화라고 하는 이유도 마찬가지이다.

더구나 그것은 미숙아나 선천적 기형아의 탄생에서 보듯이 세계사의 타율적인 역사 변동으로 인해 미처 준비 없이 맞이한 해방이 한반도의 역사를 주체적으로 감당할 수 없는 미숙의 상황 속에 몰아넣은 탓도 있지만 반세기 이상 고립을 선택한 정치적 소영웅주의가 낳은 이념적 기형deformation에 지나지 않을 뿐이다. 예를 들어, 주체 사상의 본질이라는 〈주체〉의 개념 자체가 그러하다. 조성박에 의하면, 〈주체 사상에서 《주체》라는 개념은 혁명과 건설의 주인은 인민 대중이며 혁명과 건설을 추동하는 힘도 인민 대중에 있다는 사상을 표현하는 철학적 술어이다. 한마디로 말해서 사람이 자기 운명의 주인이라는 뜻, 혁명과 건설의 주인은 인민 대중이라는 뜻을 철학적으로 집약화하고 일반화하여 쓰는 개념이다. 따라서 《주체》라는 개념은 이전의 철학들에서 논의하여 온 《비아(非我)》, 《객체》, 《객관》과 같은 개념과 대립된 개념으로 써왔던 《자아》, 《주관》, 《주체자(담당자)》라는 개념과는 뜻이 근본적으로 다른 개념이다〉.[261]

실체는 김일성의 말대로 〈사람이 자기 운명의 주인이라는 것〉이다. 그리고 〈이것이 주체 사상의 진수이며 여기에 주체 사상의 혁명적 본질이 있다〉고 하여 혁명적 건설의 운명적 주체가 곧 실체이므로 종전의 철학에서 사용해 온 〈인간 중심〉의 실체 개념과는 전혀 다르다는 것이다. 〈그러나 지난 시기에는 마르크스주의 철학을 포함하여 그 어떤 철학도 인간의 운명 문제를 자기 철학의 중심 과제로, 사명으로 제기하지 못했다〉[262]고 하여 마르크스스주의 철학과도 다른 운명론적 혁명 교시에 지나지 않는 변종의 출현을 다음과 같이 과대 선전하고 있다.

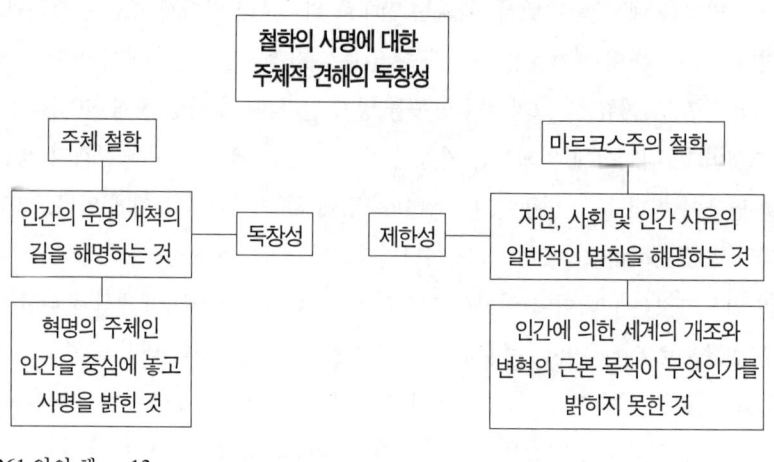

261 앞의 책, p. 13.
262 앞의 책, p. 19.

이상에서 보았듯이 물질과 의식의 관계 문제를 철학의 근본 문제로 간주한 마르크스주의 철학도 세계의 시원과 원천을 밝히는 기초 이론일 수는 있지만 세계의 혁명적 발전에 대한 완성된 이론일 수는 없었다는 것이다. 더구나 그것은 사람이 자기 운명을 개척하기 위하여 세계를 어떻게 지배하고 개조해 나가야 하는지의 방법을 제시하지 못하는 제한성을 면치 못한 철학이었다는 것이다. 조성박에 의하면, 마르크스주의 철학에서는 인식과 실천 활동에서 견지해야 할 입장 문제는 주로 유물론적 입장 문제로 제기되었다. 세계가 물질로 통일되어 있기 때문에 세계가 물질적이라는 유물론적 입장에 설 때에만 세계를 올바로 인식하고 개조할 수 있다. 이에 반해 주체 사상은 사람이 자주성을 본성으로 하고 있다는 원리로부터 출발하여 세계를 올바로 인식하고 개조하기 위해서는 인간의 본성에 맞는 입장, 즉 자주적 입장을 견지하는 데 대한 원칙을 밝혔다.[263]

그러나 김정일은 『선집』 제8권에서 〈사회주의, 공산주의를 건설하자면 생산력을 발전시키고 사회 관계를 변혁할 뿐만 아니라 사람들 자체를 전면적으로 발전된 공산주의적 인간으로 개조하여야 한다〉(p. 63)고 주장함으로써 그의 주체 사상도 기본적으로는 마르크스의 고전적 주장에 여전히 신세지고 있다. 그러면서도 그는 〈혁명과 건설을 수행하자면 주체 사상의 요구대로 혁명의 노선과 전략 전술을 세우는 데서나 그것을 관철하는 데서 창조적 방법을 구현해야 한다〉(p. 55)고 하여 주체 사상이 그의 말대로 순수 철학을 위한 철학이 아니라 인민 대중의 투쟁의 앞길을 밝혀 주는 혁명의 무기임을 분명히 하고 있다. 주체 철학은 이전의 모든 철학과는 달리 〈혁명 과업을 성과적으로 수행하기 위해서 사람들을 교양하고 발동시키기 위해〉 학습해야 할 혁명의 진리라는 것이다. 그러나 그것은 주체철학이야말로 〈독창적인 혁명 철학이며 정치 철학〉[264]이라는 그의 과대망상적 자화자찬과는 달

---

263 앞의 책, pp. 187~188.
264 조성박은 김정일의 〈주체 철학은 우리 당의 독창적인 혁명 철학이며 정치 철학이다〉라는 주장에 대해 〈주체 철학이 정치 철학, 혁명 철학이라고 하여 단순히 《정치 이데올로기》, 《대중 동

리〈인민대중을 위해 모든 것을 바치는 끝없는 헌신과 혁명의 적에 대한 적개심과 증오심, 그리고 단두대에 올라서도 혁명적 지조와 절개를 지킬 줄 아는 혁명관〉을 강요하는 광신적인 혁명 운동 결사체의〈죽음의 서약〉과도 같은 것이다.

2. 포스트모더니즘과 우리의 문화

북쪽은 전(前) 근대적 왕조 체제나 신권 통치 사회로 회귀하는 데 반해 남쪽은 탈(脫)근대적 포스트모던 사회로 줄달음치는 상반된 양상이 기형적으로 공존하는 공간이 바로 오늘의 한반도이다. 문화를 가리켜 코드의 상징화이거나 이른바 상징 체계encoding system라고 규정한다면 양쪽은 모더니즘을 사이에 두고 전혀 다른 코드로 각자의 문화를 상징화해 가고 있다. 남북은 서로 다른 코드들로 다른 문화를 생산하고 있는 이질적 문화 공장인 것이다.

오늘날 포스트모더니즘이라는 용어는 새로운 유형의 사회와 그 사회의 새로운 문화적 징후들에 대해 붙여진 명칭이다. 제2차 세계대전 이래 서구 사회는 놀랄 만큼 빠른 속도로 변해 왔다. 특히 과학 기술의 발전은 서구 사회를 어느 때보다도 대량 생산하고 대량 소비하는 고도의 산업 사회로 변모시켰다. 이른바 스펙타클 사회가 도래한 것이다. 사회학자들은 이러한 사회를 가리켜〈후기 산업 사회post-industrialized society〉라고 부른다. 그러나 미국을 비롯한 서구 산업 사회는 급성장한 산업화로 인해 양적 팽창과 더불어 다양한 모습으로 변모하자 이를 설명해 줄 수 있는 새로운 패러다임도 필요할 수밖에 없었다. 철학에서의 포스트 구조주의의

원 이데올로기〉라고 이해하는 것은 잘못〉이라고 방어한다. 그러면서도 그는〈그것이 혁명 철학이라는 것은 순수 철학을 위한 철학이 아니라 혁명 실천의 요구를 정확히 반영하고 자주성을 실현하기 위한 인민 대중의 투쟁의 앞길을 밝혀주는 혁명의 무기〉임을 강조함으로써 그것이 혁명을 위한 대중 동원 이데올로기임을 더욱 분명히 하고 있다.『주체 사상』, pp. 21~25.

등장이 이러한 시대 변화와 그 요청에 따른 것이었다면 문학·미술·건축·영화·음악·무용·광고 디자인 등 예술과 문화 전반에 걸친 〈포스트모더니즘〉의 출현과 유행도 마찬가지의 현상으로서 이해해야 할 것이다. 포스트모더니즘은 서구 산업 사회의 모든 생활 공간의 지배적인 문화적 징후를 대변하는 대명사가 되었다.

그러면 포스트모더니즘이 지향하려는 문화적 이념은 무엇일까? 포스트 구조주의의 철학적 동기와 지향으로부터 새로운 문화 현상의 영감과 이념을 제공받아 온 포스트모더니즘은 그것을 구성하고 상징하는 인자와 코드도 대부분 공유할 수밖에 없다. 포스트 구조주의를 〈생성으로서의 텍스트 génotexte〉라고 한다면 포스트모더니즘은 〈현상으로서의 텍스트 phénotexte〉일 수 있다. 그것들 속에서 적어도 탈근대성이라는 유전자형 génotype을 공유하고 있기 때문이다.

포스트모더니즘은 데카르트 이래 근대 정신을 지배해 온 이성적 주체로서의 코키토의 횡포에 대해 강하게 반발하는 포스트 구조주의와 입장을 기본적으로 달리 하지 않는다. 그러므로 포스트모더니즘이 중요시하는 것도 이성적 주체, 의식적 자아의 개념이 아니라 의식으로부터의 이탈이고 이성으로부터의 탈중심화이다. 그것이 지향하는 것은 인간 이성을 구축하는 것이 아니라 오히려 그것을 해체하는 것이다. 이런 이유에서 포스트모더니즘은 인간의 의식 세계보다 무의식 세계를 선호한다. 나아가 그것은 그동안 이성에게 맹종하고 봉사해 온 어떠한 개념에 대해서도 거부하고 파괴하려 한다.

다음으로, 포스트모던 문화를 상징하는 코드들은 무엇일까? 포스트모더니즘의 〈포스트 post〉는 근대의 연장을 의미하는 후기가 아니라 그것과의 단절과 거부·부정과 이탈, 나아가 그것의 극복을 의미하기 때문에 대개의 경우 모더니즘의 상징 코드들과는 이항 대립적이다. 그 모더니즘과 포스트모더니즘의 대립적 코드들을 열거해 보면 단일화/다중화, 총체화/파편(개별)화, 획일화/다양화, 동질화/차별화, 거대화/미시화, 집적화/분산화, 적분화/미분화, 중심화/탈중심화, 의식화/무의식화, 폐쇄화/개방화, 편집증 paranoia화/분열증 schizophrenia화, 아날로그(집적 회로)화/디지털(분산 회로)화 등이 그것들이다. 이렇듯 문화에서의 근대성*modernity*에서 탈근대성*postmodernity*에로의 전환이란 전체·총체·체계·단일·동질·중심·거대·집적(중)·의식 등의 특성들이 개별(체)·파편·다양·차별·탈중심·미시·분산·무의식 등의 특성들로 대체되는 현상을 가리킨다.

한마디로 말해 포스트모더니즘은 근대성의 말 잔치와 같은 거대 이야기*grand récit*나 메타 이야기*méta narratif*에 대한 의혹과 진저리를 문화 전반에서 표출하려는 근대로부터의 문화적 엑소더스이다. 리오타르는 『포스트모던의 조건』에서 〈모던〉이라는 용어를 〈정신의 변증법·의미의 해석학·합리적인 주체나 노동하는 주체의 해방·부의 발전과 같은 몇몇 거대 이야기에 분명하게 호소하는 메타 언설과 관련시켜 스스로를 정당화하는 모든 과학을 지칭하기 위해 사용한다〉고 전제한 뒤 포스트모던을 메타 이야기에 대한 의혹이라고 다음과 같이 정의한다.

〈이러한 의혹은 의심할 바 없이 제반 과학의 진보가 가져온 결과이다. 그러나 그 진보는 그러한 의혹을 전제한 것이다. 특히 정당화에 대한 메타 이야기의 폐지에는 형이상학적 철학의 위기와 과거 거기에 의존했던 대학 제도의 위기가 병행한다. 이야기 기능은 그 기능 요소들·위대한 영웅들·위대한 모험들·위대한 여정들과 위대한 목표들을 상실하고 있다. 그것은 그야말로 이야기 언어의 요소들의 구름 속으로 분산되고 있다.〉[265]

사실상 이성주의 시대의 계몽 철학자들이 꿈꾸었던 근대성의 계획은 보편성의 추구였다. 그들은 객관적인 학문·보편적인 도덕과 법률, 그리고 그와 같은 자율적인 예술을 발전시키려고 노력했다. 그들은 과학과 예술의 보편화는 자연을 지배할 수 있는 힘을 배양시킬 뿐만 아니라 세계 시민으로서의 자아의 발견·도덕의 진보·정의로운 사회와 제도의 실현, 나아가 인류의 행복을 증진시킬 수 있을 것이라

---

[265] Jean-François Lyotard, *La condition postmoderne*, Minuit, 1979, pp. 7~8.

고 낙관했다. 이러한 노력과 희망은 19세기의 사회주의자들에게도 마찬가지로 진행되었다. 생시몽을 비롯하여 마르크스의 계획은 그것에 대한 환상과 낙관적 기대 속에서 마련된 것이었다. 그러나 제2차 세계대전 이후 그들의 이념이나 희망과는 상반되는 결과들이 발생되어 왔다. 학문·예술·도덕의 영역이 보편화되기보다는 서서히 제도화되어 갔다. 어느새 그것들은 근대성의 계획과는 달리 삶의 세계로부터 유리된 채, 독립적인 영역이 되어 버렸다. 모든 합리성의 구조들은 이미 각기 특수한 전문가들의 지배 하에 들어간 것이다.

일찍이 대니얼 벨Daniel Bell은 이처럼 빗나간 근대성의 계획을 강력히 비난하고 나섰다. 모더니즘의 세력 때문에 일상생활의 가치들이 오염되었다는 것이다. 리오타르는 이것이야말로 더없는 보편성의 파산이라고 지적한다. 특히 교육적 모델에 걸었던 해방에의 희망이 본래 기대했던 효과를 거두지 못했다는 것이다. 왜냐하면 그러한 희망은 학교 교육의 실패와 궤를 같이 했기 때문이다. 오늘날 학문의 목표는 더 이상 진리 탐구가 아니라 그것의 수행성에 있다. 학문은 컴퓨터 언어로 표현 가능하므로 학생에게 더욱 필요한 것은 교사가 아니라 데이터 뱅크와 그것에 연결된 단말기일 뿐이다. 이제 학생이나 대학, 또는 정부가 묻고 있는 질문은 더 이상 그것이 옳은가가 아니라 그것이 어떤 쓸모가 있는가이기 때문이다. 리오타르도 포스트모던 사회에서 거대 이야기는 그것이 어떤 방식의 전체화를 사용했느냐에 관계없이, 즉 그것이 사변적인 이야기인가 아니면 해방적인 이야기인가에 관계없이 그 신빙성을 잃어버렸다는 것이다. 세상의 문화와 정신은 이미 그와 같은 거대 이야기에 대한 혐오보다는 작은 이야기들의 창의성을 더 존중하는 시대로, 또는 동질성homologie 대신 이질성paralogie에 대한 선호와 찬양이 더욱 강하게 작용하는 시대로 바뀐 것이다.

그러나 이러한 문화의 대전환은 동서양의 차이나 국가와 인종의 차이와 무관하다. 포스트모더니즘은 이념이나 종교의 산물일 수 없으므로 이러한 것들로부터는 별다른 영향을 받지 않는다. 오히려 그것은 산업화·문명화, 즉 새로운 문명의 거대한 물결이 만들어 낸 문화의 우세종이므로 열세의 문화들, 그 어떤 것에게도 영향을 주지 않을 수 없다. 제1차 세계대전이 프랑스와 독일 사이에 벌어진 문화 이데올로기의 싸움으로 간주될 수 있는 이유도 거기에 있다. 프랑스의 우세한 문화에 대해 열세였던 독일의 문화적 위기의식이 그 전쟁의 보다 근원적인 원인이었을 수 있다. 오늘날 우리에게 포스트모더니즘이 막아내기 어려운 새로운 물결의 문화, 즉 문화의 질풍노도가 되고 있는 이유도 마찬가지이다. 고도의 산업화와 서구 문명화는 세계적이고 세기적인 문화의 거대한 물결을 거역할 겨를도 없이 우리를 그 속으로 밀어 넣고 있기 때문이다. 건축을 비롯하여 문학·미술·광고·영상·디자인에 이르기까지 우리의 거의 모든 문화 공간은 지금 그 격랑 속으로 빨려들고 있다고 해도 과언이 아니다.

80년대 이후 독립 기념관을 비롯하여 한국은행 본점, 문래 청소년 회관, 서울대 의대 생화학관 등 새로 등장한 공공 건물들이나 도시의 수많은 상업 건축물들은 우리의 문화 공간이 이미 포스트모더니즘으로 변모하고 있음을 웅변하고 있는 것이나 다름없다. 합리적·논리적 추론의 산물인 동질적이고 등방형의 근대적 건축 공간 대신 기능들의 산만한 배치·예측 불가능한 은유적 이미지의 형성·통일성의 배제·비합리적 변형 공간·산만하고 암시적인 공간 표현 등 우리의 건축물들도 다양한 포스트모던 코드들을 그대로 드러내기 시작한 것이다. 그러나 건축에 국한된 문제는 아니지만 서양의 포스트모더니즘이 당대의 사회와 건축이 담당하고 있는 역할, 건축의 위기에 대한 진지한 성찰을 통해서 구축된 것인 반면, 한국의 현대 건축은 한국적 상황에 대한 다양한 각도의 성찰이 결여된 채, 유행이나 패션으로서 수용되고 있는 안타까운 현실도 간과할 수 없는 문제이다

이러한 사정은 80년대 이후 우리 미술의 경우도 마찬가지이다. 서성록은 포스트모더니즘 미술의 일반적인 정체성을 반형식주의·전통의 거부·다원주의·포스트구조주의에서 찾는다. 그러고는 이러한 포스트모던이 한국 화단에서는 어떻게 반향되고 있는지, 나름의 특성은 무엇인지, 주요 작품의 유형은 어떤 것이지를 다음

과 같이 설명한다. 그에 의하면, 〈탈 모던의 문화 개념이 명시적 출현을 보게 된 것은 《난지도》와 《메타복스》출현과 때를 같이한다. ……《난지도》와 《메타복스》는 한국 모더니즘의 일률성과 한계 의식에 바탕한 《안으로부터의 개혁》, 다시 말해 모더니즘의 극복을 전제로 하는 표현적 영역에 관한 열린 시각의 탐구와 한국 문화 전반에 작용하는 억압적이며 타율적인 미적 의식의 타파, 미술의 사회적 역학성과 관련한 작품 구조의 해체적 대응 방식을 연구하였다〉.[266]

그러면서도 서성록이나 이재언, 오상길 등은 이러한 탈(脫) 모던 운동이 곧 포스트모더니즘을 표현하려는 것은 아니었다고 주장한다. 그것은 포스트모던이라기보다는 모던에 대한 안티 테제로서의 탈 모던일 뿐이었다는 것이다. 그들은 한국 화단의 포스트모던의 조건을 80년대 후반 미국, 독일 등지에서 불어닥친 신표현주의 · 자유 형상 · 뉴웨이브 new wave 등 다양한 양식들로 인한 다원주의 양상으로부터 찾는다. 〈예술이 안전한 항구에 정착하는 것을 포기하는 대신 《차이에 의한 관계》를 모색하지 않으면 안 될 것이다. 다시 말해 《통일성》과 《전체성》의 보증인으로서의 예술을 부수는 일에 분투해야 된다. 이 점이 최근 우리의 미술에서 나타나는 다원적 양상에 기대를 거는 부분이자 입장〉[267]임을 서성록은 밝힌다. 그는 우리의 미술 분야에서의 형상과 추상의 대립 구조의 소멸마저도 이러한 관점의 다층성이 가져온 사례로서 적시하고 있다. 그 대립 구조가 소멸된 빈 공간을 담화의 게임(박영하) · 자아 분열(권여현) · 문명의 야만성 폭로(강성원) · 뜻과 모양의 불일치(박관욱) 등과 같은 타자성이 개입되어 화면의 다중 구조를 형성하고 있다는 것이다.

80년대 이후 포스트모더니즘이 우리의 문화 공간 내부로부터의 변화를 재촉하는 두드러진 특징 가운데 하나는 페미니즘에 대한 관심과 논의의 제고이다. 포스

---

[266] 서성록, 「한국 회화의 모더니즘과 포스트모더니즘」, 『현대시 사상』, 1990, 여름호, pp. 168~69.
[267] 서성록, 「다차원성의 길트기」, 권택영 편, 『포스트모더니즘과 문화』, 문예출판사, 1991, p. 423.

트모더니즘은 남근 중심주의의 서구 문화가 여성을 가리켜 가진 것이 없으므로 상실할 것도 없다는 이유로 〈재현의 폐허〉로서 간주한 채, 그 재현의 주체를 남성으로만 설정한 오직 하나의 중심의 지배적 지위를 해체하려 하기 때문이다.

이러한 해체의 동기는 남존여비의 오랜 유교적 전통으로 인해 여성성*femininity*에 대한 논의조차 거부되었거나 용인되더라도 불평등의 이항 대립적 전제 하에서만 제한적으로 가능했던 우리의 여성성의 언설들에 대한 발언권 제한과 일치하는 것이었다. 그러므로 포스트모더니즘의 주제 가운데 하나로서의 페미니즘이 우리에게도 유교적 권위에 도전하고 그 잠재의식의 해체를 요구하기 시작한 것은 자연스러운 현상일 수밖에 없다. 서구의 페미니즘이 외계의 타자에게 지구의 거주인을 대표할 인물, 즉 인류의 대변자를 당연히 남성으로 여겨 온 고정관념을 해체하려 하듯이 우리의 페미니즘적 반성도 이 땅의 대변자로서 지금까지 군림해 온 남성의 위계적 지위 독점을 폭로하고 거부하려는 것이다.

그러나 성차에 일방적으로 부여되어 온 가치에 대한 이러한 잠재의식이 얼마나 깊은 것인지는 포스트모더니즘에 대해서조차 의심과 의문을 계속 유지하거나 경계의 시선을 떼지 않으려는 페미니즘의 긴장감에서도 충분히 짐작할 수 있다. 모더니즘/포스트모더니즘 논쟁에 참여하고 있는 여성이 거의 없다는 사실에서뿐만 아니라 포스트모더니즘에 관한 글쓰기에서 성차에 관한 논의가 부재한다는 사실은 포스트모더니즘이 여성을 배제시키려고 고안해 낸 또 다른 남성적 발명품은 아닌가 하는 의문을 불러일으킨다는 주장[268]이 바로 그것이다. 그러나 이러한 의심과 의문의 동기나 심리적 토대도 사실은 남성/여성, 존재/부재 등과 같이 이항 대립적이므로 페미니즘으로 연결되지 못한다. 다원과 다양, 그리고 차이와 차별을 강조하는 포스트모더니즘을 페미니즘과 연결할 수 있는 통로는 기본적으로 이항 대립없이 어떻게 차이와 차별을 인식할 것인가 하는 문제일 것이다. 서구나 우리의

268 Craig Owens, "The Discourse of Others: Feminists and Postmodernism", Hal Poster (ed.) *Postmodern Culture*, Pluto Press, 1983, p. 61.

문화를 가릴 것 없이 이항 대립의 폐기가 곧 페미니즘의 조건이고 논의의 시작일 것이기 때문이다.

3. 과학 기술과 정보화 시대의 철학

1) 과학 기술 ― 가장 친숙한 파시즘

제우스Zeus가 인류에게는 비밀로 하기를 바랐던 신(神)들의 지혜인 천계의 불을 문명의 비밀스런 기술을 배운 불의 신 프로메테우스Prometheus가 훔쳐서 인간에게 전하면서부터 인류에게는 불의 천혜가 아닌 재앙의 역사가 시작되었을 것이다. 과학·기술의 역사가 바로 그러하다. 20세기의 불〈핵폭탄〉의 재앙이 그러했고 적어도 2001년 9월 11일 뉴욕의 국제 무역 센터 빌딩의 붕괴도 그러했다. 또한 21세기의 불〈이산화탄소〉의 재앙이 그러할 것이다. 그것은 과학·기술이야말로 인류의 역사상 가장 두려운 최후의 테러리즘일 수 있음을 실증하는 역사적 사건들이 아닐 수 없다.

1623년 영국의 셰익스피어는 사랑의 드라마인 희극 작품 『템페스트The Tempest』에서 프로스페로Prospero의 외동딸인 미란다Miranda를 통해 인간 세계를 가리켜〈멋진 신세계〉로서 묘사하고 있다. 그러나 그로부터 300여 년이 지난 1932년 셰익스피어의 작품을 수없이 인용한 영국의 소설가 헉슬리A. L. Huxley는 자신의 작품 『멋진 신세계Brave New World』에서 인간의 지성과 양심의 관리를 꺼려하고, 제멋대로 가려는 과학의 혼란과 무질서를 진보로 간주해 온 몽상 속의 이 세계를 조소하면서 셰익스피어를 향해〈그래도 멋진 신세계냐〉고 반문한다.

오히려 근대 이후 과학이 중단 없이 시도해 온 유토피아의 실현이 꿈같은 낙원이 아닌 과학적 실낙원으로서 코앞에 다가오자 그는 환희에 찬 셰익스피어의 잠꼬대보다도〈우리는 어떻게 하면 결정적인 유토피아의 실현을 회피할 수 있을까〉라고 한탄하는 러시아의 철학자 베르쟈예프의 넋두리를 빌어 자신의 책머리를 시작한다. 헉슬리는 태초에 뱀의 유혹으로 인해 낙원에서 쫓겨난 아담과 이브의 후예들이 스스로의 힘(*potentia* = *scientia*)으로 복원시켜 온 새로운 세계마저도 기대했던 멋진 파라다이스가 아닌 미물조차 살 수 없는 〈불모의 유토피아〉가 될 것이라고 확신하기 때문이다.

오늘날 세계 각국의 과학자들은 화성의 모습을 가리켜 〈지구의 미래상〉이라고 경고한다. 헉슬리의 조소와 경고대로 지구는 〈어디에도 없는 땅*ou* + *topos* = *utopia*〉, 꿈속의 이상향이나 멋진 신세계가 아닌 모든 생명이 신음하고 죽어 가는 땅, 어떤 생명도 더 이상 살 수 없는 버림받은 땅, 결국 종(種)의 무덤과도 같은 불모의 대지로 변해 가고 있기 때문이다.

그럼에도 불구하고 인간에게는 과학·기술보다 한순간도 외면할 수 없을 만큼 친숙한 것도 없고, 그것만큼 미래에 대한 유토피아적 환상에 빠져들게 하는 것도 없다. 인간에게 과학·기술은 어느새 어떤 종교보다 더 깊은 신앙을 갖게 했다. 과학자는 어떤 종교인이나 목회자보다도 신뢰받는 미래의 입법자나 재판관의 역할과 지위를 공고히 차지하게 될 것이다. 과학·기술은 이미 인류가 미래의 운명을 맡긴 최강의 파시즘이 되어 버렸기 때문이다. 그것도 가장 친숙한 파시즘*friendly fascism*이 된 지 오래이기 때문이다.

그러므로 인류 사회의 미래에 대한 운명을 가늠하게 될 과학·기술이라는 최후의 테러리즘·최강의 파시즘에 대한 대안의 마련도 그 이상으로 절실하다. 인류는 장래의 생존에 대한 윤리적 대안, 즉 대안 윤리의 필요성을 어느 때보다도 절감하지 않을 수 없다. 당대의 윤리에만 매달려 온 공시형 윤리보다도 다음 세대를 위한 윤리, 즉 통시형 윤리의 마련과 강조가 시급하다. 나아가 인간 중심의 윤리와 인간만을 위한 윤리에서 생명 있는 모든 것을 위한 공생*symbiosis*의 윤리에로 논의의 확장을 어느 때보다도 서둘러야 할 때이다.

2) 대중 사회에서 소중의 공동체로

앨빈 토플러에 의하면 인류의 문명은 농업 혁명→산업 혁명→정보 혁명의 세 단계를 거쳐 현재에 이르고 있다. 특히 근대의 과학·기술 혁명의 직접적인 성과로 나타난 서구의 산업 혁명은 서구 사회를 산업 사회화했고 근대 이후 세계 각국이 지향해야 할 모델 사회로 만들었다. 산업 사회는 기계 혁명으로 인해 대량 생산·대량 소비를 실현시킴으로써 생산자와 소비자가 일체화되어 온 농업 사회의 전통적인 사회 구조와 문화를 근본적으로 바꿔 놓을 수 있었다. 다시 말해 산업 사회는 생산자와 소비자가 분리된 이원 구조의 사회 속에서 인류의 문명과 문화를 형성해 왔다. 토플러가 인류 문명사의 두 번째 물결로서 규정한 것이 바로 그것이다. 그러므로 기계화로 표상되는 산업 사회는 그 문명의 형태도 규격화·전문화·동시화(시간의 획일화)·집중화·극대화·중앙 집권화라는 근대 문명의 전형을 만들어 냈다. 이것은 대량 생산·대량 소비의 효율화에 초점을 맞춘 산업 사회의 보편적 가치이자 덕목으로서 그 사회 구성원의 행동 양식이자 세계관이 되기도 했다.

그러나 후기 산업 사회의 표상인 〈정보화〉는 산업 사회의 이러한 전형을 빠른 속도로 전복시키고 있다. 속도 숭배로 초래된 새로운 기술 혁명인 정보 혁명은 생산자와 소비자로 분리되어 있던 산업 사회의 기본 구조를 다시 전복시켜 세계를 기술적으로 고도화된 원형극장형 사회로 빠르게 개편하고 있기 때문이다. 이 사회에서는 생산 기능과 소비 행위에 의해 구조적으로 분리되었던 산업 사회의 주체들도 각자가 필요한 것을 스스로 생산할 수 있는 이른바 〈생산 소비자 prosumer〉라는 새로운 일원적·기술적 주체로 거듭나고 있다.

기술이란 본래 새로운 환경에 대한 새로운 복합적 행동 양식이 발명해 내는 매개 수단이다. 다시 말해 주체와 환경의 조화를 매개하는 것이 기술이다. 그러므로 기술의 본질은 방법적이고 도구적이다. 그러나 생산의 대량 mass 화를 효율적 가치로서 간주해 온 산업 사회에서는 생산의 주체가 전문화될 수밖에 없을 뿐만 아니라 생산 기술도 규격화·획일화·집중화·극대화할 수밖에 없었다. 그것이 달라진 환경과 조화를 이룰 수 있는 최선의 방법이었기 때문이다.

그러나 정보 통신 기술의 혁명은 사회 구조를 더 이상 대량화하지 않을 뿐더러 기술 주체인 생산자를 소비자와의 이항 대립 관계 속에 놓아두려 하지 않는다. 신기술은 주체와 환경과의 조화 방식을 다시 바꿔 놓기 시작한 것이다. 그로 인해 거대 시장 구조를 형성하는 대중을 생산자와 소비자로 양분하는 산업 사회와는 달리 정보 사회는 그 구성원 각자가 스스로 자신의 생활을 디자인하는 새로운 시스템의 사회, 즉 대중(大衆)이 아닌 소중(少衆)의 공동체로 변모하고 있다. 이 사회에서는 대량화·집중화·극대화 등을 더 이상 필요로 하지 않는다. 거기에서는 대규모의 시장 경제나 중앙 집권화한 국가 권력의 분산화와 분권화, 심지어는 그것의 해체마저도 요구되고 있다.

이러한 제3의 기술 문명 사회에서는 구성원의 삶의 방식도 고정화·정주화하기보다는 될 수 있는 대로 이동화하고 유목화하려 한다. 이 사회의 문화 역시 마찬가지이다. 대형화·통합화보다는 소형화·분리화된 양식으로 보편화되어 간다. 공개적인 기호로 통용될 수 있는 개방 공간 대신 비밀 번호로 암호화된 칸막이 공간으로 문화의 공간과 양식이 바뀌는 이유도 거기에 있다. 예를 들어 각자 저마다의 비밀 번호 없이 살 수 없는 문화 공간이 곧 정보 사회인 것이다. 이처럼 비밀 번호는 무제한적으로 설정된 정보 사회의 칸막이(원형극장형 사이버 공간)들을 드나들 수 있는 통로이자 열쇠이다.

그러나 마음의 채비도 없이 어느 사이에 진입해 버린 이러한 신세계에서 우리는 미처 예기치 못한 난제들과도 피할 수 없이 부딪쳐야 한다. 첫째, 유목 속도에 적응해야 하는 강박 관념이 그것이다. 삶의 구조와 양식이 정주에서 유목으로 바뀌면서 생활 속도에도 변화가 불가피하다. 이동성*mobility*이라는 유목적 가치를 더욱 존중하는 삶의 방식에 잘 적응해야만 사회적 고립감에 빠지지 않을 수 있다.

둘째, 속도 숭배와 정보 족쇄에 얽매일 수밖에 없다. 정보 사회는 힘(불)의 경쟁 사회를 속도(빛)의 경쟁 사회로 바꿔 놓았다. 그 사회는 힘의 세기가 아닌 속도의 빠르기가 대부분의 삶의 가치를 결정하는 사회이다. 그것도 정보를 운반하는 속도의 빠르기를 숭배하는 사회이다. 정보가 어찌할 수 없는 인간의 굴레가 되어 버렸기 때문이다.

셋째, 정보의 과잉과 무의미화에 빠져들기 쉽다. 정보 사회는 지식이나 정보의 생산·보존·유통·축적의 기술이 놀라울 정도로 진보한 결과 그 사회의 구성원 가운데 누구도 인간의 기억 능력으로는 감당할 수 없는 엄청난 양의 정보의 바다 속에 휩쓸리게 된다. 인간은 이처럼 상상할 수 없을 정도로 인플레이션을 일으킨 정보의 물결에 대응할 수 없다. 결국 인간은 과잉 정보의 무의미와 무가치함을 고민하게 되고 정보의 번뇌로 인한 무력감에 시달릴 수 있다.

넷째, 대물(對物) 사회에서의 인간성 상실을 회피할 수 없다. 정보 사회에서는 인간 대 인간, 즉 얼굴을 대면한 커뮤니케이션이 이뤄지던 대인 관계가 아니라 컴퓨터를 통한 사이버 공간에서의 커뮤니케이션이 주도하는 대물 관계로 인간의 관계 방식이 근본적으로 바뀌고 있다. 그러므로 이러한 방식에서는 직접적인 인성의 교류나 교감은 더 이상 기대하기 어렵다. 인간이 세계를 직접적으로 이해하는 것이 아니라 인간도 도구적 연관의 일부, 즉 프로그램의 일부가 되어 주체적인 윤리 의식이 희박하거나 상실된 도구적 존재로서 기능할 뿐이다. 정보 사회에서는 대인 윤리*ethica ad hominem*보다 대물 윤리*ethica ad rem*가 더욱 강조되어야 하는 이유가 거기에 있다.

다섯째, 신식민주의의 등장 가능성을 경계해야 한다. 19세기에서 20세기 전반까지를 제국주의 이데올로기의 세기로 규정할 수 있는 것은 힘(무력)을 바탕으로 한 약소국의 식민지 점령과 지배를 경쟁하던 시기였기 때문이다. 그러므로 대니얼 벨의 『이데올로기의 종언』은 바로 이 시대의 마감을 의미하는 것이었다. 그러나 오늘날은 사정이 달라졌다. 벨의 생각과는 달리 점령과 지배의 방식, 즉 경쟁의 방식을 달리하는 새로운 유형의 경쟁이 시작되었기 때문이다. 화약의 발명처럼 불을 다루는 신기술의 개발이 힘의 경쟁 시대를 초래했듯이 광속도의 정보 전달 기술의 개발은 속도와 정보의 경쟁 시대를 초래한 것이다. 그러므로 정보 경쟁에서의 우위는 곧 정보의 독점과 지배로 연결되기 쉽다. 다시 말해 국가·지역·집단 사이에 형성되는 정보 지배의 서열화는 식민주의의 다른 형태로 자리매김하기 어렵지 않다.

4. 한국의 서양 사상: 20세기가 남긴 과제

한국의 역사에서 20세기만큼 굴곡과 주름 접힘이 많았던 시기가 또 있었을까? 그것도 국제 관계로 인해 만들어진 역사의 지워지지 않는 흉터와 흔적이 그토록 많았던 시기는 일찍이 없었을 것이다. 질풍노도같은 서세동점의 세기적인 거대 권력과 그 권력이 낳은 아시아의 대리점으로서 일제의 이른바 팔굉일우(八紘一宇)의 이데올로기 실험, 그리고 미소(美蘇)의 미식 축구 시합과도 같았던 6.25 전쟁 등이 지난 100년간 밖으로부터 우리 역사에 강제된 굴레들이 아니었던가. 적어도 100년의 절반은 리바이어던이 우리의 역사를 장악하고 있었다고 해도 과언이 아닐 것이다. 그만큼 우리의 역사를 밟고 간 공룡의 흔적들이 어느 때보다도 크고 뚜렷하기 때문이다.

그러나 이것은 역사에만 남겨진 흔적이 아니다. 이것은 역사를 표상하는 우리 문화의 자화상일 뿐만 아니라 20세기의 서구 사상 100년, 특히 이 땅에 그것이 수용된 지나간 100년의 발자취이기도 하다. 그러나 그것은 일그러진 채 형상화되었는가 하면 성형 부전(成形不全)의 형상이기도 하다. 그런가 하면 그것은 과도한 편식이나 굶주림으로 인한 영양 부족이나 실조의 증상을 보이기도 한다. 이유야 어찌되었든 지난 100년의 자화상 속에 담겨진 이러한 모습들이 곧 남겨진 과제임을 우리는 부인할 수 없다. 그것들의 예를 몇 가지만 열거해 보면 다음과 같다.

첫째, 우리의 서구 사상 연구에는 다양성이 부족하다.

그것은 저간의 부자유스런 역사적 상황으로 인해 서구 사상의 수용 경로가 그만큼 부자유스럽고 단선적일 수밖에 없었기 때문일 것이다. 그러나 단선 경로에 의해 이미 길들여진 관점과 선입견, 그리고 짝사랑과도 같은 편집증이 일종의 사상적인 경계 인격 장애(境界人格障碍)를 가져왔을 수도 있다. 이제부터라도 다원 문화 의식과 사상적 다양성의 제고가 필요하다. 지구에서는 이미 리좀rhizome적 변화가 정치·경제뿐만 아니라 문화 전반에 걸쳐 일어나고 있다. 분자적mol 개체들에 의한 문화 혁명, 즉 미분적 혁명이 소리 없이 빠른 속도로 진행되고 있는 것이다. 한마디로 말해 그것들은 개체성의 혁명, 차이화의 혁명이다.

편집증적인paranoiac 시대의 종언과 동시에 분열증적인schizo 시대의 도래를 알리는 징후들도 속출하고 있다. 21세기에는 정치적 볼셰비키가 무의미하듯 문화적 우세종도 무의미할지 모른다. 칸트의 인식론이나 후설의 현상학, 또는 영미 철학만이 세계 철학사의 주인공이 될 수는 없을 것이다. 러시아 인들은 러시아의 르네상스를 실현시키려 할 것이고 라틴 아메리카 인들은 시몬 볼리바르S. Bolivar를 찬양할 것이다. 그런가 하면 아프리카 인들은 아칸Akan의 철학을 내세울 것이며, 아랍 인들은 알라를 더욱 위대하게 여길 것이다.

둘째, 우리의 서구 사상 연구에는 자율성이 부족하다.

조선 시대나 일제 시대의 경우만 하더라도 우리의 역사는 중국과 일본에 대한 독자적 자율성을 주장하기 어려웠다. 그런데 이러한 관계는 그 이후 서양과의 관계에서도 크게 달라지지 않았다. 정치·경제는 물론이지만 종교나 사상, 그리고 예술을 비롯한 문화의 영역에서도 그에 못지 않았다. 탈중화의 겨를도 갖지 못한 채 일제의 식민 지배를 겪어야 했고, 타율적인 탈식민의 역사는 서구화의 문화 구도와 맞바꾸어야 했다. 탈서구 의식의 부족이 아직까지 그대로인 이유도 거기에 있다. 한 세기 이상이나 우리 민족과 문화에 씌워진 굴레였던 문명대 야만의 〈모건 도식〉이 우리의 문화 의식 저변에 아직도 작용하고 있기 때문일지도 모른다.

셋째, 우리의 서구 사상 연구에는 주체성이 부족하다.

그러나 주체성의 부족도 실제로는 다양성이 부족한 이유나 탈서구 의식이 부족한 이유와 궤를 같이 하는 것으로 이해해야 할 것이다. 따지고 보면 그것들은 하나의 연결 고리로 연결되어 있기 때문이다. 예를 들어 개성 없는 우리의 철학 교과 과정의 경우가 그러하다. 우리의 교과 과정은 일본을 비롯하여 홍콩, 대만, 중국, 싱가포르, 인도 등 아시아 각 대학들과 비교해 보면 아시아 대학의 것이라고 보기 어렵다. 더구나 동아시아나 한국의 철학 교과 과정임을 강조하기는 더욱 어렵다. 차라리 서양의 어느 대학의 것이라고 해야 무난할 지경이다. 탈서구화와 주체화를 동전의 양면과 같은 것이라고 한다면 탈서구화하지 못한 우리의 철학 교육에 주체화를 기대하는 것은 시기상조일지도 모른다. 단군 이념을 빌려서라도 민족 철학을 정립해 보려던 안호상의 고군분투가 뒤늦게나마 새롭고 의미 있어 보이는 이유도 거기에 있다.

넷째, 우리의 서구 사상 연구에는 독창성이 부족하다.

사상의 독창성이란 애매하고 간단하지 않은 개념이다. 더구나 외래 사상의 연구에서는 더욱 그러하다. 사상에서의 독창적인 발명이나 창조는 애당초부터 동·서양을 막론하고 불가능한 일이기도 하지만 우리에게 서구 사상의 발명과 창조적 생산을 기대하는 것은 플라톤이나 아리스토텔레스에게 선진 유학을 기대하는 것만큼이나 불가능한 일이기 때문이다. 그렇다면 외래 사상의 연구에서 기대하는 독창성이란 무엇일까? 그것은 아마도 외래 사상의 단순한 소개나 번안이 아니라 수용→습합→변용에서의 독창성을 의미할 것이다. 그것은 캉유웨이의 대동 사상이나 니시다 기타로(西田幾多郞)의 『선의 연구』를 능가하는 칸트의 종합과도 같은 것이 이 땅에서 이뤄지기를 기대하는 것일지도 모른다.

다섯째, 분단의 극복은 20세기 후반 한국 사상이 남긴 최대의 유산이자·마지막 과제이다. 이념의 차이와 국토의 분단은 닭과 달걀의 관계처럼 인과의 순위 매김이 쉽지 않은 문제이다. 그러나 반세기 이상 의사 소통이 단절된 두 집단의 사상과 문화가 동질적이기를 지금은 누구도 기대하지 않지만 언젠가는 그것이 동질적일 수 있기를 이 땅의 모두가 기대하는 것은 당연한 이치일 것이다. 그것이 바로 한민족의 정체성의 조건이기 때문이다.

여섯째, 사상과 철학의 지구화에 적극적이어야 한다.

포스트모더니즘의 생산 기지는 미국이었지만 그 재료는 프랑스에서 수입한 포스트 구조주의였다. 미국의 사상가들을 비롯한 지식인들은 그것의 내용을 미국식으로 바꾸고 미국의 포장지로 포장한 다음 미국의 유통 구조를 통해 지구화에 성공했다. 이처럼 한국의 사상과 철학도 글로벌 섹션에 적극적이어야 한다. 이 땅에서 서구 사상가들의 활동을 반겨야 하듯이 한국의 사상가들도 지구 위에서 환영받아야 한다.

11 세기를 넘어서

　21세기는 그 이전과는 시작부터가 다르다. 문명의 충돌을 예견하는 이가 있는가 하면 문명사적 전환을 예고하는 이도 있다. 하나의 문화·언어·민족으로 구성된 국민 국가의 〈동일주의〉를 부정하고 다인종·다민족·다문화에 기초한 다원주의가 사회 통합의 원리가 되는 시대가 도래할 것을 예측하는 이가 있는가 하면 인구의 범세계적 이동, 이민의 지구 규모화로 인해 동서의 이항 대립 구조마저 소멸하는 시대를 맞이하게 될 것이라고 예언하는 사람도 있다. 실제로 21세기의 지구에는 국경을 무의미하게 만든 과학·기술의 획기적인 발전과 그것에 기초한 정보 통신 혁명, 그리고 미디어 커뮤니케이션의 지구화로 거대한 사회 변동의 물결이 일어나기 시작했다. 현기증나게 하는 새 물결 *new wave*이 밀어닥치고 있다. 세기를 넘어서는 기분이 마치 만화경의 세상으로 들어가는 것 같은 이유도 거기에 있다.

1. 지배 이데올로기의 해체와 초극

1) 상속받은 유령들 — 20세기 지배 이데올로기

한때 모택동의 후계자였던 린뱌오(林彪)는 중국 인민의 항전 승리 20주년 기념사에서 〈전 세계를 놓고 볼 때 북미와 유럽이 《세계의 도시》로 불릴 수 있다면, 아시아·아프리카·라틴 아메리카는 《세계의 시골》을 구성한다〉고 하여 시골로써 도시를 포위하자는 반(反)도시주의를 주장한 바 있다.

그러나 린뱌오를 비롯한 모택동주의자들이 제3세계의 해방을 부추기는 이른바 반도시주의론 속에는 두 가지 전략이 숨어 있다. 하나는 19세기 서양의 오리엔탈리즘과 유사한 제국주의적 전략이다. 이것을 가리켜 샤오메이 첸Xiaomei Chen은 〈관변 옥시덴탈리즘 official occidentalism〉이라고 부른다. 논리적으로 볼 때, 〈모택동의 반도시주의는 도시를 모든 사악함과 도덕적인 타락의 상징으로 그리고 시골의 자연적인 순수성을 위협하는 요소로 간주하는 서양의 지적 전통(루소의 자연주의와 같은)의 한 조류와 일정한 유사성을 공유하고 있다. 그러므로 모택동주의의 옥시덴탈리즘은 서양의 선조들에게 의존하고 있는 듯이 보인다〉[269]는 것이다. 더구나 서양의 오리엔탈리즘이 마르크스주의의 변형으로 생겨났듯이 모택동주의가 중국에서 옥시덴탈리즘이라고 불릴 수 있는 이유도 그것 역시 마르크스주의의 중국식 변종이기 때문이다.

다른 하나는 첫번째 전략을 위장하여 중국 내 정치에서 반대파를 억압하고 문화대혁명을 옹호하기 위한 것이었다. 샤오메이 첸에 의하면, 〈중국 정부는 서양의 본질주의화를 자국민에 대한 내적 억압 기능을 수행하는 민족주의를 지탱하기 위한 수단으로 이용한다. 이 과정에서 구성되는 서양이라는 타자는 서양에 대한 우위를 확보하기 위해서 뿐만 아니라 자국 내에서의 중국적 자아를 교화시키고 궁극적으

---

[269] Xiaomei Chen, *Occidentalism*, 1995, Oxford Univ. Press, 정진배, 김정아 역, 『옥시덴탈리즘』, 강, 2001, p. 16.

로는 지배하기 위해서 중국의 상상력에 의해 연역된 것이다〉.[270]

이렇게 보면 모택동주의의 첫번째 전략이 대외용 옥시덴탈리즘이었던 데 반해 두 번째 전략은 대내용 옥시덴탈리즘이었다. 더구나 그것의 뿌리가 서구 오리엔탈리즘이었다는 점을 감안한다면 전자가 모방 오리엔탈리즘인데 비해 후자는 내부적 오리엔탈리즘에 지나지 않는다. 옥시덴탈리즘은 피상적으로는 오리엔탈리즘의 역설적 논리와 언설로서 작용하고 있지만 실제로 그 이데올로기적 동기가 오리엔탈리즘과 맞닿아 있을 뿐만 아니라 그것을 행사하는 기술과 전략도 상당 부분 오리엔탈리즘과 공유하고 있기 때문이다.

서양이라는 타자를 구성함으로써 이뤄지는 옥시덴탈리즘이라는 언설 행위는 심지어 서양이라는 타자에 의해 동양이 구성되고 난 이후에도 동양이 적극적으로, 그리고 고유의 창조성을 가지고 자기 전유(自己專有, self-appropriation)의 과정에 참여할 수 있도록 만들었다. 제국주의적으로 부과된 서양의 이론과 실천을 지속적으로 수정하고 조종한 결과로 중국적 동양은 서로 간에 상호 작용하고 침투하는 서양에 의해 구성된 중국과 중국에 의해 구성된 서양이라는 두 가지 구성 요소의 독특한 조합으로 대변되는 새로운 언설을 창조해 냈다. 샤오메이 첸은 에드워드 사이드E. Said가 유럽의 문명과 언어의 연원이었으며 유럽 문화의 호적수였고, 또한 유럽 인의 마음속 가장 깊은 곳에서 반복적으로 나타나는 〈타자의 이미지〉라고 부른 오리엔탈리즘에 비유하여 중국의 옥시덴탈리즘을 모택동 이후의 중국 사회에서 가장 강력한 타자의 이미지로서 등장한 서양Occident의 중국적 재현[271]이라고까지 표현한다.

그러나 동전의 양면과도 같은 타자의 이미지들images of the Other로서 나타나는 지배 이데올로기의 두 얼굴과 두 행태는 중국의 사례에만 국한되지 않는다. 오히려 한반도가 중국보다도 더욱 복잡한 함수 관계를 지닌 오리엔탈리즘과 옥시덴

---

270 앞의 책, p. 13.
271 앞의 책, p. 12.

탈리즘의 최전선일 수 있다. 왜냐하면 일제 시대 이후 한국인들의 마음속 깊이 중층적으로 자리잡고 있는 지배 이데올로기로서 타자의 이미지들은 지금까지도 복합적이고 다양한 재현을 수없이 반복하고 있기 때문이다.

19세기 후반부터 등장하는 개화파들의 옥시덴탈리즘 — 서구 오리엔탈리즘에 대한 강한 강박 관념이 그것을 허용할 정도의 관용과 여유를 지니지 못했기 때문에 실패할 수밖에 없었던 — 을 제외하더라도 한반도에서의 일제 시기는 옥시덴탈리즘의 우회적 세뇌 기간이었을 뿐만 아니라 비서구에서 처음으로 등장한〈일본제국주의〉라는 모방 오리엔탈리즘의 실험 기간이었다.[272] 〈힘이 있는 곳에 권리가 있다Might is right〉는 서양의 약육강식의 논리를 일찍이 터득한 일본은 서양의 정복 모델을 모방한 오리엔탈리즘occidentalized orientalism으로 35년간이나 세뇌하고 실험하면서 한국인에게 오리엔탈리즘에 대한 증오만이 아니라 간접 투영된 옥시덴탈리즘에 대한 동경도 함께 이미지화했다.

1945년 미국에 의한 일제의 모방 식민주의의 제거와 더불어 민족의 운명이〈식민에서 분단으로〉그토록 쉽게 바뀔 수 있었던 것도 불가피한 외부적 조건 때문만은 아니었다. 특히 독립과 해방을 미국이 안겨 준 선물로 인식한 한국인의 의식의 저변에는 이미 새로운 의식의 식민지화가 자리 잡기 시작했다. 아메리칸 오리엔탈리즘American Orientalism은 일본 제국주의에 대한 증오심 이상으로 아메리칸 드림 속에서 옥시덴탈리즘으로 둔갑하고 있었다. 증오와 동경의 중층적 이미지화 과정에서 새로운 오리엔탈리즘은 은폐되고 있었던 것이다. 더구나 오늘날 대부분의 제국주의가 더욱 문명화된 전술, 즉 이상적인 동기나 합리화로 제국주의적 행동을

[272] 미요시 마사오는 일본 제국주의를 근대 제국주의 침략의 최초의 비서양적 사례인 동시에 그 이면에는 서양의 정복에 대항하여 싸우는 프로그램이 포함된 토착문화주의nativism였다고 미화한다. 비록 서양의 정복 모델을 모방한 것이기는 하지만 중국의 쑨원, 베트남의 호치민, 이집트의 나세르와 같은 독립운동가에게는 그것이 하나의 모델로서 작용했다는 것이다. Masao Miyoshi, *Off Center: Power and Culture Relations between Japan and the United States*, 1991, Harvard Univ. Press, p. 40.

포장하거나 온갖 종류의 합리화로 가장하여 결코 노골적인 모습을 드러내는 법이 없듯이 미국의 오리엔탈리즘도 제국주의적 요소를 극소화하여 쉽게 눈치챌 수 없었기 때문이다.

설사 경우에 따라 노출되더라도 그것은 해방과 반공의 대가로 면죄부를 받을 수 있었고 강력한 타자로서 이미지화를 지속하고 있는 옥시덴탈리즘의 한국적 재현으로 이미지의 겹침 *overlap* 을 쉽게 이룰 수 있었다. 해방 이후 줄곧 한국에서의 수많은 관변 옥시덴탈리즘이 주류 문화를 형성할 수 있었던 이유가 그것이고 반관변 옥시덴탈리즘이 관변 옥시덴탈리즘의 반정립일 수 없었던 이유도 그것이었다. 혹자는 이것을 가리켜 〈현재 한국 사회에서의 근대화와 탈식민지화가 서양 문화·영어·세계 역사에 특권을 부여함으로써 결국 스스로의 문화적 열등성을 인정하는 결과를 초래했다〉[273]고 지적한다. 한국의 탈식민주의적인 반관변 엘리트들은 서양, 즉 미국 문화를 세심하게 받아들임으로써 스스로를 특권층의 일원으로 분류하는 하위 계층적 풍토를 만들어 냈다는 것이다. 더구나 수많은 반관변 엘리트들의 언설이 유령과도 같은 마르크스주의에 신세진 또 다른 유형의 옥시덴탈리즘이었기 때문에 그것들이 수용될 수 없었던 것은 당연한 이치였다. 이미 미국식 옥시덴탈리즘에 깊이 물든 한국의 관변 문화와 맞서 싸우기 위해 또 다른(낡은) 옥시덴탈리즘을 사용하는 것 자체가 첨단 무기에 대항하는 재래식 무기의 무기력함을 드러내는 것이나 다름없었다.

그것이 아니더라도 아메리칸 오리엔탈리즘과 옥시덴탈리즘이 중층화된 관변의 문화적 헤게모니와 맞서려는 반관변 언설들은 어떤 경우에도 쉽게 허용되지 않았다. 예를 들면, 2002년 가을 미군 장갑차에 치여 압사당한 여중생을 추모하려는 촛불 시위에 대한 관변 문화의 시각이 바로 그것이었다. 이를 두고 어떤 이는 감성적 집단주의의 위력이라고 평하는가 하면 닫힌 민족주의의 발로라고도 평가한다. 그

---

[273] Chungmoo Choi, *The Discourse of Decolonization and Popular Memory: South Korea*, Positions 1: 1, 1993, p. 80.

렇다면 옥시덴탈 헤게모니에 대한 비우호적 시각이나 저항 의식은 모두가 닫힌 민족주의인가? 이미 새로운 서양*Occident*이라는 강력한 타자로서 이미지화 된 미국적 정서의 한국적 재현이 열린 민족주의란 말인가?

그러나 세기를 넘어서면서 이것보다 더욱 일그러진 문화적 자화상 앞에 우리를 서게 하는 것은 우리의 상속 받은 유령들인 내부적 식민주의와 천박한 모방 오리엔탈리즘이다. 미요시 마사오가 토착문화주의*nativism*라고 미화한 바 있는 일본 제국주의(내부적 식민주의)의 가혹한 희생자였던 한국인의 마조히즘 속에 불행하게도 이미지화된 내부적 식민주의가 이제는 가난한 주변 국가의 동료들에게 사디즘으로 표변하여 희생을 강요하고 있는 것이다. 한국의 현대사가 아직도 극복하지 못하는 후유증이 미개한 야만에 대한 멸시(지배만이 문명에의 지름길이다!)라는 일제 식민주의에 대한 피해 의식과 반일 콤플렉스이다. 일본의 모방 식민주의와 오리엔탈리즘의 가혹한 실험 대상이었다는 역사적 수치심 때문에 일본에 대한 우리의 민족적 자존심은 아직도 의연하지 못하다.

그러나 서구 제국주의의 모방 범죄 때문에 누구보다 상처가 깊은 우리에게 모방 식민주의는 여전히 악령이 되어 우리를 괴롭히고 있다. 그 콤플렉스가 우리를 이미 무서운 식민의 가해자로 둔갑시켰기 때문이다. 요즘 우리 사회에서 〈비인간적인 대우는 이제 더 이상 못참겠다〉고 연일 외쳐 대는 25만 외국인 근로자의 호소와 분노가 그것이다. 돌이켜 보면 이것이야말로 우리의 부모가 식민의 가혹함에 견디기 힘들어 지른 비명이었고 절규였다. 이것은 분명히 우리 의식의 야누스적인 이중성이다. 우리는 서구와의 관계에서는 제3세계의 속성을 가지는 반면 경제력이 우리보다 뒤진 동남아시아나 아프리카와의 관계에서는 제국주의적 속성을 띠는 양면성을 드러내고 있는 것이다. 어느새 우리는 식민주의의 천박한 상속자가 되어 버렸고 식민주의를 흉내내고 있는 비열한 사이비 식민주의자가 되어 버렸다. 우리가 그토록 비난하고 저주해 온 제국주의 오리엔탈리즘의 에이전트(유령)로 변신해 버린 것이다.

프란시스 후쿠야마F. Fukuyama가 『역사의 종말과 최후의 인간The End of History and the Last man』(1992)에서 역사를 〈단순히 과거에서 산출된 모든 것의 목록이 아니라 중요하지 않은 것으로부터 중요한 것을 분리시킴으로써 얻어진 추상 작업의 심사숙고한 노력〉이라고 한 정의를 빌리면 우리가 중요한 것이라고 심사숙고하여 분리시킴으로써 얻은 것이 바로 모조품들simulacres, 즉 모방 오리엔탈리즘이고 내부적 식민주의란 말인가? 사이버 스페이스에 살고 있는 21세기의 신인류라고 할지라도 우리가 물려받은 유산에서 우리는 결코 마르크스를 제거할 수 없는 마르크스의 상속자일 수밖에 없다고 하여 뒤늦게 마르크스의 유령[274]을 불러들이고 있는 데리다처럼 우리도 일제의 제국주의와 식민주의, 그리고 오리엔탈리즘과 옥시덴탈리즘의 상속자일 수밖에 없을까? 그래서 지금 우리가 일제의 유령을 불러들이고 있는 것일까? 그 때문에 이 땅에서는 마르크스가 그토록 조롱하던 유령들의 열병식la parade de ces spectres, 즉 마르크스의 유령뿐만 아니라 일제 식민주의의 유령, 그리고 미국 오리엔탈리즘이라는 유령들의 퍼레이드가 진행되고 있는 것일까?

데리다도 그래서 유령에게 하는 햄릿의 말을 빌어 〈시대가 궤도를 벗어나 제멋대로 가고 있다Le temps est hors de ses gonds〉[275]고 경고한다. 그러나 새로운 세상, 새로운 인터내셔널을 구축하기 위해 데리다가 초대한 유령인 마르크스처럼 우

---

[274] 데리다는 마르크스의 유령학la spectrologie de Marx에서 〈우리에게는 이주자, 영광스러운 이주민, 신성한 이주민, 그가 전 생애에 걸쳐서 그랬듯이 저주받았지만 여전히 은밀한 이주민으로 남아 있다. 그는 어긋난 시대에 속하고 이처럼 궤도를 벗어나 제멋대로 가는 시대에 속하고,……경계들에 관해 새롭게 사고하고, 경제에 관한 새로운 경험을 시작한다. 대지와 하늘 사이에서 은밀한 이주자를 체류하지 못하도록 몰아내서는 안 되는데……그가 가족의 일부는 아니지만 다시 한 번 그를 국경 너머로 내쫓아서는 안 된다〉고 하여 내일의 지식인, 미래의 학자를 위해 그의 초대를 적극적으로 권유한다. 그가 『마르크스의 유령들』의 부제를 L'état de la dette, le travaille du deuil et la nouvelle Internatinale(채무 상태, 애도 작업, 그리고 새로운 인터내셔널)이라고 붙인 이유도 거기에 있다. J. Derrida, Spectres de Marx, galiée, 1993, pp. 278~279.
[275] J. Derrida, Spectres de Marx, galiée, 1993, p. 220, p. 19.

리의 열병식에 참여한 유령들은 우리의 〈미래를 감시하기 위해, 그리고 내일의 지식인이 배워야 할 영광스런 이주민 un immigré glorieux〉으로서 초대받은 자가 아니다.

2) 해체에서 재구축에로

해체 déconstruction란 하이데거의 Destruktion을 데리다가 프랑스어인 déconstruction으로 번역하여 사용한 데서 비롯된 개념이다. 그러므로 해체는 파괴가 아니라 탈구축(脫構築)이다. 〈세계는 텍스트이다〉라는 니체의 명제에 대한 동의로부터 시작하여 텍스트와 텍스트 사이에는 마지막 말이 있을 수 없다는 사실을 인정하면서 데리다는 본래 문학이나 사상적 텍스트에 대한 분석에, 즉 비정치적인 텍스트의 해독을 위해 이 개념을 마련했다. 그러나 오늘날 해체주의가 직면하고 있는 최대의 과제는 다양한 문화적·정치 경제적 실천과 그것과의 관계이다. 예를 들어 통신 과학·기술의 혁명에 의해 가상 공간으로 대체되고 있는 새로운 질서 변화와 마르크스주의, 그리고 페미니즘 등 다양한 문제들과의 관계가 그것이다.

해체(탈구축)는 현실이 갖는 진실성을 확실한 사실이나 그것 이상, 또는 객관적인 자연으로 보려는 어떤 시도(구축)에 대해서도 거기에는 균열이나 차이가 구성 요소로서 있다는 사실을 밝히려는 작업이다. 그것은 세계의 시원이나 종말의 환상을 구축하는 것이 아니라 그것의 균열 속에서 일어나는 과거에서 미래에로 끊임없는 유희의 실천, 즉 그 틈 속에서 세상의 생성의 순간을 보려는 것이다. 그러므로 마르크스는 이 균열을 계급 간의 반목으로, 또는 그 차이를 사회적인 힘과 대립하는 정치 경제적인 차이로 파악하려 했다. 다시 말해 마르크스는 사회·경제적 언설(구축) 속에 결여되어 있는 탈구축의 계기들을 포착하려 한 것이다.

데리다는 이것을 가리켜 마르크스가 남겨 준 유산이라고 말한다. 그러나 그에 의하면 〈유산은 결코 주어진 것이 아니라 항상 하나의 과제일 뿐이다. 그것은 마르크스의 상속자들인 우리 앞에 남아 있고, 또한 그런 상속자이길 원하거나 거부하는 경우에도 여전히 우리 앞에 남아 있다〉.[276] 설사 우리가 모든 상속자들과 마찬가지로 슬픔에 잠긴 상속자라고 불릴지라도 그것은 〈이 시대에〉 우리 앞에 언제나 〈출현하는 과제une tâche〉라는 것이다.

〈시대가 궤도를 벗어나 제멋대로 가고 있다〉는 햄릿의 주문으로 데리다는 이 시대의 마르크스의 유령들, 마르크스의 상속자들에게 다시 한 번 경고한다. 그가 인용한 주문에서 〈시대le temps〉란 모든 시대를 말하기도 하지만 그것은 유독 이 시대, 바로 이 시대를 말하는 것으로서 햄릿이 〈우리 시대〉라고 한 이 세계를 가리키는 시대, 오직 바로 이 세계인 이 시기를 말할 뿐 어떤 다른 시기를 언급하는 것이 아니다. 그것은 〈마르크스는 죽었다! 그것의 희망과 함께 공산주의는 죽었다! 그것의 언설들, 그것의 이론들과 그 실천들은 죽었다! 자본주의 만세, 경제적 자유주의 만세! 정치적 자유주의 만세!〉를 외치는 새로운 유령들의 가상 공간인 이 시대에 대한 주문이다.

그에 의하면, 원격-커뮤니케이션tele-communication과 같은 새로운 매스 미디어는 살아 있는 것도 죽은 것도 아니고, 현전하는 것도 부재하는 것도 아닌 유령처럼 떠도는 것이다. 그것은 새로 출현한 유령이고 권력인 것이다. 그러므로 모든 민주주의를 조건짓고 또한 위험에 빠뜨리는 미디어 기술의 분권화된 권력의 유령적 효과를 고려하지 않고, 모조가 출현하는 새로운 속도를 고려하지 않고, 즉 오늘날 미디어를 통한 가상 공간의 힘으로 놀라운 능력을 펼치는 전유들이나 사변들의 새로운 속도를 고려하지 않고는 그것을 분석할 수도 그것과 투쟁할 수도 없다.[277]

더구나 그것은 우리에게 어느 때보다도 공간과 시간의 가상화virtualisation, 가상적 사건의 가능성을 생각하도록 강요한다. 그것은 우리에게 가상적 현실·가상적 사건에서 출발하여 앞으로 도래할 민주주의를 위한 다른 공간을 생각하도록 강요한다. 그러나 기존의 메시아주의적인 것은 모든 텔레-테크노 과학자들의 가상

276 앞의 책, p. 94.
277 앞의 책, p. 94.

공간에서, 이 시대가 지향하는 이러한 가상적 사건의 주변에서 동요한다. 이것을 가리켜 데리다는 전대미문의 전쟁 형식이라고 한다. 이처럼 그는 전례 없는 헤게모니 형식을 설정한다. 그러고는 그가 여기에 초대하는 것이 바로 마르크스의 유령이다. 그는 이 시대의 학술적 문화를 차별화하고 재구축하기 위해 우리들이 상속받은 마르크스의 유산을 상기시킨다. 그에 의하면, 〈우리가 유산을 원하건 원하지 않건 간에, 알건 모르건 간에《우리 자신의 존재가 상속임을 의미한다. 우리는 상속받은 한에서 우리로서 존재한다*nous sommes en tant que nous en héritons.*》[278] 더구나 〈우리는 우리가 증언하도록 허용된 바로 그것을 상속받는다〉고 하여 그는 상속이 곧 존재의 증언임을 강조한다.

그러나 데리다에게 있어서 이러한 상속의 증언은 낡은 질서에 대한 해체의 증언이고 새로운 모색을 위한 증언이다. 그것은 지금 궤도를 벗어나 제멋대로 가고 있는 유령들의 집, 유령들의 세상의 해체를 증언하는 것이고, 독단과 독선의 환영들을 경계하면서 마르크스의 유산으로 비 마르크스주의적인 마르크스주의 세상 〈새로운 인터내셔널*la nouvelle Internationale*〉의 재구축을 증언하는 것이다.

그러나 데리다에게 해체가 방관과 파괴가 아니라 개입과 모색의 과제이고 탈구축이 구축의 권리 파기나 채무 포기가 아니라 새로운 시작과 재구축의 과제이듯이 이것들의 의미는 세기를 넘어서는 우리에게도 마찬가지이다. 데리다에게 유산이란 결코 주어진 것이 아니라 하나의 과제라고 한다면 우리에게도 유산은 그렇게 해야 할 과제이기 때문이다. 그것이 마조히즘으로 이미지화된 제국주의이건 식민주의이건, 또는 사디즘으로 재현된 내부 식민주의이건 모방 오리엔탈리즘이건 간에 피할 수 없는 과제이다. 다시 말해 그것은 새롭게 시작해야 할 과제이고 재구축해야 할 과제이다.

그것은 유령들의 유산을 해체하고 재구축함으로써 독선의 역사를 초극해야 할

---

[278] 앞의 책, p. 94.

과제이다. 데리다의 말대로 그것은 미래를 감시하기 위하여 전적으로 새롭게 시작해야 할 과제이다. 더구나 그것은 우리를 괴롭혀 온 과거의 불순한 환영들의 역사를 기억하고 경계하면서 그렇게 해야 할 과제이다.

2. 동서통합의 모색

1) 〈철학의 중심은 어디에나 있지만 그 주변은 어디에도 없다〉

1960년 프랑스의 갈리마르Gallimard 출판사가 세계의 철학자들을 편집하여 출판하면서 메를로 퐁티M. Merleau-Ponty에게 부탁한 서문의 제목은 〈어디에도 있고 어디에도 없다〉[279]였다. 그는 여기에서 〈철학의 중심은 어디에나 있지만 그 주변은 어디에도 없다〉고 하여 동양 철학을 비롯한 철학적 지역성localité에 대한 자신의 입장을 분명히 한다. 그러나 그는 〈맹자나 순자의 저작과 같은 철학적 저작에는 추리도 있고 체계적인 논증도 있지만 서양의 철학적 저작에 비해 분절화가 충분히 이뤄지지 않았다. ……우리는 장자의 암시적 문체와 곽상(郭象)의 분절화된 문장 가운데 어느 것이 더 좋을까〉와 같은 풍우란(馮友蘭)의 자문을 지적하면서 서양=분절화=진보·동양=미분절화=정체의 도식이 현대 중국의 철학자에게도 침투하여 각인되었음을 지적한다.

그러나 메를로 퐁티의 생각은 풍우란과는 다르다. 왜냐하면 그는 〈주희(1130-1200) 이래 1905년에 과거 제도가 폐지될 때까지 철학적 전통에서 벗어나지 못한 채 지속되어야 했던 것은 과연 무엇이었을까? ……중국 철학만큼 소우주와 대우주의 엄밀한 부합을 가르치는 것, 즉 각각의 사물이나 개개인에 대해 스토아적인 무관심에로 내빼는 길을 추구하는 것과도 다른, 정말 그것들 하나하나에 어울리는

---

[279] 메를로 퐁티는 이 글을 1960년에 갈리마르에서 출판한 논문집 *Signes*에도 「동양과 철학 L'Orient et la philosophie」이라는 제목으로 실었다.

위치나 명칭을 정하는 〈예(禮) *correction*〉를 가장 기본적인 덕목으로 규정하려는 서양 철학이 일찍이 있었을까? 우리가 느끼는 감으로는, 중국의 철학자들은 이해와 인식이라는 관념을 서양 철학처럼 생각하지 않을 뿐더러 지적 의미에서 대상의 기원을 구하려고 하지도 않았으며, 애초부터 대상을 파악하려고 하지도 않았다. 그들은 단지 그것을 원초의 완벽한 모습으로 부르려고 했을 뿐〉[280]이라고 자신의 중국 철학관을 피력하기 때문이다.

그럼에도 불구하고 분절화라는 존재론적 사유 방식과 그것을 표현하는 문체의 차이를 기준으로 하여 서양과 동양을 진보와 정체라는 문화인류학적 차이나 사회 진화론적 차이로까지 구분하려는 저의는 누구에 의해서, 왜 생겨난 것일까? 그것은 두말할 것도 없이 헤겔에 의해서였다. 헤겔은 동양의 사상을 가리켜 〈길을 헤메는 파형적(破型的)인 것〉이라고 비하한 바 있다. 그러나 이러한 견해는 헤겔에게만 국한되지 않았다. 헤겔 이후에도 그것은 도처에 유포되어 있다. 특히 서양이 과학의 발명과 자본주의의 발상지라는 점을 강조할 때마다 서구인들은 그 착상의 기반을 헤겔에게로 돌리는 동시에 언제나 동양이 그것에 대해 무지하다고 비난해 왔다.

이에 대해 메를로 퐁티는 〈만일 그렇다면 그러한 존재론과 그렇게 미분화된 시대 속에서 어떻게 하나의 종단면·하나의 생성·하나의 역사를 발견할 수 있을까? 철인들이 모두 같은 태고의 세계 주변에 모여서 그것에 대해 생각하는 것이 아니라 단지 그것을 현전(現前)시키려고 노력할 때 두대체 어떻게 해서 그것을 칠인들이 기여한 공로라고 말할 수 있을까? 중국의 철인들과 세계의 관계는 매혹적이다. 그러므로 우리는 그 속으로 절반만 들어가서는 안 된다. 우리는 역사나 풍속, 문명 같은 문제를 통해 완전히 그것에 입문하던가 — 그때에 중국 철학은 고유한 내적 진리를 갖는 것이 아니라 단지 그러한 역사적 기적의 상부 구조의 하나가 된다 — 아니면 이해하기를 포기하던가 둘 중의 하나이어야 한다. ……원래 중국이나 인도

---

280 M. Merleau-Ponty, *Signes*, Gallimard, 1960, pp. 169~170.

는 자신이 의미하는 것을 전혀 소유조차 하려 하지 않았다〉[281]고 하여 거기에 동의하지 않는다.

그가 동양과 동양 사상에 대한 후설의 견해에 동의하지 않는 이유도 마찬가지이다. 그는 후설이 〈서양적 지성의 위기 la crise du savoir occidental〉를 부르짖고 만년에 〈중국이나 인도 같은 것은 경험적, 또는 인류학의 한 표본이다〉라고 말한 것을 들어, 이 논리에 따르면 서양 철학도 원리적으로는 〈인류학의 한 표본〉일 뿐 사상적으로 특권적인 것이 아니라고 지적한다. 다시 말해 그는 서양 철학도 원리적으로는 서양이라는 한 지역에서 전개한 지방적 사상의 하나에 불과하다고 보는 것이다.

그럼에도 불구하고 후설을 비롯한 많은 이들이 오늘날 서양이 보편성을 가진다고 여기는 것은 서양이 다른 문화들을 이해할 의무와 권위를 부여해 주는 진리라는 개념을 발명했다고 믿기 때문이다. 다시 말해 서양 사상도 원리적으로 지방적인 사상에 지나지 않지만 그것이 자신의 특수성이나 지방성으로부터 벗어나 보편적 가치로 나아간다고 말할 수 있는 것은 진리라는 관념을 발명했기 때문이며, 그로 인해 타문화를 측정하는 기준계로서 보편성을 소유할 수 있다고 믿기 때문이라는 것이다.

그러나 메를로 퐁티의 생각은 그와 다르다. 왜냐하면 그는 서양 사상이 동양 사상의 기준계로서 보편성을 소유했다는 사실을 아직까지 객관적으로 증명하지 못했다고 생각하기 때문이다. 서양이 그렇게 하기 위해서는 무엇보다도 자신의 유일 절대의 의미를 사실에 의거해 입증하지 않으면 안 된다는 것이다. 그러므로 그는 〈엄밀한 학으로서의 철학, 그 꿈은 정말 끝났다 La philosophie comme science rigoureuse, le rêve est bien fini〉는 후설의 언설을 인용하면서 〈철학자는 모름지기 양심에 부끄러움도 없이 자신의 사고의 절대적 근원성을 과시하거나 세계의 지

---

281 앞의 책, p. 170.

적 소유권이나 개념의 엄밀함을 사칭할 수는 없다〉[282]고 주장한다.

메를로 퐁티는 이성적·객관적 사고에 있어서도 서양적 사고의 우위성을 부인하는 것은 아니지만 그것 때문에 서양적 사고의 상대화에 대한 반성을 주저하지는 않는다. 〈확실히 서양적 사고에는 무엇인가 바꿀 수 없는 것이 있다. 개념적으로 이해하려는 노력이나 개념의 엄밀함, 그것은 역시 모범이 된다.······이 점에서 서양은 역시 기준계이다. 애초부터 자각의 이론적·실천적 방책을 발견하고 진리의 길을 열어 놓은 것은 서양이었다〉고 하여 그는 서양적 사고의 우위성을 분명히 의식하면서도 헤겔처럼 〈순수, 또는 절대적인 철학의 이름으로 동양을 제외한다〉면 〈그 자체가 서양의 과거의 대부분을 제외하는 것이 된다〉[283]고 하여 동양적 사고의 비하나 배제를 반대한다. 그는 동양에 대해 배타적이고 자기 우월적인 헤겔의 서구중심주의보다는 〈철학의 중심은 어디에도 있지만 그 주변은 어디에도 없다〉는 철학적 사고의 상대주의와 탈중심주의를 더욱 확신하기 때문이다.

결국 그는 위기에 직면한 서양의 지성이 그 극복의 단서를 동양 사상에서 찾아야 한다고 충고한다. 그에 의하면, 〈서양처럼 철학적·경제적 장비를 가지고 있지 않은 동양 문명은 일종의 교육적 가치를 지니고 있다. 오히려 우리는 매우 멀리 떨어져 있는 다양한 인간성들로부터 《실존의 영역들》을 다시 발견하게 된다. ······동양과 서양의 관계는 결코 무지와 지·비(非)철학과 철학의 관계가 아니다. 그것은 더욱 미묘한 관계이다. 동양의 입장에서 말하면 거기에는 일체의 예견 *anticipations*, 즉 《조숙함 *prématurations*》이 있을 수 있다〉[284]는 것이다.

2) 철학적 오케스트라의 실현을 위하여

〈헤겔로부터 메를로 퐁티에게로〉의 이행은 다름아닌 동서통합에로의 모색이

---

282 앞의 책, p. 174.
283 앞의 책, p. 174.
284 앞의 책, p. 175.

다. 보다 더 적극적으로 표현하자면 그것은 모색이 아니라 시작이다. 동서통합은 동양적 사고를 배제해 온 서양적 사고의 자기반성으로부터 시작되어야 하기 때문이다.

우선 서양 사상은 동양 사상이 서양 사상과 비교하여 비분절적이기 때문에 비철학적이라고 하는 독단에서 벗어나야 한다. 왜냐하면 그것은 비교comparison란 〈같은 것을 모으는 것〉, 즉 유사한 것·동일한 것의 발견이라는 자기 중심적인 낡은 선입견에 대한 무반성적 고정관념의 산물이기 때문이다. 실제로 헤겔이 동양을 비하하는 인식의 근거가 그것이었고, 후설이 진리라는 개념의 발명으로 인해 서양 사상만이 지방성에서 벗어나 보편적 가치를 지니게 되었다는 인식의 기저에도 역시 비교에 대한 그러한 독단이 자리잡고 있었다.

서양 사상은 애초부터 일정한 근원과 모범을 가정하고 그것을 발견하려고 노력해 왔다. 그것은 서양 사상이 너무나 오랫동안 포기하지 않으려는 이데올로기였고 환상이었다. 그것은 이미 보편 사상이 있을 수 있다는, 또는 그것이 바로 절대선이라는 편견에 기초해 있는 것이나 다름없다. 그러나 근원이나 모범과의 동일과 유사만을 보편적 가치로서 중시한다면 그것은 고작해야 본질에 대한 절반의 이해에 밖에 미치지 못한다. 엄밀히 말해 이 세상에는 어떤 동일한 사물도 존재하지 않는다. 어떤 것과 매우 유사하거나 동일해 보일지라도 그것은 비교되는 것과 무엇인가가 다르다. 거기에는 나름대로 독특한 무엇인가가 있기 때문이다. 그럼에도 불구하고 서양 사상이 오랫동안 비교에 있어서 유사성과 동일성만을 진리의 기준으로서 받아들여 온 것은 서구 우월적 사고 습관의 결과이거나 스스로를 유일한 표준으로서 신앙해 온 믿음의 결과일 것이다.

그러나 유일은 비교의 종점이고 보편은 그것의 무덤일 수 있다. 유일은 독단으로 통하고 보편은 편견의 가면에 불과하기 때문이다. 그것들의 통로는 모두 독점과 독선, 그 안으로만 통할 뿐 밖으로, 즉 타자와의 비교나 용인에로 열려 있지 않다. 유일과 보편이 비교의 폐역이자 감옥이나 다름없는 이유도 거기에 있다. 그러므로 동양 사상의 배제와 비하가 아닌 재발견과 비교의 시작은 독단의 출구이자 편견으로부터의 탈출을 의미한다. 그것은 다름의 인정이고 차이의 발견이며, 나아가 차별의 존중이기도 하다.

일찍이(1949년) 하와이 대학에서 개최된 〈동서 철학자 회의〉에서도 〈현대의 세계는 내성적 사색에 있어서 편협주의는 그것 자체가 위험이고 비극이기까지 하다. 만일 철학적 내성에서의 진보가 자연 과학이나 사회 과학에서의 진보와 보조를 맞추려고 한다면 철학은 과학과 마찬가지로 그 정신과 범위에서도 국제적으로 협력하지 않으면 안 된다〉고 선언한 바 있다. 이를 위해 그 회의가 구체적으로 제시한 대안들을 보면 다음과 같다.

첫째, 동서 철학, 양자에 관한 수많은 오해를 제거할 것.
둘째, 기초적인 형이상학설·방법론적 수속·윤리학과 사회학 이론의 실천, 이것들에 관해 동서의 광범위한 의견 일치를 승인할 것.
셋째, 다른 전통의 철학이 지닌 사상과 학설, 그리고 실천에 관해 폭넓은 아량과 성실함을 보일 것.
넷째, 의연하게 화해하려는 기초적인 논쟁점을 승인하거나 공식화할 것.

이러한 대안들의 핵심 용어를 보면, 서로의 성실한 개방적 아량으로써 상호 오해의 제거와 화해, 그리고 승인이다. 그러므로 이것은 동서 철학이 추구해야 할 정신의 제시이기도 하다. 에드워드 버트E. Burtt도 〈우리가 지닌 병폐의 원인은 서양의 경험주의와 논리학의 특징인 표현 방법에의 집착에 있지 않을까?〉 하는 반문과 더불어 편견·편협주의·독단주의를 타파하고 그 대신 포괄성inclusiveness과 불편성impartiality을 대안으로서 제시한다. 그것은 타협과 화해를 통한 창조적 종합을 위해 누가 먼저 무엇을 단념하고 양보해야 할 것인지에 대한 권고이기도 하다. 세계가 철학 공화국philosophical commonwealth의 건설을 위해서는 양보와 타협을 통한 일종의 집단 매매 계약이 필요하다는 것이다.

노스롭F. S. C. Northrop의 제안은 좀더 구체적이다. 그는 동서양의 인식론적 방법의 차이를 서양의 〈요청에 의한 개념concepts by postulation〉과 동양의 〈직관에 의한 개념concepts by intuition〉의 차이, 즉 추상적인 요청의 방법으로 인한 〈의미상의 단절〉(서양)과 직접적인 직관의 방법으로 인한 〈의미상의 연속〉(동양)으로 규정하면서도 그것들의 종합을 통한 상호 보완을 제안한다. 이것은 서양의 이성을 동양의 방법, 특히 직관과 화해시킴으로써 상호 대립을 조화로 나아가게 하자는 것이다.

실제로 세계의 철학은 동서양 서로가 결코 동일하지 않다는 사실만으로도 풍요로워질 수 있다. 동서양의 철학은 서로를 비추는 반사경speculum의 구실만으로도 맹목blindness과 편견bias을 막을 수 있다. 적어도 서로의 사고방식과 철학이 다르다는 사실만이라도 용인할 수 있다면, 그 때문에 세계의 철학은 균형을 잃지 않을 수 있다. 그러나 세기를 넘어서 철학에게 맡겨진 과제는 차이의 인정이나 존중과 같은 소극적인 화해가 아니다. 체계화·총체화·거대화된 근대적 이성modernism에서 다양화·파편화·미시화된 탈근대적 이성post-modernism으로의 변화만으로는 동서 철학의 적극적인 화해가 이뤄지지 않는다. 그것은 서양의 지적 흐름의 작용과 반작용에 불과하다. 그것이 동서 철학의 차이에 대한 인정이라고 할지라도 고작해야 철학적 오케스트라의 필요조건에 지나지 않을 뿐이다. 적극적인 화해를 위해 필요한 것은 차별성의 인정과 강조가 아니라 그것의 통일과 조화이다. 창조적인 통일과 조화만이 오케스트라의 충분조건이 되기 때문이다.

오늘날과 같이 다중심·다원화된 사회 너머에서 다가오고 있는 이념의 파도는 서양의 이성과 동양의 직관이 화합하는 창조적 종합creative synthesis의 물결일 것이다. 그것은 칸트의 비판적 종합과 같은 서구적 이성 내에서의 종합이 아닌 동서양의 인식론적 방법의 화합을 부추길 것이다. 결국 그것은 동서의 〈화해 문화reconciliated culture〉, 또는 문화적·철학적 〈화해주의reconciliationism〉로 다가

올 것이다. 그것은 아마도 동서양의 문화가 〈오케스트라적 통일과 조화*orchestrated unity and harmony*〉를 지향하는 초근대적 정신*hyper-modernism*의 추구를 낳을 것이다.

참고 문헌

1. 한국 도서

1) 자료
『高宗實錄』,『承政院日記』.
金允植,『續陰晴史』.
마테오 리치,『天主實義』,『交友論』.
文一平,『湖岩全集』.
朴珪壽,『瓛齋集』.
朴定陽,『全集』.
朴齊家,『北學議』.
朴趾源,『燕岩集』,『熱河日記』.
『闢衛編』.
愼後聃,『西學辨』.
兪吉濬,『西遊見聞』.
柳夢寅,『於于野談』.
李瀷,『星湖全書』,『星湖僿說』.

李寅梓,『省窩集』.
李恒老,『華西集』.
丁若鏞,『與猶堂全書』.
丁若鍾,『主教要旨』.
丁夏祥,『上宰上書』.
崔漢綺,『神氣通』,『推測錄』,『運化測驗』.
학술원,『學術總覽』.
洪大容,『毉山問答』.

2) 저서 및 역서

權炳卓,『韓國經濟史』, 박영사, 1984.
琴章泰,『華西學派의 철학과 시대 인식』, 태학사, 2001.
金斗鍾,『韓國醫學史』, 탐구당, 1993.
김승혜 (외),『한국 신종교와 그리스도교』, 바오로딸, 2001.
金煐泰,『韓國佛敎史』, 경서원, 1997.
金玉根,『韓國經濟史』, 新知書院, 1998.
金玉姬,『韓國西學思想史研究』, 국학자료원, 1998.
김용운·김용국,『중국 수학사』, 민음사, 1996.
_____,『東洋의 科學과 思想』, 일지사, 1984.
金日坤,『儒敎文化圈의 秩序와 經濟』, 한국경제신문사, 1985.
박영우,『제중원』, 몸과 마음, 2002.
『朴鍾鴻全集』, 민음사, 1998.
베이커, 도날드, 김세윤 역,『조선 후기 유교와 천주교의 대립』, 일조각, 1997.
朴希聖,『懷疑와 眞理』, 고려대학교출판부, 1989.
레닌, 인정식 역,『帝國主義論』, 同心社, 1946.
白樂濬,『韓國改新敎史』, 연세대학교 출판부, 1972.
孫炯富,『朴珪壽의 개화 사상 연구』, 일조각, 1997.
申南澈,『歷史哲學』, 서울출판사, 1948.
신용하,『한국 근대의 민족 운동과 사회 운동』, 문학과지성사, 2001.

申一澈,『북한 주체 철학의 비판적 분석』, 사회발전연구소, 1987.
安浩相,『哲學講論』, 동광당서점, 1942.
尹絲淳·李光來,『우리사상 100년』, 현암사, 2001.
李光麟,『韓國開化思想硏究』, 일조각, 1979.
_____,『韓國開化史硏究』, 일조각, 1969.
_____,『開化派와 開化思想硏究』, 일조각, 1989.
李光洙,『全集』, 14, 17권, 삼중당, 1962.
李光來,『미셸 푸코: 광기의 역사에서 성의 역사까지』, 민음사, 1989.
_____,『프랑스 철학사』, 문예출판사, 1992.
_____,『이탈리아 철학』, 지성의 샘, 1996.
李能和,『朝鮮基督敎及外交史』, 朝鮮基督敎彰文社, 1928.
李符永,『醫學槪論』I. 서울대학교출판부, 1994.
이만열,『한국 기독교와 민족 의식』, 지식산업사, 1991.
이상익,『서구의 충격과 근대 한국 사상』, 한울, 1997.
이성배,『유교와 그리스도교』, 분도출판사, 1979.
李元淳,『朝鮮西學史硏究』, 일지사, 1987.
李完宰,『初期開化思想硏究』, 민족문화사, 1989.
장지연,『朝鮮儒敎淵源』, 삼성문화문고. 1975.
전상운,『한국 과학사』, 사이언스북스, 2000.
정창렬,『한국의 개화 사상』, 비봉출판사, 1981.
趙街京,『實存哲學』, 박영사, 1961.
趙珖,『朝鮮後期 天主敎史 硏究』, 고려대학교 민족문화연구소, 1988.
주명건,『경제학사』, 박영사, 1996.
車柱環,『韓國道敎思想硏究』, 서울대학교출판부, 1984.
차종천 역,『九章算術 周髀算經』, 범양사출판부, 2000.
崔東熙,『西學에 대한 한국 실학의 反應』, 고려대학교 민족문화연구소, 1988.
崔英成,『韓國儒學思想史』IV, V, 아세아문화사, 1995.
崔永禧,『격동의 해방 3년』, 한림대학교 아시아문화연구소, 1996.
최웅, 김봉중,『미국의 역사』, 소나무, 1995.

崔章集,『한국 현대사』I, 열음사, 1985.
최현배,『朝鮮民族更生의 道』, 정음사, 1976.
칼렌, 아노, 권복규 역,『전염병의 문화사』, 사이언스북스, 2001.
타운센드, 박노태 역,『美國哲學思想史』, 박문출판사, 1934.
한국학연구소,『18세기 조선 지식인의 문화 의식』, 한양대학교 출판부, 2001.
韓哲河,『고대 기독교 사상』, 대한기독교서회, 1970.
韓稚振,『哲學槪論』, 朝鮮文化硏究社, 1950.
玄相允,『朝鮮儒學史』, 민중서관, 1949.
洪以燮,『朝鮮科學史』, 정음사, 1946.
＿＿＿＿,『丁若鏞의 政治經濟思想 硏究』, 한국연구도서관, 1959.

3) 논문

金大源,「정약용의 의령(醫零)」,『한국보건사학회지』2, 1992.
金容憲,「최한기의 자연관」,『최한기의 철학과 사상』, 철학과 현실사, 2000.
金容稷,「통념과 작품의 진실」,『文學思想』창간호, 1972.
金泰吉,「현대한국의 윤리 문제, 무엇이 문제인가」,『현대 한국의 사회 윤리』, 아산 사회복지재단, 1990.
金亨錫,「韓末 韓國人에 의한 西洋醫學 受容」,『국사관논총』5, 1989.
노양환,「東京留學時代의 李光洙」,『文學思想』, 창간호, 1972.
朴星來,「한국 과학사와 실학」,『韓中實學史硏究』, 민음사, 1998.
朴煐植,「人文科學으로서 哲學의 受容 및 展開過程」,『人文科學』, 제26집, 연세대학교 인문 과학연구소, 1972.
徐成綠,「한국 회화의 모더니즘과 포스트모더니즘」,『현대시사상』, 1990 여름호.
서울대학교 철학사상연구소,『철학사상』5,6,7, 1995-7.
신귀현,「서양 철학의 전래와 수용」,『韓國文化思想大系』제2권, 영남대학교 민족문화연구소, 2000.
申一澈,「신채호의 근대 국가관」,『신채호』, 고려대학교출판부, 1990.
安在鴻,「現代思想의 선구자로서의 茶山선생 지위 — 國家의 社會民主主義 — 」,『新朝鮮』, 1935년 8월호.

여인석, 노재훈,「최한기의 의학 사상」,『醫史學』2(1), 1993.
柳永益,「서유견문론」,『韓國史 市民講座』, 제7집, 1990.
李光來,「들뢰즈의 노마드적 思考」,『世界의 文學』53, 민음사, 1989.
_____,「철학적 언설로서의 포스트모더니즘」,『포스트모더니즘과 문화』, 문예출판사, 1991.
_____,「데리다의 해체 실험과 아포리아의 방법」,『현대시 사상』22, 고려원, 1995.
_____,「포스트모더니즘과 철학의 자기 극복」,『우리 시대 철학 얘기』, 전남대학교출판부, 1998.
_____,「일본의 아시아주의 속에서의 한국 인식」,『한일 양국의 상호 인식』, 한일관계사학회, 국학자료원, 1998.
_____,「일본주의의 허와 실」,『한국과 일본: 왜곡과 콤플렉스의 역사』I, 자작나무, 1998.
_____,「實學과 實踐哲學의 접점으로서 서구 사상의 수용 양식: 西周의 習合的 전개를 중심 으로」,『日本思想』, 제2호, 한국일본사상사학회, 2000.
_____,「일본 고대의 신화적 습합 현상으로서 八幡神 신앙에 관한 연구」,『日本歷史硏究』, 제11집, 日本史學會, 2000.
_____,「니체와 푸코: 니체의 상속인으로서 푸코」,『니체와 현대의 만남』, 한국니체학회, 2001.
李英澤,「우리나라에 처음 소개된 서의설(西醫說)」,『醫史學』4(2), 1995.
李載薰,「잊혀지지 않는 것」,『思想界』제62호, 1958.
李鍾雨,「스피노사철학의 特徵」,『新東亞』, 제13호, 1932.
鄭瑽,「한국 철학자의 哲學硏究의 動機에 대한 考究」,『佛敎學論文集』, 동국대학교, 1959.
조요한,「한국에 있어서의 서양 철학 연구의 어제와 오늘」,『思索』, 제3집, 숭실대학교, 1972.
陳德奎,「한국 현대 정치 구조 연구 서설」,『한국 사회 변동 연구 II』.
趙熙榮,「현대 한국의 前期哲學思想 연구」,『龍鳳論叢』제4집, 1975.
진교훈,「서양 철학의 수용과 전개」,『韓國哲學史』(下), 동명사.
출판저널,「광복 이후 50년간의 출판 통계」,『출판저널』제174호, 1995.

河聲來,「天主歌辭의 史的 硏究」, 고려대학교 박사 학위 논문, 1984.
_____,「천주가사 연구(上)」,『韓國言語文學硏究』, 한국언어문학회, 제8,9집, 1970.
韓稚振,「哲學과 人生」,『朝鮮之光』제77호, 1928.

2. 중국 도서

1) 도서

梁啓超,『中國近三百年學術史』, 新華書店, 1985.
徐宗澤,『明淸間耶蘇會士譯著提要』, 中華書局, 1989.
馮友蘭,『中國現代哲學史』, 廣東人民出版社, 1990.
孫尙楊,『基督敎與明末儒學』, 東方出版社, 1994.
李時岳(外),『中國近代史』, 中華書局, 1994.
葛榮晉 編,『中國實學思想史』,(上,中,下), 首都師範大學出版社, 1994.
樓宇烈, 張志剛,『中外宗敎交流史』, 湖南敎育出版社, 1998.
中國社會科學院,『中國基督敎基礎知識』, 宗敎文化出版社, 1999.
王春來,『基督敎在近代韓國』, 中國社會科學出版社, 2000.
張學智,『明代哲學史』, 北京大學出版社, 2000.
利瑪竇,『利瑪竇中文著譯集』, 復旦大學出版社, 2001.
宋志明, 孫小金,『20世紀中國實證哲學硏究』, 中國人民大學出版社, 2002.

2) 논문

李光來,「21世紀東亞式價値 — 論比較思想角度」,『21世紀論壇』, 遼寧大學, 2001.
_____,「作爲再生對策的 倫理型共生主義 — 試論生命倫理學」,「第八屆全國外國道德哲學硏討 會」, 2001. 8.
_____,「韓國接受西方哲學的歷史」, 卞崇道 編,『東亞近代哲學的意義』, 沈陽出版社, 2002.
_____,「西敎傳入對朝鮮後期思想的影響: 作爲思想重層決定的一例」, 香港中文

大學宗敎硏究中心 國際學術會議, 2002. 10.

3. 일본 도서

1) 저서
高坂正顯,『明治思想史』4, 開國百年記念文化事業會編纂, 洋洋社, 1955.
古田光,『近代日本思想史』I, 靑木書店, 1956.
和辻哲郞,『鎖國』, 岩波書店, 1963.
石田一郎,『日本思想史槪論』, 吉川弘文館, 1963.
阿部吉雄,『日本朱子學と日本』, 東京大學出版會, 1965.
三木淸,『哲學入門』, 岩派書店, 1967.
平川祐弘,『和魂洋才の系譜』, 河出書房新社, 1972.
高橋磧一,『洋學思想史論』, 新日本出版社, 1972.
福永光司,『道敎と古代の天皇制』, 德間書店, 1978.
_____,『道敎と日本文化』, 人文書店, 1982.
增田涉,『西學東漸と中國事情』, 岩波書店, 1979.
姜在彦,『朝鮮の開化思想』, 岩波書店, 1980.
_____,『近代朝鮮の思想』, 未來社, 1984.
鄭聖哲,『朝鮮實學思想の系譜』, 雄山閣, 1982.
山口正之,『朝鮮キリスト敎の文化史的硏究』, 御茶の水書房, 1985.
日原利國,『中國思想史』(上, 下), ぺりかん社, 1986.
加藤仁平,『和魂漢才說』(增補版), 汲古書院, 1987.
酒井忠夫, 福井文雄,『道敎の傳播と古代國家』, 雄山閣, 1996.
源了園, 末中哲夫,『日中實學史硏究』, 思文閣出版, 1991.
賴祺一,『日本の近世』13, 中央公論社, 1993.
高田淳,『中國の近代と儒敎』, 紀伊國書店, 1994.
源了源 編,『日中文化交流史叢書』,『思想』, 大修館書店, 1995
杉本つとむ,『西洋文化事始め十講』, スリ-エ-, 1996.

高坂史郎, 『近代という躓き』, ナカニシヤ出版, 1997.
藤田正勝, 『知の座標軸』, 晃洋書房, 2000.
堀池信夫, 『中國哲學とヨーロッパの哲學者』下, 明治書院, 2002.
西洋思想受容研究會, 『西洋思想の日本的展開』, 慶應大學出版會, 2002.

2) 논문

峠尙武, 「西洋文化と近代科學」, 『西洋文化とその受容』, 長野縣短期大學人文社會研究會 編, 1982.
李光來, 「韓國における西洋哲學の受容史」, 藤田正勝 編, 『東アジアと哲學』, ナカニシヤ 出版, 2003.

4. 서양 도서

Derrida, Jacques, *Spectres de Marx*, galiée, 1993.

Fukuyama, F., *The End of History and the Last Man*, International Creative management, 1992,

Locke, John, *Some Considerations of the Consequences of the Lowering of Interest and Raising the Value of Money*, 1692.

Lyotard, Jean-François, *La condition postmoderne*, Minuit, 1979.

Masao Miyoshi, *Off Center; Power and Culture Relations between Japan and the United States*, Harvard Univ. Press, 1991.

Merleau-Ponty, Maurice, *Signes*, Gallimard, 1960.

Nozick, Robert, *Anarchy, State and Utopia*, Basic Books, 1974.

Pogge, Thomas W., *Global Justice*, Blackwell, 2001.

Poster, Hal, *Postmodern Culture*, Pluto Press, 1983.

Said, Edward W., *Orientalism*, Vintage, 1979.

_____, *Culture and Imperialism*, Vintage, 1993.

Truman, Harry S., *Years of Trial and Hope*, Doubleday and Co. Inc. 1956.

찾아보기

김육(金堉) 120
김윤식(金允植) 197, 199~201, 205, 220
김정희(金正喜) 150, 151, 204
김준섭(金俊燮) 309, 310, 320, 321, 323, 355
김준연(金俊淵) 262, 263
김태서(金兌瑞) 120

ㄴ

나카무라 마사나오(中村正直) 173
나토르프 P. Natorp 252, 253
노스롭 F. S. C. Northrop 423
노직 R. Nozick 81, 358
니시다 기타로(西田幾多郎) 326, 404
니시 아마네(西周) 213

ㄱ

갈레누스 Claudius Galenus 109, 121, 122, 192
갈영진(葛榮晉) 125
강항(姜沆) 17, 176
강희(康熙)황제 102, 103, 105~107, 109, 110
경로(景盧) 14
고약망(高若望) 83
고염무(顧炎武) 127, 196
관륵(觀勒) 18
구츨라프 Carl A. F. Gutzlaff 225
권상연(權尙然) 58
권상학(權相學) 76
권철신(權哲身) 37, 47, 49, 57, 59, 65, 76
권희(權憘) 33, 117
그리말디 P. M. Grimaldi 105, 137
기타지마 켄신(北島見信) 23
김대건(金大建) 94, 152, 170
김범우(金範禹) 49, 58
김옥균(金玉均) 194, 197, 219, 235

ㄷ

달레 C. Dallet 46, 47
대진(戴震) 150
데모크리토스 115
도요토미 히데요시(豊臣秀吉) 31
두석연(杜石然) 98, 110
듀이 J. Dewey 258~260, 331, 353, 355
디아스 E. Diaz 100, 105, 137

ㄹ

량치차오(梁啓超) 24, 101, 172, 173, 226, 236~238, 240
러셀 B. Russell 258, 260, 309, 330, 353, 355
러스킨 J. Ruskin 166~168
로 J. Rho 108
로스 John Ross 229, 351

로욜라I. Loyola 20
로크J. Locke 143, 144, 224, 333, 351, 353, 357, 379
롱고바르디N. Longgobardi 100, 108, 119
루시에르-르 누리La Roucière-Le Noury 168
루지에리Michael Ruggieri 20, 24, 27, 116

ㅁ

마루야마 마사오(丸山眞男) 30
마키스Machis 203
마테오 리치Matteo Ricci 20, 21, 23~29, 32~34, 37, 73, 99~103, 105, 107, 108, 112, 115, 116, 118, 119, 127, 131, 137, 140, 177, 185, 187, 188, 190, 201
매문정(梅文鼎) 128, 130, 131
머레이Hugh Murray 203
메를로 퐁티M. Merleau-Ponty 10, 11, 364, 374, 417~420
모건L. Morgan 166, 169~171, 182, 403
모리 아리노리(森有禮) 183, 217
모리 오가이(森鷗外) 210, 212, 214
모스E. S. Morse 172, 219~221, 223
문일평(文一平) 198, 261
미야케 세츠레이(三宅雪嶺) 172
미우라 바이엔(三浦梅園) 23
미키 기요시(三木 淸) 276, 326, 327
민영익(閔泳翊) 219
밀J. S. Mill 166, 181, 183, 236, 237, 342, 356, 358, 359

ㅂ

바뇨니A. Vagnoni 21, 28, 116, 186, 188

바슐라르G. Bachelard 250, 373
박규수(朴珪壽) 194~200, 205
박선수(朴瑄壽) 195
박영효(朴泳孝) 194, 195, 197, 219
박정양(朴定陽) 217
박제가(朴齊家) 138, 144~150
박종홍(朴鍾鴻) 82, 83, 225, 226, 228, 248, 282, 284, 293, 294, 299, 300, 309, 315, 320, 322~324, 326, 327, 329, 330, 336, 346
박지원(朴趾源) 122, 138, 141~145, 149, 194~196
박희성(朴希聖) 262, 267, 315, 322
반계순(潘季馴) 128
방이지(方以智) 128, 130
배러클러프G. Barraclough 156
백상규(白象圭) 258, 289
베르그송H. Bergson 158, 263, 265, 294, 295, 359, 363, 364, 366, 367, 373
베르비스트Verbiest 100, 102, 105~107, 110, 118
볼리바르S. Bolivar 271, 403
볼테르Voltaire 11, 149, 154, 219, 224
부견(符堅) 15
부베J. Bouvet 99, 100, 103, 108
브루노G. Bruno 82, 378
브리지만E. Bridgman 203
빈델반트W. Windelband 276, 298

ㅅ

사이드E. Said 168, 408
사이존(使伊存) 14
사쿠마 쇼잔(佐久間象山) 206, 211~213

삼비아시F. Sambiasi   21, 45, 116, 188, 190
샤토브리앙F. R. Chateaubriand   168, 170
샬Adam Schall   24, 100, 104, 106, 107, 110,
　　　114, 118~122, 137, 140, 188, 192
서계여(徐繼畬)   191
서광계(徐光啓)   21, 29, 101~103,
　　　105, 109, 127~129, 185
서재필(徐載弼)   220, 224, 232~235, 247
서창치(徐昌治)   29
서호수(徐浩修)   22
세스페데스G. Cespedes   30
소수림왕(小獸林王)   15
소철인(蘇哲仁)   276, 278
소크라테스   25, 67, 115, 240~242,
　　　256, 287, 288
소현세자(昭顯世子)   23, 24, 114, 118,
　　　121, 192
손명현(孫明鉉)   269, 270, 293, 311,
　　　320, 323, 332, 361
송응성(宋應星)   128, 129
순도(順道)   15
스가와라 미치자네(管原道眞)   210
스넬만J. V. Snellman   271
스미스Adam Smith   133, 146~148, 181
스펜서H. Spencer   172, 183, 209, 219,
　　　237, 263
신기선(申箕善)   199~201
신남철(申南澈)   275~278, 282, 299,
　　　301, 311, 313, 319, 361
신일철(申一澈)   237, 270, 323,
　　　330~332, 350, 355, 356, 383
신채호(申采浩)   237
신후담(愼後聃)   37, 41~46, 65, 73,
　　　95, 117, 118

ㅇ

아리스토텔레스Aristoteles   22, 28, 69, 85,
　　　115~117, 121, 140, 187~190, 225, 238~244,
　　　252, 253, 291, 292, 300, 311, 332, 333,
　　　359~362, 404
아신왕(阿莘王)   17
아우구스티누스Augutinus   51, 67~71,
　　　115, 116, 331, 364
아카마츠 히로미치(赤松廣通)   176
아퀴나스T. Aquinas   25, 27, 28, 84,
　　　115, 116, 188
아테나이오스Athenaios   121, 122
안국빈(安國賓)   120
안재홍(安在鴻)   182
안정복(安鼎福)   37, 38, 65, 95, 117
안호상(安浩相)   261, 265, 269, 279,
　　　281, 282, 284, 285, 289, 290, 293~295,
　　　297, 309, 315, 338, 404
알레니J. Aleni   21, 100, 102, 107,
　　　114, 118, 137
알렌H. N. Allen   230~232
언더우드H. G. Underwood   229, 231
에비슨O. R. Avison   231, 232
에티엔느E. Etienne   169
엠페도클레스Empedokles   115, 121, 189
옌푸(嚴復)   173, 174, 208, 209, 225
오경석(吳慶錫)   198
오규 소라이(荻生徂來)   31
오다 노부나가(織田信長)   31, 134
오세창(吳世昌)   198
오자키 유키오(尾崎行雄)   183
와츠지 데츠로(和辻哲郎)   31, 383, 384
와타나베 카잔(渡邊華山)   206

완원(阮元) 128, 131, 150
왈라스A. F. C. Wallace 385
요코이 쇼난(橫井小楠) 212
우르시스S. De Ursis 100, 137
위덕왕(威德王) 15
위문괴(魏文魁) 101
윌리A. Wylie 191
윌리엄 허설J. F. W. Herschel 191
유길준(兪吉濬) 197, 205, 219, 220, 222, 223, 231, 234, 235, 247
유력도(兪力濤) 98, 101
유몽인(柳夢寅) 30, 34, 112
유인석(柳麟錫) 178
윤지충(尹持忠) 58, 64~66
이가환(李家煥) 37, 47, 56, 59, 64, 65, 76, 95
이관용(李灌鎔) 248, 261~264, 279, 281, 284, 299
이광수(李光洙) 194, 251, 253~255, 257, 261, 265
이광정(李光庭) 33, 112, 117
이규경(李圭景) 122, 192, 196
이노우에 데츠지로(井上哲次郎) 214, 328, 331
이능화(李能和) 39
이벽(李檗) 37, 46~50, 53, 54, 56~60, 65, 76, 95, 117
이선란(李善蘭) 191
이수광(李晬光) 30, 34, 112
이승훈(李承薰) 37, 47, 49, 51, 57~60, 64~66, 95, 112
이시다 이치로(石田一良) 177
이시진(李時珍) 128
이영준(李榮俊) 119
이이명(李頤命) 120
이익(李瀷) 30, 37, 39~42, 44, 47, 95, 104, 117, 120, 122, 136, 137, 192
이인재(李寅梓) 226, 238, 240~245, 270, 361
이재훈(李載薰) 266, 282, 284, 285, 287, 288, 293, 309, 320
이정직(李定稷) 225, 226, 270
이종우(李鍾雨) 268, 279, 280, 282~284, 293, 309, 316, 318, 320, 346
이지연(李止淵) 67, 91
이지조(李之藻) 21, 22, 28, 29, 33, 101, 102, 109, 112, 127~129, 131
이천경(李天經) 101
이총억(李總億) 76
이항로(李恒老) 174, 179, 180, 182, 183, 186, 198

ㅈ

자비에르F. Xavier 20, 31
장덕경(蔣德璟) 29
장덕수(張德秀) 262, 273
장지연(張志淵) 16, 248~251
전원배(田元培) 269, 275, 284, 313, 316, 332
정관응(鄭觀應) 207
정석해(鄭錫海) 258, 265, 316, 317, 320, 331
정약용(丁若鏞) 47~49, 55, 57~59, 65, 66, 73, 76, 95, 122, 182
정약전(丁若銓) 49, 57~59, 66, 76, 81, 87, 92
정약종(丁若鍾) 49, 59, 66, 67, 70~72, 74, 75, 82, 92, 95
정이(程頤) 124
정하상(丁夏祥) 66, 67, 82, 84, 86~93, 183
제르비용J. Gerbillon 99, 100, 102

조가경(曹街京) 321, 329, 346
주왕(紂王) 16

ㅊ

차주환(車柱環) 17, 18
최남선(崔南善) 254
최두선(崔斗善) 251~253, 261, 265, 289
최명관(崔明官) 330, 333, 361, 365, 367, 370
최병헌(崔炳憲) 229, 233
최익현(崔益鉉) 174
최창현(崔昌顯) 59, 76
최한기(崔漢綺) 122, 123, 186~193, 196, 197, 205
최현배(崔鉉培) 265, 266, 316
츠다 마미치(津田眞道) 213

ㅋ

칼렌Arno Karlen 160
칸트I. Kant 23, 192, 225, 226, 250, 253, 256, 257, 260, 263, 270, 274, 277, 281, 294, 299, 318, 320~322, 324, 325, 328, 342, 343, 345, 346, 349~354, 357~360, 368, 370, 381, 403, 404, 423
케네F. Quesnay 133, 137, 149
쾨글러I. Köegler 100, 107, 120
크리스테바J. Kristeva 155, 371~ 373

ㅌ

타가노 치요에이(高野長英) 206
타루이 토우키치(樽井藤吉) 171
타운센드H. G. Townsend 260, 323
탈레스Thales 115, 240, 241, 256, 290
테렌츠J. Terenz 100, 108, 109
텐무(天武) 천황 18, 19
토플러A. Topler 342, 343, 399
트리골트N. Trigault 100

ㅍ

페레이라T. Pereira 105
페일리William Paley 84
포퍼K. Popper 158, 353~357, 359
푸르타도F. Furtado 22, 28
풍응경(馮應京) 25, 30, 185
프로이트S. Freud 36, 384
프톨레마이오스Ptolemaios 64, 119
플라톤Platon 84, 115, 170, 190, 240~243, 248, 256, 291, 330, 333, 361, 362, 369, 404
피커링J. Pickering 159
피타고라스Pythagoras 115, 121, 131, 140, 240

ㅎ

하르트만N. Hartmann 252, 323, 351, 352, 358, 359
하성래(河聲來) 76, 77, 79, 81
하시모토 사나이(橋本左內) 206, 212, 213
하야시 라잔(林羅山) 17
하이데거M. Heidegger 249, 250, 277, 293, 294, 325, 326, 329, 345, 346, 349~353, 370, 414
한치진(韓稚振) 267, 293, 295, 297, 298, 309, 354
할러슈타인Hallerstein 139

헉슬리T. H. Huxley　　172, 174, 219, 225
헤겔F. W. Hegel　10, 11, 164, 166, 250, 260,
　　269, 271, 275~278, 289, 290, 293, 299,
　　311, 312, 318, 320, 322, 323, 325, 342,
　　343, 345, 346, 349~351, 353, 381, 418,
　　420, 421
헤라클레이토스Herakleitos　115, 241, 282,
　　299, 361
홉슨B. Hobson　　122, 123, 193, 313
홍대용(洪大容)　138~140, 144, 149, 189,
　　190, 195, 196, 205

홍봉주　　66, 67
황사영(黃嗣永)　　37, 64, 66, 67
홍양후(洪良厚)　　196
황종희(黃宗羲)　　127, 130, 133, 143
황쭌셴(黃遵憲)　　172, 173
황중윤(黃中允)　　34, 118
후지와라 세이카(藤原惺窩)　　17, 176
후쿠야마F. Fukuyama　　412
후쿠자와 유키치(福澤諭吉)　171, 173, 206,
　　219, 220, 222, 223, 236
히포크라테스Hippocrates　　121, 122

지은이 이광래는 고려대학교 철학과를 졸업하고 동 대학원에서 철학 박사 학위를 받았으며, 현재 강릉대학교 철학과와 중국 랴오닝(遼寧)대학 철학과 교수로 재직 중이다. 저서로 『미셸 푸코: 광기의 역사에서 성의 역사까지』, 『프랑스 철학사』, 『이탈리아 철학』, 『우리 사상 100년』(공저), 『東アジアと哲學』(공저), 『해체주의란 무엇인가』(편저)가 있으며 역서로 스텀프의 『서양 철학사』, 푸코의 『말과 사물』, 베르그송의 『사유와 운동』, 캉길렘의 『정상과 병리』, 로이드의 『그리스 과학 사상사』, 뒤몽의 『그리스 철학』이 있다.

한국의 서양 사상 수용사

발행일 ●
2003년 9월 30일 초판 1쇄

지은이 ●
이광래

발행인 ●
홍지웅

발행처 ●
주식회사 열린책들
1980년 4월 16일 등록(제13 - 50호)
서울특별시 종로구 통의동 35 - 23
대표 전화 (02) 738 - 7340 팩스 (02) 720 - 6365
www.openbooks.co.kr

(C) 이광래, 2003, *Printed in Korea.*
ISBN 89-329-0528-2 03100